本书获深圳大学学术著作出版基金资助

编辑的文化视界

an Editor's Cultural Horizon

张西山/著

人民出版社

责任编辑:张益刚
装帧设计:鼎盛怡园

图书在版编目(CIP)数据

编辑的文化视界/张西山著. -北京:人民出版社,2007.7
ISBN 978 - 7 - 01 - 006380 - 5

Ⅰ. 编… Ⅱ. 张… Ⅲ. 编辑学-文集 Ⅳ. G232 -53

中国版本图书馆 CIP 数据核字(2007)第 112042 号

编辑的文化视界

BIAN JI DE WEN HUA SHI JIE

张西山 著

人民出版社 出版发行
(100706 北京朝阳门内大街 166 号)

北京市双桥印刷厂印刷 新华书店经销

2007 年 7 月第 1 版 2007 年 7 月北京第 1 次印刷
开本:710 毫米×1000 毫米 1/16 印张:25.5
字数:392 千字 印数:0,001 - 3,000 册

ISBN 978 - 7 - 01 - 006380 - 5 定价:43.80 元

邮购地址 100706 北京朝阳门内大街 166 号
人民东方图书销售中心 电话 (010)65250042 65289539

目　录

编辑与出版

书评与书话

学术与思想

文化与人论

自序：书旅编语

十年前一个偶然的机会我来到深圳大学，从此自己的人生便与编辑出版连在一起。十年辛苦不寻常，锦绣方寸苦乐知。从星汉表里楚辞墨香的江城武汉到改革开放青春飞扬的特区深圳，从中西合璧枫红樱白的武汉大学到山湖一色荔秀海影的深圳大学，从三尺讲坛的大学教师到方寸天地的学刊编辑，我感受到生命的律动和时代的足音。

大学是学术的津梁，思想的渊薮，科学的殿堂，创新的策源，人才的摇篮，社会的发动机。这里风云际会、钟灵毓秀、精神脉动、思想飞扬、大师云集、新秀比肩。20年浸润其间，我真切地感受到学术的尊严、学术的气象、学者的风采、学者的魅力。学术乃天下之公器，学术文化是民族的精神之所系，是民族的灵魂。学术期刊是一个国家文化竞争力的重要组成部分，是一个民族的文化品牌。作为公共思想、学术交流的话语平台，学刊发挥着思想库、学术园、智囊团的特殊作用，在引领学术潮流、提升科学研究、开拓知识疆域、开展学术争鸣等方面发挥着导向、评价等功能。包括学报在内的学术期刊不仅是发表研究成果的载体，而且是繁荣和发展我国科学文化事业的重要链条，担负着引导社会思想舆论、传承学术文化、促进社会发展的使命。文化乃出版之本，学术是出版命脉。学术期刊的编辑出版应恪守文化本位、学术视野、人文情怀；应重塑问题、创新、策划、品牌、开放、经营意识；应走理论联系实际、学术结合时代之路，追踪社会思潮、理论前沿和学术热点，反映理论命题、思想问题和社会缺失；应倡导精品化战略、个性化出版、品牌化经营；应处理学术与政治、问题与思想、品位与品牌、规范与创新、话语与风格、竞争与竞合等多维关系。出版兴则国家兴，出版始终与近代文明相始终。风格即人格。出版物塑造着民族的品格，编辑塑造着出版物的格调。出版是一种文化，以创新提升核心竞争力，实现从文化传播到文化创造、从文化选择到文化建构的双重超越，铸造中国作风和中国气派的学术品牌。

南宋思想家叶适曾言："读书而不知接统绪，虽多无益；为文而不能关教事，虽工无益；笃行而不合大义，虽高无益；立志而不存于忧世，虽仁无益也。"在阅读实践中难免心有所思，日有所悟。我认为，阅读是一种体悟生命、感受文化、涵养精神的内在需要。它是一种可以提升为阅读哲学，追溯到阅读生理的行为（爱古埃尔），须入于内，出乎外。天机云锦尽在我，剪裁妙处有刀尺。编辑出版、思想文化、政治法律、文史哲……博杂而不精深，却有一得之愚。或洋洋洒洒，或画龙点睛；或理性剖析，或激情抒怀。有金戈铁马，也有小桥流水；有金刚怒目，也有菩萨低眉；有余音绕梁，也有绕树三匝。"颂其诗，读其书，不知其人可乎？"（孟子）在与人物的对话和学术的思辨中，我抱持"历史之同情"（陈寅恪）、"温情与敬意"（钱穆）的理念，不仅知其然，而且知其所以然，知人论世，评文析时，衡古论今，述其脉络，概其要略，以为研究向导、来者龟鉴。古人云："登山则情满于山，观海则意溢于海。"读者难免会发现，我研究和思索的多为政史人物、出版先驱、学术大师、思想巨子、文化名流、皖籍名人，他们虽然在政治历史上、学术思想史上或许有所毁誉争议，但却以自己特殊的轨迹影响了历史的进程，装点了中华文明的星空。在我看来，阅读是一种生活方式，人物是需要理解的，学术是需要反思的，思想是需要创新的。这是本书书评与书话、影像与人论、学术与思想的内容。这本思辨性、学理性、评论性的学术论著，记录了我十年来从事学术出版的心路历程，汇集了自己近年来在学术出版实践中若干学术文化、思想评论方面的思考。初生之物，其形必丑；稚嫩不足，以存其真。希望先贤智者的嘉言懿行，能照亮我前行的先路。希望在时光的穿梭中编余墨香后的激动与学术歧路中的彷徨得到释然，在历史的时空中化为无形。

学术是寂寞的人生，出版是激情的事业。在充满发展生机和现实诱惑的深圳经济特区，为人作嫁，潜心向学，如何克服自身的浮躁，保持公允、持敬、深远的学术视界十分重要，而要达致有学术的思想和有思想的学术尤为难得。出版人要以理性之光探索未知，以思想灼见照澈幽暗，以登泰山而小天下的胸襟审视和评判学术文化。用心血做学问，以生命写文章，燃薪为烬，化蛹成蝶，在学术出版中承当参与文化创新和文化建构的使命。文字是精神新陈代谢的载体，生命随思想而升华，意义藉追寻智慧的活动而丰富。这大概就是编辑人生的意境吧！

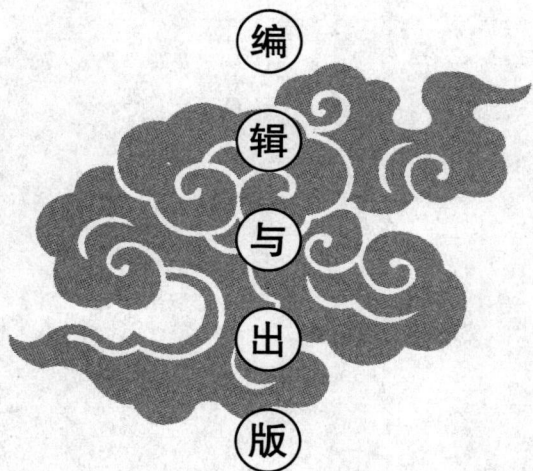

编
辑
与
出
版

报刊就其使命者，它是社会的捍卫者，是针对当权者的孜孜不倦的揭露者，是无处不在的耳目，是热情维护自己自由的人民精神的千呼万应的喉舌。

——马克思

报刊不是个人和集团赚钱的工具，而且根本不能是与无产阶级总的事业无关的个人事业。

——列宁

新闻出版为文明之光。

——孙中山

坚持政治家办报。

——毛泽东

思想战线上的战士，都应当是人类灵魂的工程师。

——邓小平

导向正确，是党和人民之福；导向错误，是党和人民之祸。

——江泽民

国家之耳目也、喉舌也，人群之镜也，文坛之王也，将来之灯也，现在之粮也。

——梁启超

落轨的枕木、铺路的石子、花丛中的绿叶。

——于友先

文化是目的，经济是手段。

——刘杲

思想文化之舟，精神文明之镜，科学技术之库，道德伦理之碑，意识形态之剑。

——邵益文

出版自由并非来自宪法，而是宪法来自出版自由。

——夏多布里昂

编辑责任论

根据西方守门人理论，在精神产品两次生产中，守门人要想创造出知名度、美誉度俱佳的文化精品，无疑责任重大。所谓职之所在，责有攸归是也。文化影响着一个民族的精神致思和时代风尚，文化出版与人类文明与时共进。人类社会的每一次跃进，每一次升华，无不镌刻着文化进步的烙印。当今国家综合国力的竞争在一定意义上说就是文化的竞争。出版人应以文化精品和学术良知回应时代风云的激荡与召唤。编辑是具有一定专业知识和基本技能，从事规划、组织、审评、编选、加工、整理文稿的出版人。编辑工作是策划、审理作品，使之适合流传的再创造活动，是整个出版工作的中心环节。而作为学术出版，首先，处理好政治与学术的关系是责任问题的核心；其次，须对责任内涵及其误区作出分析。

一、守"土"有责：政治导向与学术理性

出版物是思想、知识和信息的载体，是传播思想、知识和信息的媒介，而精神产品只有通过编辑这一关，稿件上的东西才能变成报刊上的东西，作者的东西才能变成读者需要的东西，写作过程中的劳动才能转化为经济效益和社会效益。精神产品"两次生产"的原理赋予了编辑的主体、中介地位。思想文化和教育战线上的同志都是人类灵魂工程师。特别是当今高科技化的知识密集型产业、高速率的信息化产业凸现，编辑的地位无疑得到强化。

中国的出版业是中国共产党领导的社会主义先进文化事业的一个重

要组成部分。它是党的舆论宣传工具，是思想意识形态的重要阵地，是祖国精神文化世界的无形疆域。我们每一个编辑首先应该意识到自身是中国出版战线上的一名战士，是守卫祖国文化疆域的一名卫士。因此，我们应该自觉地站在党性原则的立场上，增加党性意识、大局意识、阵地意识，提高政治辨别力和政治敏锐性，自觉地担负起捍卫"疆土"的责任，尽职尽责，寸土必守。守土有责，就意味着对党、对祖国、对人民负责，对读者、作者、社会负责，这种责任集中体现了政治导向责任和学术理性责任。

当前，精神产品生产要坚持正确舆论导向，弘扬时代主旋律，为改革开放鼓与呼，以正面宣传为主。文化出版工作政治性、政策性很强，守土有责尤为重要。列宁在《党的组织和党的出版》中指出："对于社会主义无产阶级，写作事业不能是个人或集团的赚钱工具，而且根本不能是与无产阶级总的事业无关的个人事业。"文化工作应是党的工作与政治工作的直接继续和不可分割的一部分。毛泽东在革命战争时期非常注意发挥报纸刊物的组织、鼓舞、激励、批判、推动作用。他指出，舆论导向正确是党和人民之福；舆论引导错误是党和人民之祸。1996年9月26日江泽民要求围绕以科学的理论武装人，以正确的舆论引导人，以高尚的精神塑造人，以优秀的作品鼓舞人的四项主要任务开展工作，促进文化事业的繁荣。的确，"著书不立说，论文无立论"是文化生产的大忌，因为轻视政治比反对政治更危险。这种脱离政治、轻蔑政治、不讲政治以求学术独步的风气，在学术上是不健康的空气，在实践上是有害的。文化产品生产正是通过学术事业来达到其服务政治的目的，并表现其所遵循的思想路线、方针和政策。在"富则修文"的今天，学术研究无禁区，宣传出版有纪律。文化生产要求形成讲政治、讲正气的鲜明文风，提倡团结、稳定、鼓劲的方针，克服放任自流和软弱无力的思想状态。文化战线要建立一支政治强、业务精、作风正的工作队伍，使之成为增进知识、启迪理智、陶冶情趣的场所，成为歌颂真善美、鞭挞假恶丑的号角，成为研究热点、难点、疑点的阵地。

但是，编辑更负有学术责任。学术是指专门、有系统的学问，即学问之术。它是人类理性认识的系统化，是一个民族的精神之光。精神文化生产必须以繁荣学术为天职，视学术质量为生命。所谓学术质量，是指出版文稿弘扬学术精神、体现学术价值、符合学术规范，具有科学性和探索性。所谓科学性，即文稿要揭示事物本质，具有理论与现实、观点与材料、历史与逻辑的统一，以砥砺学术、开展学术争鸣、服务社会为宗旨，言而有据，论从史出，不人云亦云。逻辑混乱、立论不清、引文有误、字词失范都使学术的科学价值逊色。所谓创造性，即学术成果要给人以新知识、新见解、新启迪，要有新观点、新材料、新方法。学术的探索是无止境的，学术研究要以探索社会发展、关注人类命运为己任，要保持高度的学术嗅觉，前瞻的学术视野，捕捉时代最前沿的问题。正如茅盾所言：论文则不患其立论无懈可击，而患其庸俗与公式化，缺乏真知灼见。

策划选题、审评文稿、创造加工是编辑学术责任的三个层面。策划选题既是编辑工作的起点，又是出版部门贯彻出版方针的突出表现，因此编辑对选题的策划在整个作品创造中的地位重要而特殊。正如编辑先驱邹韬奋先生所言："要有敏锐的眼光、深切的注意和诚挚的同情，研究一般大众读者所需要的是怎样的'精神食粮'，这是主持大众刊物的编辑者必须负起的责任。"审评文稿是指编辑对作者提供的文稿质量进行审阅评价，从而决定取舍。这是编辑工作流程中的一个实质性环节，是质量把关的关键所在。编辑要对文稿的学术水平、科学价值、逻辑结构、文字水平作出全面的评价并提出相应处理意见——拟用、修改或退稿。编辑加工是对原稿删繁就简、去粗取精的创造性过程。有人说，编辑是人类文字的工程师，此语不虚。在这个问题上，编辑的价值丝毫不逊色于其他提高作品方面的劳动。

由此可见，编辑对政治责任、学术责任的严格把关，既体现了他强烈的政治责任心和社会责任感，又体现了他崇高的职业道德和学术良知，即守"土"之责也。

二、出版"责任"的误区及其辨正

应该指出，我们编辑对自己的这一责任是明确的，但是在实践操作中常常陷入为政治而政治、为学术而学术的误区，不能正确区分和处理学术与政治问题，对学术行为与政治行为、学术上正确错误与政治上大是大非、学术争鸣与意识形态之争的界限识之不明，把握不准。

其实，政治与学术是内在统一的辩证关系，也可以说是"用"和"体"的关系。所谓政治中的学术，是指社会各阶级为了维护现实或争得本阶级的统治利益需要有符合本阶级意志的思想武器，或曰学术思想。阶级的政治意志要通过学术思想的形式向社会进行灌输。所以，政治离不开学术，政治本身就包含了学术。所谓学术中的政治，是指学术无论与政治有直接还是间接的关系，都是为一定社会形态服务的，为学术而学术的研究是不存在的。脱离现实生活的学术也是没有意义的，因为理论是灰色的，生活之树常青。所以，学术之中有政治，学术包含了政治。因此，我国的政治与学术在根本目的和任务方面是一致的，"批判的武器"与"武器的批判"并行不悖。正如马克思名言所述，对真理的探讨应当符合真理，符合真理的探讨本身就是扩展了的真理。但是，只看到政治与学术联系的一面，忽视甚至抹杀两者的区别，认为一切学术问题都是政治问题，学术必须直接服务于政治，这是认识的误区。

回溯历代学术思潮的流变和更嬗，"剪不断、理还乱"的政治学术纷争，笔者认为必须建立一种新的"学术—意识形态"体制。这种体制的内涵在于：学术从意识形态体制中分割，具有超越政治功能的独立意义，但是并非与政治两橛，互相隔离，而是平等、互动的制衡关系，两者建立了游戏规则和沟通机制。这里，必须解决政治与学术的界限问题，而思想的存在是必不可少的。

"学术者，天下之公器。"学术作为人类理智和自由精神最高的呈现，其本质是中立的、自由的，而最易最常侵犯学术中立自由的最大力量当推政治。思想本质上具有超越政治和学术的双重品格，充当着将两者隔离起来的作用。思想不但必须存在，而且应该存在于政治和学术之间。马克思喻思想为"自由的花朵"，是因为思想本质上是一种更为自由的存在，所以它总优于学术而对政治表现出一种极为敏锐的洞察和判断。划分政治和学术之间的界限，既不能幼稚地依靠政治权力来操作，也不能轻率地单独依靠学术系统来论证，而必须首先由思想来确立。没有卑鄙的思想，但却有阿世的政治；没有堕落的思想，却有附炎的学

7

术。所以，思想比政治和学术更纯洁，更真诚，更超越。这样，思想的双重功能就在于，既连接了政治与学术，又分离了政治和学术，它是一个"思想阈"，这是思想存在的价值所在。

职是之故，要建立起政治、思想、学术的三元合理结构，必须贯彻两个原则：一是思想自由；二是学术中立。思想自由意味着思想是超越的，批判的。唯其超越才能批判，唯有真正超越才能深刻批判。政治对学术的制约必须通过思想批判的环节才能有效，学术对政治的影响亦必须通过思想批判的环节才能实现。思想自由能够达到对泛滥而平庸的学术生产和学术权力进行解构之目的。思想的超越，可以克服学术体制的僵化与封闭，因为它是学术的先行官，代表着学术的先锋意识；思想的批判，能够理疗政治积弊的失当与污浊，因为它是政治的校正器，预示着政治的理性自觉。学术中立意味着学术研究不能过多地依赖思想的保证和指导，更不能过分地迷信政治的许诺和支持。学术中立不仅意味着要克服自身的浮躁、粗疏、浅薄，推崇公允、持敬、深远的心态，而且要避免同化于权力，归顺于体制的后果，杜绝畏权和媚权的行径。学术研究的最大敌人不仅在于思想的独断与专横，而且更在于政治的独裁与专制。学术在本质上必然是中立的，政治力量一旦侵犯了学术的独立自由，学术就被阉割，政治便陷于专制。著名学者钱穆常谓，学者不能太急于自售，致为时代风气卷去，变成了吸尘器中的灰尘，此言算是切肤之论，正中政治与学术关系之三昧。

有人把 20 世纪后 30 年学风概括为：70 年代谈政治，80 年代谈思想，90 年代谈学术。中国人在思想文化领域终于告别野蛮，学会了现代文明所必需的思想宽容，学者退回书房，以著述为职志，以治学为能事。当我们"解读"和"重释"这段学术思想史时，我们感到欣慰。当然，"学术新体制"的建构绝非一日之功，政治的泛化、思想的贫困、学术的封闭，是这三元结构合理定位的最大制约。在编辑出版实践中，笔者以为要正确处理好以下关系：

第一，质量控制与风格定位。质量是出版物的生命线，提高更多更好的精神食粮是我们追求的永恒主题。质量包括选题质量与编校质量等，体现在主旋律突出，思想性、艺术性强，结构合理，文化品位高，群众喜闻乐见等方面。这就要求编辑主体在推敲观点、增删材料、调整结构、锤炼语言、纠纰补漏上下功夫，出版论点新颖、论据确凿、论证缜密、有质有文、博约相谐的美文佳品，力求避免狗尾续貂、买椟还珠之讥。风格是质量的必然要求，如何形成"人无我有，人有我新，人新我变"的独特风格是一个挑战性工作。精神文化生产必须突出学术特色，独具个性，正如邹韬奋先生所说："没有个性和特色的刊物，生存已成问题，发表更没有希望。"当前我们要强调高格调，强调专业特色，强调精品意识，强化市场定位。海纳百川而不浑浊，兼收并蓄而不丧失自我，执历史之命，补时代之阙，哺人民之音。

第二，"问题"意识与编辑"六艺"。鲁迅曾说，选本往往显示的是选者的特色，选者眼光愈锐利，见识愈深广，选本愈准确。这就要求把关人具有创新意识、开放思想、前瞻眼光、包容气度，在选题、组稿、审稿、加工、整理、校对等"六艺"环节上付出心血劳动，处理好守株待兔与主动出击、广种薄收与多选精品、选题选化与宏观调控的关系，为人民奉献出"高、新、深"的精品。

第三，"二为"方向与"双百"方针。坚持"双百"方针，是坚持"二为"方向的重要条件和有效途径；坚持"二为"方向，必然要求我们坚持"双百"方针。在思想文化领域，只有实行"双百"方针，才能真正形成繁荣和发展的局面，为人民群众提供丰富多彩、健康有益的精神食粮，为现代化事业的发展提供精神动力和智力支持，从而使文化建设事业真正做到为人民服务，为社会主义服务。精神文化生产具有探索性特点，需要独立思想和自由环境，思想需要共振，观点需要互补，正是在相互砥砺、诘难中开辟认识真理的道路，"双百"方针符合精神生产的特点和规律。

第四，知识关怀与人文情怀。在实践中，"编辑学者化"已为愈来愈多的广大同仁所接受，"编著合一"是社会文化建构的内在要求，是知识经济时代的召唤。编辑是代表社会对文化传播进行控制的，编辑的主体地位决定了其内储知识的重要性。只有这样，才能洞悉社会文化建构的机理，把握社会文化嬗变的规律，才能拂土而见玉，淘沙而现金，登高而望远，避免"无错不成刊"之讥。当然，编辑要有所信、有所求、有所畏，在知识关怀的同时保持人文情怀，要以时代良知、民众喉舌的情怀和匡时济世、救国救心的使命感从事薪火相传的事业。编辑不仅要把自己看作文化建构的启蒙者，社会实践的推动者，亦要在文化出版中建立自己的话语权力。

参考书目：

北京大学编：《马克思恩格斯列宁斯大林论文艺》，人民文学出版社 1980 年版
王洪友编著：《现代编辑排版概论》，陕西人民出版社 1994 年版
梁启超著：《中国近三百年学术史》，东方出版社 1996 年版
徐复观著：《学术与政治之间》，台湾学生书局 1956 年版

编辑的人格分析

　　编辑是精神文化两次生产的主体，是先进思想的传播者，优秀产品的培育者，学术新苗的浇灌者，因此，他应以高尚的人格作为自己行为的准则和基石。人格是一种理念的昭示，情操的外显，思想的凝固，境界的展现，它体现了人的理想追求、价值取向、行为模式，体现了人这一万物灵长异于禽兽的特质所在。王国维谓："无高尚伟大之人格，而有高尚伟大之文章，殊未之有也。"蔡元培强调：学者当有研究学问之兴趣，尤当养成学问家之人格。的确，一个人的人格就是他的面具，缺乏人格独立的人就会变得无所适从，成为思想的侏儒，知识的橱柜，泡沫文化的俘虏。"人生大戏场，舞台小天地。"如何在学术园圃中书写人生的华章精义，如何在"求索、争鸣、创获"中寻找生命的终极真理，如何在终极关怀中显示遗世独立的风骨，这是人格的力量及其精神魅力。丰子恺说：人格是一个鼎，真、善、美是它的三足。其人格的构架应是知、情、意的组合，德性人格、文化人格、审美人格的统一。编辑应有真的求索、善的向往、美的痴迷。

一、德性人格

一名编辑要面对三个放弃：一是放弃著书立说；二是放弃成名成家；三是放弃出头露面。这种"三放弃"体现了一种精神境界，这正是蒋子龙所推崇的"钢筋精神"。这来自对人生价值的透彻理解和对浮名追求的彻底抛弃。唐人秦韬玉《贫女》诗云："苦恨年年压金线，为他人作嫁衣裳。"这是"把自己的心血藏在别人的成绩里"的苦乐观、编辑魂。"高山仰止，景行行止"，这种人格风范表现为编辑主体对道德失落、形上迷失的批评，对存在危机、生命体痛的感悟，对价值体系建立的呼吁，对理想人格建构的弘扬；表现为不求名利、不徇私情、不拘一格、不避其烦的敬业精神；案牍劳形、为人作嫁、甘为人梯的奉献意识；不唯上、不唯书、只唯实的求真品格；表现为没有功利思想、崇华心态、虚荣意识、卑劣贪欲；表现为他有仁爱的心灵，坦荡的胸怀，道义的追求，强烈的自律。

二、文化人格

出版业的核心是文化经营，要坚持文化本位这个根和魂。编辑是一种独特的文化存在，它必须承担起一个民族的文化积累、继承和创新的建构使命，这种使命感超越世俗功利，满腔热情地投入时代的文化工程之中，把满足广大人民群众日益增长的精神文化需求作为立足点和归宿。"言之无文，行而不远"，这种人格精神表现为编辑主体能以理性语言探索未知，以思想的灼见照澈幽暗，以"登泰山而小天下"的学者胸襟审视和评判中国文化的真正意义和未来图景；表现为他强烈的精品意识，卓越的策划能力，深厚的专业学识，高超的编辑手段；表现为他能身处闹市而又免于浮躁，在商潮中安贫乐道、宠辱不惊、不骄不馁，保持学人的尊严和情趣；表现为他的好学深思、独具慧眼，对新观念、新思路的追求，既不吃古人饭，又不吃洋人饭，既不捧杀，也不棒杀；表现为他是具有学术鉴别能力、科研创新能力、开拓策划能力于一身的耦合型人才；表现为他对语言文字的自由驾驭和优良学风的引导，华而不实、贪大求全、急功近利、崇尚虚华的文风是要摈弃的，"遵命文学"、"歌德派"是要坚决反对的；更在于他把中国学术放在世界文化大视野中审视，放在历史流程中去对比，努力探寻一条创造性转化的学术文化之途；表现为他在学术追求中维护民族精神和人文精神的神圣和尊严，实现生命意义与历史责任的高度统一的情怀理念。

三、审美人格

编辑工作是主体运用"剪裁运化"之术对稿件进行再设计的过程，版式就是文化视角。封面装帧和版式处理的缜密或粗犷、线条的雄浑或纤丽、色调的典雅或清新、字体的庄重或活泼无不反映他执意追求的境界。这是从"由之、知之"到"好之、乐之"的境界。庄子谓"天下莫大于秋毫之末，而大山为小"与王维"咫尺之图，写百千里之景，东南西北宛如目前；春夏秋冬，生于笔下"之语异曲同工。"美言不信，信言不美"，这种人格魅力体现在编辑主体对人类美好事物的热烈追求，对民族前途的憧憬，对审美自由的超越及其带来的快感；表现为他心理的坦诚、纯正、自然以及毫无矫揉造作等；表现为他人格的纯洁无瑕和名实相符，虽然有时孤独，但无人格分裂现象；表现为他无私无畏，无褊狭之心，亦无先见、成见；表现为他的读者意识和服务精神，以及对作者的热心、诚心、恒心、关心；表现为他丰富的想象力、坚韧的意志、丰富的情趣的有机结合；表现为他对职业的责任感、荣誉感、自豪感。

参考书目：

贺麟著：《文化与人生》，商务印书馆 1988 年版

冯契著：《人的自由和真善美》，华东师范大学出版社 1996 年版

邹韬奋著：《韬奋新闻出版文选》，学林出版社 2000 年版

学术期刊的编辑出版

一、学术期刊的编辑价值和特征

"编辑"一词内涵丰富且富有时代气息，用词频率极高。可为名词，又算动词；既为主体，又属过程。远古以前，即有编辑之义，字体组成，文章排写，竹简形式，无不因编辑而成，孔子编辑《六经》成为日后学人经典，对于我国社会文化的影响可谓至大至伟。及至当代，电影电视需编辑组合，电脑、网页需编辑来排列、策划。可以说，编辑作为人类智慧和思想承传的载体，作为研究、开发、传播人类文明成果的工具的地位已得到公认。我们可以说编辑是精神文化产品的把关人，科学知识的传播者，人文精神的守护者，人类文明的创造者。

从编辑活动的性质状态看，有学术、通俗、理论、工具书等；从编辑活动的环节看，有选题、组稿、改稿、校对等；从编辑活动的类型看，有图书、报纸、杂志、电影、视听等。编辑活动是一种高层次、隐匿性精神产品的创造过程。学术期刊的编辑活动则与学术探索的过程紧密相连，是学术编辑依照一定的指导思想，对学术研究的初级成果（文字等）进行组织、审读、编选、加工，使之得以出版的过程。具有以下特点：

第一，学术期刊的定位应在"学术"两字。"学术"即学问之术，指专门的、有系统的学问。蔡元培"学为学理，术为应用"的提法，梁启超"学者术之体，术者学之用"的认识，严复"学为知，术主行"的思考，是对学术内涵的精辟揭示。学术是一个民族的精神之光，是人类理性认识的系统化,其价值在于"创新性、探索性和学术性"。"学术者,天下之公器",学术以追求真理、探索未知为己任,因而其以社会效益为行为规范,泡沫学术、浮躁文风、色情迷信等不良倾向与之格格不入。"精神鸦片"与"文化垃圾"势在必禁之列。爱因斯坦曾十分精辟地分析科学家"探索的动机"。他说,在科学的殿堂里,有许多人所以爱好科学,是因为科学给他们以超乎寻常的智力上的快感,科学是他们自己的特殊娱乐,他们在这种娱乐中寻找生动活泼的经验和雄心壮志的满足;另外还有许多人之所以把他们的脑力产物奉献在祭坛上,为的是纯粹功利的目的。如果上帝有位天使跑来把所有属于这两类人都赶出殿堂,那么聚集在那里的人就会大大减少,但是,仍然还有些人留在里面。这些人当然是指为追求真理而献身的人。在爱因斯坦看来,科学殿堂恰恰是由他们在支撑着。我想,这一点对人文社会科学的探索同样适合。学术编辑就应该是科学精神的守护者和探索精神的实践者。

第二,学术期刊的编辑活动具有参与的隐匿性。编辑活动是一种对象化的实践活动,在编辑实践中存在主客体关系。学术期刊编辑这一主体不仅只是对稿件的选择、加工和引导,担当文化作品的传播中介(这在其他期刊编辑活动中占主要),而且还通过作品将自己创造性的一面与作者的学术研究和科学探索相连。学术期刊的编辑活动是编辑参与人类精神产品创造的过程,其活动范围是人类的精神文化和科学技术领域,活动的过程是学术产品的生产流程,评价活动的标准是社会效益,活动的结果又往往是下一步研究的开始。但是,学术编辑的劳动却难以在物化的精神产品中反映,具有隐匿性。

第三,学术期刊编辑活动技术性和规范性要求较高。学术规范既包括动态规范(程序规范)、静态规范(形式规范),也包括对学术目的、对象、范畴、方法、功能的规律性认识。它是最优劳动程序和最优传递方式的总结和表述。所谓动态规范,通常指审稿视角(政治性、思想性、创造性、审美性)、改稿原则(原稿完整性、风格统一性、稿件规范性)等等;所谓静态规范,如文字语言方面的专业术语、概念表述、语法、标点、文字(含外文)、标题、篇名、署名、图表、注释等。最近实施颁布的《〈中国学术期刊(光盘版)〉检索与评价数据规范》就是一份具有科学性、先进性和较强实用操作性的规范文件。学术期刊的版式设计也必须严肃庄重、和谐规范、端庄醒目。

二、学术期刊的困境与症结

在众多的编辑出版物中，学术期刊有其独特的编辑理念和读者作者群体。我们在承认众多的学术精品不断问世的同时，亦应正视其发展面临的困境和尴尬。随着现代出版业的市场化，出版部门间抢读者、抢作者、抢市场的竞争日趋激烈，媒介革命和入世对出版的挑战迫在眉睫，很多期刊都在寻求制胜谋略和发展之道。虽然有《新华文摘》、《中国社会科学》、《文史哲》、《学术界》等学刊经过不断的探索塑造了自己的学术品牌形象，但更多的期刊经营则举步维艰，出现了"市场边缘化"现象。这已引起不少同仁和读者的关注。这种病症主要有：

第一，学术期刊的编辑缺乏建构意识和大文化观念。在当前的社会转型和文化塑造中，编辑应"代表先进文化的前进方向"，承担起"探索真理、繁荣学术、传播知识、创造文化"的历史重任，力争对社会文化有推动或导向作用。编辑主体要有前瞻的学术视野，强烈的精品意识，追踪学术前沿、理论热点和社会思潮，对人们关注困惑的社会经济政治问题作出科学阐释。编辑不仅要完成文化选择与传播的任务，而且要肩负起文化创造和文化建构的时代使命。这种大文化观念就是"问题意识"，而所谓问题"就是公开的、无畏的、左右一切个人的时代声音。问题就是时代的口号，是它表现自己精神状态的最实际的呼声"。编辑是一个掩暇存真的过程，是一个采璞输玉的创造，为时代立言，为文化立心，哺时代之音是我们无悔的追求。

第二，学术期刊编辑出版长期以来大多处于一种粗放经营状态，缺乏整体设计和个性塑造，因而形成千刊一面的办刊模式，少有特色。我们知道，编辑出版期刊是一项系统工程，既要有编者，又要有著者。从主客体关系的角度看，编辑处于主体地位，他面对着两个客体，即著者和著者提供的精神产品原坯。而编辑发挥主体作用的重要表现，就是制定正确的办刊方针，确定独特的编辑思想，进而形成一定的风格和特点。

　　第三，学术期刊的编辑实践中存在许多不足。人们把选题、组稿、编辑、加工、整理、校对称为"六艺"，编技精湛，才能奉献出"高、新、深"的精品自不待言。但当前许多学术期刊在组稿和选题中缺乏主动出击，等米下锅；在栏目设置上，贪大求全，广种薄收；在编排加工中，不能美其思想，全其风格。鲁迅曾说，选本往往显示的是选者的特色，选者眼光愈锐利，见识愈深广，选本愈准确。诚哉斯言！

　　第四，学术期刊的"包装"和经营缺乏个性，显得"脸谱化"。学术期刊属公益性、基础性的性质和高知读者群导致其封闭性和内向性，曲高难免和者寥寥。在计划经济体制下形成的"等、靠、要"心理和财政拨款制度下的"旱涝保收"惰性思维使之缺乏造血功能，无法与市场实现对接。学术期刊的形式固然追求庄重、朴实、典型，但过于强调严肃性和规范性，活泼不足，缺乏时代感和风格美，则不适应。以上种种问题固然有历史、体制、社会等多种因素所致，但编辑主体策划意识淡薄是影响学术期刊生存和发展的重要原因。策划作为体现编辑人员主导作用和创新能力的最重要的工作方式，应贯穿编辑工作全过程。加强编辑工作中的策划含量，提高编辑的策划能力已是势所必至。

　　策划编辑是文化产业时代的新角色。角色转换使编辑不仅仅是修修补补为他人作嫁衣裳的工艺匠，而且又是承担重要社会使命的具有创造性劳动特征的文化传播者和"导演"。策划编辑从一开始就进入文化作品制作过程，从选题、组稿、加工到装帧设计、编印、市场营销等各阶段、各环节均发挥着创意、主导的作用。而如何遵循文化产业的根本宗旨，辩证地处理好社会效益和经济效益的关系，是必须遵循的一个根本原则。

参考书目：

徐柏容著：《期刊编辑学概论》，辽海出版社2001年版

杨洪祥主编：《中国期刊的出路——中国期刊高手论坛》，新世纪出版社2002年版

钱小柏、雷群明著：《韬奋与出版》，学林出版社1983年版

学术期刊编辑的文化审思

编辑是一种独特的文化存在，文化是期刊品质的内涵格调。从文化的角度看，编辑活动与文化传播血脉相通，从孔子作《春秋》，明撰《永乐大典》，到乾隆修《四库全书》、当代盛世编撰，中国学术流变更迭，编辑角色功不可没，文化启蒙薪火相传。其实，期刊编辑工作就是作者的文化创造、编辑的文化选择和读者的文化认同互动的过程。学术期刊（主要指人文社科类）的繁荣与一个国家民族的价值取向、文化诉求息息相关，出版物塑造着民族的性格，编辑塑造着期刊的格调。学术期刊的文化责任就在于，不仅要满足当下人们日益增长的文化需求，而且要在提升人们文化品位中致力于人类文明的传承与创新。编辑要有高远的文化视野和追求。

一、学术期刊编辑的文化意义

人类的出版活动首先是一种文化积累和文化传承工程，是精神文化过程中不可或缺的一个环节，编辑是一种以规划、设计、组织精神文化产品为内容，以鉴别、选择、优化精神文化成果为手段，以传播、积累、发展精神文化为目的的社会活动。它通过对精神产品的原料进行选择、加工、再创造的方式传播思想、观念、价值，最终达到文化缔构和文化传承的目的。人类的实践表明，编辑主体作为精神生产的守门员和把关人制约着文化传播的速度、方向和质量以及人们精神产品的满足程度等。编辑活动的文化意义就在于选择和积累文化成果、建构社会文化体系、传播社会的主导价值观等[1]。编辑既是职业选择，又是价值伦理；既是社会事业，又是文化产业。文化是编辑的源流和归依。学术出版更是文化传播的重要载体，学刊编辑工作不仅着眼于选择和优化，而且在于整合与重构。编辑也是生产力，学术出版是综合国力的重要组成部分，在传播知识、积累文化、创新学术、建构文明中发挥着不可替代的作用。陈寅恪对学术的文化意义曾有专论："自昔大师巨子，其关系于民族盛衰学术兴废者，不仅在能乘续先哲将坠之业，为其托命之人，而尤在能开拓学术之区宇，补前修所未逮。故其著作可以转移一时之风气，而示来者以轨则也。"在我看来，这个"大师巨子"的托命之人就是编辑，其开拓区宇、引领潮流、创发新知、积淀学术之力，功不可没。

二、学术期刊编辑的文化选择

学术期刊的编辑出版是党领导的文化事业和社会主义精神文明建设的重要组成部分，必须代表先进文化的前进方向，坚持正确的思想导向。在社会主义学术出版事业中，编辑工作有个价值判断和价值选择问题，这就是编辑价值观。编辑工作者具有什么样的价值观，直接影响着编辑出版的性质和方向。我们肩负着用科学的理论武装人、先进的思想教育人、优秀的文化引导人的重要责任，在传播学术思想、倡导理论创新、积淀文化知识、弘扬人文精神、创新人类文明、推动社会进步等方面担负着十分重要的责任。学术期刊应当而且必须在建设中国特色的文化事业中提供思想保证、精神动力和智力支持。学术期刊主要刊发对人类社会和文化传承具有文化价值、能产生深远影响的知识产品，是一种非常重要的文化资源。一个民族要想站在科学的最高峰，就一刻也不能没有理论思维；而学术是一个民族的精神守护和时代精神的充分表达，它记录着人类历史长河中一代代学人孜孜以求的艰难探索。"一代有一代之学术。"先秦子学、两汉经学、魏晋玄学、隋唐佛学、宋明理学、清代朴学浓缩了中国学术思想的精华；欧风美雨，见证了西学新知与传统学脉之冲突。对于文化学脉，我们抱持"温情与敬意"（钱穆）、"了解之同情"（陈寅恪）；对于近代西学，我们坚信"他山之石，可以攻玉"，主张对话与沟通。编辑活动中的文化选择实质上是价值选择，如何处理好传统与现代、借鉴与创新、全球与本土、规范与特色的关系十分重要，而正确处理好学术和政治的关系是编辑文化选择的前提。当代学刊编辑实际上是守卫祖国精神文化"疆域"的士兵，守"土"必须有责，尽心才能尽智。根据韦伯价值伦理与工具伦理的论述，学刊编辑应在恪守学术价值中体现责任伦理，在学术流布中体现生命承当。

三、学术期刊编辑的文化视野

文化传播、媒介变迁与文明演进相始终，文化发展的每一个阶段都是传播方式的一场革命，而每一种新的媒介革命的兴起都会引起文化的变革，但贯穿始终的是文化传承的使命[2]。编辑是一个特殊的文化角色，出版是典型的文化工作，建构和创新文化是编辑工作的意义和使命。编辑要树立大文化的学术视野，以当代人的眼光审视历史，以中国人的眼光审视世界，努力探寻一条创造性转化的学术文化之途。我们以兼收并蓄的胸襟吸收古今中外的优秀文化，以三个面向的气魄向全球传播当代中国的先进文化。编辑必须承担起一个民族的文化积累、继承和创新的使命，超越世俗功利，志存高远，满腔热情，把满足人们群众日益增长的精神文化需求作为立足点和归宿。编辑的生命追求、学养修行、精神致思、读者意识应该充满人文关怀，在学术追问中维护民族精神，实现生命意义和历史责任的统一。学刊编辑要树立科学的编辑观，这包括文化本位价值、社会效益第一原则、精品化战略、读者中心观、品牌策划营销、经营期刊理念、风格定位、职业伦理等。学刊更需要编辑理念的现代转换，实现从文化传播到文化创造、从文化选择到文化建构的双重超越，这包括追求卓越的气魄、登泰山而小天下的胸襟、服务读者的操守、安贫乐道的情怀、新锐的眼光、与时俱进的品格。

四、学术期刊编辑的文化使命

在现代编辑史上，一代代编辑出版家如张元济、邹韬奋、陆费逵、叶圣陶、胡愈之、陈翰伯等以时代良知、民众喉舌的情怀和匡时济世、救国救心的使命感从事着我国的出版事业[3]。他们在赓续递嬗的社会转型和文化变迁中以学人的良知维系着民族的命脉，以编辑的情怀负载着文化的传承。他们或潜心于新思想的传播，或立足于科学文化的普及，或专注于新学说的介绍，或倾心于新学人的培养。"为天地立心，为生民立命，为往圣继绝学，为万世开太平"，"学以求真，用以济民"。他们为后人留下了一座座思想丰碑，这种风雨历程所弘扬的精神魅力，不仅裨益于学术，而且滋养着我们的心灵世界。正如前中国编辑学会会长刘杲在《我们是中国编辑》一文中所论："我们要求自己做精神食粮的生产者、先进文化的传播者、民族素质的培养者、社会文明的建设者。""我们没有显赫的地位，却有穿越时空的翰墨芬芳；我们没有殷实的财富，却有寄托心灵的文化殿堂。"面对新世纪编辑出版的革命，创新成为学术期刊提升核心竞争力的必然选择。编辑就是生产力，创新提升竞争力。先进的文化需要创新的思维，求真的学术呼唤探索的勇气。新时期的学术期刊创新要做到两点：第一，以学术为定位，提高学术品位，努力维护中国学术的价值、权威和尊严。蔡元培"学为学理，术为应用"、梁启超"学者术之体，术者学之用"、严复"学主知，术主行"的认知异曲同工，也启迪我们如何在理论和实践中定位和策划学术期刊。第二，以问题意识统筹发展思路，走理论联系实际、学术结合时代之路，追踪社会思潮、理论前沿和学术问题。学术的生命力不仅体现在学术史上的薪火相传，凸显学术研究的终极关怀；而且体现在对重大现实问题的阐释力，关注现实，为时代鼓与呼，这是学刊的另一使命。问题是理论与实践结合的桥梁中介，真正的科学研究就是发现问题和解决问题。正如马克思所言，每一个时代总有属于它自己的问题，而所谓问题，"就是公开的、无畏的、左右一切个人的时代声音。问题就是时代的口号，是它表明自己精神状态的最实际的呼声。"编辑应该塑造在当代社会文化传承建构中的问题意识，推进理论创新和学术创新。

参考书目：

[1] 王华生著：《编辑选择的理论与实践》，河北大学出版社 1980 年版
[2] 庄晓东主编：《文化传播：历史、理论与现实》，人民出版社 2003 年版
[3] 汪家熔著：《近代出版人的文化追求》，广西教育出版社 2003 年版

学术出版的编辑视野

世纪更迭、社会转型、学术流变、媒介革命催生文化的繁荣和发展，也引领人们的生产消费和品位需求。有人称之曰知识经济社会、信息社会，有人概括为网络时代、读图时代、影音时代，在我看来，从文化生产和传播的视角，我们更应称之为以知识和信息为要素的文化消费时代。出版是文化积累和消费的历史，学术出版的实质是积累和传播学术，满足人们日益增长的学术消费需求，塑造和引导民族文化素质与精神生活。当今时代个性化出版、品牌化经营、市场化战略、职业化团队、精细化管理代表着出版文化的新趋向和新选择。毋庸讳言，与大众出版（思想宣传类、时尚休闲类、财政金融类、信息文摘类）不同，学术出版呈现"边缘化"特征和尴尬困境，从这个意义上说它属于小众出版。在其发展过程中学术的泡沫化、媚俗化，学术的失范和失语，学者的自律和道德拷问，学术话语的曲高和寡和精英意识，也引起了当代出版人的反思。如何提升出版人编辑的执行力是当务之急。编辑的眼光是出版中最重要的人力资产[1]。编辑的眼光视野、品位境界、问题意识、风格情趣决定着执行力的实现和学术出版的品牌竞争力。

一、问题和学术

梁漱溟曾把学者分为两种："学术中人"和"问题中人"。西方思想家伯林也把学者分为两类"刺猬型"和"狐狸型"，这有异曲同工之妙。"问题中人"属刺猬型，他思想敏锐，敢于创新，致思人类命题，有问题意识；学术中人属狐狸型，他甘于寂寞，穷究学理，探赜索隐，不乏"比慢"精神和"冷板凳"韧性。在我理解，当今"编辑学者化"论争见仁见智，其实质是编辑职业化、专业化的内在要求，主编和编辑应是兼具两种特质的复合型人才。出版人应塑造学术意识和问题意识，合用弘扬主体价值和公共理性，应追求有思想的学术和有学术的思想。学术出版人用心血做学术，用生命写华章，要有大气魄大手笔，追求学术气象和学术尊严，构建良性学术生态。明道问学，沉潜宁静，取精用宏，披沙拣金，启人心智，传布新知，为文化传承贡献心力。但学术乃天下之公器，文章为"经国之大业，不朽之盛事"，必兼有王国维所说的"诗人之忧生"和"诗人之忧世"，要反映理论命题、学术缺失和社会关怀。学术出版若不走理论联系实际、学术反映时代之路，就是伪问题和假学术，是不谙世事的"屠龙术"。我们的学术研究欠缺的是对中国国情的细微分析和直面现实的勇气，面临"失语症"。我们需要关注具有前瞻性、宏观性、指导性的时代问题和学术命题。过去陈寅恪运用"种族—文化"方法对隋唐政治史的研究、费孝通关于"小城镇大问题"的中国乡镇城市化研究、冯契的"化德性为智慧"的智慧三说；当今陈思和反思文学史、葛兆光重写中国思想史、杨念群构建中层理论等这样的成果不乏问题意识和学术灼见。编辑应通过自己的出版理念反映对学术的判断力和时代的思考，如南朝昭明太子萧统编辑《文选》、现代出版家赵家璧编纂《中国新文学大系》、我国 20 世纪 80 年代湘人版的《走向世界丛书》和川人版的《走向未来丛书》。鲁迅呼吁"为现在作一面明镜，为将来留一种记录"的时代出版。宋代叶适有言："读书而不知接统续，虽多无益；为文而不能关教事，虽工无益；笃行而不合大义，虽高无益；立志而不存于忧世，虽仁无益也。"时光飞逝，但这些仍是对学术命题与时代问题关系的最好诠释。

二、品位和品牌

品位是出版的内在灵魂，赋予出版物以魅力；品牌是出版的外在表征，赋予出版物以张力。古人云："登山则情满于山，观海则意溢于海。"出版是个激情的事业，学术品位来自于出版人的理念、才情、学养以及职业的爱恋感自豪感，体现着编辑的文化底蕴及学术视野，充满了科学精神和人文关怀。文学之情、史学之境、哲学之思、法学之智、经济学之用，这是不同学科的精神魅力。编辑塑造出版物的品位，出版物塑造着民族的灵魂。一代代出版精英引领学术生产和文化消费，影响着人们的价值选择和品位追求。邹韬奋被誉为"出版事业的楷模"，以服务读者为天职，编辑《生活周刊》，形成了大众品位；张元济"昌明教育平生愿"，"为文化而奋斗"，主持商务印书馆著译事业，形成了学术品位；叶圣陶主持开明书店，认为编辑出版工作是教育工作，出版物是教育工具，要使"不读书的读书，少读书的多读书，读了书的善于读书"，这是教育品位；文化战士鲁迅说出版工作的首要目的是"为人生"，为人民大众"输送精神食粮"，其编译作品有革命品位；郁达夫认为编辑应与时俱进，"以汗水来做天才的养乳"，发现和培育学术英才，以微弱的呼声促进社会进步和学术圣命，这是战斗人生奉献品位。

品牌是出版的生命，影响着出版市场的走向。出版品牌是长期形成的较为稳定的宗旨方针、文化含量、标志特色的综合呈现，具有知名度、美誉度、忠诚度和延伸性。有人说，20世纪80年代做产品，90年代做规模，21世纪则做品牌。新世纪是一个经济文化化、文化经济化的时代，是一个品牌竞争的时代，鲜明的出版方向和出版特色、稳定的作者队伍和读者群、丰富的出版资源和优秀的经营品质是品牌化的内涵，我们要做好学术品牌的塑造、开发、保护和拓展战略。如商务印书馆的经典、三联书店的精思、中华书局的古朴、广西师大出版社的新锐、中信社之于财经类畅销书、金盾之于农村读物、外教社之于外语系列、清华之于计算机书籍、高教社之于网络出版、中青社走"大众读

物精品化　精品读物大众化"之路等都形成了一定的品牌效应。从文本到产品，从产品到品牌，这是出版业改革重组的必然选择。老品牌厚重积淀、老树新枝，新品牌异军突起、百花争春，这都成为学术出版的一道道靓丽风景。而如何处理品位和品牌的关系，大有文章可做。有人惊呼出版正在殷勤地服侍财神，而冷落了文化女神，所谓"文化产业没有文化，内容产业内容匮乏"等现象，我们编辑学仁应深思之。

三、失范和规范

在看到学术出版繁荣的背后，我们应看到其赖以生存的基本范式的不足和缺失；我们在进行学术创新、研究评价、引介的同时，不能忘记学术的终极目的和学术自身的科学性、逻辑性。我们呼吁建立一种以求真为目的的学术共同体，其实质是学术文化的建立。恪守学术规范、弘扬学术道德、推进学术创新，这是学术出版繁荣的必然要求和现实选择。可是，现实中却存在着许多不规范乃至失范的地方。杨玉圣曾概括为：缺乏尊重他人成果的学术意识；缺乏健全的学术评价机制；缺乏学术积累和问题意识；自说自话，难以与国际接轨；低水平重复与学术泡沫化；学术道德败坏，抄袭剽窃现象等[2]。顾海良先生在《武汉大学学报》（人文版）2005年第5期撰文曾列举12种失范现象：粗制滥造、东拼西凑、低水平重复、隐匿源流、抄袭剽窃、一稿多投、自我包装、沽名钓誉、跑奖要奖、学术成果的"老板化"、"主编"制等。还有选题中的"跟风"、编辑策划中的"注水"、出版的"同质化"、校对中的"无错不成刊"、营销中的"回扣"、流于形式的"三审制"、套话大话空话的书评、"三小"（小资、小女人、小孩）写作现象。更有甚者，一些出版物格调低下、内容不健康、有严重质量问题，引发政治性问题、民族宗教问题、社会和谐问题，不可小视。学术研究无禁区，出版工作有纪律。学术出版急需规范。

编辑规范是编辑工作者在出版活动中共同遵守的行为准则和工作标准。包括道德规范、法律规范、工作规范、语言文字规范和技术规范。如中国编辑学会会长桂晓风提出，要注意表达方式与读者对象的一致性，封面和版式设计与内容的一致性，目录与正文标题的一致性，各级标题的统一性，版本记录的完整性与统一性。学术规范，重在建设，更在实践。建构社会科学的规范体系是一个系统工程，必须弘扬科学精神和人文精神；界定科学活动的研究过程、评价过程、普遍原则；以及与之相应的客观性、可验证的操作细则，如美国的《芝加哥著述体制手册》。关键是重塑一个良性、健康、宽松的学术生态，营造一个自由、公正、向上的学术批评环境。学术规范问题的凸显是知识生产增长的背景下反思和批判知识生产机器和体制，从摆脱僵化意识形态的关系束缚转向社会科学的发展机理及自主规则的结果。当然，社会科学与人文科学研究取向是不一样的，社会科学关注实然世界的经验性，人文科学关注应然世界的形而上问题。当今学术出版一方面要顺应社会科学研究趋同化的趋势，引导社会科学研究建立起能与国际接轨的学术规范与评价体系；另一方面，又要顺应人文科学多元化的趋向，倡导重建民族精神文化生活之中国风格、中国气派的人文科学研究。

四、自律和他律

学术出版是一个国家和民族精神的命脉所在，而维系出版伦理的武器是道德和法律。道德是自律，法律是他律。殷海光说，学术不仅指专门的学问和知识，也指学者的品质。著名科学社会学学者默顿认为：四种制度化的道德律令即普遍主义、共有主义、无私利性、最组织化的怀疑精神构成科学的精神气质，这也是学术共同体形成的基本条件。所谓自律，就是学术编辑要有一种大境界大胸怀，让中国学术走向世界，让世界了解中国文化，为文化传薪火，为世界创未来；学术出版要揭示人类真理，反映时代精神，引导学术潮流，出版人要有对真学术的认知能力，对真理的坚持能力，对真问题的感悟能力，努力做到求学术之真、社会之善、出版之美的有机统一；学术编辑"铁肩担道义，妙手著文章"，激浊扬清，呵护理想，引领精神，拒绝浮华。著名出版人沈昌文曾言：办刊物不仅要有风格，更要有风骨。张季鸾、王云五主持《大公报》有"不党、不卖、不私、不盲"之八字箴言。学术出版人要耐得住寂寞，抵抗得住诱惑。古有"掘井及泉"（孟子）、"深山采铜"（顾炎武）之论，"宁详毋略，宁近毋远，宁下毋高，宁拙毋巧"（朱熹）和"以水济水，岂是学问"（黄宗羲）之说，今有大众出版像情人像养猪，学术出版像妻子像养鹅之喻。出版业呼唤有文化追求，立意高远，坚守理想的职业化团队。鲁迅说，我们需要的是跳动着的脉搏、思想、热情等。出版界需要风靡一时的老照片、红镜头、黑镜头，"淘金"（金庸的武侠系列）、"卖菜"（蔡志忠的漫画系列）热，所谓"水煮"名著、"奶酪"系列、"狼"行天下、"细节"哲学，更需要像《辞海》、《辞源》、《汉语大词典》、《中国大百科全书》、《儒藏》等十年磨一剑的传世精品。出版人的最高追求是编辑传世之作。当然，学术规范的外在约束机制即他律也是很重要的，这包括强化知识产权、确立科学的评价机制和惩戒机制、加强舆论监督等。只有自律和他律相结合，才能维护学术的尊严，重建出版价值伦理！

五、话语和风格

学术话语是编辑劳动再创造过程中用以表达出版思想、完成出版工作的语言符号系统，主要指体裁、格调、文风等。它是由一系列概念、术语、命题组成的用以表达学术思想的逻辑体系和思想载体，其话语是解释分析性的，学理论证式的，有一定理论和文化品位，深邃而不玄奥、严谨而不呆板、精练而不空泛、高雅而不晦涩，具有可研讨、可对话、可交流、可阅读、可思辨性等。学术话语是建构性和解构性、创新性和艺术性的统一。学术风格是出版成熟的标志，反映编辑的学术宗旨、理念方针、价值选择、审美情趣。司空图在其《二十四诗品》中论及不同的艺术风格：或洁雅、纤浓；或淡雅、飘逸；或粗犷、或敦厚、或含蓄、或质朴、或典雅等。这于学术出版同样适用。一般而言，学术出版的内容学理、科学、严谨、精确；形式庄重、高雅、大气、典雅。文大思精、经纬百家、思接千里、洋洋洒洒。有学术气象，具大家风范。桃李不言，下自成蹊，文章不写一句空，腹有诗书气自华。话语和风格是由一个个元素——学术文本呈现的，它体现了编辑主体独特的策划作用，并通过报刊的"编者按"、"出版人语"、"特色栏目"、"特约主持人"以及书籍的体例目录、注释文献、索引辅文、前言后记等体现同中之异、异中之新。有的用特定的标识彰显风格，如我国的大象出版社和英国的企鹅出版社。风格之美贵在宜。编辑要尊重学术文本和作者的话语和风格，不能任意删改，尤其是反映作者特色和文采的东西。应该改的改，不该改的一定不去改，可改可不改的尽量不改。刘勰曰："善删者字去而意留，善敷者辞殊而意显。"（《文心雕龙·熔裁》）正确的标准是全其思想、美其风格；存其真，掩其瑕；贵锦上添花，忌画蛇添足。话语和风格是长期积淀形成的，有一定的稳定性，但并非一蹴而就。如中华以及上海、江苏的古籍整理、商务的字典、词典和外国学术名著翻译、三联的学术名著出版颇具传统，近年学术界也有所谓"北有三联书店，南有广西师大"、"北有读书，南有随笔"、"北有社科战线，南有思想战线"等雅称。而《中国社会科学》的厚重大气、《新华文摘》的博采众长风格也是有口皆碑的，是引导中国学术话语的名牌期刊。

参考书目：

[1] 周其仁著：《大格局——作家、学者、出版人三方论出版》，山东人民出版社2005年版

[2] 邓正来著：《中国学术规范化讨论文选》，法律出版社2004年版

学术期刊策划述论

改革开放以来，学术的百花园生机益然，我国学术期刊获得了突飞猛进的发展。学术期刊作为期刊大家族的一个重要成员，担负着繁荣学术、探索学理、传播知识、积淀文化、承续文明的崇高使命，做好这项

工作的意义自不待言。学术期刊是体现人类智慧和认识能力的载体，是研究、开发、传播各类文化成果的重要工具，对于如何办好学术期刊有许多问题需要探讨。学术界对学术与政治关系、编辑学者化、学术期刊的品牌形象和精品战略、市场化中的学术期刊定位都进行了不少探索，而学术期刊的策划问题更显重要和关键。

一、编辑、学术编辑、策划编辑

"编辑"一词内涵博大，是当今用词频率极高的词汇之一，对其定义，莫衷一是。靳青万的《中国古代编辑史论稿》、尤红斌的《编辑学概论》等论著专门把有关定义集中起来，不下几十种。其实，从编辑活动的环节看，有选题、组稿、审读、修改、加工、校对等；从编辑活动的类型看，有图书、报纸、杂志、电影、电视等；从编辑活动的具体任务看，有策划、组稿、编选、核校等；从编辑活动的客体看，有文字、影视、网页等；可以说，有不同的视角就有不同的定义。笔者认为，凡编辑者，一方面在"编"，一方面在"辑"。概而言之，"编辑"者统"编者"和"辑者"于一体，在两者之上，为两者之帅。"编辑"即作名词，又作动词；既为主体，又属过程。编辑是精神文化产品的把关人，人类文明的推动者，科学知识的传播者，人文精神的守护者。可以说，编辑活动是一种高层次、隐匿性精神产品的创造性劳动。

学术编辑则是按照一定的编辑思想和方针对学术研究的初级成果（如文字材料、视听材料）进行组织、审读、编选、加工，使之得以出版传播的过程。学术期刊的定位应在"学术"两字上下功夫。学术指专门、有系统的学问，即学问之术。蔡元培"学为学理，术为应用"的提法，梁启超"学者术之体，术者学之用"的认识，严复"学主知，术主行"的思考，是对学术内涵的精辟揭示。学术是人类理性认识的系统化，是一个民族的精神之光，其价值在于"创新性、探索性和学术性"。"学术乃天下之公器"，其探索的过程是人类认识世界改造世界的一个重要组成部分，在建设社会主义物质文明、政治文明和精神文明中起着重要作用。学术期刊的编辑活动具有科学性，注重社会效应和学术贡献，内容严肃庄重，版式设计也必须整体和谐、端庄醒目、规范得体。学术编辑作为学术期刊编辑活动的施行者——编辑主体，他的作用不只是对稿件的选择、导向与改造，担当文化产品传播的中介，而且还通过编辑对象——稿件等将自己的创造性与作者的学术研究和科学探索相联系。学术期刊的编辑过程就是编辑和作者共同塑造学术产品的过程。

策划编辑是文化产业时代的新角色。世纪更迭，社会转型和学术流变的新趋势使编辑走出了传统编辑单一性、加工性和封闭性的局限，在文化产业中发挥着设计师的作用。这种角色转换使编辑不再是修修补补为他人作嫁衣的工匠，而是承担重要社会使命的具有创造性劳动特征的文化传播的"导演"。策划编辑从一开始就进入文化作品制作过程，从选题、组稿、加工到装帧设计、编校印刷、市场营销等各个阶段、各个环节均发挥着创意、主导的作用。编辑思想和办刊方针是策划的具体表现。从出版实践看，对每一部待出版的作品和文稿都要经过细致入微的编辑策划，主要包括读者需求调查和市场反馈信息、编辑思想和办刊宗旨的确认、总体结构和品牌产品的筹划、作者的选择和发行预测、文稿的修改、润色和补充，包括必要的辅文、附录、注释等。可见，策划编辑处于编辑出版流程的主导地位。

二、编辑策划意识淡薄是影响学术期刊发展的重要原因

在众多的编辑出版物中，学术期刊有其独特的编辑理念和读者作者群体。我们在承认众多的学术精品不断问世的同时，亦应正视其发展面临的困境和尴尬。随着现代出版业的市场化，出版部门之间的竞争日益激烈，抢读者、抢作者、抢市场，以期发展自己，寻求制胜谋略。一些学术期刊，如《读书》、《中国社会科学》、《文史哲》、《学术界》经过不断的探索，准确定位，逐渐赢得了读者的青睐，而更多的学术期刊经营举步维艰，出现了"市场边缘化"现象，已引起众多同仁的关注。这固然有历史、体制、社会等多种因素，但编辑策划意识淡薄是影响学

术期刊生存和发展的重要原因。策划作为体现编辑人员主导作用和创新能力的最重要的工作方式，应贯穿编辑工作全过程。为适应现代出版业飞速发展的需要，强化编辑中的策划意识，加强学术期刊的策划含量，提高编辑主体的策划能力已是势所必至。

学术期刊策划意识缺乏主要体现在以下几个方面：

第一，学术期刊编辑出版长期以来大多处于一种粗放经营状态，缺乏对期刊的整体设计与个性塑造，因而形成了一种固定的办刊模式，千刊一面，少有特色。如何走出千刊一面的封闭格局，追求个性化风格和品牌形象，已刻不容缓。

第二，学术期刊编辑出版缺乏"大文化"观念和建构意识。在当前的社会转型和文化转型中，编辑不仅要完成文化选择与传播的任务，更要肩负起文化创造和文化建构的重任。编辑主体不仅要注意设置、图文搭配、注释文献等，而且要有前瞻的学术视野，强烈的精品意识，追踪学术的前沿、理论热点和社会思潮，力争对社会文化有推动或导向作用。

第三，编辑出版在策划意识与精编实践结合方面需要改进。策划意识是编辑创造精神的体现，有利于实现人无我有、人有我精的选题计划，有利于栏目的优化组合，提升学术品位。而当前许多学术期刊，在组稿和选题中，等米下锅，缺乏主动出击；在栏目设置上，追大求全，广种薄收；在编排加工上，很难处理好掩瑕与雕琢、增色与存真的辩证关系。

第四，编辑出版中的"包装"和经营缺乏策划。学术期刊的形式应庄重、朴实、典雅，但过于强调严肃性和规范性，活泼不足，缺乏时代感和风格美。由于学术期刊的编辑出版属于公益性、基础性的事业，读者面窄，其封闭性和内向性十分严重。在计划经济体制下形成的"等、靠、要"心理和财政拨款制度，使之缺乏造血功能，无法与市场实现对接。

三、加强对学术期刊策划的思考

学术期刊的困境与尴尬引起了众多人士的关注。在今天期刊已走向产业化，一些综合类、文学艺术类、时事政治类期刊不断抢占市场，瓜分读者、发展自己的情况下，学术期刊应对自己传统的编辑理念、办刊模式、经营方略进行反思和策划，以适应社会和时代发展的需要。

1. 理念策划

理念是编辑出版中所体现的理想追求、价值准则和行为规范在精神上的积淀和升华。其具体表征为编辑思想和办刊方针。学术是精神生命的本质律动，学术探索就是在"已知"的基础上探求"未知"，这就需要一种精神，一种勇气，需要一种责任感和执著。马克思曾说，"精神的实质就是真理本身"，对真理的探索必须符合真理，符合真理的探索就是扩大了的真理。从这个意义上说，学术期刊在作为载体传递知识的同时，还具有文化积累和文化创造的意义；学术范式的革命不仅要有学统可依，学脉可寻，更要有思想自觉的积淀和支撑。我们提倡学术对话，追求自觉和学者自主，鄙视学术泡沫，塑造学术人格，呼唤"有学术的思想和有思想的学术"。

总之，无论是"双为"方向和"双百"方针的提倡，还是"代表先进文化前进方向"的要求，也无论是"树立精品意识，实施精品战略"的出版要求，其目的就是学术期刊多出学术精品，应以追求社会效应为至上原则，为人类提供更好更多的精神食粮。马克思常把"思维着的精神"誉为"地球上最美的花朵"，学术期刊责无旁贷。学术期刊策划应以提升学术品位，铸造学术精品为宗旨，不媚俗、不猎奇、不逐流。学术策划主体应以理性语言探索真知未知，以思想的灼见照澈幽暗，以登泰山而小天下的胸襟审视和评判学术文化，在学术编辑中承当参与创造和建构的重任。在众多的学术期刊中，由安徽省社科联主办的《学术界》围绕学术探索、学术批评、学科建设、学界观察、学问人生等展开，塑造了自己良好的学术品牌形象。

2. 特色策划

出版界大家邹韬奋说："没有个性和特色的刊物，生存已成问题，发展更没有希望了。"学术刊物的特色表现为：区域（地方）特色、学科特色、栏目特色。这种策划实质就是找准自己在期刊市场上的坐标，形成人无我有、人有我新的品牌风格、选题范畴、读者定位。

从全国的学术刊物看，有专业性的，如《哲学研究》、《历史研究》、《经济研究》等；有中央或地方机构及社团主办的综合性类，如《中国社会科学》、《文史哲》、《特区理论与实践》等；还有由高等学校主办的大学学报，恐怕有上千家。要策划出好的学术期刊并非易事，只有通过调研和论证，通过巧妙的构建，才能设计出独具匠心又具学术导向的品牌拳头产品。我们深圳大学学报经过20多年的打拼、探索、创造，闯出了自己的办刊路子，形成了较鲜明的特区特色，成为深大的学术园地和海内外人士了解特区乃至全国改革开放、经济文化建设的窗口。我们的主要思路是：发挥地域优势，体现特区问题、港澳问题、涉外问题的选题范围，形成特区特色；突出应用研究，在注重基础研究的同时，关注改革开放中的热点和难点，关注新学科、边缘学科、交叉学科；介绍海外先进的管理经验、文化、学术动态，体现开放特色。如我们曾设置的"海外学术信息"专栏介绍海外研究动态，反响效果良好。

3. 形式策划

期刊的形式包括装帧设计、版式、开本、封面、用纸、印刷等各方面，它属于编辑美学范畴，既是直观的欣赏形式，又是无声的载体广告。出版技术的革命，给书刊的形式策划提供了极为广阔的空间，形式设计也日渐多样化，呈现出不同的审美价值和艺术风格。或庄重、朴实、典雅，或艺术、浪漫、潇洒。形式设计赋予理念、特色以视觉的实感，使形式和内容相得益彰，让读者观其"颜"而知其"心"。目前，学术期刊千篇一律的排版样式，整期标题字体、字号、位置刻板划一，给人一种呆板、沉闷之感，难以激发读者兴趣。在封面设计中要彰显明确、或庄或谐；在字体字号上，要布局合理，和谐有序；在排版设计中，要疏密得当，错落有致。我们的策划编排要注意使刊物"严"而不"呆","活"而不"俗",充满个性与活力,在规范中具有多样性,在严谨中不失艺术性。总之,形式设计既要体现学术刊物不同于文艺性或消遣性的刊物,又可以寓教于乐,精心包装;既要突出每一期的主题,又能保持整体协调,实现刊物形象与内容的完美结合。

4. 经营策划

学术期刊的编辑出版是社会主义精神文明建设的重要组成部分,由于其性质的公益性和效应的潜在性,由于其发行量少,读者多属高知层消费群体,无法与市场实现直接对接。但这并不是我们在市场经济的挑战下面就无能为力,加入 WTO 的挑战,出版产业的革命,知识形态的多元化格局,这使提高编辑的学术经营策划能力已属当务之急。"狼"来了,我们必须早定对策,争取主动。精心经营,找准市场与期刊的契合点,实现"双效益"是可行的。我们要加强文化价值链的经营、开发和管理,将对文化产业的追求与经济效益的实现有机结合起来。有的学刊在了解市场、熟悉经营的基础上,按照出版工作的自身规律,找到适合学刊的市场运作机制。比如,由政府和社会团体联合办刊;建立出版基金;刊登健康高雅广告;以刊养刊等。当然,走与市场接轨之途绝不等于"金钱化"、"低俗化"。

参考书目:

教育部办公厅·教社厅(2000)1号,《中国高等学校社会科学学报编排规范(修订版)》

教育部 教社政函(2004)34号,《高等学校哲学社会科学研究学术规范(试行)》

编辑过程论

我们说，编辑工作是出版工作的中心环节，但编辑工作又是创造性的劳动，它包括复杂的程序和过程。有的概括为 25 道工序（《校对手册》科学出版社，1979 年）有的总结为编辑"六艺"，不管怎样，制定选题、组织稿件、审读稿件（或退修）、修改加工是必需的过程，现把这个四步工作做一介绍探讨。

一、制定选题

任何出版都有自己的编辑理念和宗旨，选择好的书籍和文本加以出版，这就必须各自制订自己的选题计划。选题工作包括规划、选择、设计这样三方面的内容，有远期、中期、近期目标，对出版物的内容、形式、风格加以研究。

选题工作是编辑工作的一道奠基工程，是决定编辑质量的重要环节，是编辑出版各项工作的重要依据。俗话说："看书看皮，看报看题。"从选题可见出版的品位、水平和效益、特色。选题工作的总体要求是体现出版方针、满足读者需要、反映编辑特色。

编辑理念是制定选题的指导思想，是出版方针的具体化。因此做好选题计划，必须进行调查研究、慎重决策、认真构思。

选题工作中要正确处理好社会效益与经济效益、事业与产业、目的与手段、数量与质量、重点与一般、普及与提高、当前与长远、时效与精品、稳定性与动态性的辩证关系。

提高编辑的选题能力势在必行。要主动出击，避免"等、靠、要"

思想；要由广种薄收到多选精品，由近亲繁殖到博采众长；要多学博闻、厚积薄发、慎思敏行；要勤于思考，勇于创新，善于总结；要做到人无我有，人有我优，内容上推陈出新，形式上焕然一新。

二、组织稿件

选题能否顺利实现，书稿论文质量好坏，组稿工作是关键。有人把选题和组稿比作"设计图"和"施工图"的关系。组稿是一项非常技术性的工作，吃透选题要求和慎重选择作者是相互关联的两个步骤。编辑应了解党的出版政策方针、熟悉各类选题涉及的知识资讯、洞察出版市场行情，这样才能做好、组织好适合读者需要且有特色的文稿。在组织稿件的过程中应当和作者交朋友，彼此沟通，比文会友，坚持原则，讲求信誉。在条件成熟时，还可以签订合同，以重言诺。学会组织稿件是编辑的一项基本功，也是一项亟须提高的艺术。

三、审读稿件

审稿是编辑工作中承上启下带有关键性的一道工序。它上承制定选题、组稿；下启加工整理。审稿与选题、组稿、加工的关系是：只有高水平的审稿才能保证选题计划的实现，才能保证高质量的书稿出版；而审稿是加工整理的前提和保证，加工修改是审稿工作的延续。

我国实行三级审稿制度：即编辑（或助理编辑）初审、编辑部主任复审和总编辑终审的三审制。审稿要坚持政治质量、学术质量，研究无禁区，出版有纪律。学术自由、创作自由但不等于发表自由；文责自负，既包括作者，也包括责任编辑。编辑是文稿的把关人和守门员，守"土"有责，要对文稿作出判断，决定取舍。要在政治思想、内容质量、篇章结构、语言文字等方面作出判断。作出退修、采用、退稿三种处理。

编辑握有文稿的"生杀予夺"之权。编辑的眼光、视野、胸襟、意识、能力决定着书稿的命运。选择显水平,审稿见功底。责任编辑要做到:读、记、查、评、定、提、写。

四、修改加工

修改稿件是编辑的基本功,是稿件在编者手中的最后一道工序。俗话说,玉不琢,不成器。一块璞玉只有经过能工巧匠的精雕细刻才能尽现光彩;一个待字闺中的女子只有经过编辑的修饰加工才能"嫁"得出去。编辑加工是拂土而见玉、淘沙而现金;宜锦上添花,忌画蛇添足;宜全其思想、美其风格,可改可不改的不要改。编辑加工主要包括以下内容:内容上提法是否准确,表述是否合乎逻辑,叙述情节是否真实;形式上必要的文字加工,统一引文和字体,改正标点符号、编排格式、技术规范等。总之,改正后的文稿要做到:齐、清、定。加工后的稿件应该是立意更明晰,主题更鲜明,观点更科学,结构更严谨,逻辑更合理,文字更通畅,标点更准确,形式更完善。《文心雕龙》作者刘勰说:"改章难于造篇,易字艰于代句。"这是经验之论,修改加工绝不是雕虫小技和修修补补。当然,学术界也有"不改说"(萧乾)、"商改说"(巴金)、"必改说"(吕叔湘)的不同认知。

参考书目:

俞润生编著:《实用编辑学概要》,天津人民出版社1987年版

蒋广学著:《编辑通论》,南京大学出版社1995年版

编辑创新特质辨

人类已跨入 21 世纪，知识经济的迅猛发展对出版界精神文化产品的生产者提出了更高的要求，信息化、数字化、网络化的电子传媒引发了出版业的真正革命。数字生存、媒介革命、虚拟世界改变了出版理念和方式，从而也改变着出版物和出版事业的面貌。然而，无论何时，编辑仍是传播的主体，编辑工作仍将是出版工作的中心环节，而创新则永远是学术文化的本质，是编辑永恒的追求。编辑活动的实质是创新，编辑主体劳动是一种创造性劳动。

一、编辑定位的时代演绎

这还要从编辑是"为他人作嫁"这句俗语说起。在古代，文化传播和积累是通过著编合一完成的，"为他人作嫁"代表了人们对作为著述活动附带形式的编辑劳动的定位。唐人秦韬玉《贫女》诗曰："苦恨年年压金线，为他人作嫁衣裳。"其意是说：贫苦女子一年到头做衣服，自己却穿不上新衣裳。在我们新中国，无论做什么工作都是为人民服务，所以编辑工作的"压金线"不应是"苦恨"，而"为他人作嫁"则是事实。古远者，字体组成，文章编排，鸿文巨著，无不需编辑以增其色；及于今日，文化传播，电影电视传媒，亦需编辑来组合，当前亦产生电脑编辑、网页编排等新宠。可见，随着社会的发展，编辑逐渐从著述活动中分离出来，成为一门单独的职业和学科；编辑把创造性劳动贯穿于选题策划、组稿审稿、编排加工、装帧设计等一系列环节中，成为高层次、隐匿性精神产品的创造主体。1983 年，《中共中央、国务院关于加强出版工作的决定》中编辑工作是"政治性、思想性、科学性、专业性很强的工作，又是艰苦细致的创造性劳动"[1]的定位，反映了编辑作为出版物策划者、组织者、生产者，作为创造性劳动的主体已经得到出版界认可。前苏联《图书学百科词典》"编辑"条说"编辑工作始终是创造性的过程，这是由每一部作品的内容、结构的新颖性、作者思想的独特性，他的行文的风格特点，未来出版物的风格和读者对象等因素决定的"。

编辑角色的创造主要体现在两个层面：编辑学作为尚需探索的领域，需要许多探索者付出巨大的创造性劳动；出版物的生产有别于普通产品的生产。知识经济时代的编辑创新核心已经从"技术"、"组织"拓展到"知识"、"理念"。编辑不仅对结构瑕疵、文本润饰、版面编排、装帧设计等各方面发挥导向和规范作用；不仅表现为编辑技术创新的势在必行：伏案审读、纸笔修编代之为荧屏扫描、键盘操作，符号数码代之为电脑检索，候时校对代之为即时校对；更是编辑宗旨、编辑理念、经营战略的根本革命。编辑的生命追求、学养修炼、精神致思、读者意识都可以在作品中倾注和传达。一本好的著作和文章，也许可比作一块璞玉，只有精加雕琢，才能使璞玉尽显其光彩，著文尽显其光华，这就是创造。从此意义上说，我们可以赋予"为他人作嫁衣裳"以新的含义：作嫁衣，是编辑默默无闻的奉献，正是通过"嫁衣"，"他人"（作者、作品）见了"公婆"（读者），舍此就"嫁"不出去，这说明编辑主体的创造特征。

21 世纪我们正走进数字化与网路时代，编辑开始告别传统的"剪刀加糨糊"和"铅与火"的工作模式，进入"光与电"和"鼠标加键盘"的革命。（1）从工作模式看，编辑出版流程高度整合，编、排、校一体化，不再需要印刷。在机、在线编辑大幅度简化了出版程序，降低出版成本，提高工作效率，实现了"即时出版"。（2）从"文本"模式看，期刊多元化，即在线期刊、下载期刊、电子期刊共存。网络出版使读者摆脱了时空限制，掌握了获取信息的主动权。（3）从管理模式看，编辑手段网络化。编辑部可以通过审稿人数据库、稿件数据库、作者数据库实现自动化管理。稿件的撰写、审阅、修改、校对、排版也都网络化。网络时代的编辑出现创新具有新的时代特征。

二、编辑创新的内涵和路径

策划，即筹划、谋划。它是指在编辑出版活动中，对选题、组稿、编辑加工、装帧设计、校对印刷、市场营销等各个阶段、各个环节的全方位的整体筹划和精心谋划。随着我国社会主义市场经济体制的逐步建立和完善，现代科技的迅速发展及其在新闻媒体中的广泛运用，报纸特别是号称"第四媒体"的互联网的市场冲击，期刊面临前所未有的决定生存的巨大挑战。期刊的品牌策划和市场营销开始引起有识之士的广泛关注，有人甚至提出在期刊的编辑部专门设立策划人员职位，以此加强期刊编辑工作的市场导向和品牌运作。面对竞争日趋激烈的市场，在生存和发展这个重大问题上，我们的期刊有必要对某些理念、观念、原则等进行重新审视，有必要对我们的刊物定位、经营策略和市场空间等进行重新审视。改革开放20多年来，迅猛发展经济给出版业带来了深刻的冲击，政府行为淡化，财政拨款减少，书报刊市场趋于饱和，业内竞争日趋激烈。市场化、全球化的形势，使新闻出版业内呼唤创新的声音日益强烈。随着现代出版业的革命，旧体制下"作者→编辑→读者"旧模式已变成"读者→编辑→作者"的新范式。世纪更迭，社会转型和学术流变的新趋势向传统的办刊思路和编辑思想提出了挑战，千刊一面的"脸谱化"亟待改变。这些问题的出现固然有其历史、体制、社会等多种因素所致，但编辑策划意识淡薄、创新意识不强导致出版物整体风格和个性特色难以彰显是其症结所在。因此，如何适应现代出版业飞速发展的需要，迎接21世纪加入WTO对出版界的挑战，强化策划意识，提高编辑主体的策划能力是编辑创新的灵魂。

策划作为编辑主体作用和创新精神的重要表征，应贯穿于编辑工作的全过程，包括选题策划、理念策划、形式策划、市场策划。俗话说："巧妇难为无米之炊。"好的选题既是编辑工作的起点，又是出版部门贯彻出版方针、坚持出版方向和突出自身特色的体现。编辑在新形势下要主动出击、审时度势，追踪学术前沿，有针对性地选题，就能做到事半功倍，出奇制胜，人无我有，人有我新。刊物和出版社都应办出自己的特色来，而理念就是特色的中枢。特色是出版物的生命，理念是编辑思想和办刊方针的具体呈现。在出版界，商务印书馆以译介中外名著经典为职志，三联书店以出版精品图书嘉惠学林，百花文艺出版社的散文类图书有"读散文找百花"之口碑，《读书》、《学术界》、《文史哲》等刊物都闯出了一条路子……出版技术的革命，为报刊杂志的形式策划提供了极为广阔的发展空间，形式设计也呈现不同的审美风格和艺术品位。形式既是直观的欣赏样式，又是载体自身展示的无声广告，包括装帧设计、版式、开本、封面、印刷等方面，属于编辑美学范畴。比如，就版式装帧而言，要先确定"学术期刊"、"工具书"、"少儿读物"、"普及读物"的不同类型，然后再考虑纸张、开本、目次、内文、字号、插图、封底、封面等。叶至善曾说：一个编辑如果不重视装帧艺术，不喜爱装帧艺术，对装帧艺术的发展漠不关心，就不是一个合格的编辑。

市场策划是指编辑主体精心策划，找准书刊与市场的契合点，实现经济效益和社会效益的"双赢"，从而达到繁荣出版事业，满足民众精神文化生活的日益增长需求的行为和过程。在新的市场经济体制条件下，编辑在了解市场、熟悉市场的基础上，按照出版工作的自身规律，如何生产出更好更多的精神食粮，同时创造更佳的经济效益，这是一个亟待解决的难题。当前社会媒体上的泡沫学术、浮躁文风、色情暴力、封建迷信等凸显，表明有许多人陷入一个误区，误认为"市场化"就是"金钱化"、"低俗化"。精神鸦片不可不禁，文化垃圾势在必禁。

三、编辑形象的认识误区

编辑是读者和作者的中介与桥梁，编辑工作处于出版系统流程的主导地位，没有经过编辑这一中介，作者"原坯"的著作文稿就不能成为精品佳肴，既得不到社会的承认，也难以实现作者的创造价值。"不出版则灭亡"，编辑已经成为精神文化产品的传承者，科学精神和人文精神的守护者，文化产业的生力军。编辑创新实现了从文化传播到文化创造、从文化选择到文化建构的双重超越。

但无可讳言，有些流行的论点否定了编辑主体创造性劳动的特质，影响了对编辑活动本质的正确认知，必须加以澄清。

"剪刀加糨糊"、"键盘加鼠标"的传统看法。有人说，编辑工作是简单劳动，无非是涂涂抹抹，改改文字符号，甚至是乱"编"乱"辑"。这种偏见是基于对古代编辑活动表面的、局部的和片面的认识，随着社会科技文化的不断发展，尤其是以计算机技术为基础的现代科技的高度发展，这种传统的评价正在逐渐失去意义。

"编辑无学"。从字面上看可以有三种含义：编辑无学问，编辑无学说，编辑无科学。世事洞明皆学问，怎么唯独编辑无学呢？实则大谬不然。从孔子编辑《六经》、刘向父子编撰《七略》到明朝清朝分别编成《永乐大典》（22877 卷）和《古今图书集成》（10000 卷），这些中国学者对精神文化产品的整理与开拓，形成了在世界上首屈一指的文化宝藏。随着现代网络出版技术的发展，纸型版、光盘版、网络版并行，编排校合一，编辑的素质要求会更高。编辑学作为一门研究编辑活动规律的新兴科学正臻于完美，其能够提示编辑活动的发生发展规律，全面深刻地反映编辑活动的本质特征，从而也为正确评价编辑活动提供了前提。

"编辑工作是被动的，没有创造性"。编辑与作者、作品的关系犹如导演之于演员、剧本。编辑承担着传承文明、守护魂魄的历史重担，执历史之命，补时代之阙，哺人民之音应是永恒的追求。编辑要以深厚的学术底蕴、前瞻的学术视野、博约相谐的知识架构、开拓创新的耦合能力迎接知识经济的挑战和新技术革命的浪潮。编辑对"问题"意识的关注。对学术思潮的热情，对精神文化产品趋势的预测，对于某些偏颇的矫正，就是一种再创造。这是一种沙里淘金的本领，是一个采璞输玉的再造。

总之，21 世纪的中国正经受着知识经济和信息革命的洗礼，大众传媒正日益深刻地影响亦改变着我们自身和社会。编辑应调整角色，承担起为时代立言，为文化立心的光荣使命。马克思曾说过：每个时代总有属于它自己的问题，而所谓问题，"就是公开的、无畏的、左右一切个人的时代声音。问题就是时代的口号，是它表现自己精神状态的最实际的呼声。"[2] 编辑应对其在当代社会文化传承建构中的角色意识有充分清醒的认识。创新是一个民族进步的灵魂，编辑劳动在精神生产中具有直接或间接的创造性，编辑策划赋予报刊以灵魂和生命。编辑通过自己隐匿的劳动施行政策的导向，传播真理的火种，推介实践的力量，弘扬精神的价值。对于编辑的角色特质，我们应当如是观。

参考书目：

[1]《中共中央、国务院关于加强出版工作的决定》，1983 年版
[2]《马克思恩格斯全集》第 4 卷，人民出版社 1972 年版，第 289—290 页

学术期刊核心竞争力研究

学术期刊的编辑出版是社会主义精神文明建设事业的主要组成部分，是学术交流、理论创新的平台，肩负着"代表先进文化前进方向"的时代使命，承担"探索真理、繁荣学术、传播知识和创新文化"的历史责任，做好这项工作的意义自不待言。

但是，学术期刊的编辑出版长期以来大多处于一种粗放经营状态，缺乏对期刊的整体策划和个性塑造，因而形成了一种"千刊一面"、"千篇一律"的固定模式。在期刊走向产业化的今天，如何提升学刊的核心竞争力，塑造期刊的品牌效应，成为一些学刊发展的制胜谋略。

我国是一个出版大国，据统计，我国现有期刊 9000 多种，其中人文社科类期刊有 4000 多种，而学术理论期刊就有 3000 多种。与文化生活类、时政综合类期刊相比，学术期刊呈"边缘化"现象，缺乏对读者、作者、人才的核心竞争力。主要表现为：发行量少、市场需求窄，可持续发展能力弱；传播话语的精英化，学院气浓重，曲高难免和寡；缺乏与国际重要学术期刊对话的语境和一套由制度保证的学术规范和普遍认可的技术评价体系；特别重要的是缺乏一大批具有文化品味和个性

特色的品牌期刊。何为学术期刊核心竞争力，如何提升核心竞争力成为学界同仁殚思竭虑的重要议题。

何为学术期刊的核心竞争力？是品牌个性还是质量服务？是内塑理念还是外拓形象？是主体策划还是外在规范？可说莫衷一是，见仁见智。自从1990年美国学者普拉哈拉德和哈默在《哈佛商业评论》提出"核心竞争能力"这一概念以来，"城市核心竞争力"、"文化力"、"综合国力"、"出版社核心竞争力"等见诸报端，并已被广泛用于出版文化、企业管理、城市发展等领域。显而易见，学术期刊核心竞争力就是使之能在竞争中取得可持续生存与发展，所具有的吸引、拥有和控制作者、读者和市场的影响力和核心能力。显然它是一个综合性概念，应包括产品、营销、技术、人才、管理、文化等因素。提升核心竞争力是一个系统性工程，既有内涵式发展（知名度、美誉度），也有外延式拓新（发行量、转载率、影响因子等）；既包括硬核心竞争力（以创新能力和核心技术为主要特征），又内含软核心竞争力（经营理念、办刊宗旨、风格定位等）。它涉及出版文化、管理机制、品牌塑造、出版营销、读者设计等各个方面。

核心竞争力是关于学术期刊的生命和学术编辑使命的不竭源动力，是学术期刊的立刊之本、兴刊之魂。我认为如何提升学术期刊的核心竞争力要解决四个难题：第一，如何从大文化的视野审视学术期刊的价值定位，塑造卓而不群的学术品位和文化个性，实现从文化传播到文化创造、从文化选择到文化建构的双重超越？第二，如何实现从"作者—编辑—读者"的旧模式到"读者—编辑—作者"的范式革命和体制创新，形成"人无我有、人有我新、人新我变"的特色品牌？第三，如何处理好学术与政治、质量控制与风格定位、问题意识与编辑六艺、知识关怀与人文情怀的辩证关系，实现社会效益与经济效益的最佳结合？第四，如何在知识经济和全球化语境下，恪守学术期刊的"学术性、创造性和探索性"宗旨，处理好本土化与国际化、特色化与规范化、个性化与网络化的关系？学术期刊应具有独特的品味和格调，其本质在于追求学术创新、探求未知，其成果体现为学术精品，而学术规范是必须遵循的。总之，学术品位（灵魂）、学术创新（动力）、学术精品（特征）、学术规范（技术）成为学刊提升核心竞争力的必然选择。

一、学术品位是学术期刊核心竞争力的灵魂

"学术者乃天下之公器"。学术是一个民族的精神之光，是人类理性认识的系统化，是一个时代人的精神的充分表达。学术出版是先进文化的代表者和承载者，通过出版物引导文化消费，塑造社会大众，规制文化走向，并以自己特有的印记影响文化积累和选择，推动着时代的精神走向。先进文化代表生产力，学术品位提升竞争力。我们要跳出短视的功利性和工具性认识阈，以大文化的视野审视学术刊物"无用"之"大用"，以"登泰山而小天下"的气魄和胸襟评判世界文化，努力探寻一条创造性转化的中国学术创新之路。作为学术期刊的"把关人"和"守门者"，编辑承担着为时代立言、为文化立心的作用，编辑要有所信、有所求、有所畏，在知识关怀的同时保持学人情怀。"治学不为媚时语，独寻真知启后人"应是我们的座右铭。国家昌则出版昌，出版物塑造着民族的性格，编辑塑造着出版物的格调。编辑应在学术追求中维护民族精神的魂魄，实现生命意义与历史责任的高度统一。编辑在学刊中应当充分倾注和表达自己的生命追求、学养修炼、精神致思、服务意识。当前学术出版面临着改革与发展的历史机遇。改革的着眼点就是塑造学术品位和文化个性，恪守学术操守，避免学术浮躁，不猎奇、不媚俗，绝不使学术出版原本赋予的精神文化追求变成对市场和时潮的迎合和乞求，使对读者阅读视角的导引变成对读者的盲从和追逐。学刊应倡导"有思想的学术和有学术的思想"（王元化语），学刊应承担薪火相传的文化使命，凸显学术研究的终极关怀。在学刊如林的期刊界，《北大学报》、《文史哲》以厚重的文化积淀独步学界，《学术界》以"弘扬人文精神，推动学术进步"为鹄的，《咬文嚼字》以"向我开炮"开风气之先，《学术思想评论》寻找把对学术思想现实的介入和为当下中国承担责任相契合的思维方式，《读书》以思想评论见长，《哈佛商业评论》以经济分析取胜，这些富有品位的品牌大大提高了其核心竞争力。

二、学术创新是学刊核心竞争力的提升之道

学术创新是发展先进文化的根本要求，核心竞争力的提升有赖于期刊主体能动性创造性的发挥。由于学刊的弱市场性和社会公益属性以及精英的知识话语，长期以来采取的多是过分依赖政策导向和被动竞争的策略，发展举步维艰。如今必须以改革促发展，把社会效益放在首位，实现社会效益和经济效益的有机统一。中共中央国务院《关于加强出版工作的决定》中编辑工作是"政治性、思想性、科学性、专业性，又是艰苦细致的创造性劳动"的定位，反映了编辑作为出版策划者、组织者、生产者，作为创造性劳动的主体已经得到出版界认可。编辑活动的实质是创新，编辑主体劳动是一种创造性劳动。学术的生命与价值在于创新。学术创新包括：内容创新，理念创新、选题创新、栏目创新、管理创新、营销创新、话语创新、版式创新。知识经济时代的编辑创新已经从"技术"、"组织"拓展到"知识"、"理念"。

学术创新体现了内容上的推陈出新。学术创新是在"已知"的基础上探索"未知"，发他人之未发，言他人未言及。从学术史角度看，对学术的基础性理论问题进行正本清源的梳理和阐释，或探索新领域，发掘新资料，或建构新方法，解决新路径。从更高的意义上，学术期刊应该通过刊发最前沿的学术理论成果反映学术思潮，预测学术走向，倡导优良学风，激发学术创新。

学术创新体现了技术上的与时俱进。伏案审读代之为荧屏扫描，纸笔修编代之为键盘操作，符号数码代之以电脑检索，候时校对代之为即时校对。

学术创新体现为办刊理念的卓越追求。在管理体制和办刊模式上作出新探索，打破传统封闭的办刊模式和千刊一面的类同局面，引进竞争和激励机制，开放办刊，不断增强其活力和竞争力；在选题策划上强化问题意识和对社会重大的社会现实问题的阐释力，及时了解和掌握学术前沿问题、重要理论现实问题、热点难点问题以及新兴学科、交叉学科、边缘学科。学刊的栏目设计要体现布局之新和整体策划之效。学刊

既可以学科为主题策划稿件，设计栏目，也可以问题为中心开拓学术空间，表达到一些学术问题的关注。

学术创新还在于形式上的焕然一新。学术论语的可研讨性、可对话性，论题的科学新颖，论证的逻辑系统，以及严谨、厚重的格调文风。外在装帧的学术品位与文化个性，朴素、厚重、典雅、大气的学术气质；刊物字号的选用、图文空间的组合结构都应当体现人们的学术追求和审美创造；版式疏密得当、和谐有序、用弘取精、大气雅致。

当然，学术期刊的创新更体现在建立导向正确、运作规范、促进发展的出版创新体制，体现为建立一支政治强、业务精、作风正的创新队伍，体现为研究文化创新规律及条件。特别是保持一个学术创新的话语空间，因为学术自由是学术创新的重要条件。学刊应是学术争鸣的媒介，学术交流的园地，学术创新的孵化器。学术期刊应当成为激荡思想、促进交流、催生新知、传播科学的文化知识平台。

三、学术精品是学刊核心竞争力的重要表征

以质量求生存，以特色求发展，以个性铸品牌，这是提升学刊核心竞争力的必由之路。质量是学术期刊的生命线，自然也是学术期刊永恒的追求。如今，"铸一流品牌、创名刊工程"，已成为许多学刊的制胜之道。在当前加入 WTO 和知识经济的大背景下，学刊要解决总量过多、结构失衡、重复建设、忽视质量等散滥问题，努力实现从扩大数量规模向以提高质量效益转型，走内涵式发展之路。学术期刊要体现其"创新性、探索性和学术性"的宗旨，必须树立精品意识，铸造学术精品。为了提高其核心竞争力，不少学刊进行了卓有成效的探索，如走内涵式发展之路，创办名牌期刊；走专业化道路，改变"小而全"的办刊状况，创办代表我国学术水平的专业性学刊；走整合之路，鼓励条件相同的期刊联合，把刊物做大做强。

学术期刊的精品是内容和形式、科学美与艺术美的统一。正如有学者所述，精品应包括这样的内容：文章的学术价值，在某一学科领域具有超前性、创新性；文章的研究价值，对人们从事学术研究具有启迪

性、借鉴性；文章的资料价值，对于系统了解学术研究动态具有收藏性、可资性。

学术精品的形象塑造以科学策划为保证。面对出版界日趋激烈的市场竞争，我们有必要对某些理念、形象、原则等进行重新审视，有必要对刊物定位、经营策略和市场空间等进行全面设计。其中，选题策划是期刊策划的"生命线"，是期刊核心竞争力发挥的关键。

学术精品必须体现个性特色。正如邹韬奋所言：没有个性或特色的刊物，生存已成问题，发展就更没有希望了。期刊的竞争，实质上就是个性的竞争，其核心竞争力取决于刊物的办刊宗旨、理念方针、读者风格等方面不易为别的刊物模仿、替代或超越的能力。

学术精品的铸造还在于质量的全面控制：选题、组稿、审稿、加工、整理、校对。它体现了出版前的目标控制，出版中的最优质量控制，出版后的反馈控制。只有这样，才能形成"人无我有，人有我变、人变我新"的学刊风范，铸造"高、精、深"的学术品牌。

四、学术规范是学刊核心竞争力的技术保证

规范是使事物转变为合乎标准的性质和状态，是对出版编辑的对象、范畴、方法、价值体系属性功能的规律性认识，是最优劳动程序和最优传递方式的总结表述和准则模式。学术期刊的健康发展呼唤学术的规范化建设，任何一种学术规范的存在与认同，既是学科本身得以形成的主要标志，也是维系和引导学科建设，开展学术研究的基本纽带。对编辑规范的关注与学风失范的矫正，有利于我国学术期刊的繁荣，有利于提升其核心竞争力。优秀的学术期刊不仅应当在形式上严格执行国家出版规范，而且应当是坚持学术规范的典范，推进学术规范建设，繁荣学术争鸣批评，加强学术制度建设。特别是反对任何形式的学术腐败，清除学术浮躁，避免学术泡沫。

20 世纪 90 年代以来，我国学术界适应改革开放，扩大学术交流，与国际惯例接轨的要求，开始重视学术规范。有"70 年代谈政治、80 年代谈思想，90 年代谈学术"之谓。"一代有一代之学术"，如果

说 20 世纪 80 年代学术建设的主流似乎是批判，而 90 年代是开掘与梳理，而 21 世纪则是重铸和建构。学术规范既包括学术道德规范，又包括技术评价规范；既有学术文本规范，又有学科范畴规范。文学的形象生动、历史的深思质朴、哲学的睿思明理、经济的深邃济世，都是我们的努力追求。既要遵循《著作权法》、《广告法》以及有待出台的《出版法》规范，又亟须建立科学可操作的学术评价体系。当前我国学术规范建设的重点是编辑一本中国学术界通用的像美国那样的《芝加哥手册——写作、编辑和出版指南》，特别是形成学术自由的氛围、学术批评的空间、学术对话的窗口。

参考书目：

阙道隆著：《实用编辑学》，中国书籍出版社 1985 年版

贺剑锋著：《中国出版企业竞争力研究》，湖北人民出版社 2004 年版

学术期刊品牌竞争论

一、人文社科学刊品牌竞争的内涵及其生态

21 世纪我国的学术期刊进入了一个品牌竞争的新时代，品牌竞争关乎期刊的未来。塑造文化个性，打造学术品牌，加大改革创新力度，增强活力，壮大实力，扩大影响力，这是学术期刊品牌竞争的必由之路。作为学术期刊"大家族"的重要成员，学报连续、集中、全面反映高校教学科研成果，是传播社会主义先进文化的重要载体，是开展国内外学术交流的重要桥梁，是发现培养学术人才的重要园地，是塑造学

校形象、创造学校品牌的重要途径，其作用不可或缺，但也应正视其尴尬的竞争生态："大而全"、"小而全"，数量多、品牌少，雷同多、创新少；缺乏对作者、读者、优秀人才、优质稿件、国际检索系统的吸引力，可持续发展能力弱；粗放经营，缺乏整体设计和个性塑造，多刊一面，少有特色；计划体制下的惰性思维和"等米下锅"思想严重，策划营销不足；"包装"和外部设计"脸谱化"，品位不足；学术传播内容和话语学院化、精英化，难免"曲高和寡"……不一而足。总之，无论从我国期刊市场的现状还是从高校繁荣发展哲学社会科学的任务看，都必须大力推动包括学报在内的学术期刊改革，推动办刊理念和机制的创新，推动学刊的结构调整以及出版和市场的紧密结合，重塑学术期刊品牌文化，特别是提升其品牌竞争力。所谓期刊品牌是指期刊用以区别其他期刊的名称、包装、颜色、标志、风格等符号的组合，体现着期刊的个性特征和内在质素，在进入市场时更易于被读者识别和辨认。品牌是期刊核心竞争力的集中表现，具有无形的示范和衍生价值，具有知名度、美誉度、忠诚度。品牌战略包括品牌的塑造、运用和延伸等。在我看来，学刊品牌竞争力就是其优化资源配置、确保自身优于其他竞争对手的可持续发展的创新能力。提高品牌竞争力是学刊长期追求的战略目标，这种为实现战略目标所特有的、不易被复制的、具有延展性的能力是其产品定位的关键和竞争保持优势的基础，其具体表现为独特的期刊品牌、原创性的学术精品、职业化的期刊人团队、和谐有序的出版机制等。根据格乌斯的生态位原理，要准确进行传播定位（读者定位、风格定位、市场定位等），实行错位传播，才能应对竞争，赢得受众，铸造品牌。进入新世纪的高校社科学报等学刊开始了对其刊物定位和竞争生态的思考与转型：从不敢竞争到敢于竞争，从产品竞争到品牌竞争；从害怕竞争、无视竞争，到避免恶性竞争，实现良性竞争。重视期刊的品牌效应及其推广延伸战略，塑造学刊的品牌形象，成为学报突破困境，提高文化竞争力的必然选择。

二、名刊名栏工程建设：现实选择和品牌效应

根据《教育部关于加强和改进高等学报社科学报工作的意见》，教育部推动实施名刊名栏工程。其基本内容是：树立特色化、品牌化的发展理念，走特色化、专业化的发展道路，精心选择一些学校学术实力雄厚、办刊基础较好的学报，通过国家支持和内部改革，争取三五年内推出20家左右能反映我国学术水平和学科特色、在国内外有较大影响的大刊名刊；支持高校社科学报在保持现有格局不变的情况下，根据各地各校实际和特色，创办特色栏目和名牌栏目，走内涵式发展之路，塑造各自刊物的学术个性和文化特征，从而改变"全、散、小、弱"状况，实现"专、特、大、强"的目标。正是在这一背景下，2003年教育部、新闻出版总署公布了《北大学报》等11家首批入选名刊名单；2004年公布了《武大学报》"哲学"等16家名栏。这是以改革创新为动力，以品牌建设为核心，以发展繁荣哲学社会科学为目的的重大出版工程，是一项具有聚集效应和导向意义的品牌创新工程。其目的是强化高校学报的文化特色及品牌优势，提高我国高校社科学报专业化水平，突出高校社科学报的品牌效应，带动高校社科学报整体水平和质量的提高，繁荣发展高校哲学社会科学研究。实施名刊名栏建设是推动高校社科学报改革创新的有益探索，是铸造学报品牌的重要环节，是体现学术期刊科学发展观的现实选择。它既包含了对百年学报发展历史经验的反思总结，又有对当前学报竞争生态的体认审视，更凝聚了当代学报人期刊智慧的探索。其创新价值和示范效应将对中国学术界期刊的发展产生广泛而深刻的影响。

在期刊业走向产业化的今天，期刊的品牌效应已引起越来越多期刊人的重视，都把它作为抢占市场、争取读者、发展自己的一项重要手段和制胜谋略。面对新世纪期刊竞争的新趋向，实现期刊的品牌开发和类型导向，培育一大批具有核心竞争能力的期刊和代表先进文化的优势期刊群体，以提升我国期刊业及至整个文化产业参与国际竞争的能力，这是由我国社会主义精神文明建设的基本属性及其本质决定的，也是维护国家文化和意识形态安全的重大任务。如同在经济建设中企业重视品牌

战略一样,作为文化信息业的期刊要在竞争中求得生存发展,就必须树立品牌意识。品牌就是出版力,就是核心竞争力的集中表现。

而如何提升竞争优势,一些综合文化类(《读者》、《家庭》、《知音》)、新闻财经类(《新周刊》、《财经》)期刊开始了卓有成效的探索,取得了一些成功经验。主要是:科学的市场定位和明确的品牌建设规划;形成具有可延伸性和持续发展性的"名牌产品";出版机制与营销模式的创新;职业化的期刊经理人队伍等。这些经验在同行和读者中留下了深刻的印象,成为这些期刊在媒体激烈竞争中脱颖而出的成功法宝,成为塑造品牌和核心竞争力的重要标志。这些品牌在市场的卓越表现使处于市场边缘化的学刊也受到冲击和启迪。改革提升竞争力,品牌衍生生产力。在出版改革中,把社会主义精神文明建设和社会主义市场体制结合起来,既是必要的,也是可行的。要以发展社会主义先进文化,全面提高期刊竞争力为目标,在体制、机制和定位上,为国内期刊业的改革和发展创造更加有利的政策环境。要对学报进行重新设计和定位,以期构筑特色,发展个性、打造形象,塑造品牌。实施名刊名栏建设就是在这种背景下打造品牌的有益尝试。

三、全面提升学刊品牌竞争力的路径选择

准确定位,形成特色。这是提升学刊品牌竞争力的必然选择。对期刊进行科学准确的定位是培育期刊核心竞争力的基础,而创办有特色的文化精品是关键。特色就是生产力,就是发展方向。正如邹韬奋所言,没有个性或特色的刊物,生存已成问题,发展更没有希望了。特色是出版物的生命,理念是编辑思想和办刊方针的具体呈现。学刊一定要有自己的理念追求和读者定位,这是提升品牌竞争力的核心。学刊特色定位是期刊独特的目标导向,是错位传播和差异化竞争原则的重要体现,而栏目特色则体现了编辑思想和版面空间的有机结合。古人云,为学如大禹治水,须知天下山川脉络,编辑亦然。在正确定位和赋予特色的前提下,编辑更要以主动的姿态和创造性的劳动介入思想阵地和文化前沿,引导学术思潮流变,而精品栏目正是这样的一个窗口。栏目要具有跨学

科性、探索性、前瞻性、争鸣性等特征，它包括学科、事件、问题、文体等专栏，特别是以问题为中心组织稿件，彰显编辑方针、选题取向、期刊特色。还要无论是《北大学报》、《文史哲》等对传统优势学科特色的挖掘，还是《求是学刊》、《南京大学学报》对"文化哲学"、"特约主持人"等问题、文体特色的探索，《思想战线》、《广西民族学院学报》对"民族学、宗教学、人类学"等地域特色的开拓都说明了准确定位，突破多刊一面的封闭格局，塑造鲜明的学术个性和文化特征已成为学刊追求的目标。

经营品牌，塑造风格。这是全面提高学刊综合竞争力的重要保证。重质量、出精品、创品牌，形成期刊品牌文化，才能提高其综合竞争力，中国期刊才能参与国际竞争并立足于世界期刊之林。品牌是期刊张扬特色、保持优势的主动营造，风格是期刊成熟的标志。高品位的质量是刊物长盛不衰的根本，学刊要破除粗放经营、广种薄收观念，树立经营品牌的理念，全面提升学刊的政治、学术、编校、装帧质量，进而提高期刊的社会效益和经济效益。创新是刊物的灵魂，是刊物保持永久魅力的关键所在，学刊必须改革过去计划体制下的办刊理念、模式、方法，对阻碍其品牌竞争力发展的理念、领导、保障、评价、激励机制予以创新。如文化是目的市场是手段的观点，期刊是事业又是产业的思想，大出版观念和全球视角；在知识经济时代，人才资本是竞争优势的关键来源。职业精干的编辑队伍是学刊品牌竞争力的主要呈现。学刊竞争力的提升有赖于编辑主体主动性能动性的发挥，我们要创新人才观，育名家（名主编、名编辑）、出名作（优秀论文），为品牌经营提供智力保证。编辑唯有创新，通过有针对性地选择读者、市场和创造性地策划选题，才能与时俱进。学刊要保持忧患意识，强化"名刊"、"精品"观念，争取与国际先进期刊看齐、接轨。我们相信通过名刊名栏工程建设卓有成效的工作，必将推出一批国内一流、国际知名的学者型出版人、品牌期刊和品牌栏目，铸造中国特色的学术品牌和期刊风格。

参考书目：

张积玉著：《编辑学论稿》，中国社会科学出版社 2004 年版

张积玉等著：《编辑学新论》，中国社会科学出版社 2003 年版

编辑工作：书报刊之异同

　　编辑因为对象差异而体现不同的要求，有个有趣的比喻；报纸好像秒针，刊物好像分针、书籍好像时针，三者之间既有区别又有联系。大体言之，报纸具有敏感性、时效性，刊物具有周期性、个性化，而书籍则强调稳定性、全面性。这是三者编辑工作中的差异性特点。有人这样评述：整个时代好像是辉煌的历史巨帙，报纸是巨帙中的"活页"，杂志则是巨帙中的"一节"，而书籍则是一个完整的章节。

　　书，指装订成册的著述，内容比较稳定，可供读者长期使用，有科学著作、一般读物、教科书、工具书、文艺作品、古籍整理等几个不同的出版物分类，编好书籍不同的内容有不同的特点要求。就科学著作的编辑工作而言，或开拓全新的领域；发现全新的问题；或倡导全新的思路，运用全新的方法，发掘全新的资料，或建构全新的体系，得出全新的结论，填补新的空白；或补充前说，纠正通说，批判异说。一言以蔽之，发他人之未见，言他人所未及。它对历史和现实的问题触及的范围有所开拓发掘，对于已经达到的理论层次有所提升，对于未来发展趋势有所预测，对现实问题有所创获……在出版史上周振甫之于钱钟书作品、叶圣陶之于巴金、丁玲之扶持、鲁迅之支持瞿秋白的《海上述林》出版均成编辑佳话。就一般读物（通俗读物和非专业性图书）的编辑工作而言，除思想上重视、知识上正确、内容上浅显、选题有吸引力外，要注意读者类型的区别和引导受众。就教科书编写而言，坚持思想性和科学性、理论和实际、引进国外与消化传统之辩证关系，当然大学教科书与中小学教材、研究性教材与普及技能性教材要因事制宜。至于工具书的编辑工作则强调科学性、知识性、稳定性、实用性并重。对于文学作品（小说、戏剧、诗歌、散文等文体），要考验编辑的眼光、胆识、智慧。古籍整理工作是编辑出版中富有长远意义的基础工程。书籍的辅文（序跋、注释索引、附录等）也须注意。

杂志又称期刊（Periodical），指连续定期出版的期刊。杂志包括学术性期刊（Journal）和大众性（Magazine）两大类。具体可分为：学术理论类、工作指导类、时事政治类、文学艺术类、综合文化生活类、教学辅导类、信息文摘类。有人说，19 世纪是书本世纪，20 世纪是期刊世纪。期刊具有交流、存储、评价、教育等功能。据统计，目前大陆现有杂志 9000 余种，人文社科 4500 余种，除去通俗大众类等非学术性期刊，学术性、准学术性期刊达 3000 余种。

期刊具有保存性、移动性、选择性、复制性、低廉及精美、弹性强、易创品牌的特点，把知识、娱乐、资讯、服务等原则结合起来，但期刊也有特色不明、千刊一面、等米下锅、杂散差等不足。要解决期刊长期存在的痼疾，除了改革管理制度、学术制度、期刊生态外，还需解决观念问题、定位问题、审稿问题、校对问题、规范问题，使之更好地发挥信息窗、学术载体、公共话语平台的作用。要建设特色栏目、打造精品、组织新颖有冲击力的文章、革新版面等。

国家出版机构对报纸的定义有其特定的规定：版面排式是报纸形式；报纸周期 7 天（含 7 天在内）；开张 8 开以上不装订成册。报纸具有鲜明的属性：政治思想倾向性，因此编辑要懂得版面政治学；报纸最讲究时效性，特别是信息时代更是如此。有一句行内调侃语："人咬狗是新闻，狗咬人不是新闻。"缺乏时效性，新闻就会变成"旧闻"；报纸非常重视评论工作，即社论是报纸的灵魂。

一般言之，报纸编辑人员要做到：新、短、杂、活。所谓新，就是新颖，当然真实性是报纸新颖的前提；所谓短，即短少精悍、短而有趣，要坚持人民性与党性的统一；所谓杂，即内容丰富多彩，报纸不仅是党和政府的喉舌，也是社会生活的镜子；所谓活，即在保持庄重严谨的同时，多点活泼清新，不断创新，与时俱进。

总之，报纸编辑工作的要求是：在坚持党性、导向性、喉舌功能的同时，要贴近群众、贴近生活、贴近实际，多一些现实题材、平民视角、纪实手法。

有人曾这样比喻，报纸好像是沟通社会各个领域的"阿托木"，杂志是具有相当穿透力的单束激光，书籍是一部奥妙无穷的电子计算机，很有道理。

参考书目：

吴道弘著：《书旅集》，河北教育出版社 2002 年版
李大同著：《冰点故事》，广西师范大学出版社 2005 年版

编者、作者、读者

编辑工作是一项服务作者、奉献读者的事业。作者、编者、读者是一个三维结构关系，编辑是这个三维结构的桥梁、中介。1983 年 6 月 6 日《中共中央、国务院关于加强出版工作的决定》指出：他们是同志式的互助合作关系。一部著作或文稿检验，并非在于作者脱稿之际，也并非在于编者发稿之际，而在于读者读书之际。有人曾这样比喻：编辑工作是借作者之腹生自己的儿子。"作嫁衣"、"钢筋"、"清洁维修工"、"守门人"、"教练员"、"园丁"这些不同的喻义标示着编辑默默无闻、奉献无私的工作品格。

关于编辑作者读者的关系，巴金曾有一个总结："我过去搞出版工作，编丛书，就依靠两种人：作者和读者。得罪了作家，我拿不到稿子；读者不买我编的书，我就无法编下去……搞好和作家和读者的关系也就是我的奋斗项目之一，因此我常常开玩笑说：'作家和读者都是我的衣食父母。'"[1]编辑工作是一个政治性、专业性、技术性很强的创造性劳动。面对大量的作品和文本编辑要有一种沙里淘金、慧眼识英雄的本领，编辑主体的问题意识、采撷眼光、编辑理念、设计导向、栏目排列都会产生不同的效果。这里有振聋发聩之作，也有雕梁画栋之文；有金戈铁马，也有小桥流水；有锥心泣血，也有天方夜谭；有菩萨低眉，

也有金刚怒目。编辑对待作者要热情大方、机敏善断、敢于承当，认真对待名家名人，不要以我为上，先人为见，不要摆架子，盲目自信，有时又要有点雅量、风度，有时也要自重自尊。我们熟悉的文学名篇《红岩》、《高玉宝》、《烈火金刚》、《红旗谱》、《赤橙黄绿青蓝紫》发表前都曾得到编辑的悉心指导、帮助、修改、加工。美国著名编辑萨克斯·康明斯因编辑《乔治·华盛顿选集》和《斯蒂文森选集》而与作者建立终身友谊成为文坛佳话。相反，编辑出版史上也有所谓的"马克·奥勃朗"事件，编辑不能公平择优的教训。

编辑如何对待读者呢？我国有"以读者为导向"、西方有"读者是上帝"的说法，说明编辑要树立为读者服务编书的理念。鲁迅说："于读者有益，使读者有可得。"叶圣陶说："一切为了读者。"邹韬奋说："竭诚为读者服务。"时下也有一句行内话："心中有读者，眼中有市场。"如何研究受众需求、为读者服务是一门学问和艺术。读者是分层次、是有不同类型的。编者可以通过直接与读者见面沟通、开展读书评比活动、召开专题座谈、发放意见调查表、开辟"读者·编者·作者"专栏等多种形式来加强与读者的联系。如我国出版事业的楷模邹韬奋曾设有"读者信箱"，对读者来信都一一作答，"把读者的事看作自己的事，与读者的悲欢离合，酸辣苦甜，打成一片"。因而进行读者研究是编辑工作理论与实践的重要课题，这包括读者观、读者分类、读者心理等。了解读者、适应读者、引导读者是相辅相成的。

总之，编辑、作者、读者的关系是鼎足而立，相互关联，缺一不可。让我们听听国外学者格罗斯这方面的论述吧：

"作者和编辑的合作关系，应该是友好的，而非对立的；是共生的，而非寄生的"，"应该是每一方都能为另一方提供许多助益"。"编辑和作者是'舞者、舞伴'的关系"，"编辑工作要到位，又要避免越位"。"编辑所代表的不是最多的编辑或最少的编辑。而是编辑到什么程度能让作者的才华发挥得淋漓尽致，使作者的作品放出最耀眼的光彩，引致如潮的佳评……""编辑在维护他自己的操守上，应该负起什么责任；也就是忠于自己在政治、道德、伦理、社会和美学上的信念。假如一个编辑不能有所坚持，我不相信他真的能对作者、出版商、消费大众，甚至书籍本身善尽职责。"[2]

总之，在文化生产、文化传播和文化消费过程中，编者与作者、读者构成了一种现实的三维关系。他们相互影响，互相制约，推动着文化出版和编辑事业的顺利发展。

参考书目：

[1] 巴金著：《真话集》，人民文学出版社 1983 年版
[2] （美）格罗斯主编：《编辑人的世界》，中国工人出版社 2001 年版

学刊的生命与编辑的使命

在林林总总的期刊群落中，与政治时事类、文化通俗类期刊相比，学术期刊无疑属于小众期刊和阳春白雪。毋庸讳言，学术期刊核心竞争力较弱，可持续发展能力小。面对大众期刊和网络出版的挑战，面对加入 WTO 后世界期刊群雄逐鹿的局面，如何实现学刊的生命承当和编辑的使命追求引起了当代出版人的反思。

"一代有一代之学术。"学术是人类理性认识的系统化，一个好的学术期刊是一个时代人们精神生活的充分表达。学术期刊作为一代代学人的思想家园和精神守护从事着薪火相传的神圣事业，是知识分子思想交流碰撞的文化平台和话语空间。学术期刊融思想性与学理性于一体，集科学性与规范性于一身，反映时代精神，揭示社会真理，引领学术潮流。从"立德、立功、立言"三不朽的追问到"政统、道统、学统"的探求，从"尊德性"、"道问学"的抉择到"可爱者不可信，可信者不可爱"的困惑，在赓续递嬗的学术流变和社会转型中，一代代学人以时代的喉舌负载着一个民族的苦难，以学人的良知维系着文化的命脉。"文以载道、艺以显德"。中国古代知识分子不仅把自己看作学术文化的启蒙者，社会实践的践行者，亦渴望在文化传承中建构自己的话

语体系。在体道、论道中弘道，在学统中实践道统、政统，这种自我设计反映了其为天下师的精神自负，体现了革命家与科学家合一的角色意识，也铸就了伦理政治文化熏陶下学人的必然宿命。

学术乃天下之公器。这个"公器"即有价值的学术思想，由学刊这个载体广布天下而为人知。如何实现学统的承续，宋人叶适这样解读："读书而不知接统绪，虽多无益；为文而不关教事，虽工无益；笃行而不合大义，虽高无益；立志而不存于忧世，虽仁无益也。"当代学术期刊的编辑出版是我党文化工作和社会主义精神文明建设事业的重要组成部分，肩负着探索真理、繁荣学术、传播知识、承传文明的历史责任，代表着先进文化的前进方向。创新是一个民族进步的灵魂，也是一个学术期刊的生命之源。作为学术论文发表重要园地或刊载阵地的学术期刊，其生命价值在于不断创新。"苟日新，日日新，又日新"。学术期刊的基本责任在于刊发最新的学术成果，以此反映学术动向。在更高的层次上，它还应当通过编辑主动性创造性的劳动来预测学术走向，引导学术潮流，激发学术创新。这就凸显了学刊编辑的作用与使命。编辑的使命不仅在于优选和编辑文本，更在于参与策划和文化创造，引导学术探索和创新。学刊编辑在引导先进文化、传播学术思想、倡导理论创新、积淀文化知识、弘扬人文精神、净化学术风气、推进社会进步等方面，担当着十分重要的使命。

学术期刊不仅是学术传承的载体，而且是学术研究的向导；不要自限于"照着讲"，要追求"接着讲"。学术是一个国家、民族乃至全人类的共同财富，是一个民族的精神之光。学术期刊是传播先进文化的重要载体，是开展国内外学术交流的平台。学术期刊编发的论文应该是站在学术研究的前沿，提出或分析理论研究或实际生活中的重大问题，有独到新颖的见解，富有创造性和启发性，对于学术理论或实际生活有推动或导向作用。在理论上学术期刊应当追踪学术前沿、理论思潮和社会热点，在解决现实问题上应多刊发具有全局性、前瞻性和战略性的研究成果。刊物的办刊理念、栏目方针和稿件选择无不体现出编辑主体对政治方向的把握，对学术前沿的敏锐以及学术素养所决定的判断力。编辑的生命追求、学养修炼、精神致思、读者意识都应该也可以在文本中倾注和表达。

学术期刊不仅仅是学术成果的"接收器"，而且还应是人才培养的"孵化器"，学术风尚的"校正器"。学术期刊应该成为新苗成长的肥田沃土，使之经风雨，风世面，成为明天的学术大师。1905年东吴大学学报——《学桴》创办，学桴即"渡船"之喻。学术期刊就像一个渡船，编辑就是摆渡者、撑船人。学术期刊的生命在很大程度上是通过塑造一代代学术新人而得以延续的。正如郁达夫所言，用编辑的心血和汗水来发现和培育英才，这是平凡而琐碎的编辑工作中所蕴涵的特有深刻的社会意义和学术圣命，编辑要有为人作嫁、甘为人梯的追求，要有案牍劳形，乐于奉献的情怀。严肃学术纪律和学术规范，倡导优良学风、文风，这是学术创新的必要条件，也是中国学术健康发展的希望所在。"评价是一种创造"（尼采语）、"批评是一门科学"（普希金语），正是在学术争鸣和批评（包括反批评）中完善思想，从而达到坚持真理、捍卫真理、发展真理的目的。学术期刊在涵化学风、抵制权力学术、泡沫学术方面起匡正作用。学术期刊应该成为打造中国文化综合竞争力的重要品牌。

如果说学术期刊的生命承当在于创新，那么作为学刊的"把关人"和"守门员"，编辑则要解决如何创新的问题。编辑具有"狩猎者"、"治疗师"、"双面人"的多种功能，在人类精神文化的生产传播中扮演着重要的不可或缺的角色。编辑应该志存高远、守土有责，以改革为动力，以学术为定位，以质量求生存，以特色谋发展，增强活力，壮大实力，扩大影响力，培育核心竞争力，努力探寻一条创造性转化的学术文化之路。编辑要以"登泰山而小天下"的胸襟审视和评判中国学术和世界文明，以当代人的眼光审视历史，以中国人的眼光审视世界，实现从文化传播到文化建构、从文化选择到文化创造的双重超越。

出版物塑造着民族的性格，编辑塑造着出版物的品格。学刊编辑活动体现了参与文化建构和文化创新的特质。无论是马克斯·韦伯关于"科学之为召唤"的理念还是费希特"论学者的责任"，无论是萨特的"生存参与"还是俄国知识分子的责任伦理，都说明了学者应该具有更高的文化追求和精神境界。学术期刊在满足当下文化需求，塑造人的文化品格，促进文明赓续衍生，提升中国学术的价值、尊严和权威方面不可替代。编辑的知识结构、价值取向、个性禀赋和审美情趣等因素都将在很大程度上左右着对精神产品的选择，从而影响着整个社会精神文化的发展走向。编辑对问题意识的关注，对学术思潮的导引，对精神生产趋势的预测，对偏颇学弊的矫正，就是一种再创造。这是一种沙里淘金的本领，是一个采璞输玉的再造。出版既是一种事业又是一种产业，都离不开对内在文化品质的自觉追求和文化精神的导引，编辑必须承担起一个民族的文化积累、传播和建构、创新的使命。正如美国出版界的权威学者约翰·德索尔在其所著的《出版学概论》中认为：出版者的作用"不仅体现在图书市场上，而且体现在包括出版业在内的文化和文明之中，为文化传统注入生命活力的股股清泉"。英国著名出版人斯坦利·昂温认为，出版人的工作就是"使他们和那个时代的文化生活密切接触"。[1]我国著名出版人沈昌文曾把编辑形容为"阁楼里的单身男女"："阁楼里亮着一盏灯……我从屋外瞧见那灯火，而我知道你在屋内……正望着我。"[2]这是中外出版人在对人类出版活动的文化本质进行思考后达成的共识。无论是鲁迅"为人生、为大众"的人生追求还是邹韬奋"为读者服务"的编辑出版观，都说明要把满足人民群众日益增长的精神文化需求作为我们学术出版的出发点和归宿点。我们应有所信，有所求，有所畏，在平凡的工作中书写生命的华章，实现生命意义与历史责任高度统一的情怀理念。编辑应该是先进文化的传播者，民族精神的守护者，社会文明的创造者。

21世纪是知识经济社会，知识社会的本质是创新。学术期刊是知识创新的最佳载体，肩负着传承文明、创新理论、服务社会的责任，在知识传播系统和国家知识创新工程中占有十分重要的地位。知识创新的过程中凝聚着人类的智慧和创造，知识的生产、传播、利用和创新关系到社会的可持续发展。创新是学术性期刊突出重围的必然选择，是谋求更大发展的不竭动力。学刊编辑要有经营学刊的创新理念，充分发挥其将知识创新的成果组织、协调、优化、储存、积累、导向的社会作用，为国家知识创新工程贡献自己的才情心智。

参考书目：

[1]（英）斯坦利·昂温著：《出版概论》，中国书籍出版社1988年版

[2]沈昌文著：《阁楼人语——〈读书〉的知识分子记忆》，作家出版社2003年版

学刊编辑与大学精神

大学精神是大学在长期的发展过程中所形成的约束大学行为的价值和规范体系以及体现这种价值和规范体系的独特气质。大学是人类文明和社会进步的坐标，探索学术的殿堂，培养人才的摇篮，发展科学的源泉。大学之为大学，不仅在于它是一种客观物质存在，而且在于它是一种精神表征。大学精神是大学的灵魂和生命，是大学的立校之本。唯其精神大学才能成其大；正因为有其不朽的精神存在，大学才有魂有格。唯其精神，人类的文化命脉才得以承传，文化之光才历久弥新，我们办好学术期刊才有指向依归。作为一个知识共同体，大学在认识世界、传承文明、创新理论、资政育人、服务社会等方面的作用不可替代。大学的人文社科学术理论期刊是展示高校学术水平和学术阵容的窗口，是传播先进文化的载体，是开展学术交流的桥梁，是发现培养人才的园地，是塑造大学核心竞争力的品牌，而大学精神则是学术期刊文化生生不息的活水源头，是期刊文化之魂。

一、"独立之精神，自由之思想"

陈寅恪早年在为王国维撰写碑文时特别强调学术独立、思想自由对于学人的首要意义。大学作为一种独特的场所，主要从事精神生产。体现大学这一独特的社会群体思想特征的主导性价值观念、行为方式和精神气质便是陈寅恪在《对科学院的答复》中指出的："没有自由思想，没有独立精神，即不能发扬真理，即不能研究学术。"正如有学者所言，如果说社会应该弹奏"财富主题"，那么大学则应该护守"才富主题。"大学的使命应该是为文化立心，为时代立命，树立学术独立和思想自由的风范。从英国教育家纽曼发表《大学的理念》一文，到德国洪堡为柏林大学灌注学术独特的生命，使之成为真正意义上的现代大学，再到中国北大前校长蔡元培倡导"思想自由"原则、"兼容并包"主义，大学顽强地坚守着自己的精神氛围：学术自由、思想独立。在长期的发展积淀中，大学形成了独特的精神传统：牛津的博大、古典，剑桥的孤傲、恬静，哈佛的内在精神。这些精神共同体现了对一种大学精神的坚守。有学者这样比较："剑桥和牛津的风格迥然不同，牛津雍容华贵，有王者的气派。剑桥幽雅出尘，宛若诗人风骨。"[1]哲学家威廉·詹姆斯这样评价："真正的哈佛"乃是一个"无形的、内在的精神的哈佛"，这就是"自由的思想"与"思想的创造"。在学术期刊的编辑实践中，如何恪守大学理念，重塑大学精神是一个值得我们反思的问题。

作为一个学术伦理，学术自由是从事学术活动的人的基本精神环境，学术自由不是为自由而自由，而是为了更好地思考和创造，为探索知识提供宽松的氛围和精神空间。大学的学术理论期刊是教学科研的窗口，学术传承的载体，培育新人的摇篮，如何在坚持代表先进文化前进方向的前提下进行学术出版创新是一个富于挑战性的工作，其中最难的是如何处理学术探索与政治导向的关系。建立现代大学制度的核心就是重塑大学与政府之间的关系，防止学术政治化。学术政治化的后果是丧失了学术的自觉和学者的自尊，必须在学术与政治、大学与政府之间保持一种必要的张力。回顾历史的学术流变及其与政治"剪不断、理还乱"的纷争，我们曾有把学术研究与政治行为、学术命题与政治问题混为一谈的教训，政治命令成为学术出版的圭臬，政治文件成了学刊编辑的经典，权力学术、等级学术、审批学术大行其道，从而使大学丧失了思想活力和学术中立这一精髓和灵魂。学术者，天下之公器。学术研究的敌人不仅在于思想的独断和专横，而且在于政治的独裁和专制。只有坚持学术独立，才能在探索真理的道路上不被政治或市场所左右，更不会丧失其价值中立的本质和探求真理的神圣使命。一所能够真正承担和发挥社会责任与功能的大学，必须与现实政治保持一个必要的距离，必须拥有一个自由的精神空间和学术生态，必须拥有思想的权利。贺麟先生有一段精当论语："学术是一个自主的王国，它有它的大经大法，它有它的神圣使命，它有它特殊的广大的范畴和领域，别人不能侵犯……假如一种学术只是政治的工具，文明的粉饰，或者为经济所左右，完全为被动的产物，那么这种学术就不是真正的学术。"[2]学者金耀基认为："大学不能遗世独立，但却应该有它的独立自主；大学不能置外于人群，但却不能随外界政治风向或社会风尚而盲转、乱转。大学应该是'时代之表征'，它应该反映一个时代之精神，但大学也应该是风向的定针，有所守，有所执著，以烛照社会之方向。"这真是精辟之论。一个学术期刊应恪守"学术自由"、"学术为本"的出版理念，传播学术文化，弘扬自由精神，构筑学术良性生态，探究理论缺失和社会命题，使之成为引导社会前进的思想库和精神旗帜。"治学不为媚时语，独寻真知启后人。"学刊编辑应当有所信，有所求，有所畏。这是我们的职业伦理！

二、科学精神与人文精神

大学是科学的殿堂，人文精神的养成之所。科学理性和人文关怀是期刊文化的重要内涵。蔡元培所谓"大学者，研究高深学问者也"，"大学者，囊括大典网罗众家之学府也"，梅贻琦认为"所谓大学者，非谓有大楼之谓也，有大师之谓也"。堪为不移之论。科学精神是从事科学研究的行为准则、价值范式，包括科学的思维方式、科学方法。正如有的论者指出的那样，科学研究的出发点是"闲逸的好奇"，这种动机的非功利性和精确性、客观实证的研究方法都是其不可或缺的。而学术范式的建构，学术批评的引导、学术评价机制的导向、学术文本的规范正为学术期刊弘扬科学精神所必需。人文精神的核心是贯穿在人们的思维与言行中的信念理想、价值取向、人格模式、审美趣味等。大学是人类文明的成果，是传承文明、弘扬人文精神的源泉，也是人类的精神家园和社会良知的守护者。人文精神在大学的发展中发挥着凝聚、激励、导向和保障作用。人文教育的衰微已使我们培养的人单向度发展，人文精神的重塑和培育已成为当前大学教育一个亟待改革的问题。学术出版中的人文精神就是以人为本，将科学研究与人文关怀相结合，构筑和谐宽松的命运共同体。理想的大学应是一个"人格养成所",而不是时下所说的"职业培训场"和"文凭发放所"。德国洪堡认为,大学的首要目的在于形塑性格,造就伦理,培养或者说教化能够感受到真、善与美的人,能够领悟到人之尊严,人在有限性上建树的伟大的人。爱因斯坦曾言:"只用专业知识教育人是很不够的,通过专业教育,他可以成为一种有用的机器,但不能成为一个和谐发展的人。"教育家蔡元培在《北京大学月刊》发刊词有语:"所谓大学者,非仅为多数学生按时授课,造成一毕业生资格而已也,实以是为共同研究学术之机关。"著名学者钱穆心中理想的大学则是人文主义的经验体现,这与西方学者提出的"由科学而达至修养"的原则殊途同归。大学是"科学的殿堂"、"人类的精神家园,21 世纪的大学如果不能凝聚一批民族文化精英,培养出一大批目光远大、学识渊博、修养深厚、境界高远,具有历史眼光、世界胸襟、未来意识的人才,文明社会的衍生赓续就是一句空话。大学学术期刊编辑应当成为科学精神和人文精神的践行者、传道者。中国最早的大学学报——《学桴》就昭示着这样的理念。编辑活动是科学文化和人文文化的投影,编辑综合并蕴藉了两种文化的价值取向、情感意志、思想观念和行为方式。编辑的学术理念、精神致思、读者意识和策划风格应凸显科学理性和人文关怀。张载名句:"为天地立心,为生民立命,为往圣继绝学,为万世开太平。"张元济寄语:昌明教育平生愿,故向书林努力来。我们编辑应有为国家科学传承、文明兴亡贡献心力这样的高远境界。

三、求是态度与批判精神

开放宽容、秉持理想以及坚守真理,是大学之为大学的基本特质。作为知识世界的一个"共同体",大学要体现它的理念;作为系统的一个"组织",大学要实现它的功能。而校训则是这种理念精神和社会功能的集中体现。哈佛的校训是:"以柏拉图为友,以亚里士多德为友,更要以真理为友。"清华大学的"自强不息,厚德载物",复旦大学的"博学而笃志,切问而近思",武汉大学的"自强弘毅 求是创新",中山大学的"博学审问慎思明辨笃行",原燕京大学的"因真理得自由以服务"校训……都体现了为真理献身的求是态度和与时俱进的批判精神。有人把西方大学传统归之为:合理求是、使命引导、学术自由、大学自治、积极应变、科学取向;把东方大学传统概括为:和而不同、各美其美、学术责任、与时俱进、止于至善、伦理取向。总之,中外大学均以反思为己任,"怀疑一切",对学术命题和社会问题作出评判和思考,以学术批判推动社会发展及进步,这都体现了共同的精神旨向。在现代大学的定位上,它应当是一个"意义的澄清者"、"现实的批判者"、"创新的激发者"、"价值的守望者"。一方面是在对问题的反思中坚持一种实事求是的客观公正的态度,另一方面则是在对现实的批判中寻求建设性的答案。大学是一个充满理性和批判精神的家园,其不仅在于传播文化,更重要的是选择、批判和创新文化。问题是研究的起点,也是学术发展的生长点。大学学刊应在探究解决前瞻而复杂的问题中展现自身的理论空间和学术视野。现代大学学刊编辑一方面应该发挥其在精神文化建设中的引导作用、积累和创造作用,以问题为中心,鼓励学术创新,倡导学术对话,开展学术争鸣和批评,努力营造有利于发现真理、繁荣学术的文化氛围;另一方面利用其跨学科的优势,编辑栏目体现不同的策划内涵风格:文学之情、史学之境、哲学之思、法学之辩、经济之用。大学编辑要凸显问题意识,既对学术文本抱有"了解之同情",保持宽容的胸襟,又要有新锐的眼光和批判的态度审视以往的种种"定论"。学术价值中立,并不是提倡书斋的屠龙术,而是希望学术编辑出版保持清醒的问题意识,走理论联系实际、学术结合时代之路。当前,我国正在开展建设世界一流大学的行动。我认为,关键是形成一流大学以学术发展为主旨、追求学术和真理、创造先进思想文明和科学成果、善于批判社会和引导社会前进的精神特质。"智山慧海传真火,愿随前薪作后薪。"我们大学学刊编辑肩负着激浊扬清、引导学风、批判创新的特殊使命。

参考书目:

[1] 韩薇主编:《牛津深呼吸·牛津与剑桥》,西苑出版社 2002 年版,第 154—156 页

[2] 贺麟著:《文化与人生》,商务印书馆 1996 年版,第 246—252 页

学术期刊编辑四题

社会科学学术期刊承担着学术创新、理论攻坚、知识传播、文化积累的历史使命，做好编辑出版工作的意义自不待言。作为学术争鸣的理论阵地、教学科研的学术园地和文化传播的平台窗口，一个国家的出版竞争力是其综合国力的重要组成部分。出版兴则国家兴。编辑以自己独特的眼光和智慧参与精神文化的建构和创造，一个期刊的出版竞争力与出版人编辑的执行力正相关。编辑与学术出版的品位、特色、品牌和走向息息相关，编辑的文化追求、学养品行、精神致思、选择意识与期刊的学术质量有极大的关系。在长期从事学刊编辑出版的工作中，我觉得处理学术与政治、品牌与特色、规范与创新、编辑与作者的关系维度至关重要。

一、学术与政治

出版物是思想、知识和信息的载体，出版人编辑具有政治责任和学术责任，守"土"有责，政治与学术是内在统一的辩证关系。既要避免不讲政治的倾向，又要反对学术问题政治化。其实质是要处理好哲学社会科学的社会功能、社会需求和社会责任与学术自由、学术规范和学术气度之间的关系。期刊要提倡宽容、宽松和宽厚的学术氛围，追求学术文化、学术气象、学术风采；编辑要有问题意识、学术视野、学者情怀。

学术理念是出版物的灵魂。学刊的定位应在"学术"两字。"学术"即学问之术，学术是民族的智慧、国家的魂魄，是一个民族的精神之光，是人类理性认识的系统化，"学术者，天下之公器"，学术以追求真理、探索新知为己任。学术是精神生命的本质律动，学术文化的根本意义在于其本身所具有的独立精神、自由思想、对真理的追求以及真善美的终极关怀，超越人类的永恒价值。从这个意义上来说，学术期刊在传递知识的同时，还具有文化传承和文化创造的意义。从事文化传播需要一种精神勇气，需要一种责任和执著。学术精品应是"有思想的学术和有学术的思想"，权力学术、泡沫学术、浮躁文风、文化垃圾等不良倾向与之格格不入。学术研究与政策研究、学术权利与公共权利、学术话语与政治术语的界限要明晰，坚持学术出版评价的学术性根本标准。学刊编辑应该是人文精神的守护者，科学知识的传播者，精神文化生产的把关人，思想战线的哨兵。而这种学术精神的内涵是：客观的依据，理性的思考，平权的争论，批判的眼光，实践的检验。学刊编辑要具有前瞻的学术视野、深厚的学术底蕴、敏锐的学术意识，更要有一种为学术求索的精神。学刊编辑对"问题意识"的关注、学术思潮的钟情、精神文化流向的预测、时弊偏颇的矫正就是一种沙里淘金的本领，一种采璞输玉的创造。新世纪的学刊编辑不仅只是对稿件的选择、加工和引导，担当文化传播的中介，而且要实现从文化传播到文化创造、从文化选择到文化建构的双重超越。但是，学刊的编辑工作是我们党意识形态工作和社会主义精神文明建设事业的重要组成部分，每个出版物都要坚守文化本位价值，弘扬主旋律，承担起出版人责任，这是学术中的政治。当编辑一定要讲政治，懂得出版政治学，要拒绝学术赝品，呼唤学术精品，避免道德缺失。

二、品牌与特色

精品战略的核心是品牌，品牌是市场竞争的法则。随着现代出版业的全球化、市场化和号称"第四媒体"的互联网的冲击，出版业抢读者、抢作者、抢市场的竞争日趋激烈。通过创新期刊品牌来实现科学发展是期刊建设的现实抉择。学刊的编辑出版属于基础性、公益性的事业，其学刊期刊的性质定位和传播话语囿于知识阶层的消费特性使之无法与市场直接对接，呈现出"边缘化"现象。学刊编辑出版长期大多处于一种粗放经营，缺乏整体设计和个性塑造，形成一种"千刊一面"的办刊模式；学刊编辑缺乏建构意识和大文化观念；学刊编辑在组稿和选题上缺乏主动出击，而是等米下锅；在栏目设置上贪大求全，广种薄收；在编排加工中不能美其思想，全其风格；在封面设计上"脸谱化"，呆板沉闷。构筑特色、塑造品牌已成为众多有识之士殚精竭虑的问题。

特色是出版物的生命线，鲁迅曾说，选题往往显示的是选者的特色，选者眼光愈锐利，见识愈深广，选本愈准确。风格是质量的必然要求，是期刊成熟的标志，如何形成"人无我有，人有我新，人新我变"的期刊品牌是一项挑战性工作。精神文化产品必须体现学术特色，独具个性。正如邹韬奋先生所说："没有个性和特色的刊物，生存已成问题，发展更没有希望。"学术刊物的特色表现为：区域（地方）特色、学科特色、栏目特色、文体特色。积20多年的探索、创造，我们深圳大学学报的主要做法是：发挥地域优势，体现特区问题、港澳台问题、涉外问题的选题范围，形成特区特色；在注重基础研究的同时，关注改革开放中的热点、难点、盲点，关注新学科、边缘学科、交叉学科，形成应用特色；利用毗邻港澳台优势，介绍海外先进的学术动态和文化思潮，体现开放特色；及时反映在我校举办的大型学术会议动态，体现服务特色。

三、规范与创新

学术规范是对学术目的、对象、范畴、方法、功能的规律性认识，是最优劳动程序和最优传递方式的总结和表述，是人们在编辑活动中共同遵守的各种标准或样式。学刊编辑活动技术性和规范性要求较高。它包括道德规范、法律规范、工作规范、语言文字规范、技术规范等。也有人把它分为动态规范（程序规范）、静态规范（形式规范），所谓动态规范，通常指审稿视角（政治性、思想性、创造性、审美性）、改稿原则（原稿完整性、风格统一性、稿件规范性）等；所谓静态规范，如语言方面的专业术语、概念表述、语法、标点、文字（含外文）、标题、篇名、署名、图表、注释等。最近实行的《高等学校社会科学学术规范》就是一份具有科学性、先进性和较强实用操作性的规范文件，学人应深思之。学术规范重在建设，要从纠正学术失范现象入手，重视自律和他律，重在实践。学刊的版式设计也必须严肃庄重、和谐规范、端庄醒目。

但遵循规范不是取消创新。创新是一个民族进步的灵魂，也是一个刊物生存之本。世纪更迭、社会转型和学术流变的新趋势对学术期刊传统的办刊思路和编辑思维提出挑战。21世纪信息化、数字化、网络化的电子传媒引发了出版业的真正革命。数字生存、媒介革命、虚拟世界改变了出版理念和方式，也改变着出版物和出版事业的面貌。伏案审读、纸笔修编代之为荧屏扫描、键盘操作，符号数码代之为电脑检索，错时校对代之为即时校对；时空出版代之为即时出版。从文本模式看，在线期刊、下载期刊、电子期刊共存并生；从管理模式看，审稿人、稿件、作者数据库管理网络化；从流程模式看，编排校一体化。学刊编辑开始告别传统的"剪刀加糨糊"和"铅与火"的工作模式，开始了"光和电"和"鼠标加键盘"的革命，个性化出版、规模化经营、市场化运作成为新选择。可见，提高学报编辑创新能力已势所必至。编辑作为文化产业时代的新角色将在学刊出版中发挥着创意、主导作用。对于学刊编辑来说，只有不断培养自己的创造性思维能力，不断激发创新灵感，才能与时俱进，不断增强学刊的文化竞争力。如何实现规范和创新的和谐统一，将是我们努力的方向。

四、编辑与作者

编辑是出版工作的中心，从古代的编辑"老匠"到当今的网页"新宠"，编辑作为人类智力和认识能力的载体，作为研究、开发、传播人类文明成果的中介地位已经得到公认，其"为人作嫁"的职业风范为人崇仰。风格即人格。编辑的生命追求、学养修炼、精神致思、读者意识都可以在作品中倾注和传达。一本好的著作和文章，也许可比作一块璞玉，只有精加雕琢，才能使璞玉尽显其光彩，著文尽显其光华，这就是创造。从此意义上说，我们可以赋予"为他人作嫁衣裳"以新的含义：作嫁衣，是编辑默默无闻的奉献，正是通过"嫁衣"，"他人"（作者、作品）见了"公婆"（读者），舍此就"嫁"不出去，这说明编辑主体的创造特征。但另一方面，作者又是编辑的"衣食父母"；没有作者，我们就难为无米之炊。我们要尊重作者，走进作者的内心世界。编辑和作者是一种共生互动的关系。

在我看来，编辑作品是"存真"与"掩瑕"的艺术。"掩瑕"，即拂去璞玉上的尘土和污点，"存真"，即保持原文的内容和风格。存真和掩瑕是在不损害原作品观点内容风格的前提下，使作品繁冗变得简洁，松散变得紧凑，模糊变得鲜明，呆板变得活泼，达到语言流畅，脉络清晰，层次分明，无语法逻辑上错误，符合出版规范，具有很强的可读性之效果。我们要明白编辑雕琢手中的作品，最重要的是确立在"编辑"而不是在"写作"，是在"编辑"别人的作品而不在改写自己的作品。即编辑加工是锦上添花，而不是画蛇添足。高明的医生在于辨证医治，对症下药。编辑是作者作品的"医生"，在对各种"疑难杂症"进行诊断时，一定要增其气色，而不伤其筋骨。我们要明白作者是精神生产的主体，编辑的策划设计不能代替作者的创作构想。编辑的创造性劳动在于策划组织、选择优划和编排组合。正如钱钟书所言，编辑如观世音之千手千眼。作者的作品要经过编辑的选择和优化才能向社会传播，编辑建构、积累文化的历史使命与对作者、读者的社会责任是一致的。

参考书目：

孙景峰著：《学报编辑工程论》，中国科学技术出版社 2000 年版

全国高校文科学报研究会编：《学报编辑观念的更新》，吉林大学出版社 1993 年版

编辑的角色艺术

美国格罗斯主编的《编辑人的世界》出版了，近日我才有幸拜读。这是"美国编辑艺术和技巧的标准读本"。该书不仅引领读者了解美国出版界选书编辑、策划编辑、文稿编辑、文字编辑在出版流程中的不同分工，荟萃了犯罪小说、爱情小说、科幻小说、传记学术著作、儿童读本、工具书籍等诸领域的杰出编辑实践经验总结，而且对于编辑应扮演的角色，以及编辑应恪守的伦理道德和编辑理念给予了深刻而精辟的揭示。特别是《编辑都在做些什么?》（威廉斯）、《给有志于编辑工作者的一封公开信》（舒斯特）、《我们真的需要编辑吗?》（柯蒂斯）等文章为我们树立正确的编辑职业观，塑造自己的角色提供了难得的教材。读后有几点感受：

一、编辑品味

书中这样论述：随着"出版事业的规模日益庞大，也日益注重财务绩效，但是像编辑品味、编辑操守和奉献精神等重要特质却永远不变"。"编辑人的许多特质是无法被取代的，例如个人的品味、辨别能力、情绪反应、做事的条理、决断力、投入的热情，以及温柔的关爱。""没有一种爱不需要担负起责任，也没有一种责任不需要坚韧不拔的精神。"

人类已进入 21 世纪，数字生存、媒介革命、虚拟世界改变了出版理念和方式，但编辑的角色作用始终如一，编辑工作仍是出版工作的中心环节，编辑的生命追求、学养修炼、精神致思、读者意识等"编辑品味"都可以在出版中倾注和表达。从这个意义上，我们可以说，风格即人格。在我看来，编辑品味的形成来自对人生价值的透彻理解和对浮名追求的彻底抛弃，是对编辑角色的爱恋感、荣誉感、自豪感和对"酸、辣、苦、甜、涩"编辑五彩人生的精神解读，是对人性的抚摩和对文明的守望。衡量编辑的价值，不在于金钱的多寡，地位的高下，而在于对人类文化积累的贡献。编辑应有真的求索、善的向往、美的痴迷。编辑应该知难而进，苦中求乐，累而不疲，在生活中发现美。编辑品味是一种理念的昭示、情操的外显、思想的凝固、境界的展现，反映了编辑这一精神文化产品生产者把整个人生寄托给人类文明承传事业，书写灿烂华章的苦乐观、编辑魂。书中这样论道："编辑不应该只是一个能充实人生的行业，同时编辑本身也是一种人文教育，你因此有机会和当代最有创造力的一群人共事，结交作家、教育家以及各式各样的具影响力人物。你等于在修一门你愿意付费的终身学习课程，不同的是，你修课的时候不但领薪水，而且还可以在心灵上得到无法衡量的满足。"我觉得这一评断切中肯綮，真正地感悟编辑，走近了编辑的心灵世界。也希望这一呼声在编辑学界得到真诚的回应和心灵的碰撞。

二、"狩猎者"、"治疗师"、"双面人"

如何给编辑角色以正确定位？本书一文以相当的篇幅作了介绍。"编辑的第一个角色——搜猎者，是编辑能否建立声誉和步步高升的最关键因素"，"编辑的第二个功能是扮演絮聒不休的治疗师或化平凡为神奇的魔术师。""编辑的第三个功能——扮演双面人占据了编辑大部分的办公时间，结果编辑只有在下班后才有空真正地阅读和进行编辑工作，而且大都是在晚上和周末。"这一比喻是很妥当贴切的。

在我国古代，文化传播和积累是通过著编合一完成的，"为他人作嫁衣"代表了人们对作为著述活动附带形式的编辑劳动的定位。古远者，字体组成，文章编排，鸿文巨著无不需编辑以增其色；及于当代，文化传播，电影电视，网络传播，亦需要编辑来组合。古代的编辑"老匠"和当今的网页编排"新宠"把自己的辛勤劳动贯注于选题策划、组稿审稿、编排加工、装帧设计等一系列环节中，成为隐匿性精神产品创作主体之一。这种创造的特殊性在于：出版物的生产有别于普通产品的生产，具有隐匿性、奉献性。唐人秦韬玉《贫女》诗曰："苦恨年年压金线，为他人作嫁衣裳。"其意是说：贫苦女子一年到头做衣服，自己却穿不上新衣裳。在我国当代，无论做什么工作都是为人民服务，所以编辑工作的"压金线"不应是"苦恨"，而"为他人作嫁"则是事实。知识经济时代的编辑角色已经从"技术"、"组织"拓展到"知识"、"理念"。编辑不仅对结构瑕疵、文本润饰、版面编排、装帧设计等各方面发挥导向和规范作用；不仅表现为伏案审读、纸笔修编代之为荧屏扫描、键盘操作，符号数码代之为电脑检索，候时校对代之为即时校对；更是编辑宗旨、编辑理念、经营战略的根本革命。一本好的作品，也许可比作一块璞玉，只有经加雕琢，才能使璞玉尽显其光彩，著文尽显其光华，这就是编辑角色的意义。

而要真正担负起这一角色，不仅有"政治正确性"问题，而且"还必须有绝佳编辑技巧"。这实质上就是政治与学术、问题意识和技术规范、编辑"六艺"与"双百"方针的问题，我国的学术界并不陌生。文中这样写道："今天编辑和老一辈编辑不同的是，他们必须十八般武艺样样齐全，既要精通书籍制作、行销、谈判、促销、广告、新闻发布、会计、销售、心理学、政治、外交等，还必须有绝佳的编辑技巧。"鲁迅曾说，选本往往显示的是选者的特色，选者的眼光愈锐利，见识愈深广，选本愈准确。这就要求编辑要以深厚的学术底蕴、前瞻的学术视野、博约相谐的知识架构、开拓创新的耦合能力、纯熟娴巧的编辑技艺。编辑对"问题"意识的关注，对学术思潮的热情、对精神文化发展趋势的预测，对某些时弊偏颇的矫正，是编辑角色的重要表征。而如何处理好存真与掩瑕、守株待兔与主动出击、广种薄收与多选精品、选题优化与宏观调控的关系，至关重要。随着社会的飞速发展，品牌创新、经营理念和市场策划已引起有识之士的关注。理念是编辑思想和办刊方针的具体呈现，策划的核心是理念塑造。理念策划影响选题、栏目、形式、市场策划。在我国出版界，商务印书馆以译介中外名著经典为职志、三联书店以出版精品图书嘉惠学林，百花文艺出版社的散文类图书有"读散文找百花"之口碑，《咬文嚼字》以"向我开炮"为鹄的，都闯出了一条成功之路。而编辑技艺更是具有个性特征，这是一个剪板枝修蔓的过程，沙里淘金的本领。这是采璞输玉的创造。而编辑角色的艺术在于全其思想，美其风格。而编辑只有内储知识，外闯实践，才能拂土而见玉，淘沙而现金，登高而望远。编辑通过自己隐匿的创造性劳动施行政治的导向，传播真理的火种，推介实践的力量，弘扬精神的价值。对于编辑角色，我们应当作如是观。

三、编者和作者

这一讨论历久弥新。主编格罗斯写道："最好的编辑所代表的不是最多的编辑或最少的编辑，而是编辑到什么程度最能让作者的作品放出最耀眼的光彩……无论在任何情况下，编辑都必须牢牢记住，双方所讨论的这部作品是由作者所撰写的，必须尊重作者的决定，唯有这样，才是正确而且公平的做法。""作者和编辑的合作关系应当是友好的而非对立的；是共生，而非寄生。说得更简洁一些，应该是每一方都能为另一方提供助益。"

这一概括至今仍有现实针对性。编辑与作者、作品的关系犹如导演之于演员、剧本。从此意义上说，我们可以赋予"为他人作嫁衣"以新的含义：作嫁衣，是编辑默默无闻的奉献，正是通过"嫁衣"，"他人"（作者、作品）见了"公婆"（读者），舍此就"嫁"不好，甚至"嫁"不出去。编辑是作者和读者的中介和桥梁，旧体制下"作者——编者——读者"的旧模式已经转变为"读者——编者——作者"的新范式。世纪更迭、社会转型和学术流变的新趋势，向传统的办刊思路和编辑思想提出了挑战，编辑角色要实现从文化传播和文化选择向文化创造和文化建构的双重超越。

编辑角色表现为不求名利、不拘一格、不避其烦的敬业精神，表现为无私无畏，无偏见成见的读者意识，以及热心、诚心、恒心、耐心的服务态度，案牍劳形、为人作嫁、甘为人梯的"钢筋"品格，不唯书、不唯上、只唯实的职业风范，表现为仁爱的心灵、坦荡的胸怀、道义的追求、强烈的自律。编辑是一种独特的文化存在，它必须承担传承文明、守护魂魄的历史重任，为时代立言、为文化立心、执历史之命、哺人民之音应是永恒的追求。编辑角色能以理性语言探索未知，以思想的灼见照澈幽暗，以"登泰山而小天下"的学者胸襟审视和评判当代文化发展的路向；编辑角色表现为他的安贫乐道、宠辱不惊，保持学人的情趣，表现为他的精品意识、好学深思、独具慧眼和对语言文字的自由驾驭和优良学风的引导。

编辑工作是角色主体运用"剪裁运化"之术对作品进行再设计的过程，创意与版式就是编辑视角。版面的缜密或粗犷，线条的雄浑或纤丽，色调的典雅或清新，字体的庄重或活泼无不反映他执意追求的境界。

"存真"与"掩瑕"的关系，这是角色雕琢的艺术。"掩瑕"，即拂去璞玉上的尘土和污点，"存真"，即保持原文的内容和风格。存真掩瑕是在不损害原作品观点内容风格的前提下，使作品繁冗变得简洁，松散变得紧凑，模糊变得鲜明，死板变得活泼，最后达到语言流畅，脉络清晰，层次分明，无语法和逻辑上的错误，符合出版规范，有很强的可读性。要明白编辑雕琢手中的作品，最重要的是确立你在"编辑"而不是在"写作"，在"编辑"别人的作品，而不在改写自己的作品。即编辑加工是锦上添花，而不是越俎代疱。高明的医生在于辨论医治，对症下药。编辑是作者作品的"医生"，在对各种"疑难杂症"进行诊断时，一定要增其气色，而不伤其筋骨。

格罗斯在《一位编辑老兵的省思》的序言中这样写道："我是怀着诚挚的关爱来编辑这本《编辑人的世界》，希望借此表达我对编辑行业最诚挚的感情。"我也是带着职业的感情读完本书的。有人说：人生是角色的艺术。"人生大戏场，舞台小天地"。如何在学术园圃中书写人生的华章精义，如何在"求索、争鸣、创获"中寻找生命的终极真理，如何在终极关怀中显示遗世独立的风骨，这是人角色的力量及其精神魅力。"随风潜入夜，润物细无声"，这是一种人生，"春蚕到死丝方尽，蜡炬成灰泪始干"，这是一种境界，"为伊消得人憔悴，为他人作嫁衣裳"这就是编辑的角色人生。正如许多书评家所言，"这部新版的《编辑人的世界》是了解编辑工作的绝佳途径"（阿波班），"《编辑人的世界》是我读过的最棒的一本关于出版的书"（华莱士）。我相信读者会有我同样的感受。

参考书目：

（美）格罗斯主编：《编辑人的世界》，中国工人出版社 2001 年版
《老编辑手记》，四川人民出版社 1985 年版

科学出版观与学刊改革

党的十六届三中全会提出科学发展观，其实质是要实现经济社会更快更好的发展，根本要求是统筹兼顾，本质和核心是坚持以人为本。新闻出版业要结合自身的实际和特点，树立和落实科学发展观，走中国特色的社会主义出版之路，树立科学出版观的理念。这对出版人来说是一个极富创新及挑战的课题。

所谓科学出版观，本质上是科学发展观的重要组成部分。它以不断满足人民群众日益增长的精神文化需求为目的，以经济效益和社会效益相统一、把社会效益放在首位为根本，以出版事业和出版产业协调发展为基础，以出版创新和出版产品的结构调整为核心，以党委领导和法人治理结构相结合的领导体制为保障，实现出版业的可持续发展。

要落实科学出版观，必须处理好以下关系：事业和产业的关系；社会效益和经济效益的关系；主旋律和多样化的关系；面向城市和面向农村的关系；使用化和集约化的关系；走出去和引进来的关系；平面媒体和多媒体的关系；发展速度和发展质量的关系；专业化和多元化的关系；竞争（红海）与竞合（蓝海）的关系；继承和创新的关系。

当前我国正在进行文化出版体制改革的探索，如何实现由单纯生产型向生产经营型、数量增长型向优质高效型的转变，如何处理好公益性事业和经营性产业的关系，如何走出一条既符合社会主义精神文明建设

要求和适应社会主义市场经济改革的需要，又适应出版业自身规律之路，大有文章可做。有些论者指出，有两点很重要：首先，要做好文化体制改革，区分公益性产品和经营性产品；其次，要建构一套以科学发展观为指导的综合的出版发展指标体系。

新中国成立特别是改革开放 20 年来，作为全面、连续、集中展示我国高校教学科研成果的学刊发展迅速，它在认识世界、传承文明、创新理论、服务社会中发挥着不可替代的作用，其作为传播先进生产力和先进文化的重要载体，作为展示高校学术水平的重要窗口，开展国内外学术交流的重要桥梁，发现、培养学术人才的重要园地，塑造学校品牌的重要途径，作用不可或缺。据不完全统计，我国现有学术期刊 9000多种，其中人文社科学术期刊达 6000 种，学报就有 2000 多种，占学术期刊的 1/3。但我们也不可否认其日益边缘化的倾向，存在着数量多、质量良莠不齐；周期长，发行量少；综合性纯学理多，应用性专业性少；等、靠、要思想严重，改革创新意识不足；千刊一面，少有特色等"全、少、弱、散"不足。

究其原因，主要是学刊仍沿袭过去计划经济体制下的办刊理念、办刊模式和办刊方法，在领导体制、责任保障、评价、激励、监督机制等方面都存在着不适应社会主义市场体制的问题。单一的办刊主体和投资主体，使之缺乏经营自主权和优胜劣汰的人才机制和管理模式，从而影响了学刊办刊质量的提升。改革势在必行。学刊必须在期刊日益专业化、市场化、国际化的背景下求新求变，做大做强，落实科学出版观。

第一，精品至上。所谓精品学刊是指学术水平、政治质量和编帧水准都上乘的学术期刊，是实现了两个效益最佳结合的学刊。铁肩担道义，妙手润文章。如我国主管单位举办的"国家期刊奖"、"百种重点期刊"、"名刊工程"等。学术期刊要善于区分政治问题和学术问题，提倡有学术的思想和有思想的学术。要善于引领学术潮流，谋划学术发展，致思学术问题。

第二，创新为本。学刊要倡导理论创新和知识创新、学术创新，要形成一个宽容、自由、平等的学风和文风，努力创造一个原创性成果和创新人才不断涌流的平台。要在出版理念、体制机制、管理方法、经营手段、评价指数、考核体系等方面不断进行创新。

第三，人才为先。人才是核心竞争力的重要标志，办好学刊的重中之重。要有一支政治强、学问硬、作风正、纪律严的编辑队伍。要采取"走出去"、"请进来"的办法加强人才工程的力度和强度。要实行主编负责制和全员聘用制，形成权责分明、奖惩适度的绩效机制和评价体系。

第四，特色为要。特色就是生命，所谓特色就是要形成人无我有、人有我优的品牌优势和相对优势，独创新路，独树一帜。就是要改变目前学刊的综合性、大而全的办刊现状，逐步向专题化、少而精的多样化方向发展。就是要因地因时因人制宜，做好特色文章、特色栏目的规划、策划工作，形成独特的风格定位和读者定位。

第五，经营为鹄的。学刊的改革要与国际接轨是一种必然趋势。学刊不能游离于市场之外，而要做学术市场中的弄潮儿，与狼共舞，通过改革创新和经营竞争赢得一席之地。有人认为，在读者定位上，学刊要拓宽发展视野，组稿不仅要跳出学校科研院墙一隅，而且要跳出国内组稿，使之成为为大众服务的"公共图书馆"；有人认为，学刊要善于学术经营，寻求学术期刊与受众的最佳结合点，即"卖点"，经营学刊的理念是现代市场条件下必须具备的；当今互联网日益普及，学刊要善于利用多媒体技术手段，提高本刊的引用频次和影响因子，从而提高工作进度、办刊效率，增加在市场的知名度和显示度。

如今，高校学刊正在进行的名刊名栏工程就是以高校学刊品牌建设为核心，以发展繁荣哲学社会科学为目的国家重大出版导向工程，它可以为学刊发展纠编补弊，引领高校社科学报回归学术自身，推动我国高校社科学术繁荣发展。

参考书目：

全国高校文科学报研究会编：《学报编辑与编辑学》，北京师范大学出版社 1997 年版

王建辉著：《新编辑观的追求》，中国奥林匹克出版社 1996 年版

新时期编辑学研究的思考

20 世纪 80 年代以来，我国编辑出版业进入了改革和发展时期。随着出版事业的发展，提出了必须探寻编辑出版工作规律以更好地指导编辑实践，从而满足人们日益增长的精神文化需求的任务。中国编辑学就是在改革开放这一新时期孕育、产生和发展起来的。新时期编辑学研究经历了倡导发动、深化攻坚、完善开拓几个不同阶段。编辑界学人对编辑内涵界定、编辑工作的性质、编辑学者化、编辑出版规范等进行了不少探讨，兹总结如下：

一、新时期编辑学研究成果

真正把编辑学作为一门科学研究始于 20 世纪 80 年代。主要成绩有：第一，出版了一批高质量的研究成果，论及出版学、编辑学、编辑史、编辑应用技巧等诸方面。据邵益文统计，论著百余种。总论著作有：《编辑学概论》（向新阳）、《编辑通论》（蒋广学）、《编辑学原理论》（赵运通、王振铎）、《编辑学理论研究》（刘光裕、王华）；分类或应用编辑学著作有：《图书编辑学概论》（高斯、洪帆）、《科技编辑学方法论导引》（钱文霖）、《杂志编辑学》（徐柏荣）、《选题论》（赵航）、《社科期刊撰稿与编辑规范十二讲》（张积玉）、《学报编辑学概论》（卜庆华）、《现代编辑排版概论》（王洪友）；编辑史研究成果有：《中国编辑史》（姚福申）、《中国出版史话》（方厚枢）、《马克思恩格斯关于出版问题的言论》（中国展望出版社）。第二，编辑学科建设的发展。1979 年 12 月 20 日，在北京成立中国出版工作者协会，其章程规定协会的任务之一是"开展出版业务研究和学术活动",中国出版业务研究组织。80 年代,一些学校如南开大学、武汉大学、北京大学、复旦大学、河南大学等开设了编辑专业的本科班和双学士班,清华大学、中国科技大学开设了科技编辑专业。有的学校如南京大学、河南大学还招收编辑学研究生。同时,编辑出版的学术刊物应运而生,如《出版发行研究》(北京)、《编辑之友》(太原)、《编辑学刊》(上海)。一些全国性的编辑学术会议对为什么要研究编辑学(1987 年乌鲁木齐)、编辑的概念(1990 年衡山)、编辑学研究的重点难点(1994 年郑州)、编辑学科定位(1995 年成都)、编辑学理论框架(1997 年银川)、青年编辑(1998 年福州)、新形势下的责任编辑工作(2000 年呼和浩特)等进行了探讨,成果斐然。第三,编辑队伍建设。我国编辑学界一些老同志如刘杲、邵益文、戴文葆、刘光裕、杨焕章、张积玉、王振铎等默默耕耘于方寸之间,为队伍的培养建设树立了楷模,一些新毕业的高学历者加入也为之注入了新鲜活力,他们能结合实践提出新认知新视角,但综合素质亟待加强。编辑队伍的建设、编辑素质的提高、优秀编辑人才的培养等已成为转型期的重要问题引起人们的关注。国家出版机关决定用 5 年时间把全国的编辑轮训一遍,逐步实行编辑持证上岗制度,这是一个着眼于长远的培养跨世纪编辑人才决策。

二、编辑概念的界定

"编辑"是编辑学最基本概论。由"编辑"这个编辑学最基本的概论展开而引出编辑主体、编辑客体、策划审理、流传、再创造等编辑学的基本概论,再由这些基本概念进一步展开建构编辑学理论体系。因此,对"编辑"这一概论的梳理至关重要。一些卓有成就的老编辑提出了对编辑的认识:"根据一定的思想原则,以相应的信息或著述材料的基础,进行优选、创意和优化、组合,使精神成果适于制作传贮载体的智力劳动。"(邵益文)"使用物质文明设施和手段,以事组织、采录、收集、整理、纂修、审定各种精神产品及其他文献资料等,使之传播展示于社会公众。"(戴文葆)"策划审理作品使之适合流传的再创造活动。"（杨焕章）还有一些青年编辑提出饶有新意的见解，"编辑概念的整体概括应是一个多层次结构：简单称谓、主要内涵、整体外延。编辑是通过稿本、编本和文本，与作者、读者广泛交流的社会文化活动，其目的是缔造人类精神文化结构。从事编辑活动的人们叫编辑工作者，简称编辑。研究编辑活动的科学称为编辑学。"还有的青年编辑从语义学角度提出看法，"凡编辑者，一方面'编'（如何更好地组织），一方面在'辑'（如何完善地加工）。单'编'不'辑'，或单'辑'不'编'，单独均不可称为'编辑'，只能称之为'编者'或'辑者'而已。概而言之，'编辑'统'编者'和'辑者'于一体，在两者之上，为两者之帅。"总之，概念的分歧直接涉及编辑活动的范围界定，影响着对编辑科学的理论概括，所以弄清楚"编辑"这个概念，有助于对编辑学科理论进行深层次思考。以上学者分别从学术史、传播学、语义学、创造性等方面进行了概括。相信，随着时代的发展，编辑概念仍有待于充实。

三、编辑规律的审视

关于编辑规律的探讨，由来已久，近年此热仍未减弱。阙道隆在《编辑学理论纲要》和《试论编辑基本规律》等文中提出"在文化创造和传播过程中编辑与社会相互作用规律"是编辑活动的基本规律；刘杲先生认为编辑活动基本规律是"对人类创造的文明成果的选择、加工和传播"；田胜立则从传播的视角看待编辑学规律：按既定宗旨，选择社会信息，加工为便于受者接受的传播产品，以满足传播的需要。同样，任定华从信息知识传递的角度概括了编辑的三条规律：信息知识有序律、信息知识载体结合律、信息知识传播律。另外，王振铎、胡传焞从文化缔构的角度，林穗芳、钱荣贵从编辑、作者、读者供需关系和矛盾互动的角度，向新阳、靳青万从主客体劳动相互影响和制约的角度提出了自己的看法。总之，编辑学规律认识上的众说纷纭、见仁见智是好事，深化了编辑学的理论研究，丰富学科的理论体系。理论创新依赖于实践，也要在总结实践经验的基础上不断发展，而为作者、读者服务始终是编辑出版活动的指导思想和根本目的。以上专家分别从文化传播、信息科学、编辑社会学、价值论、哲学认识论的视域进行讨论，看来对编辑学规律的内涵界定、规律与本质有何区别联系、编辑基本规律和根本规律、编辑规律如何分类分层仍有探究的必要。

四、"编辑学者化"的反思

"编辑学者化"是当下编辑学界讨论的热门话题。编辑是否应该实现学者化，怎样实现学者，编辑是门职业还是专业，见仁见智，众说纷纭。在编辑学辈中，邹韬奋、鲁迅、叶圣陶、吕叔湘、姜椿芳的成功编辑生涯又著作宏富，引起了编辑走学者化道路的企望。笔者认为，编辑学本身是门科学，编辑学家也是学者，既有职业理念又具学者情怀是作为精神产品生产者的正当追求，把编辑排斥在学者之外是不对的。但若简单把编辑与学者等同起来也不正确。是要求编辑成为某一专业领域的专家学者还是成为编辑学家，历来就有分歧。不妨说，编辑是个特殊的学者。随着知识经济时代的来临，无须讳言，编辑要不断更新观念，学习新知，追踪学术前沿，在原有知识结构基础上向交叉型、边缘型、复合型及一专多能方向发展，使自己成为不仅具有丰赡知识底蕴，又掌握现代出版技能的现代编辑。当然，学术期刊与通俗大众类、政治理论类期刊的要求各不相同。即使是学术期刊，如果让各学科的专家学者来做编辑工作也是不现实的。一个人即使是某一学科领域的权威，也仅仅是对本学科精通，在不同学科或同一学科不同研究方向就难以学者自居了。可见，要成为一名优秀的编辑，甚至比成为一名专家学者还要付出更为艰辛的劳动。还有人提出了"学者编辑化"的命题。有的同仁对责任编辑的人格塑造、责任伦理、责任的界定（有限责任还是无限责任？社会责任还是经济责任？）、加强学习、编辑价值观、编辑出版现代化等问题进行了探讨。

五、编辑规范的判据

"不以规矩不能成方圆。"任何一种规范的存在和认同，既是期刊得以形成的主要标志，也是维系和引导出版事业的纽带。它是对出版编辑目的、对象、范畴、方法、价值体系、属性功能的规律性认识，是最优劳动程序和最优传递方式的总结表述和准则模式。规范化即是使事物转变为合乎标准的性质和状态。20 世纪 90 年代以来，我国学术界适应改革开放形势下扩大学术交流、实现学术研究与国际接轨的要求，开始重视并探讨学术规范问题，有"80 年代谈思想，90 年代谈学术"之谓。

编辑规范有其特定的内涵。一般认为，它包括动态规范，如"三审制"（责编初审、副主编复审、主编终审）、审稿四视角（政治性、思想性、创造性、审美性）、改稿三原则（原稿完整性、风格统一性、稿件规范性）等；也包括静态规范，如文字语言方面的专业术语、概念表述、语法语言、文字（中外文）、标题、署名、图表、体例、字体、注释等，如《中国学术期刊（光盘版）检索与评价数据规范》就是一份科学性、先进性和较强实用操作性的规范性文件，它适应了我国电子出版发展的形势要求，顺应了学术期刊现代化的潮流，具有较高的学术、技术和实用价值。还有人从学术道德规范、学术法律规范、学术写作技术范、学术评价规范 4 个层面较为全面地概括了学术规范的基本内容体系。

笔者认为，中国编辑规范的建立不仅非常必要而且十分紧迫。从思想政治层面看，有些是共通的，如遵循党和国家出版法规，遵守《著作权法》、《广告法》；遵守国家法律、方针、政策；维护社会利益，以社会效益为至上原则；保守党和国家秘密；不允许剽窃、抄袭他人作品，尊重作者的署名权，禁止在法定期限内一稿多投；合理使用他人作品的有关内容，等等。从技术层面看，当前编辑出版主要有：期刊的出版、印刷、检验以及登记要符合国家有关规定；按规定的日期出版，避免无故抢（脱）期，不随意出版增刊、合刊；印成品字迹清楚，字体完整，版心周正，装订整齐，色彩适度，无缺损；严格按照期刊宗旨和专业范围选稿编排；版式、封页、目次页、正文页、注释等都要达到法定的标准，计量单位、数字、标点符号、汉字外文也都严格遵循国家统一规定；消灭错别字、漏字等；引文须注明出处。总之，编辑出版规范是科学理论研究的重要组成部分，它是一个涉及伦理学、法学、社会学、科学学、文献学等广泛领域的复杂问题。对编辑出版规范的关注与学风失范和编辑体例混乱有直接的联系。相信学术编辑规范的建立，必将促进我国出版事业繁荣发展，引发库恩所说的"范式革命"。

瞻望 21 世纪，社会转型、网络革命、学术流变给编辑理论和实践均带来巨大冲击。现在编辑的范围已不仅限于图书报纸，还包括电子出版物，多媒体，出现了网页编辑、电脑编辑等新宠。编辑背景网络化、编辑手段现代化、编辑流程高效化、编辑模式屏幕化、编辑管理自动化、编辑知识共享化，这场知识经济时代的"编辑革命"必将促进编辑学研究的提升。今后，应加强对编辑学基本理论的研究；加强对专业编辑问题的研究；加强编辑学与其他相关学科关系的研究；加强对编辑出版现代化问题的研究；加强对中外编辑理论的介绍。岁月是人生的年龄，也是追求的丰碑。编辑应以自己创造性的劳动，施行政策的导向，传播真理的火种，推进实践的力量，弘扬真理的价值。编辑学研究是要向深度广度发展的，因为是人民需要的。

参考书目：

邵益文著：《编辑学研究在中国》，湖北教育出版社 1992 年版

朱美士编：《编辑学概览——编辑学学术理论观点选辑》，云南人民出版社 1993 年版

丛林主编：《中国编辑学研究述评（1983—2003）》，齐鲁书社 2004 年版

阙道隆主编：《中国编辑研究（1996—2005）》，人民教育出版社出版

出版人的编辑伦理和职业规划

俗话说，编辑是书稿的把关人，灵魂的工程师，编辑工作是出版工作的中心环节。编辑的职业修养、知识品格、学养情趣、眼光胆识决定着出版物的质量和水平。不学则无术，登高才望远。做无名英雄，为他人做嫁，这是编辑工作的境界。

一、恪守出版伦理

出版具有精神文化生产和文化产品两种属性已成为编辑共识。邹韬奋曾论述事业性与商业性的辩证关系。出版既是事业又是产业，文化是目的、经济是手段，实行公益性文化和经营性文化的分离，这是当前改革的趋向。在这种思想指导下，编辑更应恪守自己的职业操守和行业准则。编辑不仅是编书编文，而且是编人。不可急功近利，更不可见利忘义。"有品乃贵"的张元济"开发民智，振兴中华"的追求，陆费逵关于出版人要有纯洁的心地和高尚的思想的见识，鲁迅"为人生、为大众"的情趣，邹韬奋"凭质不凭名"的选稿原则和鞠躬尽瘁的服务精神、叶圣陶"文质兼美"的编校标准……这都说明了出版人承担起文化追求和社会责任的极端重要性。张元济、邹韬奋等不仅成为出版人的楷模，而且已成为一种文化符号，照亮新世纪编辑的前路。也许张静庐先生的话代表了出版人的心声：我有我的目标，我有我的信念，二十年生活在出版界里，弯弯曲曲朝着目标而前进，千辛万苦为实现这信念而工作。并不因为环境险恶而躲避，也不受生活艰难而动摇。我明白，我所负的责任的艰重，文化工作影响于民族社会的重大和深远。

二、优化知识储备

一个出色的理想的编辑既要有广博的知识储备，成为"通才"，又要在某一方面有较深的造诣，堪称"专家"，这才真正算得上编辑学者化。博约相趣、厚积薄发，有了良好的知识储备，可以提高编辑的策划意识和执行力，提高出版的核心竞争力。美国资深编辑柯蒂斯指出："面临今天出版业的种种变革，编辑还剩下什么工作可做呢？答案是，几乎每一种事情都需要编辑。今天的编辑和老一辈编辑不同的是，他们必须十八般武艺样样俱全，既要精通书籍制作、行销、谈判、促销、广告、新闻发布会、会计、销售、心理学、政治、外交等，还必须有绝佳的编辑技巧。"这就说明，在当今知识经济时代，一个合格的现代编辑不仅要具备宽厚扎实的基础知识，稳固精深的专业知识，而且还应具有丰富宽广的现代知识，包括市场调研、选题、组稿、审稿、出版、营销等。编辑要善于通过培训、交际、媒体、互联网等各种途径获取各种知识信息源，并进行涵化、创新，实现知识的交流、共享和开发。

三、树立读者出版观

编辑出版的最大意义便是通过书刊载体把自己的思想传递给广大读者，以求得社会的认知，提升知名度、美誉度、显示度。"心中有读者，眼中有市场"这是现代意义上的读者观。叶圣陶把编辑出版工作的原则概括为：一切为了读者。他说，做编辑工作就是要"认定这个方向，为的是为广大的读者群服务"。巴金在一封致《十月》杂志的信中说："刊物是为读者服务的。"用什么服务呢？当然是用作品。邹韬奋精神的实质就是热忱为读者服务，目的是要"创办一种合乎大众需要"的出版物。"把读者的事看成自己的事"，适应读者的需要，为读者服务，这是他办刊的宗旨。"于读者有益"、"使读者有可得"。近代出版人邹韬奋把编辑喻为读者所用的"厨子",叶圣陶把编辑比作连接作者和读者的桥梁,巴金说读者的信就是我的养料,是很有道理的。艾青说编辑有责任把最好的东西介绍给读者,也有责任把不好的东西还给作者。

在中外出版史上,编辑以自己的职业修养和社会责任书写了自己的历史。鲁迅晚年为出版瞿秋白《海上述林》竭精尽智,事事亲为;孙用穷年累月为校读《鲁迅全集》奔走付出心血;叶圣陶为巴金、冰心的小说出版甘为人梯;周振甫做编辑为钱钟书作品出版锦上添花,赢得了"千手千眼"的好评。海外也有类似的例子。美国作家比尔·福克纳在逝世前所立遗嘱中提出让萨克斯做他文学方面的遗嘱执行人和他过去与未来的所有文学作品的责任编辑。这使我想起车尔尼雪夫斯基的名言:"一个没有受到献身的热情所鼓舞的人,永远不会做出伟大的事业来。"

岁月无痕,大德无酬。"苦恨年年压金线,为他人作嫁衣裳。""采得百花成蜜后,为谁辛苦为谁甜?"一篇篇文稿、一件件作品,凝聚着作者数月、数年乃至于一生的心血,也寄寓着无数双读者的眼睛企盼。唯有奋然前行,走好自己的人生路途,才是对作者读者的最好报答。

参考书目:

宋应离等编:《20世纪中国著名编辑出版家研究资料汇辑》,河南大学出版社2005年版

(英)吉尔·戴维斯著:《我们是编辑高手》,河北教育出版社2004年版

汪耀华编:《书道》,上海文化出版社2005年版

邹韬奋著:《事业管理与职业修养·生活史话》,三联书店1998年版

编辑出版史话

一、编辑活动之流变

我国文化源远流长,典册丰富,自从有了龟甲、简牍的典册以来,就有原始的编辑活动。《尚书》曰:"惟殷先人,有册有典。"距今有近4000年历史。

我国古代的卜筮官、史官、乐师就做着不同的文化编纂工作,卜筮官、史官、乐师可以说是我国最早编辑的雏形。孔子不愧为我国历史上第一个编辑家。他删《诗》《书》、修《春秋》,编选为"六经",具有"垂世立教"的宗旨。

两汉时期中央政府注意保存文献,聚书征书,不仅出现了刘向父子这样的编辑大家;而且出现了第一部训诂词典《尔雅》和第一部字典许慎的《说文解字》。我国目录校勘学开始奠基。

魏晋南北朝时期私家修史之风颇盛,诗、文、小说和文学批评文体呈现,一些作品选本的编纂较有特色,刘义庆的《世说新语》和萧统的《昭明文选》最为著名。

唐宋时期确立了官修正史制度,大规模地编纂类书,创立了编年体、纪传体、纪事本末、典志、纲目、实录、会要及史志等编撰方法。比较有名的有"三通"、"四大类书"(《太平御览》、《太平广记》、《文苑英华》、《册府元龟》)、"四书章句集注"以及诗词别集。

明清时代类书、丛书的编纂以及对历史文献典籍的整理校勘编订成绩巨大。最有名的明成祖永乐五年编成的《永乐大典》22937卷;清康熙雍正两朝编印而成的《古今图书集成》计 32 典 6109 部 10000 卷；乾隆年间编辑而成的最大丛书《四库全书》是纪昀等通力合作的硕果。

有人做了统计，我国古代出版了约 181000 多部书籍，辛亥革命至建国前出版了约 10 万多种书籍，我们可以通过这些书籍研究古代和近代的编辑经验，为谱写新一代的"经世文编"贡献绵力。

二、编辑内容之完善

编辑在我国古代"编辑"是个多义的动词，除修撰、编写外，还作编集、编纂讲。最早在南北朝出现，后唐朝多次使用。由于我国"编著合一"是古代编辑的特征，编辑的对象是历史档案，编辑主体是史官，编辑内容是"收集材料，整理成书"。从这个意义上说，当时的出版活动，只是处于萌芽阶段。编辑一词最早见之于公元 551—554 年编的《魏书·李琰之传》："前后再任史职，无所编辑。"公元 659《南史·刘苞传》说："少好学，能传文，家有旧书，例皆残蠹，手自编辑，筐筐盈满。"

孔子、刘向父子都有独特的编辑思想。孔子在《论语·述而》中说他整理"六经"的重要原则是"述而不作，信而好古"；在长期的编撰实践中他提出了多闻、阙疑、无征不信、"不语怪、力、乱、神"等编次方法。战国时期许多无名氏编辑了《论语》、《孟子》、《管子》、《韩非子》、《吕氏春秋》等。刘向、刘歆父子共同完成《七略》的编纂，创造性地提出了"互著"、"别裁"的编辑方法。刘向等人采用"本校法"和"对校法"校雠全文。他们父子俩称得上我国编辑出版工作的奠基人。司马迁《史记》创纪、传、书、表、体制，蕴涵编辑意蕴。

魏晋南北朝时期萧统在编辑《昭明文选》、欧阳询主编《艺文类聚》、李昉扈蒙主编《太平御览》等活动表明编辑出版的组织化、分工化、职业化在加快。另外五代的冯道、元代的王祯、明代的毛晋、清代的纪昀、魏源多有建树。

在中国最早出现的是唐开元年间（公元 713—741）出的"报状"

和"进奏"院状报，由"门下省"的"起居郎"和"中书省"的"起居舍人"收集发布，这种"起居郎"和"起居舍人"就是最早的官办机构"新闻编辑"。

1665 年 1 月法国戴·萨罗在巴黎创办的《学者杂志》是世界第一种期刊。据林穗芳考证，1815 年 8 月 5 日，英国传教士马礼逊在马六甲创办了最早的中文报刊《察世俗每月统记传》和 1828 年在马六甲创办的《天下新闻》都是中国境外创办的最早的中文报刊。中国人在中国境内创办的最早的报刊，先是由 1839 年林则徐的幕宾魏源办的《澳门新闻纸》，1858 年伍廷芳在香港创办的《中外新闻》。

1933 年上海复旦大学新闻系教员郭步陶出版了一部报刊编辑教材，此书的出版标志着我国报刊编辑工作的开始。1949 年 3 月，广东国民大学新闻系教授李次民，在广州自由出版社出版了一本名为《编辑学》的书，可以说这是世界上第一本编辑学著作。

据考证，我国最早编辑出版的杂志是 1896 年罗振玉等人在上海办的《农学报》和亚泉学馆编印的《亚泉杂志》，最早的国际期刊是张元济 1901 年主编的《外交报》，最早的文艺刊物是梁启超 1902 年主编的《小说界》和恽铁樵 1909 年主编的《小说月报》。我国杂志中历史最长的是 1904 年商务印书馆创办的综合性杂志《东方杂志》。在我国近现代史上影响最大的是陈独秀 1915 年主编的《新青年》。中国共产党主办的第一份期刊是 1921 年 7 月在北京出版的《工人周刊》。

三、编辑出版与近代文明

在中国文化发展史上，编辑出版在承传文明、传播知识、塑造民魂等方面起着不可替代的作用。出版兴，则国家兴。文化昌明，社会进步，这是一条规律。

近代中国出版业的出现是从 19 世纪中起步的。商务印书馆和中华书局两大出版机构成立后，编辑工作才正式成为一个独立的社会职业，编辑也才成为一个独立的社会职业，编辑也才成为一个独立的社会群体，结束了政府官员兼职编辑的历史。现代出版与旧时书坊的区别是：

（1）都专设编辑机构，建立了一套完善的编辑制度，有次序、有分工地开展选题、编制、约稿等业务；（2）有一批以出版为职志、学有专长的知识分子精英，如张元济之于商务，陆费逵之于中华、章锡琛之于开明、邹韬奋之于生活。（3）把现代企业制度引入出版活动。如王云五引进国外科学管理方式和商业经营理念于出版，杨端六运用会计簿记制度等。（4）形成现代的出版理念，如教育观、质量观、人才观和版权意识。他们认识到出版是当今中国之急务，出版具有开启民智的功效。张元济在晚年总结自己出版生涯时说："昌明教育平生愿，故向书林努力来。"陆费逵、杜亚泉、叶圣陶、邹韬奋多是身体力行。张元济晚年也有一句诗概括其人才观："此是良田好耕耘，有秋收获仗群才。"（5）办报刊、做出版成为知识分子的时尚选择。胡适曾说过："有三个杂志可以代表三个时代，一个是《时务报》，一个是《新民丛报》，再一个是《新青年》。张元济、王云五、陆费逵在商务和中华主政期间编辑出版了大量的古典、中外名著和教科书辞典，为普及教育、传播学术作出了大量的贡献。他们开启端，解放前后，邹韬奋、张静庐、章锡琛、赵家璧、胡愈之、叶圣陶、陈翰伯、周振甫、姜椿芳等又把这种传统发扬光大。这些群星璀璨的出版人构成了中国学术史上的一道靓丽风景。他们的奉献精神和求真品格将永载史册。

在近代中国，出版是社会文化的传感器和推动力。洋务派"以译书为第一急务"，林则徐、魏源率先出版《四洲志》和《海国图志》，被张之洞誉为"中国知西政之始"。维新派的变法图强，资产阶级革命派武力革命，均以出版宣传、报纸图书为要，《新民丛报》、《民报》是其喉舌。我党成立前后，分别创办了《向导》、《共产党人》杂志，毛泽东等人创办《湘江评论》、《觉悟》，有力地传播马克思主义。可以说，编辑出版与近代文明息息相关。

参考书目：

姚福申著：《中国编辑史》，复旦大学出版社 1990 年版

王建辉著：《出版与近代文明》，河南大学出版社 2006 年版

马克思主义论编辑出版

在出版史上有一个较为特殊的现象，马克思、恩格斯、列宁、毛泽东、邓小平在青年时期都曾经做过编辑工作。马克思、恩格斯奠其基，列宁承其志、毛泽东竟其功，共同支撑起这个理论大厦。

伟大的革命导师马克思以贡献社会、改变世界为己任。他青年时期在选择职业的思考时曾有这样的论述：如果我们选择了一个最能为人类福利而劳动的职业，那么，我们就不会被任何重负所压倒，因为这是为全人类所作出的牺牲；那时，我们感到的将不是一点点自私而可怜的欢乐，我们的幸福将属于千万人。我们的事业并不显赫一时，而将永远存在，高尚的人们将会在我们的墓前洒下热泪。他曾为《莱茵报》写稿，后任该报主编。在《评普鲁士最近的书报检查令》一文中，他对那些自以为真理化身的书报检查制度予以抨击，认为提供给劳动者的产品应是"尽善尽美"的，给工人提供不好的东西就是犯罪。他说，真理是普遍的，它不属于我个人，而为大家所有，不是我占有真理，而是真理占有我。我们常常为马克思的一句至理名言而咏叹："你们赞美大自然悦人心目的千变万化和无穷无尽的丰富宝藏，你们并不要求玫瑰花和紫罗兰散发出同样的芳香，但你们为什么却要求世界上最丰富的东西——精神只能有一种存在的形式呢？"马克思认为报刊就其使命看，它是社会的捍卫者、是针对当权者的孜孜不倦的揭露者，是无处不在的耳目，是热情维护自己自由的人民精神的千呼万应的喉舌。马克思曾这样论及"人民新闻"的含义："它生活在人民当中，它真诚地与人民共患难，同甘苦、齐爱憎。它把它的希望与忧患之中从生活那里倾听到的东西，公开地报道出来。"

恩格斯参与《资本论》的创作和编辑出版《资本论》第二、三卷，其关于《资本论》的通信和《资本论》各卷序言都有不少编辑工作的论述,丰富了马克思主义的编辑学理论。恩格斯先整理后编辑、编辑选择、编撰相结合的编辑工作方法、辩证逻辑的思想方法体现了高超的编辑艺术,丰富了编辑思想的宝库。正如有的论者所评论的,恩格斯编辑《资本论》没有写上自己的名字,但无意中也为自己树立了无言的丰碑。

在十月革命胜利初,列宁针对当时俄国的出版状况十分混乱的情况,提出"建立负责人登记制度","使每一种出版物都有专人负责"。1920 年 12 月 11 日,列宁写信给国家出版局,要求在出版每本书和小册子时一律要有书面记录,这样就有了"责任编辑"制度。列宁认为报刊等大众媒介必须坚持党性原则,即大众媒介不能是"个人或集团赚钱的工具,而且根本不能是与无产阶级总的事业无关的个人事业",它应当成为无产阶级总的事业的一部分,成为一部统一的、伟大的、由整个工人阶级的整个政治觉悟的先锋队所开动的社会民主主义机器的"齿轮和螺丝钉"。据列宁身边的工作人员回忆,列宁曾多次对报纸编辑讲,我们的报纸是我们党的一面镜子。列宁非常重视序言之于书籍的作用。关于校对,列宁把校对看成是出版最重要的条件,他说:出版"最重要的条件是:保证校对得很好。做不到这一点,根本谈不上出版。"

毛泽东、邓小平这两位伟人的革命生涯与平凡的编辑出版有幸结缘。

毛泽东、邓小平、江泽民关于出版工作的指示和论述是毛泽东思想、邓小平理论和"三个代表"重要思想的有机组成部分,认真学习这些内容丰富、含义深远,揭示编辑出版规律的编辑出版思想,对于新时期做好图书、报纸和刊物的出版工作具有十分重要的意义。

毛泽东在改造中国与世界的实践中,曾主编《向导》、《湘江评论》、《新湖南》,他认为包括出版在内的文化是政治和经济的反映,又给予"伟大作用"以反应;出版工作属于上层建筑领域范畴,是意识形态工作,具有阶级性和党性,要坚持出版的社会主义方向,为人民服务;"双百"方针和"古为今用"是我们工作的立足点;编辑工作要以合乎人民群众最大利益为最高标准,"必须内容形式都弄妥当"方能出版，校对要"保证一字不错"，"非以仇人对之不可"；要有计划地培养马克思主义评论家，"不动笔墨不读书，反对形式主义文风"；坚持"政治家办报"方针，认真做好出版工作。

邓小平从精神文明与物质文明的辩证关系来探讨出版工作的地位和性质、任务。他指出，出版工作同其他文化工作一样，是思想战线的一个重要组成部分，是社会主义意识形态工作，坚持"双为"方向是"经常性的基本任务"，要坚持社会效益为最高准则，反对"一切向钱看"和"精神污染"；出版工作要"广开言路"、"批判借鉴，开放创新"，贯彻"三个有利于"标准；编辑人员是"思想战线的战士"，是"人类灵魂的工程师"，要为社会贡献"最好的精神产品"；要加强和改善党对出版工作的领导，正确处理出版自由和纪律、改革和管理、引进和开放的关系，探索一条中国特色的适应社会主义市场规律，符合社会主义精神文明建设要求的，符合出版自身规律的出版体制和人才队伍。

江泽民同志认为先进文化是民族进步的灵魂，必须坚持中国先进文化的前进方向，思想文化单位生产和传播精神产品，必须把社会效益放在第一位，努力做到社会效益和经济效益的正确结合。坚持党性原则，出版的本质是承载和传播先进文化；出版物要以科学的理论武装人，以正确的舆论引导人，以高尚的精神塑造人，以优秀的作品鼓舞人。坚持以正面宣传为主，弘扬主旋律，提倡多样化，出版业要树立精品意识，实施精品战略，实现社会效益经济效益的最优化，多出精品，少出次品，杜绝赝品；要形成一支政治强、业务精、作风正、纪律强的出版人队伍，创新出版机制，促进出版繁荣；教育者必须受教育，我们要坚持以我为主，为我所用的原则，博采各国文化之长，发展自己；坚持原则，一手抓繁荣，一手抓管理，为人们提供更高更好的精神食粮。导向正确，是党和人民之福；导向错误，是党和人民之祸。

最近胡锦涛同志提出科学发展观与和谐社会的理念，这对新时期的编辑出版工作提供了指针。我们要按照科学发展观的要求，坚持以读者为本，走中国特色的社会主义出版之路，不断满足人民群众日益增长的精神文化需求为目的。我们要以建设社会主义和谐文化为内容，以建构社会主义核心价值体系为宗旨，以经济效益和社会效益相统一并把社会效益放在首位为根本，以出版事业和出版产业协调发展为基础，以出版体制创新和出版产品的结构调整为核心，以树立社会主义荣辱观为导向，进行文化出版体制改革的探索，实现出版业的可持续发展。

参考书目：

《马克思恩格斯论新闻》，新华出版社 1985 年版
《列宁全集》第 10 卷，人民出版社 1958 年版
《毛泽东新闻工作文选》，中央文献研究室编，1983 年版
袁亮著：《毛泽东邓小平与中国出版》，中国书籍出版社 1995 年版
中共中央宣传部理论局编：《理论热点面对面》（2006），学习出版社 2006 年版

通俗出版、少儿出版、数字出版

一、通俗出版热的冷思考

有人这样比喻，现在是一个读图时代、影音时代、网络时代。在结束了思想和艺术的大锅饭、平均主义和禁欲主义的精神板结期、精神沙化时代后，中国出版迎来了通俗出版热，进入了一个个性化的消费时代。

如果理解通俗出版热？通俗热的兴起是中国社会世俗化的必然逻辑。以期刊市场为例，有以《读者》、《知音》等为代表的大众化杂志，以《时尚》、《瑞丽》为代表的面向白领的小众化杂志，有以《财经》为代表的财经杂志，有以《中国新闻周刊》、《新周刊》、《南风窗》、《三联生活周刊》为代表的新闻周刊。以文学艺术方面为例，其具体表征为市场经济条件下精英学术曲高和寡，小资写作、小女人写作、小孩

写作充斥文坛；批评家被讥为"食腐动物"，整个文学都成为影视剧副产品、衍生物，托庇于影视剧的余荫来分享它的一点市场剩余价值；通俗读物和实用书籍刊物大行其道，如武打、言情、食谱、健身、占卜等。有人曾把通俗出版和专业出版作了一个经典的比喻：通俗出版像养猪，那猪养肥了可以杀掉，通俗出版像找情人，转瞬即逝；而学术专业出版像养鹅，鹅可以下金蛋，又像娶妻过日子，注重精打细算。如今时下流行的"淘金"（金庸的武侠系列）、"卖菜"（蔡志忠的漫画系列）热，红镜头、黑镜头、灰镜头、红照片、黑照片、老照片，所谓"狼"行天下、"水煮"哲学、"奶酪""大话""麻辣""细节"热……毋庸讳言，当今通俗出版出现了贪大求全、追风赶潮、过于包装、夸大其词、急功近利等弊端。

当然，21 世纪是个品牌竞争的时代，从文本到产品，从产品到品牌，这是出版业市场化、社会化、全球化的一个必然选择。如何进行综合性文化期刊改革？《知音》、《家庭》在成为一个品牌产品的基础上组建产业链和产业集团，《读者》、《中国国家地理》都闯出了一条新路……这都是改革成功的典证。

正反经验告诉我们：通俗出版绝不是迎合肤浅、粗糙，更不是庸俗草率。近来有人把名著改写得面目全非：关羽脸红是因为好色害羞，孙悟空成为营销高手，猪八戒成了少女心中偶像，唐僧也陷入了三角恋……这种"换脸"和"情蒸"的通俗是不可取的。居高才能临下，深入才能浅出。在这大众通俗出版热的背后我们要冷静地思考：学术出版、深度出版不可或缺，它是国家精神的魂魄，学术乃天下之公器，这是一个国家软实力的重要体现。告别幸福时代的现代出版需要一批目光深远、坚守理想、呵护文化的职业出版人队伍。中国民族文化 5000 年赓续而不绝，弦歌而不辍的原因也正在于此。

二、少儿出版的喜与忧

中国新闻出版总署的最新资料统计，目前我国国内 573 家出版社中，有少儿读物专业出版社 31 家，有 523 家出版少儿读物，有 130 家出版社设有专门的儿童读物编辑室。据统计，与改革开放初期相比，我国少儿图书年出版品种由 200 多种发展到 1 万多种，年总印数由 3000 万册发展到近 6 亿册，销售额 40 亿元，约占全国图书销售总额的 8%。从黑白到彩色，从读文到读图，从平面到立体，从单一到丰富……改革开放以来，中国少儿出版"几个小孩一本书"的图书匮乏时代已告结束，我国进入了世界少儿图书出版大国行列。有不少儿童教育专家如叶至善、孙云晓、郑渊洁、曹文轩、卢勤等辛勤耕耘在这片沃土上。最近还出版了一批精品书籍，如曹文轩《山羊不吃天堂草》、《草房子》、秦文君的《男生贾里》、《女生贾梅》，杨红樱的"淘气马小跳系列"，张之路的儿童文学系列；中国少年儿童出版社的《儿童文学》典藏系列、中国少年儿童新闻出版总社的"爱国主义图书系列"、《中国儿童百科全书》系列、中国少年儿童出版社的《知荣明耻教育课堂》、上海少年儿童出版社的《礼仪小公民》、安徽少年儿童出版社的《中华荣辱歌》、明天出版社的"十五岁的长征"系列、江苏少年儿童出版社的《万水千山》等原创作品。引进书方面，除了《哈利·波特》引进版外，《蓝猫淘气三千问》、《大头儿子系列》等也越来越受儿童欢迎。

但总体而言，当前的少儿出版仍存在"三多三少"现象：即国内的原创作品少，引进作品多；讲好人好事的少，讲妖魔鬼怪的多；讲思想教育的少，讲暴力打斗的多。时常出现恶性竞争、有奖销售、赠品促销等不端行为，有人讥为"丛书套书排成排，大家争相吃小孩"。我们作为出版的把关人，要慧眼识真，严格把关，下决心把优秀读物提供给广大的少年儿童读者。少年儿童的成长关乎国家的未来。少儿图书承担着传承文化、陶冶心灵的责任。少儿出版不仅要"有意义"，而且要"有意思"。我们要加强对少年儿童的爱国主义教育，强国强身的教育，强其心，养其"志"，知耻明礼，从小就培养其想象力、求知欲、意志力，使他们在启蒙阶段就踏上知识的探索之旅。

比如有一套《中国儿童学习百科系列》丛书分为宇宙、地球、植物、动物、科学、人体、历史、兵器、艺术、交通 10 种，全面涵盖自然科学和人文科学的各个领域与门类，用通俗易懂的语言深入浅出地讲解宇宙奥秘、地球演化、植物属种、动物繁衍、科学原理、人体机能、历史进程、兵器功能、艺术流派、交通知识……它将学习新知与动手动脑充分结合起来，使孩子们能在愉悦的阅读中得到更多的滋养，值得推荐。

我们要从娃娃抓起，这是邓小平的嘱托。江泽民曾说：儿童教育至关重要。童年时代所受教育的好坏，往往影响一个人的一生。没有不成功的孩子，只有不成功的教育。少儿教育要坚持正确的规律、原则和方法，养教并重、尊重引导、宽严适度、因人施教等。而如何运用正确的教育方法、工具和思维方式激发孩子的知识渴求，激荡他们的好奇心和想象力尤其值得探索。最近我漫步在儿子就读的南山实验学校的菁菁校园就有欣喜的发现，学生亲手制作的校园标语置身其中："请不要踩我，要不然我就会哭"，"爱护草木不仅是你我的责任，而且是大家的责任"，"手上留情，脚下留青"，"如果你认为摘一朵花没什么，那么每一个都摘花会是什么结果"，"小草伴我们一起成长"，"树木正在为净化空气而加班加点，请勿让绿色工厂倒闭"，"请爱护我，我会给你一片绿茵，一片阴凉"，"请不要踩上我的青青绿衣，我会用美丽微笑报答你"，"阅读经典与杰作就等于品味精彩人生"。

著名儿童评论家梅子涵曾这样说：真正好的儿童作品应该有一些属于自己的艺术和智慧，跳动、闪现在它的叙述和构成里，使离开童书阅读已久的成年人们有一种新奇和兴奋的打动，使等待的儿童读者有生命和趣味里的渴望满足。突然我找回了童年的记忆，感受到情感和诗意的调理。噢！这是一个诗意盎然的春天，满园春色关不住，多枝嫩绿出墙来。

三、数字出版的现在与未来

提起天涯，很多人都知道指的是"天涯社区"（www. tianya. cn），每天 3000 万的访问量，几十万篇新贴文和数百万的新回复，"芙蓉姐姐"、"卖身救母"、"富贵之争"，它让许多人认识到网络传媒的力量。关于这个虚拟社区，我们甚至可以说，它已经形成了中文网络中一个独特的"现象"，我们姑且称之为"天涯现象"。

2004 年 4 月，当时还默默无闻的天涯社区，与同在海南的国内著名人文思想类杂志《天涯》签约合作，双方在天涯社区内共同开办以《天涯》杂志相关资源整合的人文思想类论坛"天涯纵横"。这次合作一举奠定了天涯社区"以人文思想为核心"的定位，借助于《天涯》杂志在思想学术领域的号召力，向高端人群做了一次天涯社区品牌的成功诠释，吸引了一大批知名学者专家的关注。"海内存知己，天涯若比邻"这一古语诠释着它的理念和追求。这种传播方式以个人为中心，即 every body say every thing，颠覆着媒体的精华话语，每个人都可以表达自己，并依托网络向外传播。比如：慕容雪林 2002 年《成都，今夜请将我遗忘》、十年砍柴 2004《闲看水浒》、王怡《公共权力：人尽可夫?》发表影响了媒体的趋向，并逐渐形成了关天茶舍、舞文弄墨、闲闲书话等一系列论坛板块。由此我们想到数字出版的话题。

一方面新技术给出版带来了许多新的契机，增强了出版业的竞争力，发展数字出版是我国信息化的重要内容和出版现代化的关键；另一方面数字出版也给包括书籍杂志音像在内的传统出版业带来了挑战。围绕我国数字出版的发展政策、国际数字出版发展趋势、数字时代背景下传统出版业的战略重组、出版产业化、数字出版的发展模式、知识产权和版权引进、在线内容方式、数字出版标准化、数字化建设及服务等，学术界进行了充分的探讨。只有改革创新，才能解决当今出版观念落后、数字鸿沟、资金短缺、版权困扰、市场饱和、结构趋同、同质化竞争等问题。

数字出版与传统出版相比，具有效率高、速度快、空间大、价格低廉、读者自由度大、受众个性化高等特点和价值导向，它对于推动出版的全面数字化、网络化和市场大融合，推动出版模式转型大有可为，ISP、ICP、ASP、POD 等模式的普及将改变传统的纸质出版生态。当然，也引起了群体阅读能力和习惯问题，不可小视。新闻网站、电子图书、数字杂志、在线光盘等阅读方式的出现将改变着人们的生产和生活，而现代出版业的发展将打破媒体之间的界线和壁垒，建构起立体综合全面的出版体系和现代出版形态。数字时代的来临也呼唤文明和法治。因为，思想无禁区，出版有纪律。

参考书目：

钟永诚主编：《作者、学者、出版人——三方论出版大格局》，山东人民出版社2005年版

卢勤著：《好父母好孩子——卢勤30年家教精华》，漓江出版社2005年版

（意）玛利亚·蒙台梭利著：《蒙台梭利儿童教育手册》，中国发展出版社2006年版

边春光主编：《编辑实用百科全书》，中国书籍出版社1994年版

许力以主编：《中国出版百科全书》，书海出版社1998年版

近代出版人肖像

在中国近代学术思想史上，出版功不可没。学术出版不仅是社会转型变迁的缩影，又作为思想文化革命的前驱先路发挥着独特的作用。一代代出版人继往开来，承传薪火，演绎着人生的乐章，奏响了时代的旋律。张元济、王云五、陆费逵、邹韬奋就是一个个响亮的名字。在中国思想文化的长河中，这是一片聚集着出版明星的星空。

张元济（1867—1959），浙江海盐人，号菊生，翰林出身，参加过维新变法，变法失败后应夏瑞芳之邀入商务任编译所长。始创印刷所、编译所、发行所，他以"扶助教育为己任"，以出版救国为理念追求，在他的努力经营下商务巩固了自己在出版业的龙头地位，成为中国近代最大的出版机构。他的主要贡献是：出版新式教科书；网罗群才，形成了商务的编辑群体；出版新学和古籍图书，如严复译作和林纾小说，"说部丛刊"、"百衲本二十四史"；引进近代企业经营机制，在中国建立近代会计制度；建立包括印刷、出版在内的大出版联合体。当然他最大的贡献是倡导出版和教育的结合、文化传承与社会发展的有机统一。

商务印书馆实际上是他的改造社会的理想试验场。茅盾说：张元济是一个开辟草莱的人。他不但是个有远见、有魄力的企业家，同时又是一个学贯中西、博通古今的人。

陆费逵（1866—1941），复姓陆费，名逵，字伯鸿。也是一位目光深远，具有强烈爱国思想的进步出版家。他一生服务我国书业38年，任中华书局总经理30年，并长期担任上海书业同业公会主席一职，为传播文化科学知识，厥功甚伟。他提倡"教科书革命"，指出"国之根本，在乎教育，教育根本，实在教科书"；他主编《辞海》、《中华大字典》。他认为，专心、忍耐、本色是从事书业的必要条件。

王云五（1885—1979），广东香山人，原名之瑞，字岫庐。自学出身，1921年应胡适之邀进入商务印书馆，次年任商务编译所长，1930年任总经理。他在继承前人的基础上改革商务机构，并对商务出版生产力资源重新布局，出版"万有文库"、"中国文化史丛书"、"大学丛书"、"丛书集成"等。他以更为先进科学的管理、平民化的出版理念、商务化的经营开创了商务印书馆的鼎盛时期。特别是他提出"为国难而牺牲　为文化而奋斗"的口号而独树一帜。创"四角号码检字法"。有人这样评价：欲知中国思想文化史，应知商务；欲知商务全貌，应知王云五。

邹韬奋（1895—1944），一代出版家。毕生从事报刊工作，形成了独特的出版理念。其中最重要的特点是竭诚为读者服务。他强调办报刊要"以读者的利益为中心，以社会的改进为鹄的"。毛泽东称之为"出版事业的模范"并欣然题词："热爱人民，真诚地为人民服务，鞠躬尽瘁，死而后已，这就是邹韬奋先生的精神，这就是他之所以感动人的地方。"他创办了生活书店（1932），主编《生活》（1929）、《大众生活》，还有《生活日报》等一系列抗日救国报刊，为抗战奔走呼号，鞠躬尽瘁。邹韬奋办刊很注重刊物的个性或特色。他有名的一句话是："没有个性和特色的刊物，生存已成问题，发展更没有希望了。"他的编辑方针是提倡创造精神、平民风格，发展服务精神，反对尾巴主义；讲究责任、报格、勇气；重视经营和质量、服务；出版宗旨是为国家独立民族振兴奋斗。

叶圣陶（1894—1988），著名编辑家，也是当代中国著名的教育家。他说："如果有人问起我的职业，我就告诉他：第一是编辑，第二是教员。"叶圣陶先生编辑思想和实践的第一个特点是，他明确编辑出版工作就是宣传教育工作，基本功能在于教育，不光为赚钱，更要考虑社会效益，要有所为有所不为；第二个特点，一切为了读者，竭诚为读者服务。为读者服务是编辑出版工作者的天职，也是他们工作全部意义之所在。要"认定这么个方向，为的是为广大的读者群服务"。要使要读书的人有书读，不读书的人乐意读书，少读书的多读书，读了书的善于读书。叶圣陶还特意在《中学生》杂志上开辟《文章病院》，有人评论功德无量；强调把最好的精神食粮提供给社会，勤勤恳恳、一丝不苟、精益求精。

鲁迅（1881—1936），文学家、思想家，也是一位编辑出版家。长期从事编辑工作，十分精通编辑业务，从选题、组稿、版式、看跋、校对以及装帧不仅内行，而且有独特的编辑理念。他认为，编辑工作首先是对读者负责，于读者作者有益；他认为选稿原则应坚持真善美的统一，"将为现在作一面明镜，为将来留一种记录。"我们需要的是"全部作品中的真实的生活，生龙活虎的战斗，跳动着的脉搏、思想、热情等"。

胡愈之（1896—1986），一位集编辑、作家、翻译家、出版家于一身的全才。他认为出版工作的主要任务就是向最广大的群众传播知识。普及知识，传播文化，是他一生的追求。他在《东方杂志》当编辑时，策划了以介绍新知识为主要任务的《东方文库》；抗战时期，他参与生活书店设计的《青年自学丛书》；解放后他计划出一套以基层干部为主要对象的《知识丛书》，后因种种原因浅搁。作为新中国第一任出版署署长，他为贯彻社会主义出版工作的新方针政策厥功甚伟。他编印了《东方红》以及百科全书；他倡议创办《新华日报》、《群言》，表现了一个知识型官员的远见卓识；他倡导设立韬奋纪念馆，筹划出版《鲁迅全集》，体现了他的高尚风范。

陈原先生曾经以《三个读书人：一部"书史"》评价张元济、邹韬奋、胡愈之的贡献，认为邹是政治家，张是企业家，胡是社会活动家。他们均以新闻出版为职业，为事业为工具，为媒介，为武器，锲而不舍地在书报林里"寻找"了一生，"奋斗"了一生，"战斗"了一生；不为名不为利，只是为着开启民智，振兴中华；为着子孙万代的幸福，为着千古哲人的崇高的理想。三个读书人，经历了一个大时代，一个激变的时代，一个艰难的时代，当然也是英雄的时代。管中窥豹，其他出版人我们也应作如是观。

参考书目：

叶宋曼瑛著：《从翰林到出版家——张元济的生平与事业》，商务印书馆（香港）1992 年版

俞筱尧、刘彦捷编：《陆费逵与中华书局》，中华书局 2002 年版

王云五著：《岫庐八十自述》，商务印书馆（台湾）1967 年版

《叶圣陶出版文集》，中国书籍出版社 1996 年版

《鲁迅全集》，人民文学出版社，第 4 卷，第 6 卷

陈荣力著：《大道之行——胡愈之传》，浙江人民出版社 2005 年版

冯春龙著：《中国近代十大出版家》，广陵书社 2005 年版

茅盾著：《我走过的道路》（3 册），人民文学出版社 1981 年版

寻找出版"失踪者"

在近现代中国出版史上，我们记得了一个个彪炳千秋的"出版事业楷模"之名字：张元济、邹韬奋、叶圣陶、茅盾、鲁迅、胡愈之……同时我们也应铭记那些"小人物"，他们用自己羸弱的身躯装点了出版的苍穹。如果说，出版名家是"红花"，他们就是"绿叶"。

正如作者王建辉介绍，20 世纪中国历史特别是出版史是编辑们书写的，为了不使他们长期消解在历史视野的背影里，让他们显现出历史的某些微光，他在广西《出版广角》杂志以"百年先行"的专栏介绍这些鲜为人知的出版"失踪者"故事，进而他们的肖像愈加清晰明艳。这里有近代出版第一人王韬、科学编辑杜亚泉、"亚东"掌门人汪孟

邹、副刊好手黎烈文、商务新人杨端六、善于催稿的孙伏园、整理史料有大功的张静庐、文学编辑家靳以、出版家沈知方、开明创始人章锡琛、儿童读物编辑孙毓修、倡导教科书的编辑蒋维乔、工具书编辑的先行者丁福保、创办《读书》杂志的陈翰伯、消闲杂志编辑王纯根、辞典编辑舒新城……他们个性不同，风格各异，在不同的出版领域作出不同的贡献。

不少出版人兼有社会活动家、出版家、教育家多种天赋，既有"为国家谋文化上之建设的理想，又有学者编辑集于一身的智慧能力"，从而成就了他们的非凡业绩。如陈叔通、叶楚伧、邵力子、高梦旦、杨贤江、徐伯昕、金仲华、夏丏尊等。

书中还介绍了我们熟悉的编辑大家不为人熟悉的"另一面"，如陈独秀的编辑见解、鲁迅的编辑思想；我们感到欣慰的是一些学者在自己的生命旅程中曾与出版联系在一起，如顾颉刚编辑《禹贡》、胡风主持《七月》、吴宓服务中华书局、李公朴出版《全民抗战周刊》等，他们的生命之旅又多了一道靓色，一份精彩。

记得有一位名人说过：生活中不是缺少美，而是缺少发现。我深信不疑！

参考书目：

王建辉著：《老出版人肖像》，江苏教育出版社 2003 年版

双子星座：商务与中华

近代中国向有"商、中、世、大、开"五大出版之说，商务印书馆与中华书局并世而立，双雄竞起，在中国近代文化思想史写下了辉煌的一页，被誉为"冠亚军"和"双子星座"（王建辉谓另一是北京大学）。

它们为在中国开启民智、昌明教育、传播文化、介绍新知做出了卓越贡献。历史上的商务印书馆有"文化界的伯乐"之雅称。陈思和这样评论，"如果没有商务、中华、亚东这样一批出版社，那么中国现代文化史也将会改写。"（《复旦学报》，1993 年第 3 期）这的确是精当之论。

百年沧桑，洗尽历史风尘。1897 年商务印书馆创办于上海，至今已 110 年。商务对传播中国文化，甚有功绩。据粗略统计，商务印书馆从 1902 年到 1950 年 6 月共出书 15116 种，28058 册；王云五 1935 年总结商务创办与中国文化 30 年关系时，列有 7 项：（1）关于教科书之编印；（2）关于文体之改革；（3）关于西洋文学之介绍；（4）关于社会科学之介绍；（5）关于自然科学之介绍；（6）关于国故及国故之整理；（7）关于文学工具之供应与研究。并说："以一私人营业机关，而与全国文化发生如是重大关系者，在国内固无其匹，即在国外亦不多见。"[1]著名书评人王建辉曾以"文化的商务"之名研究这一现象[2]。所谓文化的商务，既是指商务印书馆所进行的出版活动在很大程度是一种文化事业，同时也是说把文化作为商务来运作。可以说商务印书馆的出版活动是近代中国文化最重要的组成部分。商务印书馆是一条滋润中国人思想文化的长河，有三大贡献：编写新式教材、介译西方名著、编纂工具书词典。商务初创于世纪转型、社会重构、文化变迁的旧中国，"出版救国"成为开启民智，淳化民风之动力，成为近代出版人的文化体认和社会责任。夏瑞芳精明能干，远见卓识；张元济编印小学《最新教科书》；王云五组织大学编委会编印《大学丛书》；20 世纪 20 年代商务对包括《东方杂志》、《小说月报》、《教育杂志》等在内的杂志群进行全面改革；商务创办的著名杂志有：《东方杂志》（胡愈之）、《小说月报》（茅盾）、《儿童世界》（郑振铎）、《学生杂志》（杨贤江）。自 1915 年出版肇始的《辞源》（正编），开创了编纂新式辞书的时代，在风雨如晦的抗日烽火岁月，商务喊出"为国难而牺牲，为文化而奋斗"的口号；新中国成立后，商务印书馆重获新生，老树新芽，出版《汉译世界学术名著丛书》，编写辞书、辞典，成为一个传播文化的出版机构，成为一片聚集文化明星的夜空。王建辉曾以杜亚泉为例解剖近代出版人的心路历程："为国家谋文化之建设"的理想；学者型的编辑和思想型的学者价值取向；新旧文化转型的困惑或遗憾；引领一代文风学风,如开明风(务实精神)。商务以昌明教育、民族振兴为己任,致力于文化建设,为读者服务。商务印书馆成立标志着中国出版跨入了一个新时代,中国从此有了自己的现代出版企业。

中华书局作为我国近代出版史上第二大综合性出版机构,与商务印书馆即有竞争又有合作。王建辉曾撰文比较商务与中华之异同。就同而言,他们都是中国近代一批文化人主持的一个安身立命的企业,是一个安心立命的事业,"教育救国"、"出版救国"是他们的共同追求;他们都诞生在中国的上海,作为近代中国出版的楷模,具有包括编辑、印刷、发行等完整的产业链,其组织机构、经营格局、生产规模大同小异。商务是中国近代出版的"工作母机",中华大体"拷贝"商务。就异而言,它们产生的时间、发起人的阅历、新旧保守维新性质、业务类别有不少差异。

也有人总结了中华书局对我国学术文化的贡献:中华书局编写不同学科门类的教科书,在工具书出版方面,中华书局以 1915 年出版的《中华大字典》和 1936—1937 年出版的《辞海》最为有名;在古籍整理方面,中华书局以《四部备要》和《古今图书集成》承其余绪,在学术出版和创办杂志方面,中华书局出版梁启超《钦冰室合集》和创办八大杂志。(《新闻出版交流》2003 年第 1 期)

总之,在 20 世纪的出版史,商务与中华成为比翼双飞、并世而立的双子星座,他们共同推动思想文化的进步,引领了出版的潮流。商务以印刷起家而发展到以出版为主,中华以出版起家而以印刷为主。商务管理偏严,中华似和;商务与中华形成了既竞争又合作的出版格局。回眸凝望,我们向商务和中华出版人致以敬意!有人曾这样评价:对于身处苦难的近代中国,它既需要革命家揭竿而起,但也需要出版家为启蒙民众而作的长期艰苦的努力。[3]大概这就是双子星座之于中国的意义吧!

参考书目:

王云五,本馆与近三十年中国文化之关系,见《商务印书馆九十五年》,商务印书馆 1992 年版,第 284—288 页

王建辉著:《文化的商务》,商务印书馆 2000 年版

史春风著:《商务印书馆与中国近代文化》,北京大学出版社 2006 年版

商务印书馆110年祭

2007年2月是商务印书馆的110周年诞辰，作为现代出版业的肇端，它即将迎来110周年纪念。百年风雨，世纪沧桑。作为文化界的"伯乐"和读书人的"世界精神公园"，百年商务秉持"为国难而牺牲，为文化而奋斗"、"鞠躬尽瘁寻常事"的精神传承，在中国文化史、出版史上留下了浓墨重彩，形成了商务传统、商务文化、商务人、商务品牌。百年风云铸华章，百岁瞻言续辉煌。

110年前的1897年，当夏瑞芳、张元济诸先生怀着救国济民的雄心创办了我国第一家现代出版企业——商务印书馆之际，他们也许并没有充分意识到此举的文化价值和历史意义。然而，一百多年来，现代出版业对于中华民族的精神重塑和文化传承具有何等重大的意义。一百多年来，商务人默默耕耘，甘为人梯，传播知识，普及文化，开启民智，对我国的文化教育、出版传播作出了重大贡献。商务人以传达文化、供给精神食粮为职志，他们把马克思主义的真理，把科学文化知识，把健康进步文明的生活方式送到了一代又一代读者手中，成为中国人的心灵滋养和心灵启蒙。百年读者知多少，大梦先觉我自知。功在当代，福泽千载。百年来，中国革命建设和改革的每一次成就都融入了出版人的努力和追求；中国社会文明的每一个进步，都辉映着出版人的心血和足音。商务印书馆的一百多年是奉献的百年史，光荣的探索曲。

商务印书馆作为我国第一家现代出版企业，主要出版现代社会科学、自然科学和新式教科书；采用现代印刷技术，运用现代企业管理和商业发行运作模式，这不乏现代革新理念；百年来，商务印书馆成为人才培养的摇篮，梁启超、严复、张元济、蔡元培、章太炎、王国维、鲁迅、叶圣陶、邹韬奋、茅盾等与商务馆日月同辉；百年来，商务印书馆为引进外国文化和弘扬中国传统文化功绩厥伟，如翻译出版严译著作，编印《百衲本二十四史》、《四部丛刊》、《国学基本丛书》、《万有文库》、《大学丛书》，编辑字典、词典等，改革开放后翻译出版《汉译世界学术名著丛书》、《辞源》、《新华字典》、《现代汉语词典》，又续写华章，佚而不惰。

在进行文化体制改革的今天，思索商务印书馆110年走过的道路不无启迪。第一，商务印书馆曾被誉为"革命大本营"，传播马克思主义，当代中国出版必须坚持党对出版工作的领导，坚持马克思主义在出版领域的指导地位，坚持中国特色的社会主义文化方向。以科学的理论武装人，以正确的舆论引导人，以高尚的精神塑造人，以优秀的作品鼓舞人。第二，商务印书馆以传播文化普及知识为己任，有品乃贫的张元济"昌明教育平生愿，故向书林努力来"，夏瑞芳"以扶助教育为己任"，王云五、胡愈之、陈原等以商务印书馆为舞台，实现了传布新知、普及教育的宏愿。新时期中国出版必须以提高全民族的科学文化素质为使命，高举启蒙文明的火炬。第三，必须以改革创新为动力，探索一条中国特色的出版新路，中国出版业要实行两个根本性转变。要在坚持社会效益第一的前提下，在品牌经营、人才培养、资源整合、内引外联等方面进行探索。出版业要以文化为目的，经济为手段，出版业可以划分为公益性和经营性两类，出版物既是产品具有精神性，又是商品具有产业属性，这些见地不无启迪。第四，必须培育一批目光深远、坚忍卓越、与时俱进、奉献忘我的出版人队伍。大百科全书的陈翰伯、三联书店的董秀玉、读书杂志的沈昌文、长江出版集团的王建辉均引领潮流。我们要以他们为榜样，多出精品，多出好书，不出坏书，杜绝庸书。第五，我们要正确处理好东西方文化，经济、政治、文化，国际化、规范化、本土化，精品化和通俗化，普及与提高的关系。一手抓繁荣、一手抓管理，与时俱进，推动我国出版业科学发展和可持续发展。

参考书目：

《商务印书馆一百年（1897—1997）》，商务印书馆1998年版
《商务印书馆大事记》（增订本），商务印书馆1998年版

出版语丝录

孟子曰：尽信书不如无书。

王安石：断烂朝报。

康有为诗赞：译才并世数严（复）林（纾）。

顾炎武说，人之患在好为人序。

宁可不娶小老婆，不可不看《礼拜六》。

知商务者，有蔡元培、张元济、王云五、胡愈之、茅盾和陈原六人。

商务人主持着者皆中西知识丰富，所谓"四库旧藏百科新知"、"旧学邃密新知深沉"。

张元济曾出版《中华民族的人格》一书，并写挽联一首纪念伍光建："天既生才胡不用，士唯有品乃能贫。"这也是他的自况和追求。他曾为商务印书馆同仁写了一首七绝："昌明教育平生愿，故向书林努力来；此是良田好耕植，有秋收获仗群才。"

高梦旦一生淡泊名利，抱定"成事不必在我，成功不必在我"的信条，被胡适称为圣人。

叶圣陶曾为商务写贺词："论传天演，木铎启路。日新无已，望如朝曙。"他曾说：凡是在解放前进过学校的人，没有不曾受到"商务"的影响的，没有不曾读过"商务"的书刊的。他也以"堂堂开明人，俯仰两无愧"作为座右铭。

商务印书馆有"文化界的伯乐"之称，这里是一条滋润中国人思想文化的长河，这是一片聚集文化明星的夜空。

孙中山曾对新闻记者说："舆论是事实之母，而诸君是舆论之母。"孙中山曾引用拿破仑的名言"报纸功力胜于三千毛瑟"，评论于右任的文采。

陆费逵曾说，我们书业虽然是较小的行业，但是与国家社会的关系却比任何行业为大。

胡适曾作"笔画号码歌"推广四角号码检字：一横二垂三点捺，点下带横是零头，叉四插五方块六，七角八八小是九。

胡适曾对陈独秀说，20年来有三个杂志可以代表三个时代：《时务报》、《新民丛报》、《新青年》。又说：哲学是我的专业，史学是我的训练，文学是我的娱乐。

袁枚，书非外借不能读。

梁启超在《新民丛报》批评革命党人为"远距离革命家"。

吴稚晖曾说，作文之理乃是有话直说，有屁直放，落得个自由痛快。

曹聚仁说自己买书有很多禁忌，开头排列许多名人的序文的不买。

黄侃善骂，"八部书外皆狗屁"是他的口头禅。

萧乾说，书评是文化的筛子、镜子和轮子，是读者的顾问，出版界的御史，是好书的宣传员解说员，是坏书的闸门。

沈从文谓书评为"一石打四鸟"的石子，这四只鸟是作者、读者、书评者自己、编辑出版者。

钱钟书云，校书者非如观世音之具千手千眼不可。翻译是一个脱胎换骨、灵魂转世的过程。

严复在《天演论》译例言中提出，译事三难：信、达、雅。

郭沫若说，创作为处女，翻译不过是媒婆。

本雅明认为，翻译是原作的再生；德里达说，翻译在一种新的躯体、新的文化中打开了文本的崭新历史。

鲁迅说，手里捧着亡友的遗著，像捧着一团火似的，要尽快把它交给读者。

王云五有"四百万"之称，四即四角号码检字法，百就是百科全书，万便是万有文库。鲁迅称其为"四角号码王公"。

王云五说，无错不成书。他有个有趣的比喻：出版事业犹如开饭馆，必须有名厨。

台湾学者评王云五：当代的奇人，社会的好人，学术界的通人，企业界的巨人。

张季鸾生前传授给王芸生秘诀：以锋利之笔写忠厚之文；以钝拙之笔写尖锐之文。他认为中国办报是文人论证，而外国办报则是实业经营。

张季鸾奉行报恩主义：报亲恩，报国恩，报一切恩。他被周恩来誉为"报人模范"，"文坛巨擘，报界宗师"。他又论，成熟的记者应该是第一等的政治家，报人的修养与政治家的修养实在是一样，而报人感觉之敏锐、注意之广泛或过之。

抗战胜利后，中国报纸流行语"八年抗战，最后惨胜"。

陈寅恪对自己的书稿难于问世，发牢骚说："盖棺有期，出版无日。"胡乔木答说："出版有期，盖棺尚远。"

冯玉祥评办《京报》的邵飘萍："飘萍一支笔，胜抵十万军。"

著名报人成舍我立志要办一份真正独立的报纸，坚信新闻是第四种权力，他在北京办报，集社长、记者、编辑、校对于一身。

张元济的独生子张树年学成归国，想进商务印书馆，张反对，称："我历来主张高级职员的子弟不准进公司，我应以身作则，言行一致。"

章太炎生平清高孤傲，对黄侃却颇嘉许，曾送黄一联：韦编三绝今知命，黄绢初裁好著书。赞誉有加，但有"绝命书"三字。

老舍年轻时常被编辑改动，后他在书稿旁怒题：改我一字，男盗女娼。

曹聚仁认为，所谓编辑好手。是要能拉到稿子，能编排，能配搭，有如什锦拼盘似的。

张季鸾主笔《大公报》，提出"四不"方针——不党、不卖、不私、不盲。

史量才曾言：国有国格，报有报格，人有人格。史量才办《申报》为蒋所恨。蒋说我有 100 万兵，史说我有 100 万读者。

傅斯年说，与其入政府，不如组党；与其组党，不如办报。

叶德辉说，唯书与妻子不外借；买书如买妆，美色看不够。

汪孟邹曾有一句名言：与其出版一些烂污书，宁可集资开妓院好些。

陈独秀自诩：我办报十年，中国局面全改观。

余光中说：写诗是为了自娱，写散文是为了娱人，写批评尤其是写序是为了娱友，翻译是为了娱妻。

王建辉说，出版已经并且还将与历史一起同行。

李敖说，报纸不增张，像是罐头中的沙丁鱼；报纸增张后，像是泡了水的面包。

参考书目：

王建辉著：《名流随笔》，辽宁教育出版社 1999 年版

出版史的另一面

中国有许慎的部首检字法、清康熙的部首加笔画检字法、王云五的四角号码检字法、解放后的音序检字法。

世界上第一部百科全书是 1772 年完成，狄德罗的"百科全书派"举起了思想启蒙的火炬，中国在 20 世纪 80 年代在陈翰伯、姜椿芳领导下有了自己的百科全书。

孙伏园善于催稿拉稿，一脸笑嘻嘻，鲁迅的许多作品都是孙伏园催逼的产物，孙是"产婆"。

他是报纸副刊的先驱。曾因主编《晨报》副刊而名声噪起，后因代主编刘勉已不愿发鲁迅诗《我的失恋》，孙怒辞编务职，这便是"撤稿事件"。

民国有四大副刊很有名：北京的《晨报》副刊、《京报》副刊、上海的《民国日报·觉悟》和《时事新报·学灯》。

《学衡》和《甲寅》杂志是近代中国最有名的保守刊物。

近代中国有"商（务）、中（华）、世（界）、大（东）、开（明）"五大出版之说。曹聚仁这样评价各个出版社的风格：生活活泼、北新深沉、开明持重。

清末 20 世纪四大传记：梁启超著《李鸿章传》、林语堂著《苏东

坡传》、朱东润著《张居正传》、吴晗著《朱元璋传》。

"良友"是近现代出版史一个文化符号和经营理念，又是一家书店、出版社、画报。"良友"文学丛书传世。

七月，是自然月份的序列，也是胡风创办的一个文艺杂志的名称。为纪念抗战而办刊，这是现实主义编辑方针。

于右任办《民呼报》，提倡排满革命，清廷乃扬言要挖其双眼，他便改《民呼报》为《民吁报》，以示抗议。

林语堂自评：两脚踏中西文化，一心评宇宙文章。他在自传中说，他对外国人讲中国文化，而对中国人讲外国文化。

生活书店始终发扬为读者服务的精神，它提出"好书皆备，备书皆好"的口号。"努力为社会服务，竭诚谋读者便利"，这是中国近代出版业的一种"生活模式"。

延安时期，清凉山被称为"新闻出版山"，在这座山上集中了革命圣地的新闻出版事业，如新华社、解放日报、新华书店等。

"她"与"姐"原不相同，1917年刘半农倡议用"她"指称第三人称的女性，并写诗《教我如何不想她》。

戴季陶文笔优美，曾被蒋介石称为"笔杆子"，担任考试院院长达20多年。

古代视钱为"阿堵物"，"稿费"也称"润笔"。齐白石是一个职业画家，他的客厅里挂着润笔单：卖画不论交情，君子有耻，请照润格出钱。

抗战时期，物价飞涨，斯文扫地，闻一多刻图章以补家用，王力被迫写小品文换稿费。

范长江是20世纪30年代从国统区进入延安的第一个中国新闻记者，所著《塞上行》提出了解决边疆问题的新途径。

张竞生是我国性学第一人，著《性史》。潘光旦著有《性心理学》一书。

梁启超为蒋百里所著《欧洲文艺复兴史》作序，洋洋五六万言，遂另行出版，是为梁名著《清代学术概论》；无独有偶，唐德刚曾为《胡适口述自传》作序，后竟写十余万字，取名《胡适杂记》。

冯友兰给自己的著作《三松堂自序》写的序，称之为《自序》之自序。王力先生为自己的著作写《龙虫并雕斋琐语》。

魏源借友人书，则裁割其应抄者，以原书见还，日久始觉。

学者对其书斋起名十分讲究，如陈寅恪的"寒柳堂"、梁启超的"饮冰室"、冯友兰的"三松堂"、陈垣的"励耘书屋"、王力的"龙虫并雕斋"、周作人的"苦雨斋"、丰子恺的"缘缘堂"、顾颉刚的"晚成堂"、赵俪生的"篱槿堂"等。

文人学者生前写自传回忆录的大概自陶渊明《五柳先生传》始，如巴金的《随想录》、周作人的《知堂回想录》、夏衍的《懒寻旧梦录》、茅盾《我所走过的道路》、季羡林的《留德十年》、侯外庐的《韧的追求》、王蒙的《半生多事》等。

许多文化名人都做过编辑工作，为这个职业染上了浓墨重彩，如鲁迅、夏衍、矛盾、叶圣陶、夏丏尊、胡风、李公朴、施蛰存、周振甫、宗白华、沈从文、郁达夫、梁实秋等。

吕叔湘为人认真，遇到错字病句，就要写信订正。《人民文学》接信后回信表示歉意谢意，竟把名字写成"吕淑湘"。

已出版的比较有名的情书有鲁迅许广平的《两地书》、徐志摩陆小曼的《爱眉小札》、郁达夫王映霞的《达夫书简——致王映霞》、巴金萧珊的《家书》、沈从文张兆和的《从文家书》，另萧乾文洁若、程千帆沈祖棻的诗文也有佳趣，希望能早出版。

周作人晚年收入不足，常陷困顿，屡向曹聚仁写信预支稿酬，这就是《知堂回忆录》。

据说武则天造了一个"曌"字，王安石发明了"囍"，刘半农创造了"她"字，夏衍造了"垮"字，李四光撰了一个"鲝"。

当代史学名作不少，如夏曾佑的《中国历史教科书》，张荫麟的《中国史纲》，钱穆的《国史大纲》、蒋廷黻的《中国近代史》等，王芸生的《六十年来中国与日本》，皆有新见创获。国内范文澜、郭沫若、翦伯赞、吕振羽、吕思勉、周谷城、白寿彝、张舜徽的通史影响很大。

学术的世家和地域色彩较为典型。如古代的二晏（晏殊、晏几道父子）、三苏（苏洵、苏轼、苏辙）、三曹（曹操、曹丕、曹植），近代的俞氏三代（俞樾、俞陛云、俞平伯）、陈氏三代（陈宝箴、陈三立、陈寅恪）、钱氏父子（钱基博、钱钟书）、湖南黎氏（黎锦熙八兄弟）、浙江五马（马幼渔等）、鲁迅三兄弟、近现代中的公安派、竟陵派、桐城派和现代的京派海派山药蛋派等。

王建辉认为商务管理偏严、中华似和。商务与中华是中国近代出版的冠军和亚军，是双子星座。

参考书目：

《郑逸梅选集》（全6册），黑龙江人民出版社2001年版

朵渔编：《禅机——1840—1949中国人的另类脸谱》，广西人民出版社2006年版

出版史研究撮要

改革开放以来，我国的出版工作在继承传统、面向现实、指领未来的思想指导下，在出版史料的收集和整理、出版机构和编辑人物介绍、社史和地方史研究、出版文化和出版评论、报刊印刷史、媒介出版和学术网站建设等方面均取得不俗的业绩。

首先，出版了一些中国出版史"图书"，成立了一批出版机构，召开了一些研讨会，呈现出学术繁荣景象。如王子影主编的《当代中国的出版事业》（上、中、下）、宋原放李白坚的《中国出版史》、吉少甫的《中国出版简史》、方厚枢的《中国出版史话》、肖东发的《中国编辑出版史》、张召奎的《中国出版史概要》等；1985年中国出版科学研究所成立，并在湖南大庸（1989年）、山西太原（1991年）、江苏南京（1999年）、浙江温州（2000）、湖北武汉（2005年）先后召开了关于中国出版史的学术讨论会。如今国内一些大学如武汉大学、河南大学、南京大学、华中师大、陕西师大均有出版科学研究机构，并取得了一批研究成果。

其次，出版史料的收集和整理成绩斐然。如张静庐著《中国近现代出版史料》（8册）、宋应离主编《中国当代出版史料（1949—

1999)》、《中国出版史料（近代部分）》、《中国出版史料（古代部分）》，还有宋应离先生牵头编纂的《20 世纪中国著名编辑出版家研究资料汇辑》、中国书籍出版社出版的《中华人民共和国出版史料（1957—1958）》等。这些史料的出版整理为出版史研究的深入开展奠定了基础。各种地方志也陆续发行出版。

再次，总结近现代出版工作优良传统，研究以商务、中华为代表的馆史、社史。商务和中华是百年老店，被誉为"双子星座"，如陈原主编的《商务印书馆九十年——我和商务印馆》、中华书局编印的《回忆中华书局》（上、下册）、以及商务出版的《商务印书馆一百年（1897—1997）》。此外，还有《开明书店纪事》、《生活书店史稿》、《新知书店的战斗历程》、《文化的商务》等。如魏隐儒的印刷史研究、李致忠的版本史研究、方厚枢的当代史研究、姚福申的编辑史研究、汪家熔的商务印书馆史研究等；少一辈的如邹振环的翻译史研究、王建辉的出版文化史研究、徐雁的旧书业史研究、范军的广告史研究、李频的期刊史研究、吴永贵的中小书局史研究等。

最后，对出版史中的代表性人物研究一直长盛不衰。这不仅包括对张元济、邹韬奋、陆费逵、胡愈之、叶圣陶、茅盾、鲁迅等的继续发掘，还包括对"新人物"的开拓，如章锡琛、汪原放、周振甫、赵家璧、陈原、楼适夷、张季鸾、储安平、范长江等。相信他们的编辑品格和精神薪火一定能在新一代出版人中传承。当代出版人宋木文、刘杲、王子野、许力以、陈翰伯均有文集出版。

总之，出版史研究的数量和质量均有大的提升，出版人的经世关怀和求真品格也得到了很好的体现，这是值得肯定的方向，今后希望加强断代史的研究，加强中外出版史的比较分析，加强专题出版史的研究，加强跨学科的比较研究，加强出版史人才的培养，加快出版网络建设以及出版文化的宏观视野等。随着出版改革的深化，出版产业化、集团化和产业并购问题也应纳入我们的视角。有不少人对出版业属性、出版体制改革、民营书业、全民阅读趋势、出版集团和产业化、博客、信息标准化、健康口袋书、天价稿酬、渠道连销、三农出版、畅销模式、教材改革等加以研究。出版文化研究也是值得强化的方向，这既是当前经济与文化互动的必然要求，也是对过去弱文化、非文化的反思。出版物已成为人们不可或缺的生活资料和生产资源，加强对出版文化养成规律和条件、出版人文化养成的陶铸和培育是一个时代的课题。

最近学术界对中国出版史应该包括的内容进行了探讨，达成共识，主要包括：（1）历史文化背景，包括时代特点、学术思潮、文化政策；（2）出版业概貌；（3）出版管理与出版机构；（4）出版地区；（5）出版人物和社团；（6）重要出版物；（7）形式制作和装帧设计；（8）流通与经营；（9）中外出版交流；（10）总体特征的分析及影响。总之，我们在肯定出版史研究视域开阔、领域拓宽、层次深入的同时，也应看到研究的不足之处，以期更早地建立起完整的中国出版史学科体系。

正如出版史学者范军先生所言，出版史的研究，目的并不在于简单地对历代出版史实的钩沉索隐，也不在于对历代图书编辑、复制、流通、管理等出版环节的一般阐述，重要的是要站在广阔的背景下，用现代的眼光，审视纷繁复杂的历史现象，理清中国出版事业发展、演进的脉络，总结其兴变盛衰的规律，促进繁荣与发展。

参考书目：

张志强著：《20 世纪中国的出版研究》，广西教育出版社 2004 年版

张静庐著：《在出版界二十年》，江苏教育出版社 2005 年版

范军著：《出版文化散论》，湖北教育出版社 2003 年版

期刊研究：历史与现状

期刊是定期出版的连续性刊物。最近 20 年是我国期刊发展的高速时期，无论是期刊品种、总量还是读者规模、社会影响及竞争力都有快速增长。随之相应的，我国学者对期刊的研究也进入自觉和理性阶段。期刊的类群研究、个性（案）研究、区域研究也成为探索发展的方向。

期刊研究的代表人物有徐柏容、张伯海、范军、秦朔等。徐柏容是杂志期刊理论的开拓者，他最早提出了"杂志编辑学"的概念，他运用系统论的原理分析期刊的系统结构，并论述了杂志的总体编辑构思和策划的重要性。张伯海先生曾任国家新闻出版署期刊司司长，现任中国期刊协会常务副会长。他结合自己长期工作实践和管理经验探索科技、文化综合、工人、青年、妇女、少儿、文摘、通俗文学等各种期刊的发展路径，比较借鉴中外期刊业发展的经验教训，对当前中国期刊的发展有很大的指导意义。其专著《期刊思考录》、《期刊工作手册》是期刊界同仁的必读书。

对期刊的个案研究也渐成热点。如于有海之于《半月谈》、彭长城之于《读者》、胡勋壁之于《知音》、杨牧之之于《文史知识》、郝铭鉴之于《咬文嚼字》的经验总结是这些"老总"对名牌期刊理性的探索，涵盖编辑出版观、采编艺术、业务分析和时事评论，启人心扉。

学报编辑的研究是期刊研究的一个重要内容。其中代表性的著作有卜庆华的《学报编辑学概论》、孙景峰的《学报编辑工程论》、谢振中的《学报编辑工作概述》等，他们对学报的性质、历史、功能、特色、现实及改革方向的探讨见解独到，内容广泛，发人深思，值得学报同仁深思。不少期刊人还探讨了期刊工作的得与失、苦与乐。不少杂文、随笔也见诸报端。

另外，学术界对学术期刊、教育期刊、文艺期刊、科技期刊、儿童期刊、新闻期刊等专业期刊的研究也在不断深入和发展。现介绍几个重要的期刊品类群落。

以《经济学家》、《哈佛商业评论》、《哈佛政治评论》、《伦敦经济评论》为代表的海外学术期刊。如《经济学家》创办于1843年。刊物定位是高端精英财经类刊物。理想的读者对象是"收入比普通人高、思想比普通人深邃，而闲暇时间比普通人少"的社会精英。还有《哈佛商业评论》、《伦敦经济评论》等均以财政金融评论见长，《美国政治学评论》也有悠久传统。

以《中国新闻周刊》、《三联生活周刊》、《新周刊》、《新民周刊》、《南风窗》、《瞭望东方周刊》等为代表的适合中产阶级文化消费的深度阅读。

以《读者》、《知音》、《故事会》、《家庭》为代表的大众通俗文化综合性期刊，这些文化综合性期刊不断系列化、集团化，受众日益专业化。

以都市女性为阅读对象的女性期刊以视觉化、商品化、同质化的特点引起了我们的注意，如《世界时装之苑》、《时尚·伊人》、《瑞丽》系列、《Marie Claire 嘉人》、《好管家》、《时尚·中国时装》等，它们引导时尚消费，引领物质生活方式，塑造现代女性形象。

海外华文期刊也是当前期刊群落的生力军。海外华文期刊内容种类及发行量极为庞大，各有特点。有欧洲、非洲、东南亚、美国、澳洲等之别。这些华文期刊经过了战争与和平的政治生态期，跨越从"落叶归根"到"落地生根"的宣传转型，传媒的策划能力和技术水平不断提高，提高了其在多元文化社会中的话语权。

参考书目：

方汉奇著：《中国近代报刊史》，山西人民出版社 1981 年版

张伯海主编：《期刊工作手册》，天津人民出版社 1992 年版

编辑出版基础知识

一、目录学

清代学者王鸣盛说："目录之学，学中第一要事，必从此问途，方能得其门而入。"（见《十七史商榷》卷一）。古籍按经、史、子、集分类，简明扼要，便于使用，专门研究这种书目学问的叫"目录学"。目录学的作用在于能达到"辨章学术，考镜源流"，治学者可以"即类求

书,因书究学"。就可以博采众本校异同,勘订误。目录是读全书的钥匙,最负盛名的《四库全书总目》,最早的群书目录是刘向的《别录》,清张之洞说过:"四库全书,为读群书之经。"书名、小序和解题是目录书体例的三要素。

二、文学训诂学

编辑应掌握象形、指事、形声、会意、转注、假借等"大书",可以避免不辨字形、不知字音、不懂字义,而随意乱写、乱念、乱用的现象,消灭错误字。

古代训诂的方法包括义训、形训、音训三种。学点训诂学,对整理古籍、编辑辞书、以今言释古语、以通语释方言大有裨益。学点训诂学,了解词语的本义、引申义、转义、比喻义变迁,就会避免辞不达意的尴尬。

三、文献检索知识

编辑应对特定编排形式和检索方法,如按部首、音序、四角号码、首字笔画等编排方法把资料汇辑一起成书有所熟悉,可通过部首检字法、音序检字法、四角号码检字法、笔画检字法等去检索所需的资料。中文工具书大致可分为两类:一类是按工具书的类别分:有字典辞典、基本目录、索引引得、表谱及地图、类书政书、百科全书年鉴手册、伪书考证等;另一类是按问题来分的,如查词语、查人名、查地名、查书刊等。

近年来,随着中外交流的扩大,外国图书在中国的引介、出版日多,如何翻译、查找、检索外国人名、地名、书目大有学问。

四、校对学

我国古代把校对称为"校雠"。校对工作是出版工作的重要环节。校对有点校法、折校法、读校法。校对要专、勤、细、密、清，忌散、懒、粗、疏、浑。编辑要正确使用校对符号，熟悉简化字、异体字，统一名词、术语、年代、数字、引文、注文编排体例格式。某些公式中的大小写、正体斜体、上标下标也都要写清。

五、版权知识

版权也称著作权，是一个法律概念，通常指个人或法人占有、处理、使用自己创作的文学、科学和艺术作品的"专有权利"。未经作者授权或法律许可，其他人不得行使，包括精神和经济权利两种。所谓作者的精神权利包括发表、署名、修改、收回、保护完整性的权利；所谓经济权，即出版、复制、改编、播放、展览、摄制的财产权利要求。我国对版权的归属、期限、转让、继承和侵权认定均有规定。如按规定，一部散文作品一次引用不得超过 400 个单词；两次或多次引用不得超过 800 个单词；一首诗一次或多次引用不得超过 40 行或全诗的 1/4。

编辑对版权页即版本记录应有科学的设计，对版次、印次、印数、印张、统一书号也应心中有数。版式设计除了讲究美感外，对版式布局也要规范科学。

参考书目：

天津市出版工作者协会编：《编辑出版系列讲座》，天津人民出版社 1987 年版

论文写作与学术规范

撰写毕业论文是高校大学生获得学位的基础性工作，也是从事科研工作的起步及准备，而如何撰写好毕业论文，既是一门科学又是一门艺术。有人概括要言之有体、言之有文、言之有物、言之有序，是很有道理的。

总体原则。立论要客观，具有独创性；论据要翔实，富有确证性；论证要严密，富有逻辑性；体例要标准，富有规范性；语言要明晰，具有学术性。

标准格式。论题要准确、简练、醒目、新颖；目录，是文章主要段落的简表，可以一目了然；摘要，即主要内容的摘录，要求短小、精悍、完整；关键词或主题词是从论文的题名、摘要和正文中选取出来的，是对表述论文的中心内容有实质意义的词汇。标出关键词便于读者检索和计算机信息收集。

论文正文。一般来说，引言（前言、序言和导语）用在论文的开头，概括作者意图，说明题目的目的和意义；或指出研究现状、写作范围。正文包括论点、论据、论证和结论。包括提出问题（论点）、分析问题（论据论证）、解决问题（论证方法和步骤）、结论。

参考文献及注释。一般列于文末，标注应为正式出版物，有序号、有文题、作者和出版物信息（版地、版者、版期）。

总之，撰写毕业论文是一项创造性的劳动，大有学问。第一，在选题问题上，要选择有兴趣或专长的，在未知前沿领域开拓性的问题，选择能够容易找到参考资料的专题。鲁迅在回答学生的提问时就建议写自己熟悉的、有意义的、有真实感的。第二，博学约取，厚积薄发。俗话说，好的题目是成功的一半。萨特说：一旦人们知道想写什么了，剩下的事情是决定怎么写。要多利用图书馆，多向导师专家请教，为以后的工作学习打下良好基础。第三，精益求精，臻于完善。法国人米勒说：所谓构思，是指一个人的思想传递给别人的艺术。何塞·马蒂也说，写作是凝练的艺术。鲁迅曾总结作文三字法：删、割爱。可以借鉴。

参考书目：

张积玉著：《社科期刊撰稿与编辑规范十二讲》，陕西师范大学出版社1994年版

编辑出版学科建设刍议

在西方哲学史上有这样一个故事：维特根斯坦在英国剑桥大学师从大哲学家穆尔。有一天罗素问穆尔："谁是你最好的学生？"穆尔毫不犹豫地说："维特根斯坦。""为什么？""因为在我的所有学生中，只有他一个人在听我的课时老是露出迷茫的神色，老是有一大堆问题。"维特根斯坦的名气后来超过了他的老师罗素。有人问他："罗素为什么落伍了？"维特根斯坦答道："因为没有问题了。"可以说人类活动史和思想史就是问题史。波普尔曾有"科学始于问题"的论断。

20年来，我国编辑出版学研究获得了突飞猛进的发展，据不完全统计，专业教育点已达百余家。20年前的1984年，胡乔木致函教育部，谈到"编辑之为学，非一般基础课学得好即能胜任"，倡议在我国高校开设编辑学专业（后改为编辑出版学）。2004年教育部、新闻出版总署联合举办纪念编辑出版学专业创办20周年座谈会，总结20年来我国编辑出版学研究的经验，探讨其学科建设、人才培养、课程建设、教材建设等方面的经验教训。

任何一个比较成熟的学科，都必须具备三个要素：研究对象、研究方法和概念体系。随着图书、报纸、期刊、广播、电视、网络等各种媒

介载体的发展，随着新闻出版传媒业的改革改制，随着记者中心制向编辑中心制、作者中心制向读者中心制的转型，编辑出版学的理论地位日益凸显，学科建设亟待完善。我认为：今后编辑出版学专业要密切联系新闻出版业改革的实际，为全面建设小康社会和构建和谐社会服务；要以培养高素质复合型的实用人才为目标，加强出版人出版职业家队伍建设；要以质量建设为核心，处理好德与才、专与博、理论与实务、知识与方法的关系；要争取编辑出版学列入国家学科专业目录，确立专业的一级学科地位，发展特色、优势、品牌专业；要从大出版大文化、价值链和产业链的角度规划人才培养模式；要研究它与传播学、新闻学、媒介编辑学、出版经济学的区别和联系；研究编辑出版活动的价值取向及中介地位；要研究网络编辑的理论和实务；要研究编辑出版与营销发行活动；要加快出版现代化的步伐；加强出版市场情报的分析；要强化出版战略、出版体制、管理模式的规律研究等。

　　总之，编辑实践呼唤出版理论，出版教育要适应出版发展，我们急需建立新的问题意识、学术规范及质量评估体系。我欣赏中央台科教频道《探索·发现》的主题词："在未知的领域努力探索，在已知的领域重新发现。"今后编辑出版学专业应加编辑出版理论和实践的互动渗透，加强宽口径复合型大出版人才的培养，调整和改革教学内容、课程体系和教材建设，尤其对核心课程的设计应规范科学，把编辑出版学专业的教学改革纳入整个高等教育体系，为繁荣出版业，推动我国出版业健康发展积累经验。

参考书目：

罗紫初著：《出版发行学概论》，武汉大学出版社 1995 年版

叶再生著：《编辑出版学概论》，湖北人民出版社 1988 年版

段京肃著：《传播学基础理论》，新华出版社 2003 年版

《大公报》的历史点滴

今年是《大公报》成立 106 周年，作为出版人的一分子，回忆近现代中国报刊史上《大公报》的历史轨迹，别有一番滋味在心头。王芸生之子王芝琛撰写的《百年沧桑——王芸生与大公报》，以及《1949年以前的大公报》、《一代报人王芸生》等书给我们提供了观察思考的视角。

《大公报》创办于风雨如晦的 1926 年 9 月 1 日。有"三驾马车"之称的社长吴鼎昌、总经理胡政之、总编辑张季鸾以新记公司名义接办《大公报》。他们宣布了"不党、不卖、不私、不盲"的社训，提出了文章报国、文人论政的办刊思路。1929 年王芸生受张季鸾之邀加入《大公报》，使之更具自由主义色彩，有"名世大手笔，爱国言论家"之誉。在整个抗战中，《大公报》六次迁馆、七次遭炸，先后开辟了武汉馆、重庆馆、桂林馆、香港馆，发表了不少支持抗战、宣传救国的好文章。正如王芸生所言："本报同人，几支秃笔，一张烂纸，颠沛流离，从事言论工作，以绵薄之力贡献于抗战。"如王芸生撰写的《看重庆，念中原》社论，1948 年《自由主义者的信念》社评，1936 年《给西安军界的公开信》，都对当时的民族救亡民主运动起到了积极作用。据说，延安时期毛泽东除党报党刊外，读得最多最用心的报纸就是《大公报》。

但是，在当时的情况下，提倡所谓中立无异于痴人说梦，《大公报》拥护以蒋介石为代表的国民政府却又批评备致，无疑也引起了国民党政府的不满。中国共产党批评《大公报》对国民党"小骂大帮忙"，骂它是"法西斯的帮凶"；国民党说它是"新华社的应声虫"、"是国际共产主义的传声筒"。这就说明，自由主义知识分子倡导所谓

"中道而行"的路线在旧中国是行不通的。解放后《大公报》作出了倾向共产党的艰难选择。天津《大公报》改成《进步日报》,仅保留香港一家《大公报》。王芸生晚年痛心的是他在 60 年代写下的《1926 至 1949 年的旧大公报》,认为他"自掘坟墓"。

王芸生是中日关系史研究的开拓者,其所著《六十年来中国与日本》以"前事不忘,后事之师"为旨,剖析中国落后衰败之原因,大量运用原始资料和档案,对认识当今中日关系具有意义。

王芸生一生与《大公报》结缘,史有"《大公报》就是王芸生,王芸生就是《大公报》"之说。《大公报》的兴盛浮沉见证了一代自由主义知识分子彷徨、追求和失落的心路。

参考书目:

王芝琛著:《一代报人王芸生》,长江文艺出版社 2004 年版
王芸生著:《六十年来中国与日本》,三联书店 1980 年版

关于出版提速的不同论争

最近日本学者小林一博的惊世之作《出版大崩溃》吸引了众人的眼球,从无书可读到出版提速,从出版大繁荣到出版大崩溃,图书出版风是昙花一现还是历史的必然,是经济产业的增长还是出版崩溃的前奏引起了出版人的反思。

小林一博在书中把新版书的大量增加称为"出版泡沫",他认为新版书数量增加但销量下降是日本出版大崩溃的原因之一,日本出版界出版机构在销量下降、"死书累累"的情况下,依然新书连连,书速不减,其结果是退货增加,销量下降,甚至赤字经营,最终导致破产。因此他建议,每年的新书品种数有必要压缩到 3 万种以下。他那句"目前

正在发生的，就是接下来还要发生的"警言不能不对中国的出版热以警示。

有出版人这样评价：出版社既有的草率和浮躁助长了作者的低能。貌似迎合实则藐视的态度是目前中国出版界的通病。有人说我国出版速度不仅表现为周期越来越短，提速惊人，以日计算，而且面临着竞争的硝烟和盲目无序状况；相反有人则乐观地认为出版提速是市场竞争和多元文化需求的体现，是市场化的理性选择。时间就是效益，市场决定命运。不出版即死亡，非提速便崩溃。我们出版人既要坚守文化积累、传播的功能，又要调整社会变迁、读者需求；既要未雨绸缪，居安思危，又要冷静、清醒、平和、达观。

作者在书中提出了 10 条建议，其精神旨在建构一套光明正大的规则、公平公正的交易，对我国出版业的可持续发展不无启迪，比如书刊市场的规范和开拓、走出去战略、出版体制的改革、应对 IT 革命等。据说，小林一博曾计划在《出版大崩溃》后，还要撰写《出版大复苏》、《出版大繁荣》，可惜因去世而成"绝唱"，我们有理由相信，中国出版业能克服目前的"崩溃现象"，迎来"凤凰涅槃"的出版繁荣。从这个意义上说，《出版大崩溃》这个"他山之石"，正好可攻"中国出版业"之玉。

参考书目：

（日）小林一博著：《出版大崩溃》，上海三联书店 2004 年版

大众媒介的政治传播艺术

大众媒介指的是在信息传播途径上专事收集、复制及传播信息的机构，一般专指报纸、杂志、广播、电视以及最近兴起的网络传媒。被中

国近代历史称为"舆论界之骄子"的梁启超曾说报纸应"鉴既往、示将来，导国民以进化之途径"；"国家之耳目也、喉舌也，人群之镜也，文坛之王也，将来之灯也，现在之粮也。"按照哈贝玛斯的观点，大众媒介是社会公共领域的代表。它是党和人民的喉舌，如何发展其政治社会化功能，作为"守门人"或"把关人"，大有文章可做。

大众媒介的编辑要懂得"版面政治学"，驾驭政治传播的规律和艺术。版面是一种学问、一种艺术，当然更是一种政治。范敬宜曾论：版面语言是办报（刊）人立场、观点、感情和审美眼光的自然流露。它不仅包括文本本身，还包括位置次序、标题大小、线条运用。它在给读者美感的同时，也让你对新闻的重要性与否迅速作出判断，引导人们有效地阅读。坚持政治家办报，不是一句空话。它不仅是世界观，也是方法论问题。包括稿件的取舍、稿件的强化或弱化、版式的编排组合（位置、距离、面积、形状、内外、题文等）。如有句话"人民日报的版面无小事"，安排领导人的出访消息和逝世新闻就很有学问。正如杰克·尼尔森所说：传播向我们传达了政府真正在干什么。传播学有一句经典：政治因为传播才成为政治。

近读《大众媒介的政治社会化功能》一书，作者张昆开宗明义地指出，大众媒介在政治参与、协调沟通、舆论监督、政治控制、政治文化、政治价值、公民人格等方面传播的效果如何取决于大众媒介自身的传播策略，以及大众媒介工作者驾驭信息传播的艺术。作者紧紧抓住政治关系社会化与大众传媒这一论点，以宽广的历史视野及新闻与政治的坚实理论基础，结合这一新领域的若干现实问题，比较深入地探讨了作为政治社会化渠道的大众媒介，对政治目标实现过程中的基本功能及发生机制、政治社会化的效果及调控方式、传播艺术手段在政治生活的运用等进行多方面的论述。最后对当今建构中国化的大众媒介政治社会方略提出了政策建议。这是论及政治与传播的拓新之作。

书中论及传播的艺术。（1）表现的艺术。如语言的技艺（柏拉图）；情感的渲染（梁启超"笔锋常带有感情"）；组织的协调（毛泽东：不要太硬，太硬了人家不爱看），真实的表达（普利策名句：准确、准确、准确）。（2）把握时机与环境的艺术（快慢得当、因人而异、因地制异）。（3）信息组织的艺术（内容、信息量、真假、定性与定量、具体与抽象）。

当今社会转型对我国媒介形成巨大的挑战并由此导致信仰危机、公信力下降、品质下降、水平失衡等弊端，如何做大做强媒介产业、完善职业形象、调整公众关系、整合传播方略等，这是我们大众传媒人的共同责任。张著书中提出的政治社会化是"一个通过社会互动而形成政治态度和政治行为的过程"的观点值得我们深思。的确，社会转型带来了出版结构转换、角色变化、机制转轨和利益调适，深刻地改变人们的行为准则和思维方式。我们应当顺应政治会化的趋向，深思之，笃行之，避免"防火防盗防记者"、"豺狼虎'报'"之谶语成真。

参考书目：

范敬宜著：《人民日报版面备要》，人民日报出版社 1997 年版
张昆著：《大众媒介的政治社会化功能》，武汉大学出版社 2003 年版

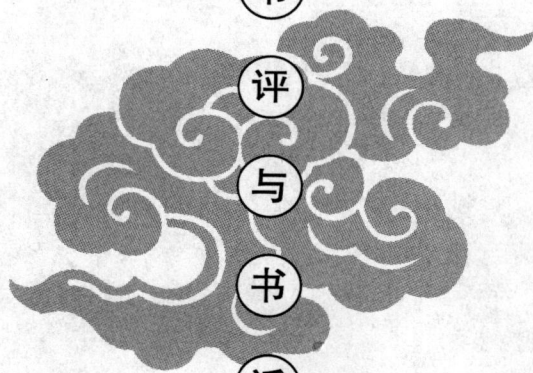

书评与书话

忠厚传家久，诗书继世长。 ——民谚

世间数百年旧家，无非积德；天下第一件好事，还是读书。 ——古谚

连一本书都是有命运的。 ——拉丁谚语

阅读是为了活着。 ——福拜楼

书籍是思想的载体、教育的工具、文学的容器。 ——J·P德索尔

没有书籍的屋子，就像没有灵魂的躯体。 ——西奥罗

书籍是在时代的波涛中航行的思想之船，它小心翼翼地把珍贵的货物运送给一代又一代。

——培根

一本好书可以改变无数人的命运。 ——拜伦

书是我们时代的生命。 ——别林斯基

书籍就像是一盏神灯，它照亮人们最遥远、最黯淡的生活道路。 ——乌皮特

书，这是一代对另一代的精神上的遗训。这是行将就木的老人对刚刚开始生活的年轻人的忠告，这是行将去休息的站岗人对走来接替他的岗位的站岗人的命令，人类的全部生活，会在书本上有条不紊地留下印记。种族、人群、国家消失了，但书却留存下去。

——赫尔岑

书籍是人类进步的阶梯。 ——高尔基

理想的书籍是智慧的钥匙。 ——列夫·托尔斯泰

书籍是全世界的营养品。生活里没有书籍，就好像没有阳光；智慧里没有书籍，就好像鸟儿没有翅膀。

——莎士比亚

书犹药也，善读可以治愚。 ——刘向

奇文共欣赏，疑义相与析。 ——陶渊明

惟书有色，艳于西子；惟文有华，秀于百卉。 ——皮日休

读万卷书，行万里路。 ——徐霞客

读书破万卷，下笔如有神。 ——杜甫

我观书评：书评文本之研究

书评作为现代报刊上经常出现的一种文章体裁形式，近年来得到了飞速发展。从有评无论到有书评学，这是出版繁荣的标志。

顾名思义，书评就是对图书的内容与形式进行评论并就图书对读者的意义进行研究的一种社会评论活动。它包括图书内容的好坏、质量的优劣、形式的美丑，着眼点是图书的思想性、科学性、学术性、艺术性、可读性等。作为现代出版业的重要组成部分，书评在宣传介绍图书，引导读书潮流，促进出版繁荣等方面发挥着越来越重要的作用。

所谓评价，即是主体对它所关注的某种客体含有的价值的一种认识活动。"只有通过评论，主体才能获得必要的信息"（马克思主义经典作家），"评价是一种创造"（尼采），"评论产生价值"（尼采），"批评是一种科学"（普希金），这些不同的理论界说，说明了评论必须坚持正确的价值原则，必须对书评这种文本进行再研究。

关于书评，一代代出版人如老一辈萧乾、学院派代表如吴道弘、伍杰，中青年如王建辉等都有真知灼见。萧乾50多年前写的《书评研究》有开创之功；萧乾认为，书评应是读者的顾问，出版者的御史；是好书的宣传员，坏书的闸门。它对于出版工作应起到筛子、镜子和轮子的作用。伍杰认为书评应讲真话，"自主张"，讲真话的风骨是书评的生命。他提出包括编印发读评在内的大出版观，还引用清代赵翼的诗句："只眼须凭自主张，纷纷艺苑说此雌黄，矮人看戏何曾见，都是随人说短长。"他认为书评要坚持正面评论，宜宽不宜窄，必须坚持艺术标准，发挥书评专家的作用，这些都是很好的见解。

王建辉是近年来一个多产、身兼官员和出版家的双肩挑学者。王建辉著《书评散论》（黑龙江教育版1989年版）、《人在书旅》（陕西人民教育版1993年版)、《思想的背影——王建辉书评文录》（河北教育版），认为书评属"广义学术文化批评"。其《书评散论》、《人在书旅》、《思想的背景》很有影响，他对学术书评特别是史学评论有点晴之论。他认为书评家要善于提出问题。正如朱熹所言："读书无疑者须教有疑，有疑者须教无疑，到这里方是上进。"他认为学术评论应包括以下内容：创造性与进步性、综合性与集大成性、境界与精神、传播形式与社会评价。他还以史学书评为例，指出时下史学书评缺乏个性，模式单一、缺乏思辨性和哲学意味、语言无味等缺点。还有学者如孙利军比较了出版评论与图书评论之异同（《新华文摘》2006年第2期）。

总之，书评是一种科学，是大有探究的必要。以下诸点应引起我们审思。

第一，书评必须把握政治导向，坚持"双百"方针，坚持正面评论，坚持双效并重，引导读书传媒潮流。

第二，知人与论世。所谓"操千曲而后晓声，观千剑而后识器"。（《文心雕龙·知音》）书评可以增长知识、提高鉴赏能力、促进专业研究、普及大众知识、培养逻辑思维能力等。书评学是研究书的理论，而书是由人的品味决定的。《孟子·万章下》曰："颂其诗，读其书，不知其人可乎？"孟德斯鸠说："在大多数作品中，我看到了写书的人。"

第三，出于书而观于外。王国维在《人间词语》中说："诗人对宇宙人生，须入乎其内，又须出乎其外。入乎其内，其能写之，出乎其外，故能观之。"俞平伯也认为，书评者要能出能入，善出善入。因此，书评者必须研究书，出入其中，咀其精华，点石成金，妙手回春。

第四，重视学术书评。20世纪90年代是学术凸显思想淡出的时代，学术书评领域特别活跃。一些青年学者，如杨玉圣、邓正来、陈平原、陈思和在学术批评领域也一展身手，推动了书评研究深入。

第五，要培养新一代书评人队伍。王建辉、朱胜龙、范军、李频等皆为佼佼者，颇有建树。

参考书目：

王建辉著：《思想的背景——王建辉书评文录》，河北教育出版社2001年版

名人的书评和书话

读书人徜徉书海，难免对观照的文本有所感悟评价，这就是书评和书话。书评有书评的威力，书话有书话的魅力，这两种文体许多名人游刃其间，信手拈来，评书论世，谈事论人，文采斐然，共同推动着书业的繁荣。

李长之认为书评要以书为中心，唯书是评；萧乾说，对书说话才是书评，书评是为非专家的大众所做的评论，书评的任务是帮助读者判断书，引导读者读好书。唐弢把书评作为一种精神的发掘事业，挖掘作者的灵魂，寻找灵魂的精髓和灵光。常风称书评是"灵魂的探险"。近年来，许多当代书评家关于"既入于书，又出于书"（吴道弘）、"将书和人结合起来"（王建辉）、"建立书评制度"（徐雁）的认知也有精彩之处。也有人从传播的角度把传播定位为"意见传播"。

著名书评家伍杰探究众多书评者的精神世界，他把书评分为引介式书评（林纾、严复译书介绍新学西学）、散文式书评（周作人书评平和雅淡、恬静闲适）、政治性书评（李大钊与胡适的问题与主义之争、鲁迅的改造国民性和郭沫若的为主义而战）、广告性书评（叶圣陶几句简单的广告词就是具相当功力的图书简评）、科普书评（贾祖璋、任鸿隽畅游书海，传播科学）、理论性书评（茅盾、郑振铎、李健吾、李长之、萧乾等对图书多有研究和阐发）、抄书体式书评（沈从文惜墨如金，保持原汁原味，只作几句点评）。最后一种书评这样做的好处是保持原有风格，但容易见龙不见尾，见皮不风骨。

评书论人、评头品足、言是论非、颂优贬劣，这些对书的臧否评论就是书评。刊评、序跋、前言、随感、书话、引介都是书评的重要形式。这些书评家对书评做了精彩的比喻和独特的分析。或政治思想评述，或人生感叹抒怀；或专业学理探究。或亦庄亦谐风趣；或知人论世品评；或就事论事论书。不同文体反映了他们的学术心路、人生哲思和专业视域。

郭沫若认为，"文艺是发明的事业。批评是发现的事业。文艺是在无之中创造出来，批评是在砂之中寻出金子。"

茅盾认为，互相真诚的批评，促进文艺的发展，影响社会，这是他书评的三大主题。他指出，"文学是人生的反映，是时代精神的缩影，一时代的文艺完全是该时代的人生写真。"

成仿吾认为，评论的本质是在用自己的生命全心全意地从事自己热爱的评论事业。真正意义在阐明真理。他首次把批评分为价值批评和审美批评。有求疵和捧场两种似是而非的评论。

朱光潜论述道："书评是一种艺术，像其他艺术一样，它的作者不但有权力，而且有义务，把自己摆进里面去，它应该是主观的，这就是说，它应该有独到见解。"

俞平伯主张书评要置身书中，又能置身书外，能出能入，善出善入，才能评得公平公正。

李健吾强调书评的自我精神，书评是一种自我感悟。有我的存在才有书评，因此书评有它的尊严和独立性。他强调书评要追求真理，公平公正，不为功利左右，书评不是裁判员，是鉴赏家，是科学与艺术的统一。书评最忌自以为是，强调在书评中学习。评论是人性的昭示，是灵魂的交流。

沈从文认为书评是一个充满矛盾的结合体，它应该是一个作品的回声，又希望成为一群读者的指路石。

书评家是书评创新的重要主体和保证。他要有思想，有主见，有个性，有品味。

郭沫若说，批评家有"三个过程：一感受；二分析；三表明"。从事批评家的条件是：要喜爱书评事业，对作品作者有爱心；评论要严肃公正、光明正大、批评家要有和作者一样的水平。概括起来就是要"不负作者，不欺读者"，"为主义而战，为真理而战"。

李健吾强调书评家与作者的沟通、灵魂撞击。书评家和作家作者是平等的，要互相尊重。他以自己的经历告诫：我要学着生活和读书；我要学着在不懂中领会；我要学着在限制之中自由。批评者应当是一匹识途老马，披开字句的荆棘，导向平坦的人生故国。

沈从文说，理想的书评家应当是懂得各种作品且能积极中肯地说出那个作品得失的人。对作者而言他是一个译友，对读者而言他是一个良友。

李长之充满激情地说，一个大批评家是一个伟大的思想家，批评家是创作的产婆、人类的火把，其眼光是锐利的，感情是热烈的，它应有崇高的理想、宽广的胸怀、高尚的人格。

萧乾说中国需要 50 个书评家，它是一个"文化保镖"，必须"关心、维护、促进文化"。有知识、有文化、有想象力、有审美能力、热爱生活，是书评家必须具备的条件。

书话则是一种独特的书评形式。如郑振铎《西谛书话》、唐弢《晦庵书话》、徐雁《秋禾书话》、叶德辉《书林余话》等。

参考书目：

伍杰著：《名家走书城》，人民出版社 2005 年版

阅读的思考：意义与品位

——写在深圳读书月之际

有一个加拿大人阿尔维托·曼古埃尔撰写了一部《阅读史》对阅读现象、什么是阅读行为、阅读的场合、语境作了详细的探讨，资料翔实，征引丰富，在深圳读书月又一次来临之际，灯下捧读，它使我体验到不一样的书趣。

作者认为，阅读不是捧着书本的读书行为，而是可以提升为阅读哲学，追溯到阅读生理，人类社会生活的种种行为皆与阅读相通。阅读有

默读和诵读之分，有选择场所语境之别，有注重品位和细节之义。有人把读书分为三个境界："大江流日夜，客心悲未安"，为科举为升学之苦读及被迫读书也；"举头望明月，低头思故乡"，目的与功利性较强而无乐趣之读书也；"采菊东篱下，悠然见南山"，正常读书之心境也。"假如世界是一本书，那么世间万物就是这本书用以写就的字母。"有的书需沉思咀嚼，有的书需快速浏览，有的人正襟危坐，有的人则马上枕上厕上。书中还专门探讨了许多颇为"时髦"的阅读现象：作者朗读自己的作品、翻译书、禁书、书呆子、小孩子阅读、读者仪态等多方面行为，堪称一部小阅读百科全书，一部阅读进化史。

中外名人对读书有许多有趣哲理的思考。西哲说：书籍是在时代的波涛中航行的思想之船，它小心翼翼地把珍贵的货物运送给一代又一代（培根）；一本好书可以改变无数人的命运（拜伦）；书是我们时代的生命（别林斯基）；书籍就像是一盏神灯，它照亮人们最遥远、最黯淡的生活道路（乌皮特）；书，这是一代对另一代的精神上的遗训。这是行将就木的老人对刚刚开始生活的年轻人的忠告，这是行将去休息的站岗人对走来接替他的岗位的站岗人的命令，人类的全部生活，会在书本上有条不紊地留下印记。种族、人群、国家消失了，但书却留存下去（赫尔岑）；书籍是人类进步的阶梯（高尔基）；理想的书籍是智慧的钥匙（列夫·托尔斯泰）；书籍是全世界的营养品。生活里没有书籍，就好像没有阳光；智慧里没有书籍，就好像鸟儿没有翅膀（莎士比亚）。

中国人是这样解读书：书犹药也，善读可以治愚（刘向）；奇文共欣赏，疑义相与析（陶渊明）；惟书有色，艳于西子；惟文有华，秀于百卉（皮日休）；读万卷书，行万里路（徐霞客）；读书破万卷，下笔如有神（杜甫）；读经宜冬，其神专也；读史宜夏，其时久也；读诸子宜秋，其致别也；读诸集宜春，其机畅也（张潮）；枕上诗书闲处好，门前风景雨来佳（李清照）；贫者因书富，富者因书贵（王安石）；三日不读《汉书》，便觉俗气逼人，照镜则面目可憎，对人亦语言无味也（黄庭坚）；书卷多情似故人，晨昏忧乐总相亲（于谦）。

其实，阅读的意义与人的格调品位有关。孔子曰："可与言而不与之言，失人；不可与言而与之言，失言。知者不失人，亦不失言。"这就是说，取人要有眼光，读书要有选择。真正的智者是"读其书，论其世，知其人"。"出于内，入乎外"。林语堂曾这样描述读书的境界："或在暮春之夕，与你们的爱人携手同行，共到野外读离骚经，或在风雪之夜，靠炉围坐，佳茗一壶，淡巴菰一盒，哲学、经济、诗文、史籍，十数本狼藉横陈于沙发之上，然后随意取之，取而读之，这才得了读书的兴味。"这真是得读书之乐。

电子出版、媒介革命、视界变迁，当代阅读发生了根本性的革命。网络阅读以其成本低、传播广、速度快、存量大、形式多和趣味性强等特点改变着人们的工作和生活。但是"阅读革命"也可能导致社会群体的阅读能力下降，也可能破坏人们阅读线性文本时能够得到的逻辑训练，人们可能失去纸质阅读的美感和油墨的清香。据 2006 年全国国民阅读调查显示，人们阅读取向日益多元化，图书阅读量持续走低。时下迫切呼唤有品位的阅读——开卷有益，读书有味，这也是我们对"世界读书日"的最好献礼。图书是文明的基础，读书是一个人完善自我、凝聚智慧的标志。一个民族的精神品格和文化素质在很大程度上取决于全民族的阅读水平。面对伟大的时代，面对浩瀚的知识海洋，我们没有理由不去读书。每一个公民都应该培养勤奋读书的好习惯，利用一切时间和条件，多读书，读好书，以科学的理论武装头脑，以高尚的精神塑造心灵，以丰富的知识提升素质，做一个无愧于伟大时代的读书人。

当然，我们也要正视文化消费主义倾向对阅读的侵蚀：出版的娱乐化、快餐化、世俗化，选题的跟风和炒作、追逐"热点"，图书评论的失语和合谋，阅读人的跟风与盲从。

阅读应是一种生活方式，是一个体悟生命、感受文化、涵养精神的内在需要。每年的十月，鹏城深圳都迎来金秋读书月，让我们亲近阅读，共享读书之乐！读书滋味长。

参考书目：

（加）阿尔维托·曼古维尔著：《阅读史》，商务印书馆 2002 年版

（法）弗雷德里克·巴比耶著：《书籍的历史》，广西师范大学出版社 2005 年版

关于政治本质的追问

中国是一个政治大国，"德政"是伦理政治文化的核心。中国古籍有不少关于"什么是好的政治"的精彩论述："道之以政，齐之以刑"（《论语·为政》）、"政者，正也"（《论语·颜渊》）、"民为贵，社稷次之，君为轻"（《孟子》）、"政之所兴，在顺民心"，这是儒家关于为政就是管大事、行民主、走正道的思想；法家认为政治就是讲法度，注重法、势、术结合；管仲关于"仓廪实而知礼节"、"民富而易治"等关于兴政立国之思想，老子关于"治大国若烹小鲜"的无为而治思想。春秋战国纵横之论，性善、性恶之辩，皆为政治之思。"政治"主要是治国之道。善政是要有德、有信、有忠、有爱，是权力的正当性和合法性问题。

到了封建社会，不少封建君主和政治家、学者都有关于政治亲民的精彩之论："民为邦本，本固邦宁"、"水能载舟，亦能覆舟"、"新民德，启民智"、"新国民运动"、"天命不足畏，人言不足恤，祖宗不足法"等；还有"一肚子不合时宜"、"为政不在多言"、"多磕头，少说话"、"世事洞明皆学问"、"悔教夫婿莫封侯"、"疑是百姓疾苦声"等政治抒怀。

近代孙中山认为，"国家管理众人之事曰政治"。毛泽东认为，政治是革命的另一种形式的继续；政治是经济和文化的表现形式；政治是骨髓，文化是灵魂，经济是血肉。

邓小平认为政治即大局，实现四化是最大的政治。强调政策的出发点和归宿点要看"人民拥护不拥护"、"人民赞成不赞成"、"人民高兴不高兴"、"人民答应不答应"。江泽民强调"代表最广大人民的根本利益"。胡锦涛提出并倡导"权为民所用、利为民所谋、情为民所系"。

民国时期许多文人参政，有很多感触。梁鸿志认为，政治是很脏的东西，男人很爱好，如女子一样。胡适曾誓言：二十年不谈政治。蔡元培说：读书不忘救国，救国不忘读书。蒋廷黻说：一个政治自由的国家固然不能说就是天堂，一个无政治自由的国家确是地狱了。王国维也说：生百政治家，不如生一大文学家。吴稚晖曾说：未登仕途前要有耐气、忍气、下气；当了大官以后要使气、大发脾气、又要小气。黄炎培提出"其兴也勃焉，其亡也忽焉"的历史周期率。林语堂说：凡健全的国民不可不谈政治，凡健全的国民都有谈政治的天职。柏杨说：政治有时很严肃，有时很残酷，有时很滑稽很幽默。当代有很多民谚：金杯银杯，不如百姓的口碑；金奖银奖，不如百姓的夸奖。当官不为民做主，不如回家卖红薯。

在西方，大约经历了古希腊城邦道德观、中世纪神权政治观、天赋人权的社会契约政治观、国家与法的政治观、功利主义政治观、阶级政治观，以及社会学派的政治观、行为主义政治观、后行为主义政治观、后现代主义政治观的历史发展。

亚里士多德是政治学之父。他说：人是天生的政治动物。研究政治主要是确定哪一种管理形式最好，关键是由谁来掌权，由谁来"统治"。这发展了柏拉图"哲学王"的思想。"行善"是政治的美德。

马基雅维利是权力政治学的代表人物。他认为谋求权力、维护权力和使用权力是政治的本质。他有一个有名的比喻：领导要有一种神秘感，要有"狮子"般的凶猛和"狐狸"般的狡猾。马克斯·韦伯也是权力政治的代表，他区分学术与政治、学者与政治家，提出"克里玛斯"型人格领袖说法。政治就是追求权力分配或对权力分配施加影响。马克斯·韦伯把政治看作一门职业。他说以政治为业有两种方式：一种是为政治而生存，一种是靠政治而生存。前者属政治家，后者为政客。热情、责任和判断力对于政治家特别重要。他理想的政治家是既拥有权力又不迷恋权力，在工具理性中追求价值理性。

洛克（1632—1704）、孟德斯鸠（1689—1755）、卢梭（1712—1778）、霍布斯（1588—1679）等西方政治思想家都是从人类如何才能创造一种最佳政体的角度来解析政治。洛克关于立法权、行政权、司法权的三分法，孟德斯鸠的三权分立和制衡监督思想、卢梭关于"公意"的论述，霍布斯关于国家是一个"利维坦"的比喻都试图从人类和社会关系的本质解构政治概念，希望从中推演出一种真正的好政体。霍布斯强调人对人皆豺狼的"丛林法则"，洛克强调的是自由，卢梭强调的是平等。学界称之为霍布斯伦理、洛克伦理、卢梭伦理。其主要意旨是政治为免不了的祸害和必要的恶。

阿奎那是神学政治论的代表人物。西欧中世纪神权高于王权，教权高于政权，政教合一的制度模式被推崇。阿奎那认为君主专制政体是最好的政体。马丁·路德、让·加尔文对神学政治也有阐发。斯宾诺莎撰写《神学政治论》一书，在批判神权政治中提出人民主权。

马克思、恩格斯、列宁等认为政治作为国家权力的工具，体现阶级关系和阶级利益。"政治权力，即国家的权力"，"阶级同阶级的斗争就是政治斗争"，这些通俗的表述体现了马克思主义的阶级政治观。列宁根据帝国主义新阶段的实际状况提出了政治是经济的最集中的表现，政治就是参与国家事务，给国家定方向，政治是一门科学是一门艺术、今后最好的政治就是少谈政治的新论断，这是对马克思、恩格斯"一切阶级斗争都是政治斗争"论点的新发展。

20 世纪 60 年代，行为主义政治学勃兴。关于政治即"政治系统"（戴维·伊斯顿）、"权力、统治和权威"（达尔）、"人性"（沃拉斯）、"政治体系和决策过程"（阿尔蒙德）、"社会基础"（李普塞特）的解读反映了从社会学观角研究政治的努力。

近来有人从治理角度研究政治，认为政治就是"善治"，丰富了这一学说的内涵。希尔斯曼的《美国是如何治理的》是代表作。美国前总统威尔逊是一位有名的政治学者，他把政治与行政作了严格的区分：政治是意志的表达，行政是意志的执行。西人亦有"历史就是过去的政治，政治就是现在的历史"之说。

当代许多政治学者认为政治哲学就是寻求关于最好的生活方式、最广泛的善或正义以及最佳政体的知识。如斯金纳、罗尔斯认为政治就是公共的善、公平与正义。意大利政治学者德拉戈内蒂认为：政治在于确定幸福和自由的精义。潘恩说：在专制政府中国王便是法律，同样地，在自由国家中法律便应该成为国王。美国联邦宪法制定者谢尔曼认为，政治是"可能性的艺术"，政治需要想象力。这与我们常说的"政治是妥协的艺术"有异曲同工之妙。比利时前首相伏思达说：政治就像骑自行车，弯腰但眼望前方，沉默但拼命骑踏。著名学者福柯有言：每一社会都有其自己的真理，有其自身的真理政治。有人说，政治人物所犯的毛病就是忘记了他们其实是被委任的，却以为他们是天生贵胄。

著名学者博洛尔说："政治本来是一门非常高尚的、非常重要的关于管理公共事务的艺术，但是政治这一美好的形象长期以来一直被许多错误的政治原则所玷污。"茨威格说："政治是过眼云烟，艺术则会永存"；"政治总使我厌恶。"大仲马说："在政治上没有人，只有主义；没有感情，只有利害。"这是文学家的笔触。

参考书目：

（希）亚里士多德著：《政治学》，商务印书馆 1983 年版

（美）格林斯坦、波尔斯比著：《政治学手册精选（上下卷）》，商务印书馆 1996 年版

萨拜因著：《政治学说史（上下册）》，商务印书馆 1986 年版

（日）加藤节著：《政治与人》，北京大学出版社 2003 年版

道家的女儿　儒家的媳妇

——从《京华烟云》看林语堂的人生哲学

《京华烟云》是 20 世纪 30 年代末诞生的一部轰动世界的长篇小说。在这部作品里，林语堂塑造了几十个人物，讲述了近百个故事，驾驭了近 70 年的历史风云。读罢《京华烟云》，我感到它自然，宛若我们周遭的朋友，在聊天，在品茗，亦或去泰山、西山；它洒脱而和谐，那一个个传奇式的故事，那一篇篇精美的散文，连同一次次令人愉悦的诙谐，一朵朵芬芳惹人的笑靥，仅用一两根思想的"丝线"，便绣成了一

幅和谐的整体的美。

然而，所有这些又都不足为《京华烟云》的最主要特色，它最大的特点还应是凝聚在它字里行间的林语堂的哲学、林语堂的灵魂。书中褒扬的是儒道掺和，更确切的说是内道外儒的人生哲学。这种儒道交融、寓道于儒的人生哲学是与其人性主义哲学观相一致的。正如林语堂的女公子林如斯说："此书的最大优点不在性格描写得生动，不在风景形容得宛然如在目前，不在心理描绘的巧妙，而在其哲学意义。"[1]

关于林语堂的人生哲学，不少读者以为，林先生是"庄子的私淑弟子"，视庄子为上帝："明确宣布以庄子哲学来认识历史，观察社会，体验人生，这就使作品（指《京华烟云》——作者加注）蒙上了一层神秘的、梦幻的、命定的色彩。"[2]这些见解诚然深刻，只是细味原著，又令人颇觉片面。笔者以为，林先生是个道学"博士"，同时又是位儒学"教授"，在《京华烟云》里，他褒扬的是儒道掺和，更确切的说是内道外儒的人生哲学。

一

林语堂用内道外儒的哲学观和蘸有这种哲学味的文笔塑造了主人公姚木兰的"玉骨"、"香肌"。

姚木兰是道家的女儿，她生命的内心层面是道家。她有对田园生活的浪漫遐思和亲身体验。生于钟鸣鼎食之家，嫁于钟鸣鼎食之家的姚木兰并不依恋钟鸣鼎食的荣华。她渴望自然，在她绫罗绸缎的外表之下，永远珍藏着一颗冰清玉洁、如烟如梦的心灵。她想当一位船娘，像西直门外那些船工的妻子，生活在水上，让山水装饰自己的梦，又让自己的情影点染如水一样恬静的生活的内容："兄抛渔网赴中流，妹撒钓丝待上钩；尽日得来仍换酒，雨后空舟归去休。"[3]这里没有繁文缛节，没有尘世恼人的喧嚣，只有桨声，只有丈夫山一样的背影和自己亲手做饭时他的微微一笑，只有邻船渔女那水淋淋的歌儿和夜幕江中闪烁的二三渔火。家里也许因为嗜酒而很穷，但老朋友来的时候，还是要到邻家借一只鸡，"回来杀鸡预备酒，请朋友吃饭"。[4]高洁的不是这些朴素行为的本身，而在于融于其间的主人公对自然乃至像自然一样恬然素朴的人生态度的企求。

不仅如此，这位女主人还具有充满着梦幻、神秘色彩的对文明的怀疑与灵魂超脱的向往。在这部玄秘的小说里最为玄秘的地方，要数姚木兰、孔立夫等人的泰山之行。是在这次旅行中，姚木兰获得了那种无法言喻的"富有精神上的深意"，并且"把人生看得更透彻、更清楚了"。[5]泰山顶上秦始皇的无字碑，在姚木兰的眼里"说出了无限的话"："兴建万里长城的暴君的显赫荣耀，帝国的瞬即瓦解，历史的进展演变，十九个王朝的消逝……那通巨大的石碑，是向人类文化历史坚强无比的挑战者。"[6]在时光永恒的流逝里，一切文明都是流星，都会像秦始皇的显赫荣耀一样注定要瓦解、消逝，变成荒岗上长满青苔的无字的石碑，一切荣华终属虚伪，孰能久留？石头淡泊，却能永垂！因而人只有从物欲中彻底地解放出来，精神才能像快乐的鸟儿在蓝天里任意高飞。这便是道家理想的逍遥境界，在这种境界里，死不过是生的另一种表达和延续，有情的生命同无情的生命也没有什么两样，这便是庄子鼓盆而歌的奥妙，便是庄周梦蝴蝶、蝴蝶梦庄周的玄理。大抵是姚木兰瞬间地真正地抵达此境，她的灵魂因此获得了一次伟大而短暂的释放，才产生了那种"既有我，又无我"的十全十美而又委实无以言状的"至理"。[7]

姚木兰所具有的道家精神还表现在她反礼俗、任人性之自然的一些举动。我们知道，清末民国初，女子唱京戏，吹口哨，逛公园，进馆子，看电影，仍被礼俗视为"不正经"。姚木兰不受此制，她在少女时代，受其父姚思安的道家思想熏陶，唱京戏，吹口哨，成家以后，亦不顾公公曾老太爷的反对，常和丈夫一道逛公园、进馆子、看电影，甚至当自己做了两个孩子的母亲时，还和小弟、小妹一起放风筝。无怪她丈夫荪亚称她是"妙想夫人"，有超俗之美。

姚木兰是道家的女儿，同时又是儒家的媳妇。她本质上是道家，但行动上却多是儒家。她崇尚返璞归真，但她一辈子除在杭州的那小部分时间外，还是衣着绫罗；她憧憬超脱，但她没有离家去当隐士高人，更不能像庄子那样飘然物外。她对世俗的一切都充满着感情，儿子出生时的欣喜，哥哥暴卒时的震惊，女儿死时的以泪洗面，立夫被捕时的寝食难安，还有那对抗战的如许关怀，和对亲朋的太多挂念。她想顺应人性的自然，但又多是恪守儒家的家庭伦理。她守家规，在她父亲教给她道家灵魂的同时，她母亲又教给了她世俗的智慧，乃至于在崇视礼法的曾家前后四个媳妇（曼娘、素云、暗香、木兰）中，被公认为最贤德的媳妇。而从作者创作的本意来看，笔者以为高洁而贤惠的木兰正是林语堂放大了的他极为欣赏的《红楼梦》里的探春，既有林潇湘的浪漫情调，又有薛蘅芜现实的光辉。[8] 无论从女儿、从媳妇、从妻子、从母亲的角度来看，姚木兰都无愧为我们民族贤妻良母的标准形象。

姚木兰人性上内道外儒的两个层面还表现在她爱情上灵与肉的分离。理念的深处，她深深地爱着立夫，她感到只要和立夫在一起，她就会无比快乐。然而现实中她又依从父母之命，把自己的爱嫁于荪亚，她没有反抗，甚至连想都没有想过。这种爱情上灵与肉的分离，使她"在晴天就想荪亚，阴天则念着立夫"，使她把对立夫的真挚的爱储存在灵魂的深处，只在很少的时候兑换为挠人的思念，畸变为对自己身体的热爱和泰山上、监狱中的那一次次心灵的骚动。然而，从现实的角度上看，木兰与荪亚的结合又很美满，这种古怪的爱情，你真不知道是人间幸福的和弦，还是世上溢泪的爱的悲歌！

二

这种儒道交融、寓道于儒的人生哲学观在小说中的其他人物、地方也有不同程度的体现。如：

姚思安，姚家的主人，木兰之父。他是小说中最为地道的道家，他静坐、沉思、无我，并十年云游，身体力行。但是，他的道学也有一层儒学"甲壳"。他的人的不朽之说即主张人死后家庭永传。在他飘然物外的同时，又无时无刻不关注着家庭的命运：送子体仁留学，替女木兰捉奸，在当他知道大儿子体仁是扶不起来的粪土之墙时，他不得不把希望寄托于小儿子阿非："他不是你哥哥，他是孽障！让他给你做个榜样！你长大后若像他，姚家就完蛋了！"[9] 由此可见，姚思安亦非道家思想的专门人物。

姚莫愁，姚家二女，木兰之妹。她是林语堂按照《红楼梦》中薛宝钗行为特征设计的人物，[10] 行为上偏向儒家，但心灵深处亦有其淳朴、幽雅的一面。如：在是否用"桃云小憩"作为王府花园正门的争论时，木兰主张用"桃云小憩"，进门后走一百米才进入客厅，这样显得空阔幽雅，若是雨天，再在门房里备几件蓑衣。莫愁则认为渔翁的蓑衣披在丝绸旗袍上，"虽然也美，但是有点儿怪"。她主张走前门，而把"桃云小憩"的幽静好好地保留在院内，"以豪华为表，却以淳朴自然为里，岂不更好？"[11]听了女儿们的辩论，姚思安认为，"在这一件事上莫愁比木兰更为深沉"。[12]可见，寓道于儒的人生观是莫愁、思安、"除这一件事"以外的木兰较为一向的看法。

傅增湘，教育家，姚家的客人。他在教育立夫的一席话中，也颇显其人生观："你性情太孤僻，本身虽然不坏，可是需要改正，最高的性格是其中有一分孤僻，或者说精神自由，但是要使之归为常态。你现在需要的，是有人稍微把你勒住一点儿。"[13]遮孤僻、精神自由于常态，也就是藏蓑衣于丝袍——寓道于儒。而把之视为"最高的性格"，更可见林语堂人格之所尚。

除了上述人物外，小说中一些情节的编排也体现了作者的这种人生观，如：把偏向于道家的孔立夫与偏向于儒家的姚莫愁结为夫妇，而不把灵魂上最能理解的孔立夫、姚木兰相匹配，且在实际生活中，立夫的生活也正是因其行为不断地受到莫愁的节制，才臻于完美。[14]再如：男主人公孔立夫在政治行为上积极而消极，对狗肉将军等军阀恶棍有过猛烈攻击，后又回归于殷商甲骨的古典研究。[15]所有这些，究其本质，当与上述且儒且道的人生观关联甚紧。

三

《京华烟云》中的儒道掺和、寓道于儒的人生哲学，与林语堂在其散文式的哲学、史学作品中所阐述的人性主义哲学观，正相一致。

在《中国人》（亦译名为《吾土吾民》）中，林语堂在谈《红楼梦》时，明白地坦示道："发现中国人脾性的最简易的办法，是问他在黛玉和宝钗之间更喜欢哪个。如果喜欢黛玉，他就是一个理想主义者；如果喜欢宝钗，他就是一个现实主义者……我本人喜欢探春，她兼有黛玉和宝钗的品质。"[16]在《生活的艺术》中，林先生更是把这种理想而现实、积极而消极的儒道合一的人生哲学升华到天理人性的高度。他明确宣布:"如把道家哲学和儒家哲学的含义,一个代表消极的人生观,一个代表积极的人生观,那么,我相信这两种哲学不仅中国人有之,而且也是人类天性所固有的东西。我们大家都是生来就一半道家主义一半儒家主义。"[17]由于人类的天性是半道半儒,所以无论是彻底的道家,还是彻底的儒家,都不符合人类的天性。缘人类天性而产生的客观的人生哲学应该是介于儒道"两个极端之间的那一种有条不紊的生活——酌乎其中学说"。应该是"不必逃避人类社会和人生,而本性仍能保持原有快乐的"。[18]这种人生哲学,亦即所谓"城中隐士"的哲学。在林语堂先生看来,拥有这种政治哲学的人应该有如下特征:

中庸的生活原则:他既不像儒家那样仆仆于诸侯之间,斤斤于棺材板的厚度,亦不似道家与鱼兽为伍,甘为绿水之王。在进取严肃与消极浪漫之间,总有一个"酌乎其中"的度。这样,他便是"一半有名,一半无名;懒惰中带用功,在用功中偷懒,穷不至于穷到付不起房租,富也不至于富到可以完全不做工,或是可以称心如意地资助朋友"。"书也读读,可是不很用功,学识颇广博,可是不成为任何专家"。[19]总而言之,在林语堂看来,这种中等阶级的生活原则,是中国人所发现的"最健全的理想生活"。[20]

中庸的生活常态:徜徉岁月,享受人生。中庸的生活常态使他对社会、对人生都有一种老成温雅之目光,既没有什么非分之想,也不至于过头的悲观。像《京华烟云》里的姚木兰,对生活要求不多,只想"做个平民百姓,不问政治,不求闻达,只求做个商人的妻子——足衣足食,无忧无虑,……无人来欺压,得空到水上泛舟为乐"。[21]不仅如此,她还会浪漫地编织自己生活的四季:春天,杨柳初展鹅黄的小叶,她去看法原寺盛开的丁香;夏天,葡萄悄悄地爬满敞亮的庭院,她悠闲地押着棋子,亦或舒适地躺在藤椅上"一卷在手";秋天,她去西山看橙黄的树叶,听凉风习习的歌吟;冬天,她穿上鲜蓝的衣裳,在花瓶里插上石竹桃状的小果……[22]身心与日月同行,生活随季节翻新,这一切全在于那生命力量的着意渲染。

中庸的品德:仁爱与宽容。一方面,中庸的生活原则与常态需要中庸的品德做基石。另一方面,火一样的儒教和冰一般的道教的结合也便于繁殖水质的个性——仁爱与宽容。在《京华烟云》、《朱门》等形象化表达作者哲学思想的小说里，除了马祖婆、牛怀瑜、"狗肉将军"、金主席等极少数愚蠢、残暴而又刚愎的恶棍外，极大多数都是极善良慈和的人，尤其是姚木兰，她在谈论继承家业时说，她要是继承当铺的话，第一件要做的事，即是"关门大吉"，足见她乃至塑造这一人物的人心地是何其善良高尚！

总之，《京华烟云》和林语堂其他的一些作品中所提示的人生哲学以及由这种人生哲学所表现的生活特征是一致的，而这种一致，无疑从另一个角度，向我们表明，在《京华烟云》里，不仅仅道家是林语堂的"上帝"，儒家亦是其"祖师爷"。

四

以上我们对《京华烟云》暨林语堂的人生哲学观进行了较为详细的分析。下面笔者想对其理论略施评论。

第一，从源流上看，首先，与其中西合璧的文化阅历有关。林语堂毕竟是位饶有情趣的中国学人。在其骨子里，有着对中国文人传统的自然思想的无尽的眷念和不懈的找寻。我们知道，中国文人的自然思想早在先秦时期，即已初炽于士人的心头。连孜孜于王政、仆仆于诸侯的孔子都有"吾与点矣"的喟然情怀，他人当更是如此。魏晋以降，由于玄学、佛教、道教、隐逸等思潮的兴盛，士族内部文化素质的普遍提高，江南山水的"发现"等原因，中国文人的自然观逐渐臻于成熟，从陶渊明"结庐在人境"[23]以及谢朓"入吾室者，唯有清风；对吾饮者，唯有明月"[24]的诗句中，可以看到，自然此时已不仅是士人的一剂心灵之药，而更多地被视为人生的价值取向，和判明士人境界、审美水平高低的准尺。从此以后，此风不断，无论是苏东坡的"小舟从此去，江海寄余生"，[25]还是《红楼梦》中"怡红快绿"——圣爱与空灵，无不是反复传颂着这一圣洁的主题。因此，从这个角度来看，《京华烟云》里的道家自然情趣实质上是中国文人传统自然观的现代再版与延续。

然而，林语堂毕竟是现代的中国人，毕竟是现代的饱尝欧风美雨的中国人。这就使他能够在中西文化的纵横坐标上，为中国文化定位，为自己定位。面对西方城市社会所带来的人性的扭伤与失落，他深深地感到，中国传统的自然思想里"有鲜花、小鸟和名山大川作为她精神与道德的支柱，单凭此项就足以保证她的身心健全而纯洁，从而使整个民族免于城市社会的退化与堕落"。[26]面对中国的古旧、贫穷与战争，他又感到仅仅醉心道家自然生活的审美还不够，还须有西方人的革新进取的现实精神："中国，面对着战争和瘟疫……安详地呷着清茶，微微地笑着，笑着。在她的笑声中，我有时发出一种懒于革新的惰性，有时则发现一种颇觉高傲的保守。"[27]由此可见，林语堂所持的融自然审美与积极进取于一炉的儒道哲学，当是其总结中西文化各自利弊的产物。

其次，与其个人的政治、生活经历有关。众所周知，"三·一八惨案"前，林语堂曾是个激烈的革命者，他曾写了《祝土匪》、《打狗檄文》等文对北洋军阀进行过辛辣的挖苦和猛烈的抨击。"3·18"以后，他从激进的行列中"毕业"出来，宣扬费厄泼赖。从此，他既对政治予以一定的关心，又长期旅居海外，从不介入任何直接的斗争；既主张消极玩世，而又一辈子笔耕不辍、著述等身；既心系山水，而又多居闹市。某种程度上，我们可以说其之欣赏的所谓中产阶级的人生哲学，恰似他毕生生活的注脚。

第二，从人性的角度来看，林先生认为，每一个人的心中，最好都能有一份幽雅飘逸的情愫，且使之归于常态，人类的天性即是积极而消极，严肃而逍遥。这些见解，在文明的进步常会掠去人类的自然之趣、灵魂自由的城市社会里，确实有其进步的一面，对于人类生活内容的丰富，生活品位的提高有着积极的意义。

但是，林先生从人性的角度出发，极力宣扬中产阶级闲适的生活，试图为千千万万的人设计一个统一的中产阶级式的生活准则，这种见解也过于理想化。诚然，人类的天性里确实有积极与消极两个层面，但不同的人，甚至同一个人的不同时期，在两个层面的比例上都极不一致。而每一个人只有根据自己的个性在进取与玩世上采取合理的比例，他们才会是快乐的人。林先生说："我们承认世间非有几个超人——改变历史进化的探险家、征服者、大发明家……不可，但是最快乐的人还是那个中产阶级……名字半隐，经济适度宽裕，生活逍遥自在……人类的精神才是最为快乐的，才是最成功。"[28]这些见解未免偏执，对于探险家、征服者、大发明家这些进取心极强的人来说，他们只有去探险、征服、发明，才会感到个性的极大舒展，倘若要他们像中产阶级那样徜徉岁月，他们会感到空虚和压抑。实际上，探险家探险的快乐，征服者征服的快乐等与中产阶级闲适的快乐很难分出高低。

第三，从物质与精神关系的角度来看，置身于中西文化双重背景下的林语堂拥有全方位的视角，他既感到西洋人精神的贫困，又感到中国物质的落后。然而，林先生在强调物质进步与精神理解的共同作用时，没有突出物质进步的决定性作用。在《京华烟云》等诸多著作中，林先生大肆泼墨于生活的艺术，而对物质文明对于人类幸福的作用论之甚少，或做得不相称。在林先生看来，中国人喝稀粥的温馨一定不啻于西洋人喝咖啡时的暖意，只是林先生又喜欢在西洋吃咖啡，尤其是在当时中国如火如荼的岁月。林先生在强调精神自由时，把自我全归于内心，又显得过于隐晦和唯心。这些都使林先生的作品或多或少地带有消极、命定和温和的色彩——人若无福，白银成清水；人若有福，清水成白银："这就是人在福中要享福，莫在福后空回想。财富在他等于黑暗天空中放出的烟火，他认为是霞光万道，光彩耀目，结果是烟消光散，黑灰飘落，地上留下些乌焦的泥巴烟花座子而已。"[29]

五、林语堂在现代文化史上的地位

在五四时代及其之后相当长的时间内，林语堂还是一个西方文化派，他像鲁迅等人一样，主要站在西方文化的价值立场来激烈地批判中国传统文化。但很快地林语堂的文化思想就发生转变，即站在中西文化相互融会的角度来思考人类文化的命运。

在林语堂看来，世界是一体化的多元状态，它的终极主宰是"上帝"。他说："我总不能设想一个无神的世界。我只觉得如果上帝不存在，整个宇宙将只彻底崩溃，而特别是人类的得生命。"[30]在这样的前提下，林语堂认为，不论是西方文化还是中国文化，不论是基督教、天主教、还是儒家和道家，它们都不是最终的和决定性的，而是"一"

之下的各个单独的"元",即受冥冥的"上帝"所主宰的。于是,林语堂打破了西方文化"的进化论"和"先进性",体出了"两脚踏东西文化,一心评宇宙文章"的文化观点。也是因为这种文化基点及其理想,林语堂对许多现代先驱赞赏的美国文化采取中肯的褒贬态度,而对中国文化和印度文化等既有批评又多赞扬。这就突破了长期以来横亘在中国现代文化甚至在世界文化面前的一大难题。

与此相关的是对科学等一系列问题的态度。与那些一味反对科学的非理性论者不同,林语堂认为科学是人类的福音,没有科学人类是难以逃脱愚昧与无知的;但另一方面,与那些科学社会主义者不同,林语堂又认为科学不是目的,如果不能正确地对待科学,那么人类文化必然难逃异化的厄运。因为健康的人类文化应该是:科学为人所用,而不是人成为科学的奴隶,从心灵和人类幸福的角度说,想象力、激情、快乐和幸福感可能更为重要。另外,对都市文化和乡村文化的选择也是这样,林语堂不是孤立地进行取舍,而是认为二者融合的重要性,这就是他的乡村式都市文化理想之建构。还有,和谐的文化思想一反冲突的斗争哲学,从而给人类的心灵极其精神带来福音。

台湾作家林海音曾这样评价林语堂:"本世纪的中国人能够成为世界性作者学者的,我以为只有林语堂一人。"由此可见,林语堂的意义不仅仅属于中国文化,而且属于世界文化。

相对而言,《京华烟云》堪称艺术化的哲学著作,它是林语堂思想之女,又是林语堂心灵的小窗,从这些窗户,我们可以窥视林语堂的丝丝秘密。

参考书目:

[1] 林如斯著:《关于〈京华烟云〉》。见《京华烟云》上册序,时代文艺出版社1987年版。

[2] 金钟鸣著:《〈京华烟云〉序》,同上。

[3]、[4]、[5]、[6]、[7] 金钟鸣《〈京华烟云〉序》,P383、P382、P527、P521、P522。

[8]、[10]、[16]、[26]、[27] 参郝志东等译《中国人》浙江人民出版社1988年版P241、P4、P5。另见前林如斯《关于〈京华烟云〉》。

[9]、[11]、[12]、[13]、[14]、[15]《京華烟云》P275、P426、P427、P199、P657、P716。

[17]、[18]、[19]、[20]、[28]《生活的艺术》北京：中国戏剧出版社1995年版P109、P109、P110、P110、P112。

[21]、[22]、[29]《京華烟云》P503、P384—385、P329。

[23] 陶渊明诗《饮酒诗》。

[24]《南史》卷20《谢譓传》。

[25] 苏东坡词《临江仙》。

[30]《林语堂自传》，河北人民出版社1994年版。

思想史：解构和建构

——读丁耘、陈新编《思想史的元问题》

　　人是思想的芦苇，它创造现实的历史。而掌握人群的思想创造着它自己的历史——思想的历史。思想史研究就是突破学科的樊篱和现实的困顿，回归自身的大气和灵性。这是一个承接传统，继续思想的伟大征程。柯林武德、洛夫乔伊、帕斯卡、斯金纳、拉卡普拉都是对思想史的元问题，对思想史这个观念的内涵及历史性生成反思的代表性人物。

　　柯林武德说："一切历史都是思想史"，历史学家的思想就是该对象本身，该对象就是历史学家正尝试由他自己在现在去理解，重新思索的思想行为。洛夫乔伊从观念史的视角解构思想，他认为20世纪的思想革命可以说是一场观念上的"哥白尼革命"，是一场对"非理性的未知土地"的勘探。观念有其"特殊的运作"，它是一种强有力的且难以克服的东西。思想史是双重事情———一方面，是在人的本质间、在物理经验的紧急状态和变化无常中的交通和相互作用的故事；另一方面，是人们已然由于非常不同的激励依他们的心意承认了的观念的特殊的本质和压力的故事。斯金纳则认为，要历史地理解思想，避免学说的神话、融通的神话、预见的神话。观念史家的任务是研究和诠释经典文本，因为它包含着表现为"普遍观念"的"经得起时间检验的智慧"。试图从思想史上找到解决我们眼下问题的途径，不仅是一种方法论谬误，而且在某种程度上是一种道德错误。拉卡普拉认为，意图、动机、社会、文化、语料、结构等6个"语境"与文本之间有密切联系，可以说"外在与内在"、"情境（语境）与内容（文本）"之间的关系始终是思想史的主题。

斯金纳认为，思想史写作方法就是专注于经典文本和历史情境，通过字里行间的研读来把握各种清晰显明的论证、观点和各种微言大义，克服其中的误读与神化。思想史写作应关注情境、思想、历史三者之间的关系互动。思想史写作就是建构文化/历史认同和民族/国家认同，并消除全球化效应中不良政治后果的有效方式。它通过建构共同意义的意义体系和价值观来提供一种理解的 Context，以达到文化沟通和文明对话，进而科学地认识自身和世界。

什么是思想史的元问题？全球化语境下思想史的如何写作这是我们当下应该思想的问题。我们面临着应当被称为思想史的研究类型，更确切地说，是应当被认为是历史性的那些研究类型的问题，这就必须重构制度实践、社会话语，必须理解复合文本与其语境的内在关联，因为它们关涉现在和未来。因为这些文本包含了永恒的智慧，思想史研究的价值也就在于从研究中直接学习和受益。

参考书目：

丁耘、陈新主编：《思想史研究：思想史的元问题》（第一卷），广西师范大学出版社 2005 年版

思想话语与现代中国

——关于汪晖《现代中国思想的兴起》的讨论

近现代中国的变迁反映到语言上就是具有现代性思想的话语出现，如民族主义、国家、文明、启蒙、革命、科学、封建、民主等。这些引起了语义学、社会学、谱系学、文化学、历史学、政治学专家的重视，如冯天瑜研究中国近代话语变迁，汪晖研究现代思想的兴起，他们力图从语境中观照社会转型的中国及其思想文化变迁。

如果理解 20 世纪的中国，涉及一个历史视角和问题意识。是按照西方中心主义还是反西方主义，是以中释中还是以西释中，是按照作为"帝国"的中国叙述还是作为"民族国家"的中国叙述，这体现了叙述者的立场及研究范式。汪晖此书在观念史与社会史之间的双重互动中展示中国 20 世纪的复杂多舛的历史进程，寻求被西方现代性的知识体系所遮蔽的那个巨大的叫做"中国"的存在，那个被帝国、民族国家的二元对立的话语体系所割裂的历史存在。该书上卷通过对中国儒学传统的历史脉络的梳理，开掘一条进入历史现场的通道，重新发现作为文化和政治的"中国"主体；下卷则从分析儒学如何成为中国人观察世界的世界观并最终被现代性的逻辑所吸纳这样一个转换和整合的过程。从书中我们可以看到，汪晖试图超越帝国——国家的二元对立展现政治现代性（上卷）和观念现代性（下卷）在中国的诞生进程，回到——"中国"认同的现实中来。以古释今，古代中国包含着现代性的因子，这是一种方法论的转换。正如汪晖自己所言，"现代中国思想的兴起"看起来是一个平常的叙述，但从导论起到最后的结论，书中的每一部分都在挑战我们常识中的"现代"、"中国"、"思想"和"兴起"这些概念本身。他写此书，不是写一部现代中国思想史的起源，注重的不是绝对的起源，而是不断的合法性建构。即通过一种更具弹性的方式，更具历史说服力的方式来颠覆现代性本身。

参考书目：

汪晖著：《现代中国思想的兴起》，三联书店 2004 年版

政府的革命

——重读《改革政府：企业精神如何改革着公营部门》

在当前政治体制改革和行政机构改革中，政府自身的变革是关键，如何建立一个有效的政府引起了学界的关注和理论的反思。戴维·奥斯本和特德·盖布勒提出了 10 项改革政府的原则，即起催化作用的政府：掌舵而不是划桨；社区拥有的政府：授权而不是服务；竞争性政府：把竞争机制注入到服务中去；有使命感的政府：改变照章办事的组织；讲究效果的政府：按效果而不是按投入拨款；受顾客驱使的政府：注重顾客的需要，不是官僚政治的需要；有事业心的政府：有收益而不浪费；有预见的政府：预防而不是治疗；分权的政府：从等级制到参与和协作；以市场为导向的政府：人通过市场力量进行变革等。本书的主要思想是用"企业家精神"来克服官僚主义，其实质是追求政府体制结构和运作机制的有效性。当然，用"企业家精神来重塑有效政府并不是意味着要取消官僚制，而是对官僚制政府进行制度创新。有效政府的终极目标是效能、效率与质量，是政治支持和社会认同。本书不少真知灼见赢得了喝彩，不仅在国外政界引起关注，对当前我国建构有效政府也提供了借鉴。

第一，有效政府旨在依据一定的价值观与理念原则来建构，新时期我们需塑造执政为民的理念。情为民所系，利为民所谋，权为民所用。

面对经济全球化和社会多样化对政治认同与执政合法性带来的巨大挑战，执政党需通过实施推进民主发展、准确定位执政功能、创新传统意识形态、提高制度设计正义等来建构长期执政的合法性基础。最近有学者提出建立生态型政府、服务型政府、学习型政府、能力型政府，加强政府建设的民主化、制衡化、法治化、程序化、公开化、问责化，不乏真知灼见。

第二，西方理性官僚制是一定历史时期的产物，在工业化时代有其一定的优势，但它的组织机制的刚性缺乏一定的灵活性，忽视了人们的多元差异和需求个性；内部利益群体的形成影响了整体目标效率的实现。因此用"企业家精神"改造政府势在必行。当然，塑造政府并不一定意味着政府完全像企业来运作。为了减少日益滋生的官僚主义，当代中国急需建立一套科学的政府绩效评估机构。不以 GDP 论英雄，建立绿色 GDP 评价指标。

第三，有效政府的发挥需一系列有效的制度安排和合理的制度架构。这包括建立生态文化、形成路径依赖、实现帕累托最优。当今中国政府改革关键是解决失位、错位和缺位问题。政府的作用是"掌舵"而不是"划桨"。我们应该引入竞争机制，建立责任政府、效率政府、法治政府。要加强政府能力建设，包括开发人力、权力、权利、文化、信息等资源，以及秩序维护、政策创新、政府竞争、危机管理能力等。

参考书目：

戴维·奥斯本、特德·盖布勒著：《改革政府：企业精神如何改革着公营部门》，上海译文出版社 1996 年版

汪永成著：《经济全球化与中国政府能力建设》，人民出版社 2006 年版

论治理的革命

如今关于"革命"的辨析成为政治思想史上的热点，"告别革命"论也曾热闹异常。"革命"一词是中国固有词汇。"革命"两字最早见于《周易》："汤武革命，顺乎天而应乎人。"这里，"革"即变革；"命"即"天命"。从思想的角度分析中外近现代革命，可以看出我们有一个"意识牢结"：西方中心主义、救世主义，这实质上是一种道德理想主义、精英主义和转化意识。我觉得，应该用历史主义的态度来透视革命，不能用道德主义的激情来对待革命，因为那样会消解革命所拥有的合法性合理性。有两种"革命"：一种是作为目的革命，以革命为意义本身，人为地追求，这是一种"革命狂热"；一种是作为手段的革命，承认革命是各种复杂社会因素交互作用的客观结果，并认为革命因人因时因地而宜，要保持一股革命的精神。

无疑法国著名学者皮埃尔·卡蓝默所著《破碎的民主——试论治理的革命》就属于后一种革命。作者提出了一个明确的论点：一个正在整合却又混乱的世界应当如何"治理"，仅仅依靠"破碎的民主"是远远不够的，"治理"的革命是我们唯一的选择。

作者论述道：我们生活的世界正在发生着深刻而巨大的变化，这些变化迅速地扩张蔓延，时时刻刻都在改变着人们的生活方式和社会秩序，而普罗大众和这个世界的权力阶层却仍然在旧的价值伦理和管理体制中抱残守缺，世界正面临公共伦理和公共治理的双重危机。为了解决此矛盾，我们需要开拓新的视野，重建共同的伦理基础，创立新的依存关系和规范准则，为我们赖以生存的地球村的未来提供新的精神方向和治理体制。法国思想家卢梭曾经论到，社会政治问题本质上就是道德问题，你要将政治问题与道德问题分开，那么你既不能理解政治，也不能理解道德。信然!

如今"治理"和"善治"的理念成为政治社会学者津津乐道的共同话题,运用治理—善治方法分析当代政治现实是较有意义的视角。人类政治生活的重心正从统治走向治理,从善政走向善治;无疑公平、正义、和谐、法治、效率、道德、技术都是最最重要的因素,不可或缺。治理理论的提出说明现实社会存在"市场失灵"和"政府失灵"的弊端。皮埃尔·卡蓝默提出治理的大问题仍是永恒的挑战:让同一块领土上数以百万计的人们共同生活在内外和平和持久的繁荣中,确保人类社会与其环境的平衡;以长远眼光管理稀缺而脆弱的自然资源;保证人们思想和行动自由同时维护社会性,调和共同利益;向每个人分别和共同提供最大的繁荣机会;允许科学和技术的发展而不被其力量冲昏头脑;确保所有的人过着有尊严的生活;承认文化和传统的多样性和丰富性,同时使其参与整个社会的和谐;适应世界的变化,同时又保持自身的特性。

参考书目:

皮埃尔·卡蓝默著:《破碎的民主》,三联书店版 2005 年版

广义政治的理论求索

——析刘德厚著《广义政治论》

我很早在武汉大学读书和工作期间,就知悉刘教授在研究"经济政治论"。随着我国社会转型,如何思考我国以社会主义经济建设为中心的政治特征,成了一些政治学者聚焦的话题,刘德厚教授就是其中的佼佼者。他不囿成见,提出了建立"经济政治学"的基本构想。他认为,在无产阶级完成了"阶级的政治解放"任务,建立起社会主义基

本经济政治制度之后，标志着中国社会进入了"经济的社会解放"新阶段，社会生产力应直接成为判断社会政治是非的根本标准和新政治价值观的基础；政治学应该围绕发展生产力和进行经济建设的任务来研究社会政治的基本问题，特别注重对经济社会发展中利益关系的政治化分析。应该说，这种观点思路颇具新意，也为马克思主义政治观建构增加了一道亮色，反映了当代政治学者面临中国现实政治关系社会化进程的决心和勇气。因为理论是灰色的，生活之树常青。而"广义政治论"就是"经济政治论"的哲学和方法论基础。

亚里士多德在《政治学》中说，人天生是一种政治动物。马克思也认为，人是社会关系的总和；人们奋斗所争取的一切都与利益有关。因此从经济政治的思路和广义政治的视角研究政治关系符合历史唯物主义的基本原理，因为政治学就是研究人类全局利益关系的科学。该书围绕国家政治权力如何人民化、社会化的主题，论述"政治关系社会化"的若干基本原理，对国家政治、社会政治、双重转型等重要范畴作出学科性论证，其中政治关系的利益分析、政治历史的整体分析、政治生活的整合分析、政治功能的结构体系分析等方法论不乏精彩新颖之处。本书指出，政治社会与社会政治是两种不同政治的本质，中国"走向社会政治"具有历史必然性，面对中国当代社会矛盾、发展、阶级关系、模式的历史性转变，中国必须坚持社会化政治的革新之路——国家实行"人民宪政"，政党实施"依法执政"，社会拓展"基层自治"，从而促进国家权力人民化、民主化和制度化，构建中国新型的政治文明和和谐社会。从人民民主政治走向社会政治，国家幸甚！人民幸甚！因为权力人民化、民主化、社会化，是我国政治与社会关系的本质要义。

参考书目：

刘德厚著：《广义政治论——政治关系社会化分析原理》，武汉大学出版社 2004年版

政治文明与政府范式

——《政治文明论》读感

　　发展社会主义民主，建设社会主义政治文明是我国政治建设的根本目标，而所谓文明，不仅仅指精神的价值体系，也泛指体系与制度及人类社会的总和。文化是制度之母。政治文明具有阶级性、时代性、结构性。它包括政治意识文明、政治制度文明、政治行为文明等。而政府改革和范式选择是政治文明建设的重要层面，以创新带动改革，由政府推进到社会自主，这是我国政治文明建设的必由之路。而进入 21 世纪的中国仍面临一个类似"娜拉走后怎么办"的问题，正如著者所论，中国面临着新的一轮政治体制创新和政治发展道路的选择问题。在新世纪，中国能否找到一条既符合中国国情又反映人类政治发展要求的可持续的社会主义政治发展之路已经明白无误到摆到了政治家和理论家们的面前。从这一层面说，本书《政治文明论》的出版不仅填补了理论研究的空白，也对建构社会主义政治文明具有当下意义。作者对政治文明的历史理论、范畴特征、学科内涵、科学体系进行了系统论述并得出结论：政府是政治文明建设的主要动力，"政府推进型"道路是当前政治文明建设的优选之路。

　　作者论述道，政治文明是人类政治生活的进步状态，政治意识文明是政治文明的灵魂（有容），政治制度文明是政治文明的规范要求（有衡），政治行为文明是政治文明的外在体现（有序），三维结构，缺一不可。这对于建设一个公平正义、民主法治、富有效率、充满活力、生态良好的政府具有现实启迪。

　　我们要建立服务型政府。从观念范式上，服务型政府与政治文明具有价值同构性，用一句话概括就是：人民当家做主，正确当好领航员、裁判员、勤务员的角色;从规则范式上服务型政府有利于克服非制度化、非规则化的倾向,实现政治与行政价值的"制度依赖",确立人民主权和社会本位理念,使政治文明与服务型政府在制度创新中实现互动;从操作范式上必须建立一套权力的"责任机制"、"公开机制"、"制约机制",加快政府由管理型向治理型、由管制型向服务型转变。

我们要建构生态型政府。提出并建构生态型政府既是现代政治文明的有机组成,也是政治文明现代发展的必然要求。生态型政府构建既是政治文明发展的一种直接表现,又是生态文明的一种具体展现。它是政治文明与生态文明相契合的典型反映。生态型政府论拓展了政治文明研究的新视野,必将把政府以及政治系统如何实现人与自然之间的自然性和谐作为施政理念和执政目标,追求绿色 GDP 和循环经济绩效,这对于深入把握物质文明、政治文明、精神文明与生态文明协调发展的规律,落实科学为展观与建设和谐社会具有重要理论价值和实践意义。

我们要塑造学习型政府。如何构建学习型政府是学习型政府建设目标中最迫切的任务,社会主义政治文明理论的逐步成熟为构建学习型政府提供了指导。政府组织的学习制度与政治文明建设有着内在的联系,也有很多差异,区分这些差异是建设学习型政府所必须进行的一项重要工作。学习型政府在制度、行为和意识诸方法的构建都离不开政治文明的指导。

我们要建立有限型政府。包括职能、权力和责任都是有限的。恪守"凡是市场能做的事就由市场去做,凡是市场不能做的事才由政府去做"的原则,将政府职能定位于拾遗补缺,解决政府失灵和市场失灵问题。如果权力不明、职责不清、职能错位,必然导致角色混乱,市场紊乱,效率低下。在此基础上根除官本位、家长制、一言堂、终身制、权力崇拜、人身依附、个人迷信等陋习积弊。

参考书目:

虞崇胜著:《政治文明论》,武汉大学出版社 2003 年版

在思想的生命上蠕动

——读贺照田编《思想与方法：殷海光选集》

  殷海光（1909—1969）是20世纪五六十年代台湾最有影响的知识分子，在20世纪中国思想史上占有重要地位。他是"五四之子"，是五四后期重要代表，他继承五四的精神传统，一生为追求真理而奋斗；他是台湾青年学子的精神导师，一生反抗专制统治，追求民主自由，致力思想启蒙，成为台湾知识界的一面旗帜。对这位自由主义思想家我心仪已久，一直以未早读殷先生思想为憾。通过编者这部选集我与他能在书中感知交心，甚为快事。

  殷海光一生撰写了大量的文章、著作，批判专制特权，传播民主理念，这些著作以其深刻的思想、缜密的逻辑、激情的文字影响了一代知识界和民众，在民主思想的启蒙方面发挥了很大作用，从本书编选的华章中我们可以感受到他的精神魅力和道德人格。

  我印象最深的是他在1967年4月进医院前立下的"遗嘱"。他称自己一生有4大憾事：对不起妻子；对不起女儿；思想快成熟时不能写出来，以贡献于中国人民；对青年没有一个最后的交代。他希望死后在东部立个大石碑，上刻"自由思想者殷海光之墓"。吉光片羽，感受哲人智慧。似乎对"不为无益之事，何以遣有涯之生"有了深层的体悟，对殷先生所谓"超越的心灵、隔离的智慧"余心有应。

  殷先生的生命、精神、思想、学养体现在他的华彩文章中。在《自由人的反省与再建》中，他说：反省是新生命的开端，而中国的现状是科学民主移花接木，自由人由时代的主导者变成时代尾巴，权力者如虎添翼，个体贬值，因此，必须重唤自由精神，这是自由的人必需的条件，自由的出发点是理性，自由人应作这个时代的酵母。在《自由的伦理基础》中，他分析了英国功利派、大陆理性派、维格派的自由主义，认为自由主义不是一个简单的观念、思想、学说，要像《自由的构成》（The Constitution of Liberty）所言，要说明我们为什么要自由，而且要自由做什么；自由有消极的自由与积极的自由之别；保持私有财产和法治是保持自由的条件；而把人当人是自由的伦理基础。在《科学及其基本》一文中，他指出阻碍我们头脑科学化的意识形态主要有泛礼仪主义、泛价值主义、泛政治主义；在《传统的价值》一文中他分析了传统主义的 8 个内容：拟圣的、通天的、权威的、一元的、绝对的、排他的、反怀疑的、名分的。因此必须根除僵化自是和横决肆恣的两种非常态，求之于科学和民主。在《人生的基石》中他提出了道德起飞才能经济起飞的观点；在《五四的再认识》和《五四的隐没和再现》两文中他分析了 1840 年以来中国社会文化变迁中社会文化对西方的反应：技术→制度→观念→组织，五四运动代表的是观念的反应——力倡科学和民主。而狂热、幻想、激变、神话、偏执等这种"文化的痉挛"则是当下中国的现实，值得反思。在《从有颜色的思想到无颜色的思想》一文中把思想分门别类，所谓"无颜色的思想"意即免于受外界影响的思想，即认知的思想，按照亚里士多德的话就是：把不是什么说成是什么，或把是什么说成不是什么，便是假的；可是，把是什么说成是什么，把不是什么说成不是什么，便是真的。所谓"有颜色的思想"，即以祖宗遗训、宗教、意底牢结等为基准的思想。从有颜色的思想到无颜色，这是人类的进步。

殷海光曾这样自我评价：在各行职业中，我是以思想为职业的人。生当今之世，选择了这种职业，并且以思想为生活。我们应对这样的思想者投以敬意！殷海光这样自评："我这三十年来，像爬墙的蜗牛似的，付出体液，在思想的生命上蠕进。"这是恰如其分的。

参考书目：

贺照田编：《殷海光选集》，上海三联书店版 2004 年版

政治体制改革的理论探索

——读《中国政治体制改革纵横谈》

改革开放 20 年来，伴随着社会主义市场经济体制的建立和发展，政治体制改革呼之欲出。原先的政治体制是同计划经济体制相连的，如一部分的政治体制不能适应经济体制深化改革的需要。一个廉洁、高效、法治、权威、规范的政治体制不仅是改革向前推进的一个标志，而且也决定着中国在 21 世纪的命运。

政治体制改革研究可以说是中国政治制度史研究中的"瓶颈"，也是较为敏感的"雷区"。因此之故，当代政治制度改革研究长期处于低迷徘徊阶段，令人满意的新著似不多见。但是，对于探索和研究中国改革开放中的现实政治问题这一具有重大意义和极具挑战性的学术工作仍吸引了负有时代使命感和学术良知的学者，黄卫平教授神驰心动于穷理尽性的方寸之间，评点政治风云，纵论改革得失，撰写了《中国政治体制改革纵横谈》这本颇有深度的探索性专著，为我国"政治体制改革要继续深入"助阵呐喊。具体来说，该书有几个显著特点：

首先，理论研究政策分析统一，为改革鼓与呼。20 世纪 90 年代以来，特别是世纪之交的迫近，我国社会科学在学术发展的同时，表现出对政策研究的越来越高的热情，显示出社会科学发展的新趋势，应当引起我们的关注。这是社会主义民主与法制建设的要求，也有学理的背景。政策本身——政策的内容，制定的过程、执行的结果，评价政策成败的标准等有关绩效性、选择的民主化和科学化问题成为研究对象。其中，既有"是什么"的理论思辨，又有"怎么做"的规范性分析。黄卫平教授深刻地研究了邓小平关于中国政治体制改革的理论与实践，表明以邓小平同志为首的第二代领导集体早已高举起政治体制改革的大旗；全面分析了中国政治体制改革的历史必然、目标系统、政治前提、具体和若干难点，详尽论述现代公务员制度的性质及意义，对于做好新时期机构改革工作具有重要的指导意义；高度评价邓小平"南方谈话"所体现的政治理论智慧、政治战略智慧和政治策略智慧，严肃探讨党的十五大思想飞跃和理论突破，从历史的流程中说明的第二次、第三次思想解放运动的历史地位。可以说，该书时代色彩浓重，政论分析明显，呼吁改革心切，是走向政论分析、关注现实问题的成功尝试。它说明了哲学社会科学，特别是当代政治母体——政治科学研究必须以我国改革开放和现代化建设的实际问题、以我们正在做的事情为中心，着眼于马克思主义理论的运用，着眼于对实际问题的理论思考，着眼于新的实践和新的发展。做好时代大文章，克服本本主义的学风，是理论永葆青春活力之所在，也是学者的光荣使命。当然，政论研究不仅要关注当下现实，还要为现实作预见性的指导；不仅要对政治的外在形式如政府、政党、法治、事件等方面的静态分析，而且要研究政治活动本身，包括政治参与、政治沟通、民主机制、舆论调查、投票行为、公众心理等。这也是黄著实证分析较少的缺憾。

其次，思辨色彩浓重，寓激情于理性。马克思说，批判不是理性的激情，而是激情的理性。为学者，尤其是治政治问题的学者都是独自地在自己营造的"思想实验室"中思索，探讨着社会最佳的生存方式，从而实现生命的自我超越。这就是追逐真善美，创造命运的激情。正如列宁所说，没有激情，从来也不会有对真理的追求。但是一个严肃的思想探索过程要求探索者有一种宁静致远的心境，需要圆熟的理性思考，情感的双翼只有为理性驾驭才能翱翔于人类历史的苍穹之上。因为马克思早就告诉我们，对真理探讨必须符合真理，符合真理的探讨本身就是扩展了真理。20世纪80年代中期以后我国经济体制改革深化要求的情况日渐突出。正是在这种情况下，邓小平告诉全党，制度问题关系到党和国家是否改变颜色，必须引起全党的高度重视。我们提出改革时，就包括政治体制改革。现在经济体制改革就包括政治体制改革。现在经济体制改革每前进一步，都深感到政治体制改革的必要性。这是对邓小平审慎推进政治体制改革思想的阐发，也是作者不同于政治浪漫主义者的具体体现。我们知道的政治体制，第一，是指政府的机构和职能；第二，是实行法治；第三，是民主制度。它是一种复合型的改革，它涉及政府理念的塑造；党政权力职能的转换；政府运行机制的革新；还有民主监督制度的健全以及社会主义法制的完善。尽管如此，中国的改革决策层理智地选择了这样的战略决策：即以经济建设为中心，以经济体制改革为先导和突破口，寓政治改革于经济改革之中，渐进地推动社会转型，实现经济发展和社会全面进步。黄著认为，中国政治体制改革的渐进模式和"隐型"战略是成功的，是具有极高政治智慧的战略选择。这是著作的一个基本观点。因为中国的经济改革蕴涵着政治职能转变在内的政治体制改革，中国市场经济的发展为现代民主政治提供社会基础，"中国市民社会"则主要借助民主政体的"游戏规划"来调整利益冲突。因此，准确地认识政治体制与经济体制二者地位关系十分必要。在此基础上，黄著对政治体制改革的时机、力度、程度、目标系统、认识误区一一作了分析，对两种不同的改革观、民主观、公平观、腐败观也作了辨析，言之凿凿，语重心长，有很强的说服力。这得益于扎实的哲学训练。

最后，注重学术创新，融思想于学术。古语曰，文以载道，学术与思想不能截然分开。学术作为人类理智和自由精神的最高呈现，必然是有思想的。同样，真正有价值的思想离不开深厚的学理资源支撑。而学术要有新收获，必须有思想的超越。王元化提出"有学术的思想和有思想的学术"就是这个意思。古语曰：学问之道"如切如磋，如琢如磨"。在充满经济发展生机和现实利益诱惑的深圳经济特区，我曾试图求解爱因斯坦诘问的"探索的动机"。公允、持敬、深远的学术心态，无疑是学术人生精神生命的本质冲动。黄卫平教授深知民主在我国政治现代化中的分量和意义，他对民主的性质、内涵、目的，以及对西方民主都一一辨析，作者对社会主义民主政治建设的关注跃然纸上。他对"民主政治先导论"、"政体改革决定论""民主模式单一论"、"政经绝对区分论"、"绝对否定西体论"等思潮进行鞭辟入里的分析。他认为，民主作为一种社会管理体制，其本身就是人类社会追求的唯一价值或最高价值，对任何一种民主政体模式的追求都不是可以不计成本、不顾内容的。一般地说，民主政体的主要功能是在一个承认人的自利性和人类利益多元性、人格地位平等性为前提的社会中，遵循少数服从多数的原则，根据一系列程序性的制度安排，为和平解决社会利益冲突，维护成员的意愿，维持社会稳定，促进社会进步。因此，民主的本质内容是代表和体现人多数人的利益与愿望，唯此，才能调动大多数人的积极性与创造性，而一切民主的实现形式和具体模式都要服从适应这一内容。这一观点见地独到，体现了他对社会主义民主政治建设经验教训的反思，也符合邓小平关于调动人民积极性是最大的民主的思想。民主的本质是由民做主，不是为民做主，为民求主，因此人民群众参与意识的提高是社会主义民主化进程的重要标志。民主不是追求最优的求全机制，而是保证满意的纠错机制；不是一定能实现最好的，而是一般能避免最坏的。就目前而言的民主制度，也有其自身的流弊，是两害相权取其轻的选择。民主制度是取代专制制度的最为明智的选择，但它不能一劳永逸地解决社会公平问题，它自身也在不断发展变动完善之中。应该说，这是见解犀利、眼界开阔的深沉之思，这是"求新声于异邦"时的冷静客观，反映了作者的民主价值观。

不过，从"责备贤者"的古训来看，这本书还有一些足为缺憾的地方。如果作者能借鉴一下比较政治学的理论的方法，就会使本书理论剖析更为深刻些，作者对政府制度创新，法治政府、民主与自由关系这些基本问题着墨不多，未予梳理；实证个案研究阙如。正如普列汉诺夫所说，自由问题，"像斯芬克斯一样向每个这样的思想家说，请你解开我这个谜，否则我便吃掉你的体系！"说这样的话绝不是苛求于作者，而是以无穷无尽的学术探险激励来者，以更加丰硕的成果开辟当代政治制度研究的新局面。

参考书目：

黄卫平著：《中国政治体制改革纵横谈》，中央编译出版社 1998 年版

深圳市大鹏镇镇长选举制度改革
的政治解读

——评《中国基层民主发展的最新突破》

20 世纪 80 年代以来，伴随着家庭联产承包责任制的推广和政社合一的人民公社体制的瓦解，"乡政村治"的基层社会治理模式形成。这一体系不仅激活了农村乡镇农民群众的自主精神和创造能力，也有力地推动了基层政治民主的深入发展。

1999 年春，在我国改革开放的前沿，深圳市龙岗区大鹏镇以一种新的"三轮二票制"方式成功选举了本镇镇长。这一基层民主选举制度的改革突破了多年以来以"村民自治"为核心的基层民主发展的架构，民主选举制度被引入基层政权建设的层面，因而它所具有的特殊意义引起了各方的高度关注。以黄卫平教授为代表的一批深圳大学政治学者，得天时地利之便，怀着对中国社会政治发展的高度责任感，对大鹏镇"三轮二票制"的镇长选举过程进行了跟踪研究分析，从多种角度对这一重大的基层民主制度创新进行全方位解读，出版了《中国基层民主发展的最新突破》一书，不失为有益于学术建设和政治发展的有识之举。该书的特点如下：

第一，资料翔实，注重实证

民主是社会主义的应有之义，民主化与现代化相偕相伴。随着改革开放的推进，中国民主政治建设的争论事实上集中到两点：中国特色民主化进程应该从何开始，是农村还是城市，抑或两者同时推进？中国民主化进程应选择渐进之路，还是一步到位的激进之路？时下，中国农村基层民主选举正在成为一个热点话题，被视为建设有中国特色民主政治道路的希望所在和突破口。一些学者不再满足于"思想室的实验"，希望在社会调研中运用微观个案分析来考察评判中国政治发展的现实基础和具体操作步骤。

以黄卫平教授为带头人的活跃在深圳大学的这个政治学研究群体在获悉深圳市龙岗区大鹏镇于1999年上半年正进行"三轮二票制"选举镇长的改革探索后就敏感地意识到这可能是中国现阶段基层民主发展的一个新的生长点，随即进行了跟踪调研，实地考察，收集、整理了与整个选举过程相关的原始资料，并在此基础上进行了研读，概要地论述了大鹏镇"三轮二票制"选举镇长的过程。本书汇集的若干论文浓缩了关于二票制选举镇长这一基层民主运动的"突破性发展"的珍贵历史资料，可供关注基层民主建设的学者参考。

第二，视野广阔，视角恰当

解读大鹏镇镇长选举制度改革——中国首次通过"二票制"选举产生镇长的意义，恰当的视角至为关键。否则，这次改革的意义可能被误读。大鹏镇镇长选举改革是在现有的制度架构（坚持党的执政地位、遵循政府组织法和选举法）允许的范围内，在改革开放以来以公民意识、利益取向和价值多元为基础的选举政治兴起的背景下进行的，其意义主要体现在操作性的程序和技术层面。本书围绕中国共产党执政党地位在基层选举中如何体现和中国基层社会整合变迁两个层面考察这一"中国基层民主发展的最新突破"，使我们重新认识到在新的历史条件下坚持党的领导的必然性和增强党的执政基础的可靠性、社会主义民主实现形式和手段的重要性、选举社会形成的规律性等重大问题。应该说，这一解读是成功的。

社会主义民主的本质是人民当家做主，而体现人民当家做主的重要方式就是以选举方式将民意体现出来，选举已成为民主政治价值得以体现的重要操作性程序和政治合法性的主要源泉。正如马克思所言："选举是市民社会对政治国家的直接的、不是单纯想象的而是实际存在的关系。因而显而易见，选举构成了真正市民社会的最重要的政治利益。由于有了无限制的选举权和被选举权，市民社会才第一次真正上升到脱离自我的抽象，上升到作为自己真正的、普遍的、本质的政治存在。"选举是民主政治的基石，现代选举制的根本意义在于它使整个统治阶级内部以至整个社会都接受了这样一条政治原则，即获得多数选票者即成为执政者。政治选举并非资产阶级所独有的专属物，而是可以被用来实现不同性质民主的一种有效形式。与任何一种治理机制和方式一样，民主选举也是有缺陷的，但与其他机制和方式相比，民主选举可以保证权力的有序更迭，可以表达人民的民主诉求，可以成为一种纠错机制，可以"培养政治才能和公共精神"（约翰·密尔语）。我们过去受极左思潮影响对此采取禁锢排斥的态度是完全错误的。

中国共产党自从创建时起，就表达了对现代民主理念的认同。随着我国改革开放的深入，从根本上改变过去那种事实上的领导职务终身制、等额选举制、举手表决制和鼓掌通过制等传统，严格规定领导职务的任期制，不断提高直接选举的层次和相对扩大差额选举的比例，改进候选人的提名方式，完善候选人的介绍方式，正是中国政治体制改革的题中应有之义和不断推进突破的关键。深圳市龙岗区大鹏镇民主选举镇长的改革试点工作是在十五大精神指引下，在中国共产党基层组织的具体领导下中国基层民主制度建设的重大突破。它标志着在一定程度上改变候选人的提名方式，可以实现党的意志与群众意志的有机结合，实现传统体制与新的民意基础的顺利衔接，使我们党的执政地位建立在一种新的、不断扩大的民意基础之上而更加巩固，为巩固党的执政基础作出了有益探索，为落实党在十五大提出的发展基层民主政治的精神作出了新的尝试。事实上，1979 年之后多次修订的我国选举法都明确规定了党对选举工作的领导和管理，而从大鹏镇整个选举过程看，党掌握着选举制度改革试验权、推广确定权、候选人资格条件的制定权、候选人资格条件的审查权和对最能代表民意的候选人资格条件的审查权和对代表民意的候选人的推荐权，这为在新的历史条件下如何加强和改善党的领导总结了新鲜经验。

第三，个案典型，意义独特

本书解读凸显了大鹏镇镇长选举改革的典型意义，为推进当前我国政治体制改革在微观层面上的发展提供了更广阔的空间，并为我们判断未来中国乡镇民主政治发展的方向提供了线索。

其实，"二票制"选举形式也不是大鹏镇首创。据载：山西省河曲县曾实行"二票制"，即村支部选举中首先由村民投"信任票"，再由党员正式投票。在深圳的村民自治选举中，"二票制"也曾较广采用。

大鹏镇镇长选举之所以引人注目，是因为它已超过十年来农村基层民主建设仅限于"村民自治"的架构，从而使扩大基层民主的政治体制改革步伐进入突破性阶段。我国农村的村民自治曾创造了"海选"之类选举方式，推动了民主政治社会化的进程，但村民委员会毕竟还不是我国的一级政权机关，村民直选村长也还不是严格意义上的政治民主。而大鹏镇的镇长选举改革探索则是严格意义的中国基层政权民主化进程的起点，可以被界定为基层乡镇长选举逐步走向直选的过渡。"三轮二票制"——前两轮的民意推荐票和最后的人大正式选举票这种可操作的方式为民意表达建立了一种公开、透明、量化的机制，使候选人的提名和产生建立在程序公开、过程透明、票数清晰的基础之上。这种改革兼顾了民意基础的量化体现和现行体制运作的衔接，既充分释放了民意，又减少了政治风险。如果今后我国镇级政府的选举，朝这个模式方向发展，主持选举的执政党将民意票最高者确定为正式候选人的程序制度化，那将是具有实质意义的。大鹏镇镇长选举试点工作的重要启示是，如果此项改革有计划有步骤地在我们党的领导下适时予以推进，扩大基层民主的工作就可以在积极稳妥的基础上展开，为建设有中国特色的民主政治奠定基础。可以说，此项改革的政治意义在于为我国县乡两级政府首长的产生逐步向直选方向发展，进行了有益的探索。

尤其需要指出的是，这一个案还标志深圳市不仅在经济体制改革方面作为改革开放的"排头兵"走在全国前列，而且也在政治体制改革的进程中率先进行新突破。大鹏镇在我国基层政权的民主进程中是首开制度创新之先河，使深圳市在政治体制改革中也走在了前列。

参考书目：

黄卫平主编：《中国基层民主发展的最新突破》，社会科学文献出版社 2000 年版

和谐社会构建与私营经济的成长性

——读《政治格局中的私营企业主阶层》

    20 世纪 80 年代以来，中国社会最大的特征就是改革开放。市场经济、民主政治、法治国家、多元文化、开放社会成了社会发展的主旋律。这是对 1978 年以前的社会常态计划经济、威权政治、人治色彩、单一文化、封闭社会的扬弃和超越。

    关于中国当代社会特征，有人概括为结构转型与体制转轨同步、政治与市场双重启动、城市乡村互动、发展非均衡等特点。学者陆学艺提出了"中产阶级社会"，孙立平强调"断裂社会"，李路路提出"碎片说"，李培林李强提出"分层说"，中央提出建构和谐社会……总之，当代中国正在经历从计划经济到市场经济、从专断集权到民主法治、从一元到多元、从单位人到社会人转型的历史大势。

    20 世纪中国处在由计划经济到市场经济体制转换及其所引发的社会全面转型这一亘古未有的社会大变迁中。社会体制经济形式的多样性和利益群体的多元化是这一社会的突出特点。而如何科学对待改革开放后重新出现的私营经济及其企业主与构建和谐社会有着内在的逻辑联系。因为和谐社会在本质上应该是政治国家与公民社会良性互动的最佳状态。在现代民主政治的条件下，一个健康的公民社会是和谐社会的必要基础，公民与政府的合作是社会和谐的关键。正是从这个意义上说，董明新著从政治学的视角维度考察私营经济及其企业主的现况及其发展趋向就具有学理和现实的双重意蕴。

    本书首先对研究的主体对象——私营企业主的实然状况与政治稳定和发展的价值取向分别进行界定和规范；其次，通过分析私营经济总体绩效、私营企业的具体运作机制、私营企业的劳资关系状态等几个层面对我国政治稳定和发展的关系展开研究；最后从政治大格局中分析私营经济与社会贫富差距、政治心态、社会民主化、制度构建的相互关系。特别是分析作为政治具体载体的政府及其制度的关系，剖析私营企业主阶层与政治稳定和发展的关系颇具匠心，水到渠成。

我国私营经济的发展是我国政治变迁的晴雨表。从改革开放前视之如洪水猛兽，斗倒批臭，到改革开放后视之为"必要的有益的补充"、"重要组成部分"，再到"中国特色社会主事业建设者"的理论认知，可以说私营经济和私营企业主阶层与我国社会的进步发展整合起来，而且也再一次与党的根本利益整合在一起，因为中国共产党始终代表人民群众的根本利益，代表着中国先进生产力的发展要求。

当今构建和谐社会成为中国共产党的新的执政理念，建立和谐社会目标的提出表明了执政党对时势、民意的顺应，而私营经济的成长性具有重要地位。如果将私营经济及其企业主阶层作为一个社会的"生命系统"，那么政府的作用就是要为其构建良好的环境系统和制度生态。我们可以说，和谐社会理念的确立为重振我们改革的公共性提供了价值支撑，其核心就在于根本变革执政主体与私营经济的关系，改善政府与私营企业主的关系，从而形成社会治理的整体合力。本文的成功之处在于以"国家与社会"的分析框架对私营企业主阶层、私营经济与我国公民社会和谐社会成长的内在逻辑作了精彩分析，超越传统国家与社会的抽象二元对立。我们相信，私营经济的快速发展以及私营企业主阶层的崛起，必须重构中国经济、政治和社会生态。

当然，我们也不可否认，随着私营经济的发展，和谐社会也有一些不和谐的杂音，如一些地方出现地方利益集团，呈现出地方利益政治化、部门利益组织化的趋向。社会转型引发了社会分层、组织变迁、人口流动、区域协调等课题，也引起了失衡、失调和失序等问题，如流动人口、农民工、下岗再就业、收入分配不公、城乡二元、社会保障与养老、犯罪腐败、小城镇和农村社区、宗族势力和黑社会，这些都值得关注。而面对这一"利益调整期"、"矛盾凸显期"和"黄金发展期"，我们要顺势而为。因为民主法治与公平正义是和谐社会的基石。正如有论者指出的那样，关键是建立阶层利益的整合机制、矛盾冲突的化解机制、社会秩序的稳定机制。

参考书目：

董明著：《政治格局中的私营企业主阶层》，中国经济出版社 1994 年版

党史研究的新视域

——评丁俊萍著《中国共产党解放和发展生产力思想研究》

　　多年来史学研究深受阶级斗争观念的影响，将一部具有丰富内涵的文明史，写成了残酷的阶级斗争史。如古代史的"五朵金花"即"五种生产形态论"或"社会发展五阶段论"和近现代史的"三大高潮、八大运动说"。这是一种"革命史叙事"模式的形成与政治意识形态的影响浸润有关。在许多有关的阐释中，对革命无限拔高、绝对推崇；而对改革视之为"改良主义"加以挞伐。20 世纪 80 年代以来，史学界开始以新的思路重新构筑中国革命史和中华人民共和国史的学科体系，形成了"现代化叙事"、"人类学叙事"和"新政治经济学叙事"等多方面具有创新意义的探索。

　　十一届三中全会以来，党史研究取得了丰硕的成果，但不乏选题重复、陈旧之作。近日读到武汉大学丁俊萍教授的新著《中国共产党解放和发展生产力思想研究》颇有耳目一新之感。我与丁教授曾在武汉共事，我知道这是她在北京读博的心血，也是她繁重行政工作之余矻矻以求的成果，读后尤觉亲切。

　　该书从社会现代化和发展生产力的视域研究党史，是国内第一部系统、全面研究中国共产党解放和发展生产力思想的学术新著，并作为武汉大学学术丛书出版。本书的基本观点是：中国共产党作为代表先进生产力发展要求的工人阶级先锋队，始终站在解放和发展中国社会生产力

的最前面。一部中国共产党历史，从根本上说，就是解放和发展中国社会生产力的历史。解放和发展中国社会生产力，在此基础上实现民族振兴、国家富强、民生幸福，实现社会的全面进步和人的全面发展。这是历史赋予中国工人阶级及其政党的伟大使命，也是中国共产党历史发展的主线。党成立以来的全部活动，都是围绕这一主线展开的。

本书的创新之处在于：第一，从一个新的视角即生产力的视角来全面、系统地研究中国共产党近 80 年的历史，开拓了中共党史研究的新领域；第二，以翔实的史料为依据，提出并证明了"解放和发展生产力是中国共产党历史活动的主线"的观点；第三，以中国共产党领导的革命、建设、改革三个不同阶段为经，以党提出的解放和发展生产力的思想为纬，展示了一幅完整的中共党史画卷；第四，以马克思主义为指导，对中国共产党解放和发展生产力思想作了系统深入的分析和评述，认为这一思想是中国化的马克思主义——毛泽东思想、邓小平理论的核心，是对马克思列宁主义生产力理论的丰富和发展。

总之，该书视野宏阔，思路逻辑性强，为全面系统研究中共历史提供了一种有科学依据的新视野、新思路和新方法，值得推荐一读。

参考书目：

丁俊萍著：《中国共产党解放和发展生产力思想研究》，武汉大学出版社 2003 年版
张静如著：《唯物史观与中共党史学》，湖南出版社 1995 年版

时代的史诗　革命的乐章

——读臧克家主编《毛泽东诗词鉴赏》

毛泽东是一个伟大的政治家、军事家、理论家，也是一位具有哲学气质独领风骚的诗人。从 20 世纪 50 年代始就有不少人解读毛泽东的诗作，在众多的解读者中我曾见过安徽师范大学张涤华先生。在众多的解

读作品中尤其是臧克家先生主编的一本尤见学术功力，近日重读其增订第二版有妙语解颐之感。

诗言志，歌咏言。毛泽东诗词记录、反映了中国革命各个历史阶段的一系列重大历史事件，具有丰富的历史内涵和宏大的历史视野；毛泽东诗词是革命现实主义和革命浪漫主义的集大成之作，具有鲜明的时代气息和深邃的革命情怀，是时代的史诗、革命的乐章；毛泽东诗词开一代诗风，激昂高亢、遒劲优美、超迈卓绝、瑰奇多姿，熔铸了毛泽东的诗情和个性；毛泽东诗词豪迈大气、想象浪漫、文采华美是其特点和风采。

毛泽东诗词既有《贺新郎·读史》、《蝶恋花·答李淑一》的抒情之文，又有"数风流人物还看今朝"、"问苍茫大地，谁主沉浮"的言志之作；或写景或状物或忆人。正如论者指出的，毛泽东诗词是革命激情与儿女柔情的统一，如《蝶恋花·答李淑一》；毛泽东诗词神形交融、言简意远，如《沁园春·雪》、《七律·登庐山》；毛泽东诗词壮志凌云、匠心独具，如"而今迈步从头越"、"不到长城非好汉"、"无限风光在险峰"等名句我们耳熟能详。毛泽东诗词体现了思想性和艺术性的统一。

毛泽东喜欢李白、李贺、李商隐这三位唐朝诗人，对辛弃疾、李清照、苏轼的词也情有独钟。他自称"偏于豪放，不废婉约"。他对自己的要求极为严格，每部作品均千锤百炼，再三推敲。新诗改罢自长吟，这反映他深厚的古典文学修养以及严谨的学风。柳亚子称誉毛泽东诗词"才华信美多娇，看千古词人共折腰"是恰如其分的。

有外国人说，一个诗人赢得了一个新中国，此言不虚。

参考书目：

臧克家主编：《毛泽东诗词鉴赏》（增订二版），河南文艺出版社 2003 年版

追寻青年毛泽东的思想足迹

毛泽东是马克思主义中国化的光辉典范，是一个指出真理、坚持真理、发扬真理的人。他的思想学说哺育了一代代人，其哲思睿智能和宏论妙语是我们常谈不衰的话题。青年毛泽东有一个从唯心主义者转变为唯物主义者，从革命民主主义者转变为共产主义者的过程。这一过程恰似一次酿造，时代环境、社会生活为这一过程提供了酿房与粮食，而毛泽东个人的独特的主体素质则是酵母。近读《毛泽东早期文稿》，很有收获。探讨青年毛泽东在向唯物主义者和共产主义者转化过程中的特点，这些特点是青年毛泽东思想转化乃至此后毛泽东思想形成的重要条件，对于我们在新时期构建核心价值观很有启迪。这种特点表现在如下所述的五个方面。

一、赤诚炽热的爱国情怀

众所周知，青年毛泽东生活的时代是中国社会由旧民主主义向新民主主义革命的转变时期，正当中国陷于半殖民地半封建社会的苦难深渊之际。当时，帝国主义列强竞相将魔爪伸向中国，意欲蚕食鲸吞、瓜分豆剖。与此同时，封建统治阶级却仍然醉生梦死，对外妥协退让，对内不体恤民情。神州陆沉，已是先进中国人眼前的忧患，每一个有良知的中国人都会萌发强烈的爱国之心。青年毛泽东深受湖湘文化代表人物王夫之、魏源、杨昌济等思想的熏陶，爱国主义思想在脑海里深深地扎根。他广泛涉猎宣传救亡图存的小册子，从中吸取积极因素，立下改造中国与世界的宏伟抱负。1911 年春，毛泽东抄写的诗句："孩儿立志出乡关，学不成名誓不还。埋骨何须桑梓地，人生无处不青山"，表达了自己救民济世的决心。青年毛泽东取名"子任"以自励，决心为救国救民而储才蓄能，把自己的学习与国民的命运联系在一起。天下兴亡，匹夫有责。这种强烈的忧患意识和救民济世的热切愿望是青年毛泽东追求真理和顽强地探索改造中国之路的思想基础和原动力。正是这种赤诚之心和崇高的理想及其对历史责任的理性自觉使他上下求索，找到了马克思主义，树立起对科学社会主义的信仰。到 1920 年底和 1921 年初，毛泽东成为一个马克思主义者。由此可见，毛泽东树立马克思主义的指导思想，是随着实际斗争的发展，朴素的但是炽热的爱国热情提高到一个新阶段——由爱国主义走向共产主义而实现的。马克思曾指出："激情、热情是人强烈追求自己的对象的本质力量。"（《马克思恩格斯全集》第 42 卷第 169 页）正是从爱国主义思想出发，毛泽东青年时期形成了独特的政治观、国家观、群众观、发展观。

二、敏于思考的认知方式

毛泽东青年时期就表现出独立思考、不迷信、不盲从的魄力和特质。他读书有"四多"习惯，即读得多、想得多、写得多、问得多。所谓学问，既要好学，又要深思。杨昌济先生在日记中曾称毛"资质俊秀，殊为难得"。在 1917 年 6 月 17 日湖南一师开展的德、智、体优秀人物互选活动中，毛泽东在敦品、自治、文学、言语、才具、胆识六项中总票最多，而且"胆识"一项唯他独有。青年毛泽东读书范围十分广泛，涉猎经史典籍、诗文稗史及资产阶级政治学说和各种救国理论，但难能可贵的是，他读书有自己的真知灼见，联系实际去思考和评判，或隐或显，或臧或否，或疑或议。《讲堂录》手稿和《伦理学原理》的万言批语是他读书深思的记录，也是我们研究青年毛泽东思想的重要资料。他进一步指出，人要有批判意识和"狂妄"精神，治学与做人并重，反对独断态度和思想强权，不能人云亦云。一个在治学上没有独立见解的人，在做人上不可能有坚定的信仰，对于大是大非，我们要明辨多思。他在 1920 年 11 月 26 日给罗学瓒的信中批评了感情用事，以偏概全的主观学风。青年毛泽东独立思考不是空穴来风，无的放矢，而是用理性的态度处理问题，使思想符合实际，适应发展变化的新形势，真正做到思想解放。这是毛泽东不断改造世界观的思想先导，是他能够独立自主开创有中国特色的民主革命新道路的前提条件。

三、求真求实的实践品格

青年时期毛泽东特别反对坐而论道，沉溺于纯理论的学习和思辨的经院学风。他主张深入现实生活，"要踏着社会的实际说话"，"要引入实际研究实事和真理"（《毛泽东早期文稿》第363页），在认识国情中改造世界，早在1917年和1918年他就和萧子升、蔡和森在湖南农村徒步"游学"了解社会与民情。湖南农村、长沙街头、都市乡舍、长辛店工棚都留下了他的足迹，有"实践家"之誉。在五四运动前后，青年知识分子中出现留学热潮，毛泽东则滞留国内，他主张了解中国国情是改革社会的入手处，留学必须服务于改造中国的目标，毛泽东常对同学说，读书大体有两点，重要的是读活的"无字之书"，这便是社会实践。这种"求真的态度"、"求是"的精神是马克思主义与革命实践相结合的唯一纽带和桥梁，体现了一切从实际出发的唯物主义认识路线和具体问题具体分析的辩证方法。毛泽东倡导的实事求是学风是对传统的知行观和近世实学思潮和朴学传统的继承和扬弃，是对先验论、唯心论的反叛，促进了他的思想进步和成熟。

四、尊重群体的首创精神

学生时代的毛泽东是华盛顿、林肯、拿破仑、彼得大帝的热情崇拜者，主张圣贤创世，希望集圣贤豪杰于一身的伟人来济世救民，除旧启新。在思想认识上，虽然农村生活的阅历使他带有朴素的群众观点，但本质上带有浓厚的主观英雄主义色彩。长期斗争实践特别是十月革命的胜利和五四运动的狂飙使他认识到人民群众中蕴藏的巨大力量，认识到单靠个人奋斗断无成就，必须结集一批志同道合的朋友共同奋斗。1915年秋他以"二十八画生"名义发出《征友启事》，邀请有志青年与他联系，并在此基础上酝酿了新民学会的成立。新民学会反对各自为战的"浪战"，主张依靠"联军"共同作战，他们常常采取通信求教、疑难讨论、大会总结等多种形式寻求问题答案。毛泽东在1920年下半年与蔡和森的几次重要通信，集中地探讨了社会主义、阶级斗争、无产阶级专政、唯物史观和建立无产阶级政党诸问题，体现了他思想认识的日臻成熟。青年毛泽东在彻底肃清了社会改良主义的影响之后，完全接受了马克思主义的社会革命论。1919年他主编了《湘江评论》，并在创刊号撰写《民众的大联合》一文，热情地讴歌十月革命，大力宣传民众的联合是改造国家社会的根本方法，找到了实现其政治抱负的依靠力量——由依靠少数"圣人"转为依靠广大民众。这是青年毛泽东不断探索而树立的科学群众观，其实质是尊重群众的首创精神，汲取集体智慧，由此通向了"一切为了群众，一切依靠群众"的群众路线和"从群众中来，到群众中去"的领导方法。

五、与时俱进、探索不止的人生态度

青年毛泽东具有与时俱进、探索不止的人生态度。不断的革命与创新，不断的挑战与应战，这是他世界观得以常新的关键。毛泽东是在对各种思潮的比较鉴别中找到马克思主义的。他曾说过，自己读了六年孔子的书，又读了七年资产阶级的书，才读马列的书。从孔孟之道、宋明理学、近代朴学到王夫之、顾炎武、曾国藩；从康有为、梁启超到孙中山、陈独秀；从赫胥黎的进化论、康德的二元论哲学、陆王心学到形形色色的非马克思主义思潮、学说、流派，他都接触过，研究过，有些还曾热心地实验过。但是，他坚持不断地以今日之我向昨日之我挑战，不管是什么思潮，只有通过实践来评判、检验、取舍。早年他笃信克鲁泡特金的互助论，托尔斯泰的泛劳动主义，武者小路实笃的新村实验，主张改良色彩的无血革命和呼声革命。1919年底到1920年夏毛泽东第二次来北京并顺途到上海，开始接触到一批宣传马克思主义的书籍，初步得到认识问题的方法论，奠定了马克思主义信仰的思想论基础。而1920年11月湖南自治运动失败的现实则使毛泽东坚决地抛弃了空想主义的乌托邦，接受了马克思主义的阶级斗争理论。

总之，青年时期是毛泽东哲学、政治思想成熟的重要阶段。站在世纪转换的交接点上，青年毛泽东博采中西，兼收并蓄，"汇百家之说而成一学"，形成了博大精深的思想内蕴。炽热赤诚的爱国情怀、敏于思考的认知方式、求真求是的实践品格、善于汲取群众智慧、探索不止的人生态度这五者构成了毛泽东政治思想特色和世界观转变的主体条件。其中爱国主义是实现转变的精神动力，也是政治思想的核心，求真求是敏于思考是实践转变的前提条件，尊重群众的首创精神和探索不止的人生观是世界观形成的源泉和中介。青年毛泽东这些卓尔不群的主体素质随着实践的发展不断得到扬弃、提炼和升华，愈益陶铸，成为毛泽东思想不可分割的有机组成部分，形成以实事求是、群众路线、独立自主为核心的马克思主义方法论，并因而成为毛泽东思想的历史和逻辑的起点。青年毛泽东世界观转变过程是在实践基础上把理论与实际、共性与个性、坚持与发展统一起来的过程。其精髓是一切从实际出发，使思想认识与客观实际相一致，解放思想与实事求是相统一。其特点是创造与革新，创造是实践发展的必然要求，也是毛泽东思维认知的本质生命。"其作始也简"，尽管青年毛泽东思想认识有历史的局限和认识的偏差，但我们仍可以从中受到如下启示：

第一，要以科学的态度对待马克思主义。马克思主义是无产阶级及人民获得解放的精神武器。中国人民找到了马克思主义，并将它与中国革命的具体实践相结合，便使中国的面貌焕然一新。在今天，改造中国社会的探索，仍然离不开马克思主义的科学指导，它如同布帛菽粟一样，是不可须臾离开的东西，是我们思想行动上的"显微镜"和"望远镜"。但是，马克思主义不是教条，而是行动的指南。学习马克思主义最根本的学习它的科学世界观和方法论，学习它辩证思维的立场、观点和方法。时代呼唤着马克思主义新的飞跃。我们一定要善于把马克思主义基本原理同当代中国的具体实际相结合，创造当代中国的马克思主义，做到坚持与发展的科学统一。在发展中坚持，使发展不离开马克思主义的科学大道；在坚持中发展，使坚持不窒息马克思主义的活力。

第二，要以探索的精神投身于改革开放的实践。教条主义是马克思主义的大敌，改造社会的探索不能从"本本"出发，从主观愿望出发，而只能从客观实际出发，实事求是。要探索创新必然要冲破过时的观念和僵化的教条，要勇于探索未知，大胆实验，及时总结经验，创造性地开展工作。但是解放思想必须以实事求是为基础，以服务于改革开放和现代化建设为目的，否则就只能是胡思乱想、无的放矢。建设有中国特色的社会主义是我们当代青年的使命，我们任重而道远。我们要做到解放思想与实事求是相统一，在工作中脚踏实地，不断创新，把革命精神和科学态度结合起来，把建设有中国特色的社会主义事业推向前进。

第三，要用历史的方法继承毛泽东的思想遗产。毛泽东是当代中国的马克思主义者，他在对事物的判断和分析上，也会犯错误，但他对事物本质的认识却能破前人陈见，发人未发。毛泽东也曾接受形形色色的非马克思主义思潮影响，但是他不断进行剖析和自我改造，与时俱进，自强不息。毛泽东站在巨人的肩膀上，善于汲取历史上的民主性精华和他人的宝贵经验，因而他的成功是空前的，使历史上的或同时代的人相形见绌。哲人作古，风范犹存。毛泽东善于抓住事物本质的思维方法，自强不息的人生态度，胆识兼备的政治品格，高昂的救国热忱和勇于献身的高尚情操，是永远值得我们景仰的。今天，我们站在新的制高点，回溯历史，目的不在于讲些庸俗的颂词，而是为了阐明无产阶级自己的任务，为了阐明这历史任务的真正地位（列宁语）。这也是我们的对毛泽东 110 周年诞辰的最好纪念。

参考书目：

《毛泽东早期文稿》，湖南出版社 1990 年版

周恩来的精神魅力

——读《周恩来的行政哲学》

今年的 1 月 8 日是周恩来逝世 30 周年，在这个特殊的日子，凤凰卫视专门做了一期节目《永远的周恩来》，我也重读了《周恩来的行政哲学》一书，感慨良多。

作者书中写道：20 世纪的行政舞台每个人扮演不同的哲学角色——阿登纳称德国人为"吃肉的绵羊"，自己是角斗士；丘吉尔视英国人为"虫子"，自己则是"萤火虫"；戴高乐视自己为舞台"明星"；罗斯福认为自己是打橄榄球的"四分卫"，吉田茂称自己为"毕生面向西方的东方人"，而周恩来则说"我首先是一个中国人"。

周恩来是一个特殊的人格符号，是中华民族的骄子，是人文精神的骄子。周恩来精神则是他在奋斗的事业和社会生活及个人言行中所体现出来的理想、思想、道德、意志、品格和作风的精髓之总和，是他深邃思想、坚强党性、人格智慧、优良作风之集大成。

在 20 世纪的舞台，毛泽东、周恩来、邓小平留下了永远的印记。他们有不同的风采。毛泽东高瞻远瞩、刚毅坚韧、幽默风趣、不拘一格，有人喻之为"湖南辣椒"；周恩来儒雅智慧、缜密细致，既有东方的智慧，又有西方的幽默，有人喻之为"绍兴黄酒"，他被尼克松称为"多种金属铸成的合金"。记得尼克松曾这样评价："在中国，如果没有毛泽东，中国革命就不能燃起燎原之火；而如果没有周恩来，则大火会把中国革命成果烧焦。"邓小平同志则是一个外柔内刚、举重若轻的伟人，他推动了改革开放和社会主义现代化的历史巨轮，改变了中国和世界。

周恩来具有"总理万机，各得其宜"的思维决策模式，具有"允中协和，知权通变"的处世风格，具有素朴典雅的君子风范。他喜欢兰花，人格高洁。如春风化雨、夏池出荷、秋山晴云、冬雪绽放。

哲人长逝，风范犹存。周恩来精神是中国共产党人特别是第一代领导集体高贵品质的缩影，是中华民族优秀精神与世界先进文明结合的产物，是知行合一的典范。有人曾对其内涵这样概括：无我精神、求是精神、创新精神、民主精神、廉洁精神、严细精神、守纪精神、牺牲精神。毛泽东这样评价周恩来：他是一个勇于坚持真理、修正真理、发展真理的人。时人这样评语：他是一个官而不显、党而不私、生而无后、劳而无怨、生不留言、死不留灰的大无大有者。他是一个大写的人。他是一个顾全大局、相忍为党的人。岁月不居，周恩来精神不死！

参考书目：

周毅之著：《周恩来的行政哲学》，上海人民出版社 1992 年版
刘武生著：《周恩来的晚年岁月》，人民出版社 2006 年版

邓小平"中国式的现代化"之制度设计

实现现代化是中国人民百年梦寻的理想，自从 1982 年邓小平这位中国改革开放和现代化建设的总设计师提出"走自己的路，建设有中国特色的社会主义"这个制度设计以来，"中国作风和中国气派"的现代化模式日渐清晰地呈现在人们面前。2007 年 2 月 19 日是邓小平同志逝世十周年，十年风雨行，总是离人泪。重温《邓小平文选》的重要篇目，其言之谆谆，犹似昨日。

中国特色现代化是因为它面临着一系列特殊的问题境遇。如社会主义现代化传统模式对现代化进程的制约，如何对待社会主义现代化传统模式，是中国现代化进程所必须解决的第一个难题；现代化的后发优势

与内在生长力的培育。一个民族只有具备了现代化的内在生长力，才会获得持续的良性发展；中国现代化进程与世界现代化进程的统一。中国现代化在遵循现代化共同规律的同时必须立足于中国的传统社会基础，着力解决中国现代化的特殊问题，如发展和稳定、循序与浓缩、再造与传承等。

邓小平现代化思想制度设计的"中国特色"。重要表现为：

第一，道路创新：中国现代化与其社会主义主体性之统一。社会主义现代化成为中国发展的方向，但在社会主义制度下如何实现现代化的问题并没有解决好。邓小平总结中外历史经验，提出了既不能走"西路"，又不能走"老路"，而应走"新路"——一个中心、两个基本点的中国式现代化道路的制度思考。

第二，目标创新：中国现代化目标的立体框架。中国现代化的复杂性决定了中国现代化目标的多维性。就中国现代化而言，既要实现经济社会发展，又要实现社会主义的价值目标；既要在短期内完成西方国家几百年才能完成的现代化任务，又要避免落入"现代化的陷阱"；既要同世界流行的现代化目标接轨，又要考虑中国的社会基础和现实可行性。邓小平的创新之处就在于针对中国现代化的不同规定性，从不同角度对中国现代化目标进行多维、立体构架，从而使中国现代化目标避免了片面化和单向性，而呈现整体性和系统性。

第三，动力创新：中国现代化的"双轮驱动"。根据世界现代化发展的一般规律，现代化的动力主要有两个方面：制度创新与科技进步。在中国现代化的动力创新问题上，邓小平主要解决了改革和科学技术这两个动力之间的关系。一方面，改革是现代化的启动力，另方面，科技是中国现代化的原动力，通过制度创新的间接推动和技术进步的直接推动可以实现现代化的快速、持续、健康发展。作为启动的改革和作为原动力的科学技术如车之双轮，鸟之两翼，缺一不可。

第四，过程创新：中国现代化的多重战略。这包括稳定、协调、渐进发展战略；跳跃和重点发展战略；可持续发展战略；科技兴国和人才强国战略，等等。

第五，内外关系的创新：中国现代化与西方现代化之关系。近代以来，中国人向西方学习经历了器物现代化——制度现代化——人的现代化的多重反思。邓小平总结了过去封闭观念和社会主义与资本主义截然对立的观念之教训，提出了现代的世界是开放的世界，中国的现代化不等于西方化、要重新认识资本主义等理论观点，为中国对外开放奠定了理论基础，从而形成了全方位、多层次、宽领域的对外开放格局。

总之，邓小平以大手笔对中国现代化的道路、目标、动力、过程、关系等方面进行了一系列创新，扬弃并反思了传统的僵化的社会主义模式，从而形成了一套逻辑严密、体系完整的关于中国现代化的理论架构，实现了现代化的制度设计之"中国特色"理论升华。

参考书目：

《邓小平文选》第 3 卷，人民出版社 1993 年版

罗荣渠著：《现代化新论》，商务印书馆 2004 年版

（美）亨廷顿著：《现代化理论与历史经验的再探讨》，上海译文出版社 1993 年版

历史在这里沉思

——读《彭德怀自述》

早在半个多世纪以前，俄国布尔什维克党人的重要领袖之一，共产国际的一位执委会主席——布哈林曾在预感到他将在一场以"人民"和"革命"的名义所进行的政治迫害中在劫难逃时，满怀悲愤地写下了一封《致未来一代党的领导人》的信，让他妻子背诵下来，以便交给苏共中央新一代的领导人。布哈林在此信中表达了他在对生命绝望中的一种深深的期待："我向你们未来一代党的领导人呼吁，在你们的历史使命中还应包括这一项义务：驱散滔天罪恶的乌云"，"我深信，历史的过滤器迟早必然会清除掉我头上的污秽。"布哈林这位被列宁誉为"不仅是党的最宝贵和最大的理论家"，"也理所当然被认为是全党喜欢

的人物"，有着坎坷的命运，但他却给我们留下了《共产主义 ABC》、《过渡时期经济学》、《社会主义及其文化》和《哲学短篇集》等理论思考。

人们常说历史不可重复，然而历史有时却有惊人的相似，甚至在重演过去的一幕。无独有偶，在几十年后，中国老一辈的无产阶级革命家、共和国元帅彭德怀由于在庐山会议上实事求是地提出了反"左"的正确意见，而被打成"右倾机会主义分子"，在极左狂潮甚嚣尘上之际，忍辱负重的彭德怀同志深感自己在不断升级的政治迫害下，将难免不测，也曾把自己的一些重要文稿委托其侄女秘密保存，以便在将来有一天可以重现天日。他深信"历史是最无情的"，制造极左悬案的人，"历史将会审判他们"，而历史也会"对我作出正确的评价"。彭德怀同志的这些手稿，在"文革"后，由其侄女彭梅魁委托黄克诚同志转交给了胡耀邦同志，并终于重见天日，也就是现今这部历经风雨的《彭德怀自述》。

彭德怀，这位威震敌军，指挥若定的将军，曾获毛泽东的诗赠："山高路险沟深，大军纵横驰奔。谁敢横刀立马，唯我彭大将军。"在"大跃进"口号刚提出来的时候，他也曾虔诚地拥护，但当他去湖南家乡调查后却发觉令他震惊的事实：粮食虚报、稻谷烂在地里，大片山林被砍伐，连农具和烧饭锅都被砸来炼铁。当他收到一位伤残军人递来的纸条："谷撒地，薯叶枯，青壮炼铁去，收禾童与姑。来年日子怎么过？请为人民鼓与呼"时，他深感形势严峻，毅然挺身而出，为民请命。结果彭德怀被罢了官，迁出中南海，住进西郊吴家花园。正是在此背景下这位不屈的共产党人写下了 8 万字的《自述》。

"青山遮不住，毕竟东流去。"正如毛泽东所说："也许真理在你那边。"绿草青青，哲人其萎；青山不老，绿水长流；人间正道，历史底蕴。历史无情，但历史还是给人以迟到的公正。这不仅是布哈林、彭德怀个人的悲剧，也是时代的悲剧。后人可以告慰死者的，恐怕不能仅仅是"平反昭雪"、"恢复名誉"，石碑和白花，而应该从中吸取教训。正如法兰克福学派启蒙思想家阿多尔诺所言：让苦难有出志的机会，是一切真理的条件。忘记过去，就意味着背叛。唯有不忘过去，才能做未来的主人。

历史是一个民族的记忆，是文明的演进，是昨天与今天的对话。它记载着辉煌和荣光，也写满凝重和悲怆。在人类历史的蹒跚步履中，历史的行程不是通达顺畅、一马平川，"足将进而趑趄，口将言而嗫嚅"却是时常发生的，甚至出现列宁所言你想走进这个房间历史老人却把你引入另一房间的咄咄怪事。极左现象就是与人追求公平与进步的进程相颉颃的一种值得深入反思的复杂社会历史现象。

深圳大学黄卫平先生长期从事极左现象研究，颇有创获。他从分析长期困扰国际共产主义运动健康发展和社会主义历史进程的这一顽症痼疾入手，剖析其危害性、神秘性、欺骗性、空想性，并把中国极左现象大体划分为空想型、狂热型、教条型、阴谋型和综合型，在当代中国集中表现为围绕现代化建设和改革开放而争论的"一个中心抑或两个中心"、"姓社姓资"、"社会主义说得清还是说不清"等问题争拗。历史上的"左"倾思潮在中国有其浓厚的认识、阶级、体制、社会根源，是中国社会生态传统积弊的历史折射。

回溯历史，邓小平痛苦地总结道，有右的东西影响我们，也有"左"的东西影响我们，但根深蒂固的还是"左"的东西……中国要警惕右，但主要还是防止"左"。在国际共产主义运动史上"左"魔把事实剪裁成神话，把道德熏陶变成鼓噪说教。谎言变成真理，虚伪扭曲为真诚，真假混杂，美丑莫辨。黄钟毁弃，瓦釜雷鸣，忠良遭殃，魑魅横行。空想与狂热共舞、教条与浪漫风行，这种"左"倾灾难往往被视为"方法问题"、"策略问题"或"左派幼稚病"而给予谅解；血雨腥风的悲剧往往被视为"误会"、"搞错"、"扩大化"而得到宽容。历史不断拷问我们的灵魂，扑朔迷离和错位莫名的"左"祸畸变要求我们必须正本清源。"旧架婆，新表演"，在新的历史条件下有人说：农村承包制是集体经济瓦解的根源，乡镇企业是不正之风的风源，三资企业是和平演变的温床；有人把改革开放说成是引进和发展资本主义，认为和平演变主要来自经济领域，外资是"狼"行天下，跨国公司是"八国联军"，国企改制使"主人翁"变成"主人空"……这些所说的"左"的梦魇始终没有在中国褪去，一直在影响着中国改革开放的进程。

十一届三中全会以来，中国经历了着思想解放运动的演进兴替：

1978 年第一次思想解放冲破"个人崇拜"，1992 年第二次思想解放冲破"计划经济崇拜"，1997 年第三次思想解放运动冲破"所有制崇拜"……伴随着反"左"启动的思想解放，我国改革开放呈现出从政治到经济、从实践到理论，从涓涓丝流到波澜壮阔、汹涌向前的生动活泼的历史画面。我们深信，改革的隆隆炮声将会驱走"左"倾幽灵和一切污泥浊水，正义烛火也将照亮阴霾的晴空，思想之剑将铲除"左"倾恶魔。

参考书目：

《彭德怀自述》，人民出版社 1981 年版

李锐著：《庐山会议实录》，河南人民出版社 1994 年版

黄卫平著：《历史回顾与现实思考——极左现象研究》，华南理工大学出版社 1998 年版

（英）肯·科茨著：《布哈林案件》人民出版社 1981 年版

《文化立市论》的解读

何谓文化？可以说人言言殊。文化学者克虏伯和克勒克洪曾列举 161 种定义。人们从价值论、符号学、人类学、传播学、心理学、历史学、社会学等解读。如它是一套价值观；众多的规范；习得的、象征化的或习惯性的行为；观念之流；社会有机体；历史的投影；自然的立法；人化的自然；人类精神的陶铸；生活的手段工具……

当今的时代已被人们称之为"文化战略时代"，文化被喻为明天的经济，它已成为一个国家软实力的象征和综合国力的重要组成部分。丹尼尔·贝尔曾这样诠释文化：文化本身是为人类生命过程提供解释系统，帮助他们对付生存困境的一种努力。上个世纪末，深圳市委、市政

府根据深圳经济社会发展的现实，适时提出了文化立市的战略构想，期于经济快速发展的同时实现文化的比翼双飞。这一战略构想不仅得到了深圳广大市民的拥护，也引起了学术理论工作者的关注。由王京生主编的《文化立市论》一书以宏观和微观结合的宏大视野对文化立市的战略构想、文化体制改革、文化产业发展、文化发展理念，以及具体的城市文化、学术文化、公共文化、法制文化、艺术文化、旅游文化、传媒文化、企业文化、体育文化、社区文化等进行了系统的、全方位的、深入的阐发，这是深圳市学术理论工作者集体智慧的结晶，必将对深圳市文化立市的进程产生巨大而深远的影响，颇多真知灼见。

本书针对"特区是否是文化沙漠"以及深圳文化的诸多特色概括（桥头堡文化、现代化新文化、移民文化、创新文化）等进行辨析，全面追踪这座城市的文化足迹，概括了深圳的文化精神和文化特色：创新求异、务实致用、宽容大度、兼收并蓄的特质，这种概括精练准确，这是深圳城市走向文化自觉的理性浓缩；书中提出在实施"文化立市"战略和建设高品位文化城市中建设"图书馆之城"、"钢琴之城"和"设计之都"，以此作为文化发展的重要战略支撑点和具有深圳特色的文化品牌；另外，书中对学术文化、文化产业的剖析较为精彩。书中最后辑录的《深圳市文化发展规划纲要（2005—2010）》可供文化研究者参考。

参考书目：

王京生主编：《文化立市论》，海天出版社 2005 年版

郭齐勇著：《文化学概论》，湖北人民出版社 1990 年版

郁龙余主编：《特区文化论丛》（上下册），海天出版社 2001 年版

吴俊忠著：《学海拾贝——文学与文化研究》，中国文史出版社 2005 年版

知识与权力

——读邓正来《研究与反思——关于中国社会科学自主性的思考》

邓正来，著名学者，创办并主编《中国社会科学季刊》和《中国书评》，主要从事社会科学和知识社会学领域的研究，侧重于西方自由主义思想家哈耶克的研究。近年来，他关于知识社会学的论述较多，其关于知识与权力关系的论述尤为深刻。

他认为，对社会科学知识的批判，在脱离对社会科学知识生产机器的反思和批判的情况下，完全可能使我们无法有效地洞见社会科学知识生产的过程，乃至这种知识的性质。他认为"否思"（unthinking）比重思（rethinking）更重要。知识在 18 至 19 世纪被视为"启蒙"的渊源，但是在 20 世纪上半叶以后却已被视为权力的渊源，即一种控制的工具，或者福柯所言的作为权力和管制的实施的可能性。换言之，那些所谓"正当的社会秩序或结构，本身并不具有比其他社会秩序或结构更正当的品格，而是透过权力的运作，通过我们知识的不断诠释而获致这种正当性的"。他断言，中国社会科学要获得自主性，必须要搞清我们为什么要去理解怎样理解的问题，即处理好知识和权力的辩证关系，要从原本侧重于社会科学如何摆脱僵化意识形态的外部性关系转向中国社会科学内在发展机理及其自主性的规范讨论。社会科学的发展特别需要依其知识的品格以及此类知识的增长的逻辑建构起良性的学术规范以及评价机制，避免权力学术、泡沫学术，重塑知识的尊严。

在西方学者中，福柯著有《知识考古学》探讨知识与权力的相互依存关系：权力形式是一种知识方式；权力和知识是共同体，权力可以产生知识，知识也能够给人一种权力；权力有压制功能也有创造功能。福柯是一个反思现代性的思想家，为什么我们拥有文明但却日益孤独，为什么人类有科学但却困惑不已，为什么人类的知识丰富而自由日远！

在现实社会视域，利用权力弄虚作假、霸占别人成果、制造假知识伪科学，导致知识异化、学术腐败，形成知识的虚假繁荣等，凸显了知识和权力的紧张关系。知识原本自然纯洁，它是人类好奇心和求知欲的结果，只是到了 18 世纪后人类发现有利可图，才逐渐渗透到人类社会的政治经济、日常生活等诸领域，形成知识权力。自从知识与权力结合后，知识就逐渐发生异化：一是通过权力的支配、控制和利用，使知识从属于权力，形成工具知识；二是通过权力垄断，支配人财物和相关学术资源和机构优先发展与权力相关的知识，形成权力知识。如语言有表意、交流的功能，但也有遮蔽和陷阱。正如著名学者张之沧所言：权力知识的异化不仅使知识日益丧失审美和真理性，而且由于日益向权力转化，最终导致真知识变成假知识、知者变成无知者。知识或科学在这里被制度化、官僚化、商品化和金钱化。知识不仅变成培养专制和独裁的温床，变成摧毁民主的武器，也完全失去其固有的道德属性和美学性质。马克思有句名言："技术的胜利，似乎是以道德的败坏为代价换来的……甚至科学的纯洁光辉仿佛也只能在愚昧无知的黑暗背景上闪耀。"马克思的名句和海德格尔的悲剧值得我们三思。

参考书目：

《马克思恩格斯全集》第 12 卷，人民出版社 1962 年版

知识经济时代的个人护照

——读《学习的革命》

培根有句名言："知识就是力量。"说的就是知识改变命运的哲理。时空再造，社会互动，"学习社会"和"终身教育"的声音传遍全球。由新西兰戈登·德莱顿和美国学者珍妮特·沃斯合著的《学习的革命》一书更直接点明了这样一种国际化浪潮正在转变成一场"学习革命"。

我们已经踏上"不是应付别人，而是为了自己"的学习之旅，迈向了学习社会。

本书荟萃了大量名家观点和资料，无可辩驳地证实了这场革命的真实性、必要性和极端重要性。本书对我的最大启示就是要换一种眼光看学习。不能再用被动适应的、静止滞后的、纯粹消费的以及片面认知的眼光看学习，而要看到学习越来越具有主动创造、超前领导、生产财富和社会整合的功能。"今天的学习就是明天的技术"，学习是明天的生产力，是最富革命性、创造性的生产力，是统摄生产方式、生活方式和思维方式的动力系统。现代化面临的最大挑战不是土地、厂房、资金、能源、材料，甚至也不是技术，而是人，是人的素质不够高。

《学习的革命》一书中的许多观点给我以强烈的震撼：学习的革命是与信息革命并行的一场革命；学习的革命比技术的变革更重要；学习是人的全面的终身的成长；每个人都有适合自己的学习类型；学会怎样学习是最主要的科目；我们的身体具有创造奇迹的潜能；成功学习的秘密是放松而警觉、愉快而高效。这些观点振聋发聩，让人豁然开朗，如饮醍醐，它不是按一般路径去迷恋人的外化世界的诸种精彩斑斓，去谈论技术怎样升级，而是把论题剑锋指向人的自身，转向的人的精神世界发掘和头脑的"更新换代"。

人类即将跨入 21 世纪，知识经济、网络生存、媒介革命、虚拟世界，一夜间，各路"新贵"风起云涌。如何寻找迈向 21 世纪的通行证，知识经济时代的个人护照，关键在于能否实现对自身的超越。著名未来学家阿尔温·托夫勒曾指出：未来的文盲不再是不识字的人，而是没有学会怎样学习的人。著名管理学家彼得·圣吉也在其名著《第五项修炼》中明确指出：未来唯一持久的优势，是有能力比你的竞争对手学习得更快。"人生最大的雇主将是你自己"，《学习的革命》这句话同样引起我的共鸣。学会学习，不仅仅是一种修养，更是生存之钥，力量之源。

学会学习，首先就要更新学习观念，从单一的学校学习走向终身学习。从应试教育到素质教育，从学校教育到终身教育，从精英教育到大众教育是历史发展的必然趋势。学校只是生命中的一个驿站，考试是能力的试刀石。一枝独放不是春，百花齐放春满园。我们不仅要栽培一棵参天大树，我们要灌溉整个森林。

学会学习，更要培养学习兴趣，珍惜好奇心。兴趣是一个人事业的基础，是发明创造的老师。牛顿由苹果落地而发现万有引力定律，瓦特由壶水开而发明蒸汽机，居里夫人因为执著而发现镭。好奇心是神圣的，是科学发明的巨大动力。物理学诺贝尔奖获得者丁肇中曾说过："我可以两天两夜甚至三天三夜待在实验室里，守在机器旁，只是急切地希望发现我所要探索的东西。"

学会学习，也要掌握学习艺术，提高学习效率。"工欲善其事，必先利其器"。学习有法，而无定法，贵在得法，法随人定。如果说，音乐是音响的组合，美术是色彩的组合，雕塑是线条的组合，文学是语句和思想的组合，而学习则是个人与理想的组合。把学习当作终生从事的一门艺术，人生必将变得多姿多彩。善用学习之笔，在人生的画卷上，我们便成了自己的主人。

学会学习，还要创新学习手段，要学会利用现代信息和传播手段。"信息高速公路"是美国前总统克林顿提出的重大计划，我国教育部也制定实施"现代远距离教育工程，形成开放式教育网，构想终身学习体系"。"e网情深"、"一键钟情"，我们应该成为生命之舟的舵手。无法想象，一个置身于信息汪洋之中却又对之束手无策的人能够在知识经济时代大显身手；也无法想象，能够仅仅依靠传统的学习方式和手段而能有效地实现自我发展的目的。在网络信息时代，脱离信息世界的个体，将几无发展的可能。这些新技术是生命中的诺亚方舟，带着我们在知识的海洋中立足。

参考书目：

珍妮·沃斯等著：《学习的革命》，上海三联书店 1998 年版

心理学的文化视界

——《张粹然心理学文选》

　　我的伯父张粹然教授最近出了他的个人心理学文选，寄赠我一本。我一口气读完，不仅从中了解了伯父一生蹒跚曲折的学术旅程，拓展了自己知之甚少的心理学知识，而且得到了精神熏陶和人格教育，这是我们张家献身教育的精神写照。

　　粹然伯父于 20 世纪 40 年代中期就读于四川大学教育系，学习教育心理专业，兼及英语。他是我国心理学泰斗潘菽的私淑弟子，一生致力于心理学理论研究，参与编著《心理学大词典》、《美育心理研究》、《文艺心理学纲要》、《中国大百科全书·心理学卷》等，翻译《学习的基本理论与教学实践》、《社会心理学手册（第 2 卷）》、《我所认识的贺龙将军》等。晚年他恢复了学术青春活力，多次应邀出席国际心理学学术会议（1987 美国芝加哥、旧金山；1995 年雅典；1996 年日内瓦；2002 年俄罗斯），尤其致力于社会心理咨询工作，曾任四川心理学会副理事长、顾问，四川省易经学会顾问、四川老庄学会副会长、西南师大外国教育研究室主任兼职教授。目前退休，担任成都大学心理学研究室教授。知父莫若子，我从他一生执著教育的理念和严谨进取的精神中受益良多。他曾多次写信告我谨记张载的名言：为天地立心，为生民立命，为往圣继绝学，为万世开太平。这或许就是知识分子的精神谱系对张家的启迪吧！

　　《文选》共分五部分：心理学与文化、欧美心理学研究现状及展望、素质教育与美育、个性特征与心理治疗、怀念与继承。其中第一编视野开阔，对老庄思想的剖析较为全面；第三编素质教育与美育是先生研究最勤见解最深的部分，而第四编关于老年人、青年人、教师心理调适的理论和实践较有针对性和操作性，反映了他关注现实、体悟民生的情怀。关于心理学和文化的关系，作者认为心理学是人学，它是研究关于人的本质和特性的科学，社会是人们相互作用本身的结构模式，而文化则是社会关系的"一个具有意义和象征的有序系统"。因此从社会文化的视界中研究心理学，研究社会属性的获得这种文化现象就具有重要意义。作者精通英语，始终把握欧美心理学研究现状，第二编对人本心理学、分析心理学、场心理学，维果茨基的教育思想多有阐发，这使本书的个案研究亮点频频。作者对易道文化、老庄思想、禅宗思想研究很深，对其中的天人合一、忧患意识、心理治疗、养生涵养思想发掘至多。本书中美育心理研究的章节是作者研究最深、用心最多的领域，倾注了他一生教育救国的追求。他说，美育是培养受教育者认识美、爱好美、欣赏美和创造美的能力的教育，美育与德智体教育相辅相承，鉴赏美和创造美不可偏废，美育传播与素质教育相互归依。书中作者还对老年人的心理保健、青少年的心理卫生、社会抑制症的预防和治疗提出了独到的见解，可供这方面有兴趣的人参考。

参考书目：

四川省心理学会编：《心理学与文化——张粹然心理学文选》，2005 年版

中国政治制度的得与失

钱穆在《国史大纲》中说，"中国历史有三个特点：悠久、无间断、详密"。

他在《中国历代政治得失》一书中有一个观点："任何一制度，绝不能有利而无弊。任何一制度，亦绝不能历久而不衰。"而我们要清楚的是：第一，好制度是怎样变成坏制度的；第二，好制度何以变成了坏

制度；第三，我们能不能防止好制度变成坏制度。

就国家制度而言，中国历史上可以说有三次巨变，即西周封建、秦灭六国和辛亥革命。三次变革意义，都在于建立了一种新的国家制度。辛亥革命以后建立的是"共和制"，秦灭六国以前实行的则可以称之为"邦国制"，秦始皇统一后实行几千年以一贯之的是郡县制。与之相应，从西周的"学在官府"，秦始皇的"以吏为师"到汉武帝的"独尊儒术"。

在中国统治最久的政治制度是封建官僚政治。中国人见得最多的坏政治作风是官僚主义作风。鲁迅说：中国人只有做稳了奴隶的时代和做奴隶而不可得的时代。马克思认为：专制制度必然具有兽性，并且是与人性不相容的，兽的关系只能靠兽性来维持。专制制度的唯一原因就是轻视人类，使其不成为人。列宁把官僚主义称为"奥吉亚斯牛圈"，时人把官僚病概括为骄、娇、散、拖等，西人称之为"帕金森定律"。王亚南说：专制制度下只有两种人：一种是哑子，一种是骗子。他认为，今天的中国（指20世纪30年代——引者注）就是少数骗子在统治多数哑子。

钱穆先生总结中国古代政制怎样由"好制度"变成"坏制度"的成因时说，大体有几条：中央政府有逐步集权的倾向；中国社会过于平等；中国人民过于自由；中国政治太讲法治，不重人治等。易中天分析道，钱穆先生所说的"法治"，其实就是"死抠条文"，或"教条主义""本本主义"；他说的"平等"，其实就是"平铺"，他说的自由就是"散漫"。关键是第一条中央集权化。所以帝国制度的全部问题就在皇帝这里。君天下、长子继承制、跪拜、小脚、辫子……都是衍生物。小农意识、宗法观念、官僚作风、文牍主义是专制制度的积弊。政统影响学统，因而中国学术过于讲究经世致用，所谓以《禹贡》治水、《春秋》断狱、以《诗》三百做谏书，把学术当工具，这种制度机理的不同导致科学技术不能在中国生根发芽，延缓了中国发展的速度。这就是著名的"李约瑟难题"。二十四史，帝王之家谱也。这种制度文化形成了中庸谨言、逆来顺受、知足安命、与世无争的奴性人格。也多了"三国气"和"水浒气"。有人说：中国官吏之病在于唯上不唯下，知识分子之病在于唯书不唯实，广大农民之病在于好分不善合。鲁迅曾这样说："外国人用火药制造子弹杀敌，中国人却用它做爆竹敬神；外国人用罗盘针航海，中国人却用它看风水；外国人用鸦片医病，中国人却拿来当饭吃。"其教训值得总结。不过，中国伦理政治的经世致用、刚健有为、天人合一、含蓄守拙、重视亲情、直觉顿悟等特点也使中华文明绵延不绝、代有异彩。这也是我们不能忘记的。

如何根治中国制度文化的缺失，关键是好的政治设计。政治体制改革的核心是权力的运用：一是决策，即如何保持决策的科学化；二是民主化，即民主化是保证决策科学化的一个重要条件。要形成一种民主科学的决策机制，就要对权力这个东西加以研究，如何监督权力，长久以来就是政治家、政治学家们一个长久不衰的话题。制约权力的方法有四：

第一，以法制权。由法律规定能做什么，不能做什么。社会主义法制是社会主义民主的体现和保障，没有健全的法制，民主就成为一句空洞的口号。正如马克思所说："在民主制中，不是人为法律而存在，而是法律为人而存在；在这里人的存在就是法律，而在国家制度的其他形式中，人却是法律规定的存在。民主制的基本特点就是这样。"马基雅维利说：君主的随心所欲乃系疯狂，人民的随心所欲实属愚蠢。

第二，以民制权。比较常用的、有效的方法有两种：群众举报和新闻监督。因此我们认为，只有形成一种良好的社会舆论氛围，才能免于社会流弊。"文化怪杰"辜鸿铭说过一段时论："真正的民主，其实质不在于民主的政治，而在于民主的社会。"

第三，以权制权，即人们常说的权力制衡。正如英国阿克顿勋爵一句名言：权力必致腐化，绝对的权力必致绝对的腐化。权力过分集中，容易导致腐败，让权分散，相互制衡，就可以防止权力被滥用。孟德斯鸠也曾说过："一切有权力的人都容易滥用权力，这是万古不易的一条经验。有权力的人们使用权力一直到遇有界限的地方才休止。说也奇怪，就是品德本身也是需要界限的。"因而"要防止滥用权力，就必须以权力约束权力"。

第四，以德制权，即提高政府主体的道德素养和职业观念，形成立党为公、执政为民、在位尽职、守土有责、敬业奉献、依法行政的良好风尚。正如《走过柳源》电视剧主题词所言："人不畏我严，而畏我廉；民不服我能，而服我公。明则威，公则廉。"而林彪的权力哲学：

"有了权，就有了一切。没有权，就丧失一切。""权力像期票，要抓紧使用。过期就作废了。"则是把谬误当作真理来推崇。

参考书目：

钱穆著：《中国历代政治得失》，三联书店版 2001 年版

王亚南著：《中国官僚政治研究》，中国社会科学出版社 1981 年版

刘泽华著：《中国的王权主义》，上海人民出版社 2000 年版

中国历史上的士官文化

古代有士农工商四大阶层之说。士即古代知识分子，"学而优则仕"，"学好文武艺，货与帝王家"。读书人的出路便是入世致仕，治国平天下。士是中国传统政治文化的承载者。余英时认为从"士志于道"开始，便是天地间基本价值的维护者，文化使命的承担者，社会良心的殉道者和守夜人。士不仅有知识关怀，而且有政治社会关怀。士以天下为己任，以王道政治和文以载道为至上。既包括道的追求，又包括道的践履。所谓志于道，据于德，依于仁，游于艺。

一般认为士是读书人，但士大夫与现代意义的知识分子不完全是一个概念。范仲淹、欧阳修、王安石、司马光等都是士之典范；而蔡京虽写一笔好字，严嵩写得一手好文章却是读书人之败类。总之，士身在江湖，心存魏阙；身存山林，心在庙堂。达则兼济天下，穷则独善其身，这是士的人生选择。为帝王师、为王者师，这是他们的人生理想。学以致用，知行合一，出将入相，修身齐家是他们的立命之本。从孔子提倡诚意正心修身治家齐国平天下、孟子倡导为王先驱，作帝王思到宋明儒学的以天下为己任，天下兴亡匹夫有责，总之，关心政治、参与社会、投身文化是他们的职业特点，古代谏诤、清议、讼师是士参与政治的方

式。但他们内心常面临道与势、士与民、礼与法、仁与隐之冲突。知识精英人格上的儒道互补是士阶层性格特征的重要特点。士人要有信念和理想，如果读书人没有了"书生意气"，没有了"大丈夫"品格，没有了"三军可夺帅，匹夫不可夺志"的气节，就不能称之为现代意义上的知识分子。培根说，知识就是力量；而知识本身并不是力量，加上信念才是力量。

我们儒家提倡立德立功立言"三不朽"的人生追求与韦伯理想中的政治家是即在世俗又不为世俗，拥有权力又不迷恋权力，在工具理性的行动过程中实现价值理性的目标殊途同归。我国古代的知识分子代圣人立言，有忧患意识和社会责任感，修身齐家治国平天下。以出世精神，做入世事业，这是他们的人生境界。儒道互补，如果失意或消极，就在道家思想中寻找寄寓，庙堂与山林、魏阙与江湖是相通的。徐复观就是一个典型。他始于戎马生涯，中经庙堂岁月，终于笔墨春秋。儒学是入世之学，治世之策；道家是出世之学，治身之术。"先天下之忧而忧，后天下之乐而乐"、"天下兴亡匹夫有责"永远是中国古代知识分子的精神承传和价值谱系。

但中国的士官文化也形成了诗书簪缨、钟鸣鼎食的臣仆文化，培养了一批视"子曰诗云"为能事，斥声光电化为"奇技淫巧"的腐儒。所谓"作之君，作之师"，以吏为师，政教合一，伦理本位。所谓"群言淆乱衷诸圣"、"统治者起居注"、"相斫书"，以圣贤语录和我注六经为是非圭臬。其流弊影响至今。

什么是真正的知识分子？左拉说：我就是知识分子。1898 年的德雷弗斯事件是知识分子概念确立的标志。以后公共知识分子代表公众和时代的良知，增进人类的自由和知识，推动社会进步，主持公理正义。他们用理性界定真理，用真理来厘定制度，用知识抗拒权威。西方知识分子的典型代表有：左拉、萨特、薇依、福柯、加缪、桑塔格、索尔仁尼琴等。

葛兰西把知识分子分为有机和传统两类。希尔斯说，知识分子的兴趣是理解、体察与阐发。爱因斯坦说过：就"知识分子"这个词最广泛的意义来说，他则负有更大的责任，由于他受过特殊的训练，他对舆论的形成能够发挥特别强大的影响。帕森斯说，知识分子的产生须以文字的发展和哲学的突破为条件。萨义德说，对权势说真话，他认为，从事批评和批判是知识分子的使命。

1905年科举制度废除，科举制度废止破除了读书做官的权力本位和人身依附思想，中国开始了一代新兴知识分子群的崛起：张元济、蔡元培、张謇、胡适、丁文江、蒋廷黻、翁文灏、傅斯年……他们在思想文化领域作出了非凡的贡献。我们应该对他们报以敬意，是他们烛照了中国的前行道路。

参考书目：

资中筠著：《读书人的出世与入世》，中国社会科学出版社2002年版
博格斯著：《知识分子与现代性的危机》，江苏人民出版社2002年版
阎步克著：《士大夫政治演生史稿》，北京大学出版社1996年版
爱德华·萨义德著：《知识分子论》，三联书店2002年版

中西智慧之比较

关于中西的比较论述很多，如中国以求道为目的，基于价值判断而求善；西方以求知为目的，基于事实判断而求真；西方转识成智，中国到相反；中国是日神精神和耻感文化，西方是酒神精神和罪感文化；中国"三人行，必有我师"，西方"吾爱吾师，吾更爱真理"。我们还可以有西医与中医、桥牌与麻将、拳击与武术、新年与旧历的对比。冯友兰说，中西之别乃古今之判。张岱年在其《中国哲学大纲》中曾把中国智慧概括为：人文化成、生生不息、经世致用、和而不同、厚德载物、天人合一、刚柔并济等。总之，生生不息的本体哲学，民胞物与的仁爱情操，礼乐教化的社会道德，天人合一的人生境界，天下为公的大同理想等这些都是中华文化的智慧活水源头。

近读韦政通《中国的智慧》一书，该书广泛论及哲学科学、政治道德、教育社会、宗教与形而上学、经济和人、美与艺术、爱情与友谊等问题，这和阿德勒博士的《西方的智慧》相映成趣，为比较中西文化差异提供了重要参考，书末附有一个中西智慧对照表一览，可以引发我们的思考。

关于什么是真理，中国哲学接近西方真理的概念是"道"或"理"，哲人们重视的是行即道德实践的真理，西方则是自明的真理，譬如"全部大于部分"或经由经验与观察，可以证实陈述的真假。关于知识和意见，中国智慧的转识成智与西方智慧的转识成制是不同的。

关于历史的意义，我国史学思想中关于历史经过"三世"（据乱、升平、太平）的学说与西方历史直线前进说（生、长、衰、亡）有相似之处。

关于个人与社会，以儒家为代表的主流思想主张个人服从社会，父慈子孝，君使臣以礼，臣事君以忠，所谓君君臣臣父父子子；而西方主流智慧说则认为国家不仅有益于政治目标实现，也有益于个人幸福。

关于政治领导，儒家思想推崇圣人理想政治，柏拉图的理想国则是哲学王。中国盛行的是礼治为主、刑治为辅的法律观，西方则是自然法理念。追求正义是中西文化的共同维度。

关于自由主义与保守主义、民族主义与世界主义、战争与和平等，中国智慧推崇心灵的无拘无束；西方智慧则认为个人的自由行动与发展是达到公共幸福的最佳方法。中国的民族主义带有"非我族类，其心必异"的狭隘心态，西方民族主义则是近代意识的先声。"和为贵"的东方智慧与康德的"世界和平论"有异曲同工之妙。

关于正义、幸福、良心、信仰，东方人求善，重视顿悟和自律；西方人求真，重视探索和发现。

关于教育，中国是政教分离的，以政指宗教；西方则强调政教合一，宗教信仰有很大功用。

参考书目：

韦政通著：《中国的智慧》，岳麓书社2003年版

罗素著：《西方的智慧》，中国妇女出版社2002年版

茶余饭后的历史

说起历史，人们难免就想起正襟危坐的史料考证、无穷无尽的田间调查、青灯黄卷的皓首穷经……20世纪80年代以来，国际史学界实现了从"向上看"到"向下看"、从精英到大众、从宏大叙事到小历史的方法转型，这种取向更加注重基层经验和生活细节的发掘和开拓，从细微事件和平常人物重构历史，让历史变得鲜活和生动。如今一本通俗质感的小册子《历史学家茶座》映入了我们的眼帘。读后发现，历史是依然活着的过去，但历史绝不是对往事的直接还原和简单复制，历史不仅被"发现"，而且可以被重建；历史学不仅是关于死亡的历史，而且是关于生活的历史；历史不单是书斋学院的断壁残垣，而是充满了知识乐趣和智慧的人生大书。过去、现在、未来都是融为一体的，过去是逝去的现在，现在是即将步入历史的未来。无限的过去都以现在为归宿，无限的未来都以现在为渊源。

《历史学家茶座》就历史剧的创作举行了座谈会，探讨了目前历史影视剧创作中存在的一些普遍关心的问题和文化现象。比如最近关于《雍正王朝》、《汉武大帝》、《孝庄秘史》、《戏说××》等影视剧热播，引起了历史学家关于历史真实与艺术真实、走入历史与回归生活、正说与戏说、求真与求美的大争论。见仁见智，各说各话。一些历史学家呼吁历史剧尊重创作的基本原则，不能随意剪裁历史，虚构应该合理适度，建立受众、媒体、史家、政府互动沟通的平台，共襄历史剧创作大业。有些学者还对《秦颂》、《走向共和》等较为失真的历史剧进行了批判。

《茶座》还开辟了"史家有言"、"学界"、"札记"、"解读"等版面，钩稽爬梳、考究人事。如关于鸦片战争的回忆认为，鸦片在中国泛滥与中国人消极的生活方式和政府的无能无为有很大的关系；关于郑和下西洋的考释为我们廓清了种种谜团；关于"文革"期间教师讲授"政治课学毛选，语文课教毛主席诗词，英语课念英文革命口号，美术课画忠字，音乐课唱语录歌"的回忆趣味无比；关于延安整风知识分子心态描绘入木三分；还有毛泽东与吴晗关于《朱元璋传》的历史纠葛、斯诺在中美冲突中的角色变迁均描绘有声有色。

值得一提的是书中专门开辟了历史与文学、历史与管理学的对话专栏，有对庙堂史学的反思、有对学术生产再生产的批评、有对新史学的展望。这种嫁接既是这门古老学科复兴的标志，也是新学科的生长点。

最后还有不少历史学者的治史感言、习史心得。我对论者"出入历史"的观点颇有共鸣，对把握历史与现实张力的思想余心戚戚，关于史学应有史学评论补课的观点令人耳目一新。总之，《茶座》这种杂志书的形式，提倡"思想中的学问"的写法，使历史变得可信又可爱。我爱不释手，已买了几辑，读者不妨也试试。

参考书目：

王兆成、肖黎主编：《历史学家茶座》(1—5辑)，山东人民出版社出版

历史上的文字狱

有这样一句话：一部阅读史，就是关于图书遭到查禁、删芟、残损和毁灭的命运厄史。

一部中华文明史不仅有精美绝伦的青铜器皿，雄伟磅礴的万里长城，绚烂多姿的先秦诸子散文、楚辞汉赋、六朝骈文、唐诗宋词、元曲明清小说，而且有骇人听闻的"文字狱"。

从周厉王的"防民之口，甚于防川"、秦王朝焚书坑儒，"有敢偶

语诗书者弃市……所不去者，医药卜筮种树之书。"到大清康乾之世的"文字狱"，可以说代有不绝，罄竹难书。东汉后期的"党锢之祸"，北宋末期的"元佑党人案"、明朝末期的"东林党人案"皆有史为证。宋代"乌台诗案"中苏轼命运多舛，远谪岭南，再贬儋州。苏轼兄弟及其他元佑时期的贤良被列为"奸党"，在全国刻立"元佑党人碑"，禁毁他的著作、文集。科学制度的出现使广大文人仕者开辟了获得接近权力中心、改变自身命运和社会地位的上升通道，但也形成了"天下英雄入吾彀中"的政治设计，铸成了不少冤屈的魂灵。朱元璋对凡有"秃"、"光"、"则"的文字均嗤之以鼻，杀之而后快。如明杭州府学教授徐一夔作贺表，因文中有"光天之下，天生圣人，为世作则"一句被杀。明成祖时方孝孺被诛"十族"。这样中国无数的优秀人才一生皓首穷经，把时间牺牲在创造性很小的注、疏、证、笺的"学术"中。

据不完全统计，自清初到嘉道两百年间，较大的文字狱就有 150 多起。当然，最有名的就是康熙、雍正、乾隆三朝"文字狱"之祸了。其文罚之重、次数之多、牵连之广，为历朝罕见。据说，前后不过 120 余年，影响波及天下的就多达 90 余起。如康熙年间发生两起文字狱——庄廷龙的"明史案"和戴名世的《南山集》案。庄廷龙被剖棺戮尸、戴名世同族 16 岁以上的人均被斩杀，还株连到作序、刻印、售卖者数百人。乾隆时有案可查的文字狱多达七八十起，稍犯忌讳，错用一语，往往招来杀身之祸。如"清风不识字，何故乱翻书"、"一把心肠论浊清"、"维民所止"之句均遭误读。在这样的思想文化专制下，万马齐喑，所谓"避席畏闻文字狱，著书都为稻粮谋"竟是无奈之选择。

参考书目：

冯政著：《月冷繁华》，当代世界出版社 2005 年版

非常话语《非常道》

最近一本《非常道——1840—1999 的中国话语》的书吸引了不少读者的眼球，它以"非常话语"的视角切入激荡的近代中国百年历史。分为史景、政事、文体、武运、革命、心智、骨气、英风等。的确，这些语词变迁的背后都反映了革命、改良、保守、社群、自由思潮的此消彼长以及不同观点人物的声容笑貌和是是非非。这种诗话、世说之类的汇编体裁是对传统说教式的经典诠释、教科书霸权、捕风捉影的猎奇、以及所谓体系建构或宏大叙事的真正革命。

的确，语言是时代的华服。从民国时期"量中华之物力，结与国之欢心"到"改革开放"我们看到的是一个时代的巨变。正如王蒙从革命、爱情、文学与苏联这几个词，看到了自己的青春记忆和理想主义激情一样；从 20 世纪 50 年代的"我是革命的一颗螺丝钉"的理想主义、60 年代的"天下大乱达到天下大治"的激进主义到 80 年代"实现四化，振兴中华"的现实主义以及 90 年代"市场经济、个人权利、利益多元"的世俗化浪潮，我们听到了历史前行的足音。诚如胡适在《四十自述》中所言，严复译《无演论》中的思想像野火一样，燃烧着多少年轻人的心血，"天演"、"物竞"、"淘汰"、"天择"等术语，渐成报刊文章熟语，成了爱国志士口头禅，成为自己或儿女的名字。他自己就是这样把"洪骍"改为"适之"。

在"左"倾思潮盛行的年代，在思想文化宣传领域中也充斥了"战役"、"战略"、"制高点"、"突出"、"突破"等政治军事术语。至今孔庆东讽刺的现象还存在，我们现在仍生活在战争年代的语境中：盖一座楼叫"会战"，谈一次话叫"交锋"，连泡个妞都叫"拿下"。

近读查建英著《八十年代访谈录》，她梳理了与 20 世纪 80 年代有关的常见词：激情、贫乏、热诚、反叛、理想主义、浪漫、土傻牛、肤浅、疯狂、历史、文化、天真、简单、沙漠、启蒙、真理、膨胀、思想、权力、常识、使命感、集体、社会主义、精英、人文、饥渴、友情、知青、青春、争论……和90年代直到现在有关的常见词有现实、利益、金钱、市场、信息、新空间、明白、世故、时尚、个人、权力、体制、整容、调整、精明、焦虑、商业、喧嚣、大众、愤青、资本主义、身体、书斋、学术、经济、边缘、接轨、多元……正如《关键词》作者雷蒙·威廉斯所言：言词后面反映的是文化和社会变迁。这是历史语义学和语言社会学研究的重要课题。

我们可以这样说，一部波澜壮阔的中国近现代历史就是一个"非常道"。对于历史，我们要抱有"温情与敬意"（钱穆）和"同情的理解"（陈寅恪）。在我所住的南方城市深圳，一个青年写了续篇，继承着用最个人的感受去构筑我们的历史感和伦理共识的努力。

参考书目：

余世存著：《非常道——1840—1999年的中国话语》，社会科学文献出版社2005年版

（英）雷蒙·威廉斯著：《关键词——文化与社会的词汇》，三联书店2005年版

夏双刃著：《非常道第二辑——1840—2004的中国话语》，北京出版社2006年版

近距离看美国

据说有这样一段对话：德国人跟美国人开玩笑，德国人说，你们荣幸，没有希特勒。美国人说，把希特勒给我们，肯定又是一位好总统。

近读《如彗星划过夜空》（近距离看美国之四，三联书店2006年），了解到1787年美国费城制宪会议前后的一系列故事，感受到华盛顿、汉密尔顿、杰弗逊、富兰克林、麦迪逊等思想家政治家等卓越的政治智慧

和人格魅力，对美国宪政民主的起源、发展、成熟以及制度设计的思想土壤、历史机缘、基本理念、历史局限、妥协艺术有了更深的认知。

在美国流传着这样一句话："华盛顿打下了一场美国革命，而杰弗逊则是思考了一场美国革命。"是的，美国民主宪政的历史是与这两位弗吉尼亚人的贡献分不开的。华盛顿为美国独立之父，他以自己的人格魅力影响着会议的进程，制定了规则游戏；而他却作了一个奇怪的选择：不发表意见。当他再次被选为总统时，他选择了告别权力。在他看来，对于新生独立的美国，自由民主是立国之基。作者感叹：民主是一种生活方式、思维方式，政治制度其实是需一个相应的社会文明去配合的。制度背后是一种思维的表达。杰弗逊提出"人生而平等，有生命权、自由权和追求幸福的权利"。以最贴近寻求真善美的人性作为立国根本，最贴近"自然法"。他撰写的墓志铭是：美国《独立宣言》和弗吉尼亚州宗教自然法的执笔人弗吉尼亚大学之父。"麦迪逊笔记"的存在，让我们相信，它真的发生过，它真的如此发生。汉密尔顿，美国联邦党人的代表，也是美国宪法的主要设计者，他主张：国家必须有一些权力集中，中央政策必须稳定而高效。"汉密尔顿方案"是稳健理性务实的杰作。富兰克林以他独有的智慧、名望在关键时刻起着"和稀泥"的作用。至今他的名言如"暴力爬到公理背上厕屎"、"如果你自家的窗户是玻璃的，就不要向邻居扔石头"、"每个民族都有足够的勇气忍受其他民族造成的痛苦，同时也有足够的勇气宽恕其他民族"、"一部美国人的自由史，在很大程度上就是程序的保障史"犹在耳边。

政治是一种妥协的艺术，是一种知道什么话不必说的艺术。回忆制宪会议上关于立法、行政、司法关系、中央与地方关系、单一元首还是集体元首、财政税收归属的论争，我们为伟大的妥协而庆幸、为美国精英的智慧和魅力而叫好。

参考书目：

汉密尔顿等著：《联邦党人文集》，商务印书馆1980年版

林达著：《如彗星划过夜空》（近距离看美国之四），三联书店2006年版

林达著：《我也有一个梦想》（近距离看美国之三），三联书店1999年版

（美）比尔·莫耶斯著：《美国心灵——关于这个国家的神话》，三联书店2004年版

俄国思想家一瞥

　　由于俄罗斯历史命运的特殊性和地域人文特点，以及它在世界上的使命和任务，俄国知识分子的独特作用以及其对国家和民族的关系，"俄罗斯思想家"、"俄罗斯思想"（Russian Idea）便成为一个具有特殊文化意义的称谓和符号。正如著名思想家别尔嘉耶夫所言，它是与俄罗斯民族特点和使命相适应的。

　　俄罗斯国土辽阔，横跨亚欧两大洲，气候严寒，有长期专制统治的历史传统，民族复杂多元，居民以信奉东正教为主……这些特点塑造了俄国民族和人民勤劳、坚韧、富有知识关怀和艺术素养等魅力，但也形成了唯利、残酷、富有野心的性格特征，涌现了别尔嘉耶夫、列夫·托尔斯泰、布尔加科夫、赫尔岑、索洛特约夫，别林斯基、陀思妥耶夫斯基、阿赫玛托娃、茨维塔尼耶、列维坦等思想巨擘。

　　"俄罗斯思想"这一称谓最先由陀思妥耶夫斯基提出。后来别尔嘉耶夫撰写《俄罗斯思想》一书。这本书对俄国思想界探索的问题加以科学归纳：俄罗斯的历史命运和特殊道路问题、个人与世界和谐的冲突、人道主义、社会主义、虚无主义、国家与政权、宗教哲学、"弥赛亚说"和世界末日论、20世纪文化复兴问题。分析俄罗斯的思想特点：俄罗斯人生活在一起，彼此互助，容易搞集体主义，个人要自由，国家要权力，国家有集权的传统，这与中国相似；但注重济世精神与普世理想、信奉尊严和拯救。俄罗斯人急于求成的性格，也许就是中俄改革取得不同成效的内在原因。公元988，俄国大公加入基督教；公元1210年蒙古占领俄国领土；1917年十月革命这三件大事影响着俄罗斯历史进程。东正教、帝国制、人民性是沙皇时代留给俄罗斯的精神遗产。有人这样说，俄罗斯思想的核心是解决一个历史定位（东正教、罗马和拜占廷)、地理定位（东方和西方）、精神定位（沙皇精神、苏联精神和西方精神——包括马克思主义）。有人这样概括俄罗斯的精神魅力：苦难中孕育伟大，绝望中保持拯救信心。1844 年托克维尔曾认为俄罗斯民族和美国民族不出 20 年将主宰世界。20 世纪的俄国是人类的共同试验。丹麦作家勃兰兑斯说：俄国是一个忧患意识苦难丛生的民族。

高尔基曾在《不合时宜的思想》中描述了俄国人的两种灵魂：一种是亚细亚式的听天由命、消极空想的阴暗灵魂；一种是斯拉夫人的积极抗争的、能够闪耀光彩的英雄灵魂。而东西方文化冲突、新旧传统交汇的历史传统使俄国人每前进一步都要面临"俄罗斯向何处去"的问题。如 19 世纪末 20 世纪初所谓的"白银时代"。他有个比喻：俄罗斯是恋女，知识分子是情郎。

列夫·托尔斯泰被喻为"俄国革命的镜子"，其撰写的《战争与和平》、《安娜·卡娜尼娜》等作品不愧是批判现实主义的杰作。"幸福的家庭都是相似的；不幸的家庭各有各的不幸。"此语道出了"为上帝，为灵魂活着的意义"。他曾描述俄国年轻知识分子的苦难历程：在清水里泡三次，在血水里浴三次，在碱水里煮三次。贫民知识分子别林斯基认为应有一种世界观来改造自私的俄罗斯，车尔尼雪夫斯基被称为俄罗斯的普罗米修斯，布哈林是新经济政策的倡言人，索尔仁尼琴为人类而艺术，赫尔岑说俄国像一个双头鹰……

当然，还有写作《路标》，探索俄罗斯的出路和生活的意义的别尔嘉耶夫、呼唤"俄罗斯理念"的索洛维约夫、关注"我们"命运，召唤人们的陀斯妥耶夫斯基，被列宁誉为"在俄国革命的准备时期起了伟大作用的作家"赫尔岑，以"我是荒原中的一个自由播种者"自喻的普希金，"路标派"和"十二月党人的妻子"……

看来对俄罗斯，我们也有一个重新认识的问题。丘特切夫说：对俄罗斯不能用理性，只能信仰。

参考书目：

（俄）尼·别尔嘉耶夫著：《俄罗斯思想》，三联书店 2004 年版

（英）以赛亚·伯林著：《俄罗斯思想家》，译林出版社 2003 年版

菊与刀的国度

　　曾记得过去在大学读吉田茂《激荡的百年史》的那份激动。近重读鲁思·本尼迪克特的《菊与刀》一书，该书认为日本人有高雅如菊花、残暴如剑的两面性格，这引起了我长久的思考。

　　日本，这个与中国一衣带水的"弹丸之国"明治维新后在"富国强兵"、"殖产兴业"、"文明开化"等口号下，效仿西方，走上了资本主义近代化之路。地理环境的狭小和自然资源的贫瘠，日本很快走上了向外扩张、竞争拓展的道路，取得了经济上的成功，并以"和魂洋才"的近代化模式和骄人经济成就影响至今。其文化深层原因和民族性格值得探究。特别是对这个20世纪影响中国最大的国家性格之分析就显得尤为必要。

　　作者把人类文化学知识借喻为"人类的镜子"，并认为人类文化各有其不同的体系和特征，呈现多样性。日本文化是不同于欧美"罪感文化"的"耻感主义"。书中对日本文化中的等级制、报恩思想、义理人情、教育修身、神道和歌茶道等加以论述。该书第一次把文化与人格联系起来，开创了人类学研究的新视野，提供了一种关于日本文化和民族性格的理论模式，具有范型意义。其"文化是人格在典章上的扩大"的观点广为人知。

　　福泽谕吉是日本启蒙思想家，被誉为"东方伏尔泰"。他在《文明论之概略》中以文明为基准，把世界分为文明国家、半开化国家、野蛮国家。他教唆日本人在抛弃华夏这只破麻袋似的干瘪乳房之前，狠狠咬掉它的乳头，虽然它曾流溢的乳汁养育过日本这个"蕞尔小国"，同样是他，告诉日本人欧美的乳房更肥硕健美，乳汁更加甘甜。1884年他发表"脱亚论"，主张"与中国诀别"。

日本为什么难于向中国及亚洲其他国家受侵害者道歉？也可从文化层面试作分析解读：日本是一个单一民族（大和族）的国度，只有一个少数民族，骨子眼里有一种自傲自信的因子；从两次世界大战的历史看，德国有两次世界大战惨败的经历，而且输得那么彻底，日本则只有二战战败，且日本认为是原子弹打败了它，心存侥幸；从地理文化环境上，日本与其他邻国均不陆地相接，可以相对偏安一隅，而德国则要面对左邻右舍。

日本有"经济的巨人、政治的侏儒"之称，其经济崛起给现代化的中国以启示。著名文化学者 R·本尼·迪克特曾说过："一种文化犹如一个人的思想和行为模式，多个具有某种一致性。每种文化之中都具有代表其特色的目的性，而这种目的性并不一定为别种社会的不同文化所具有。"日本明治维新的成功和中国戊戌变法的失败主要是因为两国采取不同的改革模式：一个是和魂洋才，一个是中体西用。

近代中国人研究日本的书著名者有四部：黄遵宪的《日本国志》、周作人的《日本论》、戴季陶的《日本论》和王芸生的《六十年来中国和日本》。

人的现代化始终是现代化的重中之重，而唯有吸纳世界文明精华又保持自身民族特色的文化模式才是有生命力的。因为只有民族的，才是世界的。

参考书目：

（美）本尼·迪克特著：《菊与刀——日本文化诸模式》，商务印书馆 2005 年版

叶渭渠著：《日本文化史》，广西师范大学出版社 2005 年版

（日）吉田茂著：《激荡的百年史》，陕西师范大学出版社 2005 年版

中国和印度的文化解读

中国和印度同属世界四大文明古国、世界三大文化中心，同为人口大国和农业大国，现在又是亚洲经济发展的火车头，有人分别誉之为"世界工厂"和"世界办公室"。"CHINDIA"现象引起了人们的关注，从文化学比较两国的异同很有意义。

一、龙与象

冯友兰先生曾有一个有趣的比喻：西方文化是关于神的文化，印度文化是关于鬼的文化，中国文化是关于人的文化。中国和印度的文化交流可谓源远流长，从公元初的东汉到13世纪的宋末，以翻译佛经为中心，中国成功地引进了以佛教为主要内容的印度文化，两者交相辉映，互融短长。中国崇拜龙，龙是中华民族的象征，凡是有中国人的地方或凡受中国文化熏陶的地方都有龙的踪迹。中国号称"东方巨龙"，中国人是"龙的传人"，变化不居、自强不息的龙的精神就是中华民族的精神神韵。与之相比，印度更可比之为象（中国前驻印大使华君铎）。大象不如龙漂亮和快，但四平八稳。从龙象之争到龙象共舞，这是历史与现实的必然选择。

二、华夏与天竺

华夏是中国的别称。华为大，夏指我国历史上建立的第一个王朝

（夏朝）。以后华夏族就成为汉族的祖先，华夏指中国、中华，主要包括黄河中下游地区，以后逐渐扩大拓展。印度古称天竺，始自唐代。俗话说："天竺黄钟，华夏和鸣。"天竺印度的鸠摩罗什、菩提达摩和华夏中国的法显、玄奘都曾为双方的文化交流贡献甚巨，近代印度泰戈尔、尼赫鲁也深受中华文化熏陶。如果说中国是丝绸之国，印度就称孔雀之国。中国的丝绸、纸张、茶叶等曾流入印度，印度的文化也波及华夏，如"天衣无缝"这个词就来自印度。

三、儒教与佛教

中国和印度分别信奉儒教与佛教。通常的说法是：以儒治国，以道治身，以佛治心。儒家的"圣"、道家的"仙"、释家的"佛"均是现实的人间智者。古老中国有孔孟倡仁义礼智信，现代印度有甘地非暴力主义。"己所不欲，勿施于人"是儒家的精髓。如果说以仁义为核心的儒家学说是古代中国人的精神支柱，佛教则是印度人安身立命之所。儒家凝重、含蓄，佛家闲适、恬淡。梁漱溟曾这样比较两者的不同：印度文化是意欲反身向后、西方文化意欲向前要求、中国文化则是调和持中的。如果说，西方文化主要研究人与物的关系，则中国文化研究人与人的关系，印度文化研究人与神的关系。有人说，中国的问题是宗教太弱，印度的问题是宗教太强。佛教传入中国叫禅宗。六祖慧能偈语："菩提本无树，明镜亦非台，原本无一物，何处染尘埃。""空"和"苦"是佛教的教义，是佛教的世界观。"八苦"即生老病死、爱别离恨。上求菩提，下化众生，是普度之路，慈悲、智慧、实践、志愿是佛的四大精神。玄奘说："佛兴四方，法流东国。"

四、梵典与华章

以四大《吠陀》为代表的吠陀文学和以《摩诃婆罗多》、《罗摩衍那》两大史诗为代表的佛典思想和奥义书瑜伽思想传布世界，荫泽东土，它对中国的小说、诗歌、戏曲乃至文化思想都产生了深远影响。佛教东传对中国文化带来了许多影响，梁启超曾概括为：国语实质的扩大、语法及文体的变化、文学情趣的发展、歌舞剧的传入、字母的仿造。中国学者季羡林、金克木对中印文化交流、印度文学与诗学均有较深的研究。印度诗人泰戈尔崇尚中国文化交流、道家经典和唐代诗歌，其作品在中国也有广泛的影响。中印文化交流文缘久远，交光互影，代有异彩。

参考书目：

郁龙余等著：《梵典与华章——印度作家与中华文化》，宁夏人民出版社 2004 年版

（美）列文森著：《儒教中国及其现代命运》，中国社会科学出版社 2000 年版

耿引曾、谭中合著：《印度与中国》，商务印书馆 2006 年版

反思法国大革命

法国大革命距今已有 200 多年了，我仍然清晰记得大学时代学习法国大革命历史的激动、愤怒、感动。近读有"法国大革命两百年学术王"的弗朗索瓦·傅勒著《思考法国大革命》一书，从一个侧面了解了大革命的是是非非，廓清了笼罩其上的种种迷雾，引发了我对大革命"合法性"的思考。

傅勒此书由四篇论文组成，分做上下两篇。上篇相当于总论性质的导言，勾画了一种概念史的方法，其中心观念是在革命史中引入批判理论。下篇是对法国大革命三种可能的历史之解读。作者对马克思主义的革命史观、奥古斯丁·古参的雅各宾主义的理论、托克维尔的法国大革命研究成果逐一进行评析。作者认为，应该结束对历史记忆中大革命所

包含的虚幻性东西的崇拜：法国大革命结束了，应该摈弃从意识形态角度对大革命所采取的全盘否定或肯定态度，回到"概念化"、回到"短时段"的政治史解读，转向对法国大革命的实证研究，也就是从"民主的悖论"这一现象对大革命历史进行总结。这是一种研究范式的转变，正如《大革命批判》作者埃德加·基内所言：让我们给自己铸造一个自由的灵魂吧，用它来革法国的大革命的命。

傅勒无疑是属于"1789年激情培养的一代"（基佐名言），作为"修正主义"史学观点的开拓派人物，他提出将法国革命事件开创的"民主文化"同革命者的行为方式分开来的解读法。因为要解释大革命，首先得接受大革命。他重构了一个三位一体的研究方案：政治解读、反通史叙事法、重建历史批判理论。法国大革命就像一个魔镜，它被思想的风沙催化成一个个碎片，漂浮在不同的意识形态空间里，形成了我们不同形色的解读和重构，并成为当代关于现代性、现代政治的最重要话题资源，大革命不仅是一种政治想象，也是一种话语。"一切历史都是当代史。"傅勒痛苦地总结到：一方面民主政治成为人类和各民族命运的仲裁官，人民成为政治权力唯一的源泉，这是法国大革命的真正意义和贡献，也是民主政治的精义；另一方面，法国大革命又成为当代极权主义的母体，尤其是我们回顾20世纪前苏联专制极权和巨变以及"文革"内乱教训时，更是五味杂陈，感念不已，这是一个影响至巨，激动我们思想、心灵、生活的永久事件，是一个反思历史的"革命之镜"。

参考书目：

弗朗索瓦·傅勒著：《思考法国大革命》，三联书店2005年版

朱学勤著：《道德理想国的覆灭》，上海三联书店1994年版

（法）约瑟夫·德·迈斯特著：《论法国》，上海人民出版社2006年版

犹太文化的精义

犹太人问题是一个高深莫测的迷。有"小民族、大创造"之美誉。

马克思、托洛茨基、爱因斯坦、斯维尔德罗夫、加米涅夫、季诺维也夫、韦伯、李嘉图、塞缪尔森、斯宾诺莎、维特根斯坦、胡塞尔、卢卡奇、卡西尔、柏格森、舍勒、马尔库塞、波普、马斯洛、弗里德曼、弗洛伊德、卡夫卡、毕加索、门德尔松……这些都我们耳熟能详的名字，他们却都是犹太人，金融大鳄索罗斯也是犹太人，据说列宁也有1/8犹太血统……犹太民族的头脑、智慧和无限的创造力常常使我们要探究其中的奥妙。

古代犹太人也被称为希伯来人。犹太民族的历史可追溯到5000年前。在这块"上帝应许之地"和"流奶与蜜之地"，发生过流浪散居的悲惨传奇。犹太王国成立于公元前1028年，到公元前933年一分为二。先后被亚述人、波斯人、马其顿人、罗马人、德国纳粹侵略赶出天然的家园。在四海为家长达2000年的历史中始终保持集体记忆，成为一个天然的共同体。

有人说，与其说犹太人创作了《圣经》，不如说是《圣经》塑造了犹太人。产生于公元前4—5世纪的《圣经》（又称希伯来圣经）既是一部世界史、律法、年代学和赞美诗的汇集，又是箴言、诗、小说以及政论之书。《圣经》是我们道德教育的宝典，其中不可杀人、不可奸淫、不可偷窃、不可作假、不可贪恋的规诫是我们的人生教科书。《圣经》始终贯穿了一种激人奋进、艰苦卓绝、刻苦忍耐的精神。

《圣经》记载犹太民族最智慧的古犹太王所罗门拥有1000个妻妾的故事，这是东方一夫多妻制的遗俗。割礼、节期、兄弟阋墙、耶稣犹大……这里有好多幽怨哀婉的故事。

犹太民族尊重学者和知识，犹太格言："宁可变卖所有的东西，也要把女儿嫁给学者。为了娶到学者的女儿，就是丧失一切也值得。"在历史上涌现了众多磨制思想眼镜的"犹太师傅"不是偶然的。

犹太民族会经商，要把眼光盯向女人。男人是赚钱的机器，女人是花钱的机器。有不少谚语："真正的犹太人会从稻草堆里找出金子来"、"犹太人进市场如鱼得水"、"有钱的地方就有犹太人"。

犹太民族主张忍让，《圣经》中说：打你的右脸，连你的左脸也转过来给他；要你的外衣，把你的内衣也给他。要爱你的仇敌，为那逼迫你们的祷告。

犹太民族长于理财，善于经商，不遗余力地赚钱，但又乐善好施。

犹太民族不甘落后，不断地学习，在沙漠中建绿洲。

不断的学习，不断的创造，也许现代人从中可以有很多启迪。

参考书目：

《新旧约全书》（和合本），中国基督教协会1989年版

《犹太民族之谜》，中央编译出版社2006年版

刘洪一著：《犹太文化精义》，商务印书馆2004年

全球化与民族主义关系的考察

——从《中西500年比较》到《全球化的悖论》

人类社会进一步全球化，经济全球化和政治多极化是这一格局的主要特征。全球化是一个内在地充满矛盾的过程，是一个"悖论"：一体化和分裂化、单一化与多样化、集中化与分散化、国际化与本土化系于一身。冷战后，民族主义凸显强化，并和全球化形成一种互动关系。面对全球化的两难选择，民族国家应该怎样理解参与，趋利避害？重温俞

可平、黄卫平主编《全球化的悖论》[1]和郝侠君、毛磊、石光荣主编《中西 500 年比较》[2]两书，可以使我们获得一个理性清晰的认识。激流澎湃的全球化浪潮正以不可抗拒之势把越来越多的民族国家纳入以国际分工为基础的全球网络之中，民族国家只有积极参与才能维系自身的存在并获得发展。全球化浪潮对民族国家构成了强大的挑战，这是对传统民族国家的侵蚀。正如威廉·奥尔森所述："主权国家体系把人们分成一个个作茧自缚的政治实体，而经济生活的繁荣却需要尽量交流商品和投资，这一直是主权国家体系一个带根本性的难题。"[3]全球化是一个整体性的社会历史变迁，我们应对全球化和民族主义关系的历史及其新态势加以考察。

一、全球化浪潮与民族主义思潮

全球化是指人类从以往各个领域、民族和国家之间彼此阻隔的原始闭关自守状态走向全球社会互动依赖的变迁过程，是一种超越构成现代世界体系的民族国家的复杂多样的相互联系的现实运动。150 多年前，马克思和恩格斯就指出："资产阶级，由于开拓了世界市场，使一切国家的生产和消费都成为世界性的……过去那种地方和民族的自给自足的闭关自守状态，被各民族各方面的互相往来和各方面的相互依赖所代替了。物质的生产是如此，精神的也是如此……民族的片面性和局限性日益成为不可能。"[4]自从 1492 年哥伦布发现新大陆，揭开全球化的序幕以来，全球化已深深地影响了我们的社会生活。特别是 20 世纪的八九十年代，全球化的推动力越来越强大，全球性变革日益剧烈，各国对"整个世界的总问题"或"人类的困境"的关注更加迫切。

民族主义是指忠诚于民族国家，为维护和扩大本民族的利益而斗争的思想观念，它更多的是与一国维护其民族国家利益和谋求国家发展而联系在一起。无论是马克思关于"开辟新大陆与开创新时代"及"历史向世界历史转变"的论述，马克斯·韦伯的"新教伦理与资本主义"的普遍性命题，还是沃勒斯坦的"核心—边缘"的世界体系理论，亨廷顿的"文明冲突论"都揭示了全球化的浪潮与民族主义崛起几乎同步这事实。而民族主义思潮一经产生，就有着强大的历史冲击力，影响左右世界历史的进程，成为牵动全球国际政治经济文化格局的重要变量。美国历史学家斯塔夫里亚诺斯称之为控制社会的三大思潮之一，诚不为过。

全球经济、政治社会、文化交流日益发展情况下的世界各国间的影响、合作、互动愈益加强，使得具有共性的经济政治文化样式逐步推广普及成为全球通行的趋势，而全球化浪潮对民族国家的冲击和挑战并不意味着民族意识的消失和被取代，相反其外在涵化和衍变均带有显性和隐性的民族主义色彩。民族间的互动、民族意识的消长、民族主义的凸显与困顿，也许正是全球化浪潮赖以表现的基本事实。民族主义的重新抬头是对全球化、一体化的一种合乎逻辑的反应。正如基辛格博士所说："世界变小但世界各国彼此并没有更接近。自相矛盾的是，当我们大家所面临的最严重问题只有承认我们相互依存才能解决时，民族主义恰恰在这个时候抬头了。"[5]

二、全球化和民族主义的双向互动

在人类历史的发展进程中，通讯、交通对于各个文明之间的联系和沟通曾起了非常重要的作用，信息高速公路的出现和市场经济的发展推动全球化的物质基础，非国家行为主体的出现和跨国公司的无国界经营加速了全球化的发展，但历史也表征了全球化和民族主义互动整合的态势。虽然它是伴随着西方世界对非西方世界的征服、同化，伴随着血与泪、刀与剑载入人类文字编年史册。

地理大发现与海外殖民主义揭开了全球化的帷幕，而参与此进程的恰恰又是民族主义呼声最高的国家。16—18世纪在西班牙、英国、法国、德国等盛极一时的重商主义便是一例。一般认为，这种民族主义萌芽于文艺复兴和宗教改革运动时期的欧洲，正如有的论者指出的那样：欧洲在中世纪经历了只知有教，不知有国，到教国并重，然后到纳教于国家之中的过程。[6]自近代世界以来民族主义思潮发展至系统化、理论化的发展主义，作为一种观念形态和社会运动，从其发源地欧洲迅速向世界各地蔓延。19世纪民族主义把欧洲各国人民从王朝的统治下解放出来，20世纪初民族主义牢牢地控制着欧洲各国人民的情绪，并激发他们对实现现代化的生活方式的渴望。近代国家体系形成后，更由于近代国际关系、国际政治乃至国际法均把"民族国家"视为权力合法性、合理性的重要渊源，从而使民族主义成为一种极具动员能力的意识形态，滋生了对外侵略扩张，宣扬本民族"优越感"的殖民主义，这是民族主义的变种。其实，以欧洲为主战场的两次世界大战均是这种民族主义的"果实"。而澎湃于殖民地国家和地区的民族主义大潮以摧枯拉朽之势冲垮了世界殖民体系，促使亚非拉殖民地获得民族解放，开创了国际格局的新纪元。20世纪中期的民族解放运动正是亚非拉人民在民族主义旗帜下为追求民族自决而进行的一场民族自我觉醒运动，它对20世纪国际体系造成重大冲击，导致一系列新兴民族国家的出现，越来越多的民族取得了"国家的地位"，并进而成为国际关系中的行为主体，也为发展民族经济、实现经济起飞廓清了道路。此外，从19世纪美国工业化、二战后西欧和日本经济重建东亚经济起飞，民族主义都是不可小觑的精神动力。

毋庸讳言，全球化态势的迅猛发展将打破民族国家的界限，使我们不得不对民族国家这一传统概念所蕴涵的诸如主权的绝对性、排他性，经济的自主与独立，文化的特色等若干命题进行新的审视。从国际政治角度看，全球化的意义尤其在于"它是对传统的国际关系，对国际主权及其他权利，对以国界标示人群活动区别的规则的一种深入持久的挑战"。从世界经济的角度看，技术、生产、贸易、金融的全球流通，使世界成为一个相互依赖，密不可分的"地球村经济"。而全球经济的无国界活动，无疑对传统国别经济构成巨大冲击，并迫使各民族国家作出积极或消极的反应。从文化理念看，信息、网络的迅猛发展，全球意识、全球观念日益增强。全球主义者认为，国家的保存将导致生产力的萎缩，民族国家的主权意义日渐式微。这样，就形成了全球性政治力量的相对增强和民族国家主权的相对受制两种并行不悖的互动趋势。

仅以经济全球化对主权国家的影响分析这一演进过程。首先，自1648年威斯特伐里亚会议确认主权原则作为国家交往的基本准则以来，"主权"观念持久不衰。主权作为民族国家的本质属性，其不可分割、不可让渡和民族自决曾被认为是国际社会通行的神圣准则，然而在经济全球化浪潮席卷下，主权观念的分割、受制、侵蚀乃至吞噬成为不争的事实，经济上的相互依赖使国家主权削弱成为可能。第二次世界大战以后，由于市场经济体制在世界范围内的全面推进，经济全球化得以更加迅速发展，国家间的经济联系达到前所未有的程度。世界市场的统一力，信息时代的穿透力，科学技术的整合力使民族国家的经济疆域被打破，造成"无国界"活动民族国家的经济依附性。其次，跨国公司的无国界经营认同世界经济，这是对传统国家观念的侵蚀。目前，全球各种跨国公司达3.7万家，其海外子公司达20万家。跨国公司的经济实力占资本主义世界总产值的40%，贸易的50%，技术转让的75%，技术开发费用的90%。跨国公司的组建和发展使民族国家长期信守的主权观念、民族经济受到挤压、决策权受到控制、财税管制受到钳制、宏观调控无力已是不争的事实。这些跨国公司不仅改变或正在改变人们传统的经营思想，而且创造了和正在创造国别经济无法创造和容纳的产品和技术，从而使民族国家显得那样脆弱。为此，有人预言：20世纪是跨国公司在民族国家的框架内存在，而21世纪则是民族国家在跨国公司的世界中生存。最后，非国家行为主体的出现及其作用的日益加强则是影响国家主权的现实基础。在当今全球化浪潮中，一些非国家行为体作为民族国家的异化力量形成对主权居高临下的制约，使民族国家的主权行使陷入困境。如联合国的经济制裁和维和行动、世界贸易组织的"透明条款"、申请世界银行和国际货币基金组织援助的"申报"规定、欧盟签订《阿姆斯特丹条约》统一货币，说明民族国家主权的让渡和经济自主权削弱这一事实。

特别还应指出的是，"全球性问题"的加深和呈现是对主权国家的一种持久挑战。20世纪60年代以来，人口爆炸问题、生态环境问题（臭氧耗尽、温室效应、生物濒灭）、资源利用问题、南北经济差距、战争与核扩散、恐怖主义、失业与难民、艾滋病与毒品犯罪、非法移民、债务与粮食危机、文化发展与人的问题等，日益成为带有普遍性的"全球性"的总问题。[7]这些问题的解决具有相互依存的特点，必须在全球范围内协商、治理。

三、冷战后民族主义新态势

《中西 500 年比较》曾以崛起与衰落（16 世纪中叶—1839）、冲击和探索（1840—1949）、百年奋飞迎头赶上（1949—2049）的大视域比较中西消长的轨迹。历史发展到 20 世纪八九十年代，整个世界发生了第二次世界大战后最重要的嬗变，维系战后世界体系的冷战格局瓦解，世界进入后冷战时期。冷战后的世界发展显示出由政治地缘世界在逐步倾向经济地缘世界，从而使冷战时期一度被掩盖和弱化的民族主义又成为引人注目的售点，并表现出一些新特征。民族主义强化的重要内容是经济民族主义的日趋炽烈，这是世界经济政治不平衡的加剧以及国际竞争和冲突的结果。发达国家为维护不合理的国际政治经济秩序，实行贸易保护主义和以邻为壑政策，发展中国家采取极端手段自卫和内讧加剧也使经济民族主义更加扑朔迷离。当今，接连不断的贸易战、科技战、资源战、货币战，区域性贸易集团对内实行贸易优惠，对外实行贸易壁垒和政策歧视就是明证。

全球化推动了经济一体化、地区一体化，但是文化的融合极其困难。不同民族国家充满了摩擦和冲突，不同的意识形态、文化传统、价值取向、民族精神、生活方式的存在使文化民族主义进一步凸显。面对全球化浪潮，如何保护民族国家本色而不被吞噬是当前各国的普遍心态。正如美国学者勒纳"痛苦门槛理论"所指出的：每个民族在进入现代的"门槛"时，原先的支撑物和社会结构突然崩溃，这使人们充满了压力和痛苦但又不可避免，于是人们转向民族主义。俄国朝野在前苏联解体后喧嚷要真真正正到欧洲去，重返"文明社会"，但西欧国家却将其拒之门外，从而引发了激进的泛斯拉夫主义。这是由于，东西欧两者分属不同民族（斯拉夫民族与法兰西、日耳曼等族）、不同文化（罗马文化与希腊文化）、不同宗教（东正教与基督教、天主教）、不同文字（拉丁字与基里尔字），文化心理的变迁异常艰巨，在全球化进程中，人们更难割舍民族中心主义。

民族主义更多的是与一国维护其民族利益和谋求国家发展联系在一

起，同时也是那些干涉别国内政的筹码，成为民族分离主义者的王牌，成为种族仇杀极端排外的口实，这是民族主义问题多样性、复杂性及其功能的两重性。当今，冷战对峙结束后使原先被掩盖的民族、领土、宗教纷争进一步加剧，种族民族主义、部族民族主义、宗教民族主义成为新热点。从南非各地到印度洋海岸，从科索沃山谷的印巴冲突，极端民族主义导致暴力流血不断，部族仇杀，恐怖活动充斥世界各地。这是我们应该明视的。

全球化是一个充满矛盾的演进过程，正如英国学者吉登斯所言：它是一种辩证的过程，因为它不是把一系列变化总括起来，按照一个统一的方向来行为，而是由相互对立的趋势构成的。可以预见，全球化和民族国家现代化趋向的并行不悖将是一种必然，这就提出了全球发展和民族利益的关系问题。根据沃勒斯坦的理论，资本主义的发展将以西欧北美为中心，逐渐扩展到像俄罗斯那样的半边缘国家，再扩张到中国及第三世界的边缘国家，最后完成资本主义一统天下。当今世界无疑是发达国家占主导地位，也就是发达国家迫使发展中国家接受西方模式，而发展中国家必以民族主义相颉颃。全球化实现了资源在全世界范围内的优化组合，形成了对民族国家的冲击和渗透，民族国家在融入这一相互依赖体系中也要坚持保护民族幼稚工业的政策，正确处理好引进与消化、借鉴与自主的关系。当前，我国应抓住全球化的机遇，迎接挑战，既要充分考察世界全球化新趋势，更好地搞好改革开放，充分利用和共享人类共同创造的文明成果，关注全球和平、发展和进步，又要克服"非我族类，其心必异"的狭隘民族主义倾向，以更加理性的姿态迈向新世纪的征途。

参考书目：

俞可平、黄卫平主编：《全球化的悖论》，中央编译出版社 1998 年版

郝侠君、毛磊、石光荣主编：《中西 500 年比较》，中国工人出版社 1989 年版

金应忠、倪世忠著：《国际关系理论比较研究》，中国社会科学出版社 1992 年版

《马克思恩格斯选集》第 1 卷，人民出版社 1972 年版

卡尔·多伊奇著：《国际关系分析》，商务印书馆 1992 年版

陈乐民著：《"欧洲观念"的历史哲学》，东方出版社 1988 年版

王逸舟著：《当代国际政治析论》，上海人民出版社 1995 年版

三农问题忧思录

——走近《黄河边的中国》

如何实现穷人的经济学，这是建构和谐社会和小康社会的重中之重。中国，很多人记住了一个人的名字——李昌平。他原是湖北省监利县棋盘乡的党委书记，他以一句"农村真穷，农民真苦，农业真危险"上书国务院领导而使"三农问题"引起大家关注和决策层的警觉。最近我读了曹锦清所著《黄河边的中国》而思考良多。正如曹著所言，观察中国社会的转型问题，可以有不同的视点，须"从内向外看"和"从下往上看"，就是站在社会生活本身看在"官语"和"译语"指导下的中国社会，尤其是中国农村社会的实际变化过程。《黄河边的中国》正是他深入中原田野所看所谈所思所虑的产物。作者认为对于访谈式的田野调查，如何"入场"和保存"现场"是关键。而调查者本身则时时处于一种"无知"与"好奇"状态，直观生活本身。我们思考的重心须从"应该"转向"是怎样的"及"可能如何"方面来，并重新确立我们的"应该"——确立我们民族的主体。

作者就是带着这样的思想初入中原、再入中原，亲临黄河，聆听她的千年倾诉：从熟人社会看法和道德的利弊，从民谚民谣看社会心理变迁，从关公现象看市场经济，从包公现象看政治生态，从村落文化看社会管理，从户籍制度看农村城市化，从村治民主、分灶吃饭谈小农经济与大市场、地方政府的关系……既有纵向的历史对比，又有横向的理论分析。读后颇受心灵震撼。原来我并不真正了解农村。能读书，固然不易；读中国这部正在展开的乡村社会大书，尤其难得。

三农问题由来已久，中国自古以来就是一个"大中国小农业"的国情，城乡二元结构导致"一国两策"的现实使我国农业一直处于困顿之中。孙中山、毛泽东都认为 20 世纪中国最大的问题是农民问题，梁漱溟、晏阳初分别提出了"乡村建设"、"乡治实验"的主张，当今不少学者如林毅夫、温铁军、温世仁、卢周来、徐勇、贺雪峰等对如何解决"三农问题"，建设社会主义新农村均提出了不少真知灼见。

首先，要改变对农业的歧视政策（工农剪刀差），建立中国的发展经济学。温铁军说，要从国民经济发展的宏观高度看待三农问题，把它置于国家制度变迁和资源环境制约的前提之下。因为中国是一个资源禀赋较差的、发展中的农民国家，通过内向型自我积累追求西方工业化的发展问题。农业问题非常重要。三农问题，非不能也，是不为也！国内学者如张培刚、谭崇台对发展经济学，国外学者如西奥多·舒尔茨、对穷人经济学的研究，黄宗智对华北小农经济的研究较有成就，今后希望这方面力量加强。

其次，要进行政策、组织、制度、技术创新，彻底改变城乡二元结构。林毅夫认为，要扩大对农村的基础设施投资，从而扩大内需。温铁军说：我们面临的"三农问题"主要是小农村社经济条件下的农村发展和农民就业问题。因为"三农"和农民工问题是不合理的城乡二元制度、统购统销政策、户籍制度和只追求效率忽视公平与正义的经济发展模式所致。从改革经验看，只有不断改革，才能解决之，如新形势下"用脚投票"的农民工问题。

再次，要治理贫困人口和因病、因学返贫问题，实现城市支援乡村、工业反哺农业、多予少取放活的新方针。我国贫困人口大部分在农村，看病难、上学难等问题在农村更为凸显，要用综合改革的办法推动农村政策的第二次飞跃，如税费改革、两免一补政策、农村医疗保障制度、乡镇机构改革、信用合作社和供销体系建设等。如改变歧视农民观念、把农民纳入政改轨道，让农民走向市场。

最近，要移风易俗，建设一个生产发展、生活富足、乡风文明、生态优美、村容整洁、管理民主的社会主义新农村。管理不单纯是规章与技术，而是与一个民族的心理、文化与习惯行为方式密切相关的大问题。当前的农民问题不仅是一个经济问题，更是一个文化问题；不仅是一个生产方式，而且是一个生活方式。要培养一大批带领农民奔小康的致富人和草根政治家，走出"盼致富无门路，想致富无技术，求致富无门路"的怪圈。

参考书目：

曹锦清著：《黄河边的中国》，上海文艺出版社 2000 年版

温铁军著：《三农问题与世纪反思》，三联书店 2005 年版

叶子编：《从减免到发展——中国三农问题剖析》，中央编译出版社 2006 年版

走近中医

中医，古称岐黄之术，它有几千年的发展历史。古代医生以"望、闻、问、切"而悬壶济世，影响深远。百年岐黄路，我们任重前行。在提倡文化立国、回归传统的今天，我们应该找回文化的自信，寻觅中医的荣光。

据载，孙中山晚年患肝病因放疗而加重，医生拟改用中医治疗，他一生笃信西医拒绝用中医救己。他有个比喻：西医治疗就像用罗盘针航海，可能有时划不到岸边；中医就像没有用罗盘针的船却有可能达到岸边。但我宁愿按照科学指南航行。也有梁启超不信中医却被西医误切肾脏的故事。其实，无论中医西医都有其科学机理，应辨证治疗，具体分析，因人制宜。陈寅恪不信中医，李鸿章则笃信西医。

古代称医生为"国手"，亦有"不为良相，愿为良医"的典故。正所谓："夫有医术，有医道，术可暂行一世，道则流芳千古。"（《衣贯》）近代名中医有恽铁樵、朱沛文等。中医施治，讲究下治病，中治命（如何立命），上治性（如何立人），是一门古老而神奇的医学。

中医理论蕴涵了中国人传统的思维方式。中医对人体疾病的诊断与治疗的出发点不仅是把人体看作是由各部分器官有机结合的整体，而且

把人看作大自然环境的一个关联体。中医强调的是辨证施治，蕴涵着具体实证研究和丰富的辩证法思维。中医认为，只有从人的全体出发，把个人与自然界看作一个有机的整体，治病才能达到标本兼治之效。

近代有所谓"中医不科学"之说。如陈独秀、梁启超、吴汝纶、汪大燮等人认为中医不了解人体构造、不了解药理、不熟悉细菌和病毒传播之谓，而有废医存药之论，这就是所谓"梁启超问题"。如严复认为中医缺乏实际观察和逻辑推理，将中医药归为风水、星相算命一类的方术；陈独秀的"中医既不解人身之构造，复不事药性之分析……惟知附会五行生克寒热阴阳之说"；梁漱溟的"中国说有医学，其实还是手艺。十个医生有十种不同的药方，并且可以十分悬殊。因为所治的病同能治的药，都是没有客观的凭准的"；流传最广的，要算鲁迅的"中医不过是一种有意或无意的骗子"。连曾因病受中医惠泽、深知中医药疗效的胡适，在当时中医界广遭责难的情况下，没有为中医说话。甚至被西医误切掉健康右肾的梁启超也说："不能因为现代人科学智识还幼稚，便根本怀疑到科学这样东西……不能像中国旧医那些阴阳五行的瞎猜。这是毫无比较余地的。"

其实，与西医除恶务尽的机理不一样，中医发掘的是自身防病痊愈的机能。养生、保健、必求于本是中医学的显著特征。赞天地之化育，天地之大德曰生，万物并育而不相害，正是中医遵循的自然机理，在此基础上才提出"厚德载物、和而不同、自然不息、超越包容"的医疗方针。

但近年医术、医生有被妖魔化的趋向：医生被称为"白狼"、医院被称为"老虎机"、"天价医疗费"、"红包盛行、回扣成风"、"加官晋爵，请走别路；发家致富，快当大夫"、"医生越来越像杀手，见死不救，草菅人命；杀手越来越像医生，出手麻利，不留后患"等。非典、禽流感盛行，"中医热"重现，未尝不是一件好事。

参考书目：

唐云著：《走近中医》，广西师范大学出版社2004年版

刘力红著：《思考中医》，广西师范大学出版社2002年版

文明其精神　健康其体魄

　　数千年来的文明史大量的篇章记述着人类与疾病抗争的可歌可泣的史实。最早侵犯人类的天花、霍乱、伤寒、肺结核、血吸虫病等恶性传染病得到有效治疗和控制之后，接着又有鼠疫、艾滋病、炭疽等更加令人谈虎色变的传染病肆虐。1321 年前后欧洲流行麻风病，1348 年欧洲流行黑死病，死亡无数，谈病色变。《病患的意义》对作为病人生活世界一部分的病情体验进行现象学分析和描述；《我们为什么生病》讲述疾病的进化史，阐述疾病的机理。2003 年的春天，SARS 病魔向我们发起了挑战。重温两书，像遇到了久违的朋友。危难中呼唤理性，血泪中熔铸教训。回忆历史上欧洲的瘟疫、黑死病和流感和当今这场没有硝烟的战争，人们痛定思痛，开始审视自己，如何重塑科学、健康、文明的生活方式，如何构筑抵抗 SARS 病毒的科学防线？

　　第一，均衡饮食法则。非典病的猖獗对人类的健康造成了一定损害，但通过这次教训以后，广大人民群众自觉把树立起自我防范和自我保健意识，人们的公共卫生观念大大增强。如今是一个"科学引领生活"的时代，人们从讲究吃得饱到吃得好再到吃得营养科学，合理膳食、科学搭配的饮食理念已渐入寻常百姓家。均衡的饮食是指人体的营养需要与饮食供给之间建立平衡的关系，达到足够的热量，适当的蛋白质，充分的无机盐，丰富的维生素，适量的食物纤维，充分的水分等。人们开始改变过去暴食暴饮的习惯，多吃绿色食品。

　　第二，提高运动免疫。生命在于运动，运动贵在坚持。目前治疗非典还没有特殊有效的药物，比较可靠的预防办法是要提高自身免疫力，而体育锻炼是提高免疫的最好办法。经过这次非典疫情，不少人自觉加入健身运动，提高自身免疫。建议最好多从事户外运动；坚持有氧运动；保持充足的睡眠；勤换洗衣服；减少室外污染等。

第三，革新餐饮文化。餐饮文化是一个国家或民族在长期历史条件下形成并积淀下来的一种生活习惯和文化传统。在非典流行后，中国人传统的圆桌共餐的方式又一次面临挑战。俗话说，"病从口入"，SARS病毒的流行启示我们，分餐制可防交叉感染，公筷制简单易行。非典也是动物对人类大量捕杀异类的报复，是人类冒犯大自然的必然结果，人们应该彻底去掉滥捕滥食野生动物的陋习。应饭前便后洗手，讲究个人卫生；应改变随地吐痰等不良习俗。

第四，调适心理防线。俗话说，"境由心造"。非典突然到来，相当数量的人谈虎色变，心绪不宁。由于心理负担加重，精神焦躁不安，集体抵抗力下降，这既不能预防非典，还会导致某种疾病的发生。所以以健康的心态，正视非典是预防非典的重要手段。非典是可防治、可控的。

总之，经过抗非典斗争的洗礼，人们会进一步改善个人卫生、环境卫生，高度重视营养卫生、食品卫生和心理卫生。经历非典，人们会更加尊重科学，反对迷信。摒弃陋习，珍爱生命，树立起科学、健康、文明的生活方式。

参考书目：

（美）图姆斯著：《病患的意义》，青岛出版社 2000 年版

（美）威廉斯、尼斯著：《我们为什么生病》，湖南科学技术出版社 1998 年版

博弈论的生存智慧

博弈论大师纳什认为：人是理性的动物，人人都会在约束条件下实现最大化的自身利益——它可以教会人们怎样在经济行为中扬长避短。

博弈论中著名的模型就是"囚犯难题"。有一个富人在家中被谋杀，他的财产被盗。警方在侦讯中抓到两名嫌疑犯某甲和某乙。他们各有两种选择：否认杀人或承认合伙杀人。最好的结局是双方都否认杀人，大家都判一年监禁的偷窃罪。但由于两人在隔离情况下不能串供而使信息不对称，万一对方出卖，对方可获无罪释放的宽大处理，自己则被从严判处 30 年徒刑。所以最理性的选择是不如承认杀人被判 10 年徒刑，这样的风险较小，而且如果对方不承认的话还可得到无罪释放的宽大处理。"囚犯悖论"具有博弈论的深刻意蕴，他解释了生存智慧的重要性，人们常常因为短视地以利益为目标将导致对大家都不利的结局。

其实人生何不如此！世事如棋，人生似弈。人生不外是几件大事：学有所成、选择职业、善于交友、成家立业。父母和家庭无从选择，但学习、择业和交友主要由自己决定，别人都无法替代。生活在于选择。"人生的路虽然漫长，但紧要处只有几步，特别是当人年轻的时候。""世事洞明皆学问，人情练达即文章。"人要"诗意地安居于大地之上"，就要快乐生活，博弈生存。得意时泰然，失意时坦然。生存需要激情，也需要智慧。生活的艺术又在平淡、宽容。看窗前花开花落，望天上云卷云舒。苏东坡念"大江东去"这是一种雄浑人生，普鲁斯特"追忆似水年华"这是一种闲适人生。

以下格言都包含生存智慧：生活中不是缺少美，而是缺少发现；退一步海阔天空，罗马不是一夜间建成的；尺有所短，寸有所长，只要是金子总会发光的；大音稀声，善言不辨，巧言令色鲜矣仁；艰难困苦，玉汝于成，苦难是一所学校；海纳百川，有容乃大；壁立千仞，无欲则刚；君子之交淡如水，小人之交甘若醴；绚烂之极归于平淡；难得糊涂；和而不同；人贵有自知之明，等等。

生活处处皆学问，如有人总结了教师博弈生存的"22 条军规"，很有意思，特记于下，贻笑大方：（1）明确自己的职业特点；（2）永远不要说校长的坏话；（3）尽量避免与"工作狂"教同一班级；（4）每年资助一名贫困生；（5）永远不要低估你眼中的差生；（6）别与他人攀比；（7）别让自己成为新文盲；（8）将教师视为自己的终身职业；（9）坚持阅读；（10）在床头准备好笔与本；（11）要学一点幽默；（12）在考试前许一个愿；（13）学会原谅自己与别人；（14）让学生摸得着你的关怀；（15）不要吝啬赞赏的语言；（16）将惩罚进行到底；（17）学会控制自己的情绪；（18）不要高估自己的作用；（19）每天一片"金嗓子"；（20）承认意志；（21）不要奢求额外的回报；（22）做快乐的教师。

参考书目：

潘天群著：《博弈生存——社会现象的博弈论解读》，中央编译出版社 2004 年版

吴思著：《血酬定律——中国历史中的生存游戏》，中国工人出版社 2003 年版

约瑟夫·海勒著：《第二十二条军规》

王蒙著：《王蒙自述：我的人生哲学》，人民文学出版社 2003 年版

广告创意的思维特征

在我们生活的世界中，广告无处不在，无时不在，有人开玩笑地说，如果哈雷彗星晚几年飞走的话，说不定它的尾巴上也会做可口可乐的标记。世界上最著名的地方是广告，因为世界上最著名的地方一般都有广告；即使这些地方没有广告，它也会出现在广告中。现在中国正在实行名牌战略，名牌是中国企业进入 21 世纪的入场券，而广告又可以说是名牌的"入场券"。近读余明阳著《辉煌的创造：名牌战略》、赵小兵著《思维的金矿》对广告有了更深的认识。

广告重在创意，创意是现代"广告的灵魂"，广告创意思维是一种创造新意象、新意境、新思路的创造性思维形式，我认为它具有以下特征：

第一，逻辑思维与形象思维的统一。广告创意思维中，各种思维形式是相互联系共同作用的。广告创意是把逻辑思维与直觉思维紧密结合起来，先深入研究对象的具体细节，获取有关对象的完备的理性认识，再充分发挥直觉、想象、潜意识的作用，对已有的理性概括作进一步的

分解组合，最后运用逻辑思维能力对发现的新形象、新思路加以求证、体验。

比如，美国 ABC 公司"今天今晚"的节目中有这样一则广告：画面上出现了一双优美动人的穿着长筒丝袜的腿，柔美的女性画外音："下面这则广告将向美国妇女证明美特牌丝袜将使任何形状的腿变得美丽非常。"这既符合传统的逻辑的思路，又大胆运用想象、色彩、图形、声音等表现手法。再如，"有如第二皮肤"的牛仔裤广告、"不打不相识"的钉书机广告、"它能黏合一切，除了一颗破碎的心"水泥广告等分别运用了夸张、比喻、叠字等修辞手法，取得了较佳的视听效果。绝大多数广告创意都是运用这一手法。

第二，正向思维与逆向思维的组合。创意思维具有方向性，是思维按照一定的路线在一个固定的范围内运用现有的知识、经验、观念，从问题的正面切入思考事物的一种技法。

一则美国陆军部的"征兵广告"形象地表达了这种思维技法的特征。"如果是打传统的常规战争的话，不用担心你当了兵就会死，当了兵有两种可能：一个是留在后方，一个是送到前方。留在后方没有什么好担心的，送到前方又有两种可能：一个是受伤，一个是没有受伤。没有受伤不用担心，受伤的话也有两种可能：一个是能治好，一个是治不好。能治好就不用担心了，治不好也有两种可能：一个是不会死，一个是会死。不会死的话，不用担心，死了嘛……也好，因为他已经死了，还有什么好担心的呢"。这则广告诙谐幽默，意味深长，将战争与死亡的关系沿着一条直线展开，层层递进，环环紧扣，逐步将"死亡"的概率大大削减，消除人们参军的余悸。

逆向思维就是逆着常识、常规寻求解决问题的一种创意技法。菲律宾一家旅游公司做了则广告，它不是大谈各种诱人的旅游好处，而是强调来菲律宾旅游的"十大危险"：一是小心买太多的东西，因为这里物价便宜；二是小心吃得过饱，因为一切食物质美价廉；三是小心被晒黑，因为这里阳光很好；四是小心潜在海底太久，要记住上来换气，因为海底美景使人流连忘返；五是小心胶卷不够用，因为名胜古迹数之清；六是小心上下山，因为这里山光云影常使人顾不了脚下；七是小心爱上友善、好客的菲律宾人；八是小心坠入爱河，因为菲律宾姑娘热情而美丽；九是小心被亚洲最好的酒店和餐厅宠坏了胃口；十是小心对菲律宾着了迷而忘了回家。这种"正话反说"，淋漓尽致地展现了菲律宾迷人的风光与优越的旅游条件。

第三，聚敛思维与发散思维的契合。聚敛思维法是根据需要解决创意问题，列出相关问题点（希望什么、缺点何在、检核什么），从中获取创意思路的方法。这种思维具有伸缩性、灵活性和新颖性，是对新观念产生的重要提示法。比如，美国席普打火机广告是："每天使用，20年后唯一该更换的部件是它的铰链。"塞尼伯里特化妆品公司的广告词是："轻轻打开盒盖，里面飞出的是美貌。"享有"创意技法之母"美特的奥斯本检核表法建议从转化——引进——改变——放大——缩小——替代——重组——颠倒——组合等九个方面对创意对象进行检核。

发散性思维技法就是思维沿着各种不同的方面去思考，重组眼前的信息和记忆中的信息，以产生新的创意思维方法。它主要通过类比、置换、联想、幻想、头脑风暴、反头脑风暴等多种方法达到创意的效果。比如：法国"雪铁龙"汽车广告，画面中展现"雪铁龙"轿车和一架喷气式歼击机"幻影1000"在万吨级"克列孟梭号"航空母舰进行速度比赛。创意运用汽车与飞机的"速度"相关属性加以直接类比，生动形象。还有"夏威夷——微笑的群岛"、法国 WORTH 香水的"像初恋的滋味"、沃根糖果的"你含有月光般的韵味"广告词都是间接类比的典范之作。

广告创意中聚敛思维与发散思维是交互使用的，只有先进行集中性思考，收集信息，寻根溯源，才能找到发散点，也只有对发散性思考的结果去粗取精，去伪存真，将筛选出的有价值创意加以引申、辨别、才能获得最佳效果。

参考书目：

余明阳著：《辉煌的创造：名牌战略》，海天出版社 1997 年版

赵小兵著：《思维的金矿：世纪财源》，海天出版社 1997 年版

中国革命与香港地位

岁月峥嵘，百年沧桑。开埠以来，有英女王"冠上的明珠"之称的香港经历了欧风美雨的吹拂和血雨腥风的洗礼。伴随着世纪的风云硝烟和革命的隆隆炮声，香港与中国革命的历史进程相并相依，息息相关。中国革命史上的党团派别、政治风云、历史人物都与香港结下了不解之缘。在中国新、旧民主主义革命的不同阶段，香港具有独特和重要的地位和作用。香港回归近十年，回顾和展望香港的昨天、今天和明天，我们总能在中国革命的雄浑乐章中，听到香港这个跳动不止的音符。

一、新、旧民主主义革命的策源地之一

香港包括香港岛、九龙半岛和新界，是南中国的门户，也是中国最大的对外贸易港口和中西文化交汇中心。由于其自由港地位和宽松的政治氛围，使之成为先进中国人士迈向世界的门户和跨进社会的舞台，成为中国革命的风暴中心地区之一。

孙中山是中国民主革命的伟大先行者，而香港求学则是他"救国事业"的发端。中法战争前后，孙中山先后在香港披萃书院、中央书院、西医书屋求学问教；1895 年，他与当地进步团体辅仁文社合作，成立兴中会总部，提出了"驱除鞑虏，恢复中华，创立合众政府"的革命纲领，开始了他的职业革命家生涯。之后，他以香港为大本营，联络会党和新军，筹划粤南沿海起义和暴动，香港成为他初试锋芒的舞台。1912 年孙中山辞去大总统后，曾在香港短暂停留，宣传"社会

革命"。

中国共产党无疑是孙中山事业的忠实继承者和坚定捍卫者。香港海员工人大罢工是中国共产党走向历史舞台亲自领导的、有组织的斗争。而绵延 16 个月之久的省港大罢工更是得到了香港工人的大力支持，成为中国和世界工运史上的伟大壮举。

二、反帝反封建的坚强堡垒

香港毗居华南，拱卫珠江口，地处亚洲、美洲、欧洲航运与贸易的枢纽地位，具有独特的区位地理优势。正因为如此，在中国革命的风雨征程中，香港成为中国内陆与海外联系的桥头堡，成为反抗国内反动势力的坚强堡垒，成为中国人民反抗外国侵略的前沿阵地。

香港是作为革命客体而与革命事业发生联系的，香港同胞有救国爱民之责任。内地革命志士利用这个特区与敌人周旋，保存火种，开辟革命活动。香港同胞也热情参与支援。孙中山多次往返香港，到达广州、南洋、上海、东京、横滨、欧美各地；中共多次借此与前苏联、共产国际、赤色职工国际联络；抗战前期华东、华北的战略物资、工业设施、军政人员也途经香港这个中转站向西南大后方迁徙；抗战相持阶段到来后，海外侨胞和国际友人帮助中国抗战也以此作为通道。

在帝国主义殖民统治时期，香港成为中国革命的一个重要而特殊的阵地。在一个半世纪的英国殖民统治中，"打倒英帝国主义"的口号风靡港岛，1941 年香港沦为日军占领，香港同胞又进行了三年零八个月的殊死搏斗。相持阶段到来后，环境更加艰难、复杂。中共和许多民主爱国人士在香港建立了许多抗战救国组织，进行保卫、组织、宣传工作，诸如宋庆龄领导的"保卫中国同盟"（1938 年 6 月），廖承志领导的"中共南方工作委员会"（1937 年冬），邹韬奋领导的"救国会海外工作委员会"（1941 年）。

三、国内民主革命志士的临时聚集地

香港割占是列强炮舰政策的产物，中国人民包括香港同胞从来不承认关于香港问题的三个不平等条约。香港是中国领土不可分割的一部分，香港同胞同为炎黄子孙。这种人文背景使香港成为民族民主风暴中爱国民主人士的避风港和政治斗争舞台。据不完全统计，中国革命史上的著名人士先后一次或数次来此开展活动。特别是大革命失败至抗战前夕，解放战争后期他们在香港的大汇聚，有力地推动着新民主主义革命的洪流。

大革命失败后，革命走入低潮，国内政治风云波谲云诡，各种力量分化组合。香港成为中共领导人恢复、保存和发展革命势力的场所。南昌起义受挫后，周恩来、博古、叶挺、聂荣臻、贺龙、林伯渠、彭湃、邓小平等先后分批或绕道到达香港，重振革命雄风。如1927年彭湃由香港到达海陆丰建立苏维埃政权，1927年叶挺发动广州起义，邓小平发动百色、龙江起义，等等。

一些文化人也纷纷来港。如田汉、郭沫若、阳翰生、萧军等。而著名女作家萧红更魂断香江，病逝于港。抗日战争前后，国民党的独裁、反动、卖国政策引起了国民党阵营的分化，残酷的现实也教育了中间阶级和民主人士，使他们放弃了"中间路线"。为躲避迫害，他们汇聚香港，建立革命组织，走上了与中共合作的大道，汇成新民主主义革命的大合唱。"福建事变"失败后来港的李济深、陈铭枢、蔡廷锴、蒋光鼐、黄琪翔等人先后建立了"中华民族解放行动委员会"（1935年12月）、"中华民族革命大同盟"（1936年）等组织。1946年始，何香凝、宋庆龄、柳亚子、沈钧儒、冯玉祥、谭平山、李济深、龙云、谢雪红来到香港从事活动，建立了"台湾民主自治同盟"（1947年11月）、"民革"（1948年1月）组织。1948年1月民盟三中全会召开，民盟走向新生。他们纷纷响应中共"五一"号召，参与筹备建立民主联合政府的各项准备工作。从1948年8月始，一批又一批爱国民主人士、社会活动家、实业家、无党派人士辗转到达北京，迎来了中国民主革命的最终胜利。

"世间多少偶然事，要到偶然不偶然。"（明·佘永麟《北窗琐语》）历史老人常对现实发出诘问。香港作为"国中之国"铭记着中华民族的血泪和屈辱，但它却成为中国革命的风景中心之一，成了历史不自觉的工具。

辗转一个半世纪过去了，香港从一个小渔村发展成为一个现代化的国际商贸、旅游、航运中心，成为"购物天堂"、"东方明珠"，这也是英国殖民者始料不及的。继毛泽东、周恩来提出"暂不动香港"、"长期打算、充分利用"之后，邓小平高瞻远瞩地提出"一国两制"的伟大构想，使香港保持繁荣和稳定，香港的历史必将铸就新的辉煌。

参考书目：

贺弘景主编：《香港的昨天、今天和明天》，世界知识出版社 1994 年版

关于人生、男女、健康的忠告

一、卡耐基论人生

1. 快乐的人生。（1）生活的快乐与否，完全决定于个人对事物的看法如何，因为生活是由思想造成的。（2）爱你们的仇人，善待恨你们的人，诅咒你的，要为他祝福，凌辱你的，要为他祷告。（3）当命运交给我们一个柠檬的时候，让我们试着去做一杯柠檬水。（4）不公正的批评通常是一种伪装过的恭维。记住，从来没有人会踢死一只死

狗。（5）在感到疲劳之前先作必要的休息。（6）如果你睡不着，就起来工作或看书，直到你想睡为止。

2. 美好的人生。（1）从争论中获胜的唯一秘诀是避免争论。（2）尊重别人的意见，不要随意指责对方，真诚地赞赏别人。（3）一滴蜂蜜比一加仑胆汁更能吸引苍蝇。（4）人类本质里最深远的驱动力——希望。（5）同情在中和酸性的狂暴感情上有很大的化学价值。（6）家庭是幸福的摇篮，理解与宽容方可带来幸福，绝对不可以唠叨，批评使婚姻灭亡。爱的失去，尽在细微之处。给予对方以真诚的欣赏。

3. 人性的弱点。（1）卡耐基（钢铁大王）的墓碑上写着长眠此地的人懂得在他的创业过程中起用比他更优秀的人。（2）一个人的名字对他来说是任何语言中最甜蜜、最重要的声音。（3）让他人觉得这个想法是他自己的。

4. 人性的优点。（1）重要的不是看远方模糊的，而要做手边清楚的事。（2）不要为过去后悔，抓住自己的每一天。（3）贫穷是最大的财富。伟大人物无一不是经由苦难而造就的。（4）忧虑是健康的大敌。在纷繁复杂的现在社会，只有能保持内心平静的人，才不会变成神经病。（5）问题是什么？问题的成因是什么？可能解决问题的方法有哪些？你建议用哪一种解决问题的方法？（6）生命太短促了，不要再为小事烦恼。不要为打翻了的牛奶而哭泣。

总之，戴尔·卡耐基先生通过他的演讲和书教给人们一些处世的基本原则和生存之道，这是我们每个人都应该学习的人生必修课。

二、朱德庸论男女

台湾著名漫画家朱德庸以颠覆爱情、批判婚姻、纵论男女而闻名于海峡两岸。他的幽默、机智和率性伴随着《双响炮》、《醋溜族》、《涩女郎》的电视剧热播而风行于海内外，其言论对沉浸于万人迷、结婚狂、男人婆的爱情故事中的都市男女是一个清醒剂，对当代人的工作、爱情、生活、婚姻是一个提醒。

朱德庸说，世界上最好的演员是恋爱中的男女。的确，自从亚当夏娃来到世间以后，男人和女人就构成了人间世界的一道靓丽的风景。男欢女爱，展现着各自的 IQ 和 EQ，舒展着自身的阳刚之气和阴柔之美。动若猛虎，静若处子。男有骑士风度，女有淑女风范，这是大自然的馈赠。

朱德庸对男女有独到的认知：如果女人是魔鬼，男人最想做的事就是下地狱；男人见女人最怕说的话是谁更爱谁多一点？女人最怕的是两件事：一是阳光，二是卸妆。男人的热情的持续时间与女人最初的抗拒力量成正比。女人在一次次的恋爱中知道男人是什么东西，男人在一次次的恋爱中知道女人要什么东西。当男人碰上女人，这是一桩意外；当男人爱上女人，这是一项游戏；当男人追上女人，这是一种流行；当男人取了女人，这是一个问题。

人常说婚姻是一个城堡，外面的想出来，里边的人想冲出去。如何解读"七年之痒"？朱德庸幽默道：世界上最好的手铐就是结婚戒指。不禁令人莞尔一笑，掩卷而思。爱情步入婚姻不乎三种下场：沉淀、溶解和挥发。

关于婚姻，朱德庸有自己的看法，"如果我是一个爱情婚姻专家的话，依照我的理论，接受我辅导的方式，可能所有人的爱情都垮台了，婚姻全部都完蛋了。""所有的婚姻都是一场空难，大部分人丧身了，一部分人可以存活下来，我就是存活下来的一部分。"这是他的朱式幽默，也是他对现实婚姻的感悟。

其实，恋爱婚姻、男女关系永远是人生的课题，爱是一门艺术。正如有人评价的：婚姻是一所学校，在这所学校我们会懂得爱护、宽容、理解、责任，体味人生之美。

三、洪昭光谈健康

"生活在于运动"、"健康是永久的财富"这些至理名言我们耳熟能详，但是从理论上认识健康我还是从首席健康专家洪昭光所著《健康快乐 100 岁》中获得的。

健康是一种生活方式。本书是"相约健康社区行"丛书的一种，是响应中央普及卫生科学知识而编写的，目的是倡导"学习科学、拥有健康、享受生活"的新理念，实现"奔小康、要健康"之目的。所谓60岁以前没有病，80岁以前不衰老，轻轻100岁，人人都能健康快乐，这是一个形象的宣传口号。其实就是有个健康的心态。所谓好心情，书中解读就是好心＋好情。好心是爱心、善心和真心；好情是友情、柔情和爱情。此书就是用这种平白浅显、生动风趣的语言把深奥的医学知识和理念变成"一听就懂，一懂就用，一用就灵"的百姓语言，使之成为广大民众促进健康的有益指南和健康宝典。

洪昭光提出了许多健康理念：一个中心（以健康为中心），两个基点（糊涂一点、潇洒一点），三大作风（助人为乐、知足常乐、自得其乐），四个最好（最好的医生是自己，最好的药物是时间，最好的心情是宁静，最好的运动是步行）。关于饮食健康，他提出了"一二三四五"、"红黄绿白黑"的建议，所谓"一"就是每天喝一袋牛奶，"二"就是每天250—400克碳水化合物，"三"是每天3份高蛋白食品，四就是四句话：有粗有细、不甜不咸、三四五顿、七八分饱，五是500克蔬菜。红（西红柿）、黄（黄色蔬菜）、绿（绿色食品）、白（燕麦片）、黑（黑木耳）。他概括了养心八珍汤：慈爱心一片、好肚肠二寸、正气三分、宽容四钱、孝顺常想、老实适量、奉献不拘、回报不求。他总结了幸福三部曲：亲爱、关爱、话聊。他强调强身健体8个八：日行八千步、夜眠八小时、三餐八分馆、一天八杯水、养心八珍汤、强体八段锦、无病八十八，有寿百零八。

一口气读完，我对"健康是人生永恒的追求，健康是人生最大的财富"有了更深的体认，现实生活中许多人不是死于病，而是死于无知，预防是最好的保健，健康应该成为一种生活方式。阅读本书你就明白"生活方式文明、生命之树常青"的道理，你才能享有"春有百花秋有月，夏有凉风冬有日"的人生佳境。

参考书目：

戴尔·卡耐基著：《人性的弱点全集》，中国发展出版社2002年版
奥格·曼狄格等著：《人性的优点全集》，中国发展出版社2003年版

（台）朱德庸著：《朱德庸谈男女》，海南出版社2000年版

（美）巴巴拉著：《请问巴巴拉》，内蒙古文化出版社1998年版

（美）埃·弗罗姆著：《爱的艺术》，华夏出版社1987年版

洪昭光著：《健康快乐100岁》，人民卫生出版社2005年版

洪昭光著：《我眼中的健康人生》，时代文艺出版社2006年版

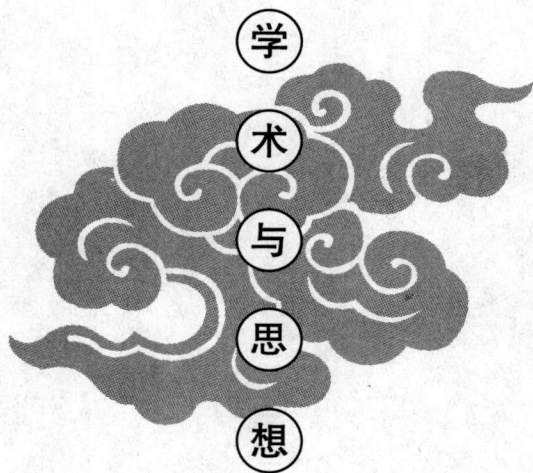

学术与思想

学而不思则罔，思而不学则殆。　　　　　　　　　　　　　　——孔子

学愈博则思愈远。　　　　　　　　　　　　　　　　　　　　——王夫之

学术的思想和思想的学术。　　　　　　　　　　　　　　　　——王元化

文章信口雌黄易，思想锥心坦白难。　　　　　　　　　　　　——聂绀弩

理论思维是铁的花朵。这朵花不是昙花一现，不是易燃的绢花，一把火就烧掉了。

　　　　　　　　　　　　　　　　　　　　　　　　　　　　——恩格斯

世界上谁也无权命令别人信仰什么，或剥夺别人随心所欲思考的权力。

　　　　　　　　　　　　　　　　　　　　　　　　　　　——苏格拉底

如果我们读一本哲学书，而这本哲学书不叫人自己去思维，这本书是没有什么价
值的。　　　　　　　　　　　　　　　　　　　　　　　　　　——康德

两千年的西方哲学史都可以看作是对柏拉图的一连串注脚。　　——怀特海

凡是值得思考的东西，没有不是被人思考过了的，我们所能做的不过是力图重新
思考而已。

　　　　　　　　　　　　　　　　　　　　　　　　　　　　——歌德

不是事业为了思想，而是思想为了事业。　　　　　　　　　　——伏尔泰

人是思考的芦苇，人的全部的尊严就在于思想。　　　　　　　——帕斯卡

最激动人心的可能性乃是哲学分析与历史证据之间的一场对话。——斯金纳

一切历史都是思想史。　　　　　　　　　　　　　　　　　——柯林武德

你有一只苹果，我也有一只苹果，我们交换后手里还是一只苹果；而如果你有一
个思想，我有一个思想，我们交换后就各有了两种思想。　　　——萧伯纳

一个思想家的责任是根据自己的眼光与理解去把时间加以象征化。他没有选择的
余地；他照他不得不想的那样去想。　　　　　　　　　　　　——斯宾格勒

人类一思考，上帝就发笑。　　　　　　　　　　　　　——米兰·昆德拉

我们始于迷惘，终于更高水平的迷惘。　　　　　　　　　　——西方谚语

哲学是什么

从古代希腊和中国先秦算起，中外智者便不断追问这一亘古常新的问题。英国著名哲学家罗素曾这样表述他理解的哲学："哲学，就我对这个词的理解来说，乃是某种介乎神学与科学之间的东西……介乎神学与科学之间还有一片受到双方攻击的无人之域；这片无人之域就是哲学。"

关于哲学，人们从本体论、认识论、语言分析说、智慧说、生活方式说、问题集等多个层面解读。爱智说是较早并很普遍的一个理论界定。哲学起源于知识的惊诧。按照亚里士多德的说法："智慧就是寻求原因和原理的知识。"按照我国传统哲学的说法，就是"究天人之际，通古今之变"，"判天地之美，析万物之理"，"为天地立心，为生民立命"。按西方哲学的说法，就是解决"精神的焦虑"、"信仰的迷失"、"意义的失落"、"人生的危机"，"使人崇高起来"，"发现生命的意义"。苏格拉底说哲学是思想者的吟唱对话和旅行。哲学就是爱智之说。借用冯友兰的一句话，就是"使人作为人能够成为人，而不是成为某种人"。

现在流行一种说法：哲学就是一个问题集，并寻求去解决这个问题。这是英国学者布伦丹·威尔逊的观点。读完《大问题：简明历史哲学导论》后，我对这一观点有了更深的了解。作者所谓的基本问题或大问题，即试图理解和质疑隐藏在我们的生活、行为、知识和观念背后的那些基本预设是什么，即不仅知其然，而且知其所以然。哲学大问题探讨的就是对知识的渴求、美好生活的追寻、正义的探索、意义的追问等一些形而上的问题。正如作者在本书前言所论：这本书是意识的一种洞见，这种意识被裹挟在一股强大的力量当中，正在一个崭新而可怖的人类世界中寻找着方向。哲学涉及本体论、伦理学、认识论、逻辑学、政治社会、美学、宗教等。哲学就是思索我们已经学到的东西，思索我们在宇宙中的位置。我们如果拥有哲学，就拥有一种对自身以及未来的洞察。思想赋予生命以意义。我们的心灵需要思想，它给我们以思考的快乐、理解的挑战，灵感以及哲学的慰藉。哲学就是对智慧的爱。哲学与智慧规定了我们在宇宙中的位置，赋予我们生活以意义。

参考书目：

（美）罗伯特·所罗门著：《大问题》，广西师范大学出版社 2004 年版

乔斯坦·贾德著：《苏菲的世界》，作家出版社 1997 年版

麦基编：《思想家》，三联书店 1987 年版

罗素著：《西方哲学史》（上卷），商务印书馆 1982 年版

经济学作为一种生活方式

改革开放以来，随着中国社会世俗化、市场化的发展，经济学在社会科学中的地位日益凸显，有"社会科学的皇后"之美誉。而经济学家的自豪与傲慢也见诸社会现实。"经济学帝国主义"和"市场原教旨主义"的议论也散见报端。的确，经济学不是书斋中的学问和无关社会疼痒的屠龙术，近代以来很多经济学者都有关怀淑世的道德传承，如马克思、哈耶克、休谟、亚当·斯密等。经济学就是一门经邦济世、服务民生的大众之学。从这个意义上说，经济学是一种生活方式。

经济学是研究稀缺资源择优分配的道德之学，经济学家应该讲究道德。的确，经济学不是书斋中的学术，而是通过改进资源配置、寻求社会的致富之道。不是个人的致富，而是社会的致富；不是通过改进技术的致富，而是通过如何改进资源的配置来致富。特别是经济学者应有一

种道德理想和终极关怀,在繁荣的经济世界中建立良好的道德秩序。1970 年获得诺贝尔经济学奖的保罗·萨缪尔逊在他写的那本修订了十几版、行销百万册的《经济学》一书的开头写道:由于经济学研究的是人,而不是无生命的东西,因而学经济时人们却常用自身的经验去理解甚至发现经济行为的规律。因此,经济学就在我们身边,我们每个人都是自己的经济学家。

正是因为如此,美国人道格拉斯·C·米诺和罗杰尔·L·米勒合写了《我们身边的经济学》,美国人莫里斯·D·利维写了《日常生活中的经济学》,我国学者茅于轼写了《生活中的经济学》,他们探讨生活中运用经济学解决问题的动人故事。作者运用每个人都可能有的经验来说明国民经济核算、总量均衡、通货膨胀、价格与资源配置、外部效应、国际贸易等基本理论,尤其是着重讨论了经济制度、交易费用和市场经济的文化、法律、道德观念之背景,它们是市场经济规则得以遵循的基础。这样,经济学理论就不再显得枯燥无味,"囚徒理论"和"劣币驱逐良币"等经济现象才会变得容易理解。我们才可运用经济知识处理人的权利义务、产权制度,改变生活的质素。

参考书目:

茅于轼著:《生活中的经济学》(第 2 版),暨南大学出版社 1998 年版

日常生活的美学

美是什么?学术界自 20 世纪 50 年代肇始的美学问题著名论战中,关于美的认识就有四大派:吕荧、高尔泰为代表的主观派、以蔡仪为代表的客观派、以朱光潜为代表的主客观统一派和以李泽厚为代表的美即客观性与社会性相统一的积淀说。

　　"美是一种理念"（柏拉图）、"美是整一的东西"（亚里士多德）、"美是空间"（爱因斯坦）、"美是造福者上帝"（圣·奥古斯丁）、"美是神圣的比例"（达·芬奇）、"美是关系"（狄德罗）……这些是外国学者的论述。

　　的确，湖光山色、花鸟虫鱼、古玩字画、美目倩影……这些都是美好的，但正如"一千个观众就有一千个哈姆雷特"一样，由于观赏者主体的视界、眼光、情绪、心智等不同而有不同的体悟，所谓"不识庐山真面目，只缘身在此山中"，"登山则情满于山，观海则意溢于海"，"智者乐山、仁者乐水"，就是这个道理。

　　美学（Aesthetic）如英国小说家福斯特小说《带风景的房间》一文描述的，它就在我们身边。宋代大画家郭熙有言："山有三远：自山下而仰之巅，谓之高远。自山前而窥山后，谓之深远。自近山望远山，谓之平远。高远之色清明，深远之色重晦，平远之色有明有晦。"所谓"三远"，表明美有时代性、主体性、历史性。的确，优美与崇高、阴柔与阳刚、悲剧与喜剧有各不同的意蕴，维纳斯断臂、掷铁饼者的线条、蒙娜丽莎的微笑、三寸金莲与小脚服饰也有不同的风格，初发芙蓉与错彩镂金、阳春白雪与下里巴人是不一样的品味。中国古代也有一个音乐理论：丝不如竹、竹不如肉，即弦乐不如管乐，管乐不如歌唱。西方有个谚语："趣味无争辩"，说的是一个道理。

　　罗丹说：世界并不缺少美，缺少的只是美的眼睛。美学何处寻，尽在生活中。马克思说："人也是按照美的规律来塑造物体。"鲁迅说：贾府焦大不会爱上林妹妹，美国的煤油大王哪会知道北京捡煤渣老太婆的辛酸，灾民不会种兰花。这如同最美的音乐对于不懂欣赏的人无意义一样，这是美的时代性主观性。清水出芙蓉，天然去雕饰，绚烂之极归于平淡，这是朴素平淡之美；手挥五弦，目送飞鸿，斯人已逝，广陵曲终，这是一种残缺美；夕阳西下，一对经过人生风雨的夫妻相携对视无语，这是一种夕阳美；春耘夏熟秋收冬藏，骏马秋风塞北，杏花春雨江南，这是季节美；模仿、表现、再现，这是不同的风格美；大江东去与小桥流水、感时花溅泪，恨别鸟惊心，这是境界之美……爱情诗就有"雾失楼台月迷津渡"的朦胧美，"此情绵绵无绝期"的凄婉美，"春蚕到死丝方尽"的高尚美之别。

参考书目：

宗白华著：《美学散步》，上海人民出版社 1981 年版

王明居著：《通俗美学》，安徽教育出版社 2001 年版

（英）鲍桑葵著：《美学史》，商务印书馆 1995 年版

口述历史

口述历史（Oral History），亦称口头史学、口碑史料等。按照史学界比较流行的说法，口述历史指的是由准备完善的访谈者，以笔录、录音或录影的方式，收集、整理口传记忆以及具有历史意义的观点。

作为一种方法，口述古已有之，可上溯到先秦诸侯间的采风，现代意义上以历史重建为目的，对过去事件亲历者的采访为方式的口述历史和口述传统以一种言说方式和话语系统对现代史学产生了广泛而深刻的影响。它由精英走向大众、由政治走向文化的趋向表明其"眼睛向下"的学术视角以及平民化、大众化的基本特色，从而使历史变得鲜活起来，有血有肉。

凤凰卫视电视台由陈晓楠主持的"口述历史"节目开始就以敏锐的问题意识和人性化的笔触、生动的视角空间采访了一些名人的后代或重大历史事件的经历者，述说了背后的鲜为人知的历史另一面：刘若英、刘敬坤、卢国纪、荣智健、陈建功、孔令仪、杨拯民、许崇德、王英、洪炉、顾骧、张木生、汪东林、朱正、范达人、王芝琛、曾彦修、冯兰瑞、吴象、陈禹山、王鹤滨、杨麟、何方、陶恒生、赵炜……这也说明了一句话：历史是最好的记忆。

当今，随着史学观念的更新及现代传媒技术的发展，出版界出现了"图说史大出风头，口述史一枝独秀"的格局。各种各样的口述史出版

物见诸市场。如保罗·汤普逊著覃方明等译《过去的声音——口述史》（辽宁教育出版社 2000 年），杨祥银著《与历史对话——口述历史的理论与实践》（中国社会科学出版社 2004 年），唐纳德·里奇著，姚力等译《大家来做口述历史》（当代中国出版社 2006 年）、朱元石主编《共和国要事口述史》（湖南人民出版社 1999 年）、《红色记忆：中国共产党历史口述实录》、刘小萌《中国知青口述史》（中国社会科学出版社 2004 年）、李小江主持的"20 世纪（中国）妇女口述史"等，以及文化社会历史名人启功、沈从文、吴德、邓力群、刘英等的口述回忆录。总之，口述历史虽然存在着理论不足（如口述历史与口述资料的区分界定）、缺乏规范、缺乏深度系统等不足，但作为一种新的体裁形式，标志着史学研究已从单纯文献求证转向民间社会资料的发掘，标志着我国学术界自我认识理性化的努力。

参考书目：

保罗·汤普逊著：《过去的声音——口述史》，辽宁教育出版社 2000 年版

杨祥银著：《与历史对话——口述历史的理论与实践》，中国社会科学出版社 2004 年版

后现代思潮

在当代学术语境中，"后现代在中国"、"现代性问题"是一个十分流行的话题。据考证，"现代性"概念最早出现在 17 世纪，19 世纪才流行起来，波德莱尔、黑格尔都有探讨，20 世纪进入学术主流话语圈。回顾近现代中国现代性的艰难历程，梳理"后现代"的知识谱系语境，反思中国当代现代性和后现代的困顿和问题，可以为我们提供不少思想资源。

福柯认为，现代性或后现代性是一种态度、气质、哲学生活，这种态度、气质和哲学生活的特征在于对我们自身的历史存在作永久性的批判。阿多诺、利奥塔、吉登斯、鲍曼等思想家在对西方社会文化现代性危机的反思、批判、解构和颠覆的基础上，提出用"后现代转向""后现代状况"等来描述西方社会的生产方式、经济体制、政治组织、科学技术、文化生态等各种社会进路和文化现象。从这个意义上说，现代性问题和后现代主义的出现是一种危机反思的表征，是一种批判性的理论话语。有人这样比喻：后现代以形形色色的现代性为鱼肉，推上砧板，加以刀功，调以佐料，烹以油水，做成一道道大餐，令后学爱好者大快朵颐。

从物质生产和经济体制层面看，丹尼尔·贝尔在《资本主义文化矛盾》一书中提出了"后工业化社会"的概念，认为以信息工业为主导的当代社会已经建立起与传统工业不同的物质生产与经济生活方式；而詹姆逊则侧重于从资本主义社会经济制度的角度来指认后现代，认为后现代是资本主义社会进入晚期的文化现象，后现代文化即是晚期资本主义的文化逻辑。

从政治组织形式和意识形态视角看，后现代时代意味着冷战后"意识形态的终结"，所谓历史的终结、主权的终结等学术话语纷纷出笼。而从科学技术和传媒空间视角看，吉登斯提出"时空分延"理论，哈维提出"时空压缩"、索亚提出"第三空间"概念、麦克卢汉提出"地球村"概念、鲍德里亚提出"拟像与仿真"镜像理论，这些都向我们展现了一个后现代主义的文化景观世界。

在文化学术领域，后现代主义波及领域广泛而复杂，包括大众艺术、先锋派、后殖民主义、实验小说以及解构主义等，这些后现代思潮表现出共同的精神谱系：消解中心主义的多元解构；消解宏大历史叙事；消解深度价值的平民化主张；消解文化精英主义的大众娱乐……总之，后现代主义是对现代性问题的颠覆、批判和超越。利奥塔说：我将后现代化定义为针对元叙事的怀疑态度。从某种意义上说，后现代是属于现代的一个组成部分。

参考书目：

（美）大卫·雷·格里芬编：《后现代精神》，中央编译出版社 1998 年版

（美）丹尼尔·贝尔著：《资本主义文化矛盾》，三联书店 1989 年版

张颐武著：《现代性中国》，河南大学出版社 2005 年版

哲学与智慧

"哲学"之本义即"爱智慧"。哲学的英语拼写是 Philosophy，来自于希腊语，哲学是教人以智慧的学问。亚里士多德有一名言：哲学起源于对外部世界的惊奇。西方伟人苏格拉底说，没有经过反思的人生是毫无意义的，还说哲学的最高任务是"认识你自己"。黑格尔把这种哲学的最高任务称为"反思"（Reflection）。中国学术大师冯友兰也谓哲学是对人生的系统的反思。胡适说：凡研究人生中切要问题的学问即哲学。哲学正是一面观照我们灵魂的"镜子"。

"理性"和"信仰"是智慧的两翼。信仰解决"人活着是为了什么"的问题，而理性则解决"怎么活法"的问题。所以无论是中西的善恶之辨、灵魂生灭之说、人是天使还是魔鬼之论……这种沉思与辨理、率性而求真、理性且敏锐的智慧洞识贯穿于哲学发展的历史星空。"人类一思考，上帝就发笑"。放弃了思考，放弃了智慧，放弃了哲学，也就放弃了人自身这一最高目的。德国狄尔泰说：永不熄灭的形而上学的动力是想解决世界和生活之谜。笛卡尔有一句名言：一个民族如果没有自己的哲学家，就在世界上没地位。人类的思想苍穹永远不能没有哲学智慧之光的普照，正如冯友兰在哲学的精神之诠释中所言：哲学的功能不是为了增进正面的知识，而是为了提高人的心灵，超越现实世界，体现高于道德的价值。

由于中西历史传统、地理环境、发展路向、内在机理各有不同，中西哲学蕴育出并行不悖、相恃而立的不同风韵。西方哲学重思辨、重理性、重主客二分，强调人文关怀和宗教救赎；东方智慧则突出人伦、重直觉、主客一体、天人合一，无宗教情怀。西方重商，东方重农；西方重法治，东方重人伦；西方重团体精神，东方重个人修身；西方重个体自由，东方重集体观念；西方多有鲁滨逊的竞争冒险和普罗米修斯的超度精神，东方多有诸葛亮的忠贞和鲁智深的侠义情怀。总之，中西发展路向殊异：20世纪怀特海说，西方2500年历史不过是为柏拉图作注解；我们也可以说，我们一直生活在儒家学说孔孟思想的普照之下。希望中西文化取长补短、相互借鉴，达到"美美与共，天下大同"的至高境界。

参考书目：

罗素著：《西方哲学史》（上下卷），商务印书馆1982年版

冯友兰著：《中国哲学简史》，北京大学出版社1985年版

历史与道德

俗话说：愤怒出诗人，但是出不了政治家。马克思主义认为：评价一个人一件事，不仅要注重动机，还要注重效果；不仅要注意道德评价，而且要注意政治评价；有时历史上是错误的，而政治上则是正确的。总之，历史人物的评价不能是简单的成者为王败者为寇，而应具体分析人物功过的主次方面。

这涉及现代科学与史学的关系、理性道德及其限制问题。鉴往知来是史学的宗旨，历史包括发现（史实）和重构（史观）的两个向度。历史的科学本质寻求知性的发现，历史的鉴往知来功能则牵涉判断、好

恶、观感。因此历史学兼有中性的发现和创造性的解读和重构的双重目标。

关于历史和道德的复杂关系，马克思为我们评价人物树立了典范。他在评价路易·波拿巴的政变何以得逞时，就包括揭示这个流氓无产者的品格和阴谋小人的道德评价，但是马克思更多地是从历史发展和政治变迁中寻求人物评价的尺度，认为政治人物有时候充当了历史不自觉的工具。事实上，如果我们把社会作为一个整体，衡量阻碍还是推动社会发展的尺度，应该以是否有利于社会进步和生产力的发展为标准，而不是少数人的更不能是被历史淘汰的人的道德情绪。以道德为维度，必然停留在动机领域，按人的动机来区分人的好坏，这样就不能正确认识历史真正发展的功力。因为，在所有动机包括伦理动机背后，都有着深刻的物质的经济的动机。例如"玄武门之变"，李世民杀建成元吉、明燕王朱棣"靖难之役"取代建文帝并不符合封建传统伦理道德，但他们却由此开辟了一代基业。明朝方孝孺恪守封建正统观念，但他却以不趋炎附势不畏强权视死如归的个人品格赢得我们的尊重。施琅叛明投清，并不符合封建正统思想、忠孝节义，但是他平定台湾，为我国大一统作出了历史贡献而彪炳千秋。

总之，道德学者和历史学家应有不同的情怀和境界：道德可以用来评价人的行为，是人的行为评价的尺度，但不是社会历史发展评价的尺度；我们反对的是以道德作为历史评价的尺度，而不是反对从一个侧面对社会历史现象的道德评价。对于历史和道德的关系，我们应作如是观。中国古代的所谓"春秋笔法"蕴涵了处理历史和道德的经验教训，为尊者讳为贤者讳，但讳而不隐。

参考书目：

（德）黑格尔著：《历史哲学》，上海书店1999年版
（英）汤因比著：《历史研究》（上下册），上海人民出版社2000年版

法律与职业

记得上大学时读到美国大法官安东尼·肯尼迪一句名言："法律是什么？法律是故事，是我们昨天的故事；法律是知识，是我们关于今天如何行事的知识；法律是梦想，是我们对明天的梦想。"我常常感叹不已。及至工作后读到西塞罗所言"执政官乃是会说话的法律，而法律乃是不会说话的执行官"时，我才把法律与职业联系来思考，我才明白法律就是一个追求公平公正的职业。通过法律实现社会正义和公平，是每个法律人应有的理想和追求。

法律与人类文明进程相伴。法典是人民自由的圣经（马克思）。过去我国封建社会人们耻于诉讼，这是"天有十日人有十等"社会的反映，有公德而无私权，有官利而无民权。及至当代，随着公民社会的兴起，人民的维权意识勃兴：草根民主、民告官府、业主维权、人大自荐等改变并塑造着中国的法律生态和政治边界。我认同柯勒的观点：对过去而言，法律是文明的一种产物；对现在来说，法律是维系文明的一种工具；对未来来说，法律是增进文明的一种工具。

法制现代化不仅包括具象的法律文化、文化意识形态上的法律话语权和法律至上理念，还包括培养一批独立人格的法律职业主体，这是法治社会的中坚和基石。

但是我们应该看到当今法律作为一种职业的伦理追求仍面临不少挑战和困惑：司法腐败（大盖帽两头跷，吃了原告吃被告）、人治大于法治（以权压法、以势凌法、以情徇法）、知法犯法（三陪律师）、执法不力（执行难）等一时还难以改变。权力运作的失控、意识形态的普法策略、规则行为的无序导致"法律职业"的缺席和法律人角色的遮蔽。关键是法律人自身的自律。卢梭有句名言：如果一个人犯错就像污染了河水；而法官枉法就像污染了水源。一次不公正裁判的恶果甚至超过 10 次犯罪。法律人应该警醒啊！

当今法官和律师这一特殊的群体在中国法治社会建设中担当着特殊的责任。法律人必须构筑心中的道德律令——神圣的法律，要义无返顾地追求公平和正义。因为"法律不仅造就一个民族，而且还反映了一个民族的特性"（法国作家梅里美）。有人说法律是政治的晚礼服，诚不为过。

记得潘恩在《常识》中曾这样说过："在专制政府中国王便是法律，同样地，在自由国家中法律便应成为国王。"我们期待这一天的来临。因为"法律必须被信仰，否则它将形同虚设。"（伯尔曼）

参考书目：

苏力著：《送法下乡》，中国政法大学出版社 2000 年版

冯象著：《政法笔记》，江苏人民出版社 2004 年版

刘星著：《法学作业——寻找与回忆》，法律出版社 2005 年版

（美）富勒著：《法律的道德性》，商务印书馆 2006 年版

性别与政治

每一个了解一点历史的人也都知道，马克思恩格斯最早论及性别与政治的关系：没有妇女的酵母就不可能有伟大的社会变革。社会的进步可以用女性的社会地位来衡量。妇女的解放的程度是衡量普遍解放的天然标尺。

gender 是西方女性主义理论研究与性别平等运动的一个核心概念，sex 则指生物学性别。女权即人权是女权主义者的口号，《第二性》一书被称为女性主义"圣经"，作者波伏娃书中指出，一个人并非生下就

是女人的，而是变成女人的。她们强调男女之别不只是源于生物学的不同，而是社会、生活、文化的不同。此书被认为是女性意识史上一本最重要、影响最深远的著作，是女性主义的宣言和里程碑。

在中国传统的父权制社会文化中，男尊女卑、男主外女主内是社会的思维定式，女性长期被排斥在公共生活之外，乳癌政治就是一个与性别有关的公共政策典例。因为女性因性别而被歧视、压迫、排挤，形成了社会不平等权利结构，当代女权主义一直与阶级、种族、解放运动联系在一起，妇女发展平等及参政水平是衡量社会文明进步的重要标准。20世纪以来兴起的女性运动从最初的一种妇女争取完全平等的政治运动和意识形态以后逐渐扩展为一种世界文化思潮，即从广义说，弘扬女性被男权遮掩的价值，以自己的眼光看待自身和世界。女性主义运动一直是追求世界上社会平等的关键性动力。女性主义研究方面也取得了硕果，波及诸知识领域。

让我们记住巴哈的一句名言：人类有一双翅膀———一边是女性，另一边是男性。只有在两翼均衡地成长后，这鸟儿才能飞翔。

参考书目：

（法）西蒙娜·波伏娃著：《第二性——女人》，湖南文艺出版社1986年版
李小江著：《女性/性别研究代表作导读》，江苏人民出版社2006年版

科学与宗教

日常生活中我们常听到这样的信条："车到山前必有路"、"人为财死、鸟为食亡"、"人不为己，天诛地灭"、"今朝有酒今朝醉"、"有钱就有了一切"、"有权不用，过期作废"、"平平淡淡才是真"、"钱不是万能的，没有钱却是万万不能的"、"人人为我我为人人"等等。这些

生活准则,有人奉为圭臬,有人弃之如敝屣,反映了不同的人生境界,甚至有人信奉灵魂不灭、生死轮回等,这就进入宗教层面了。

科学与宗教的关系大体经历了最早时期的融二为一,古代两者的分化与分立,近代两者的矛盾与冲突,现在两者的调适与共存这四个阶段。在原始社会,当社会生产力极端低下时人们只能通过有限的经验和原始思维的直观猜测来认识自然现象(雨雪、雷电风)和社会现象,作为原始人类的总体文化中的宗教包含着科学的认知:原始巫师即是医生,占星术与天文学相伴相随,炼丹术成就了原始化学、原始医学。我国古代炼丹方术就包含养生保健、气功长寿等医疗知识。随着人类文明的发展,许多宗教神职人员为了践履某些宗教教义教规,客观上为科学研究开辟了道路,有些宗教经典文献也包含着丰富的科学内容,宗教传播活动也普及了天文、历算、几何、地理、水利和火器等新知。如中国明末清初一批西方传教士在进行文化侵略的同时也带来了声光电化、西洋奇器、泰西新知。当然,科学与宗教本质上是对立冲突的。科学有其独立的理论体系、实验体系和话语方式,而宗教仍想把科学视为神学的婢女和论证教义教规的工具,它不允许一切违反教义的科学解释。这方面的典型例证是哥白尼的"日心说"被罗马教廷宣布为"异端邪说",布鲁诺因坚持真理被活活烧死、伽利略获终身囚禁,人类科学文明在蹒跚中曲折发展。

罗素说,科学终究会战胜宗教。从认识论的角度看,这是真理战胜谬误的过程。但是在看到两者冲突的同时,近代科学的兴起与基督教的创世观念、科学技术的体制化与清教的精神气质也有内在的联系。怀特海和默顿均有论及。进入 20 世纪,现代宗教与科学的关系逐步由对立冲突矛盾紧张变成协调合作,以便形成各自的分工畛域。宗教与科学的对话与沟通必将有助人类社会的和谐共处,而一切迷信邪教与科学本质圆凿方枘。

参考书目:

(英)怀特海著:《科学与近代世界》,商务印书馆 1997 年版

李亦园著:《宗教与神话》,广西师范大学出版社 2004 年版

罗素著:《宗教与科学》,商务印书馆 1982 年版

文学与人生

文学是什么？古往今来，文学的存在价值和审美意义不断被追问。

高尔基说：在艺术当中，文学最能为群众所理解，因而是文化教育最强有力的手段。西方语言学大师威廉·洪堡特曾把语言与世界观等同起来，认为"每一语言里都包含着一种独特的世界观"。鲁迅说，文艺是国民精神所发的火光，同时也是引导国民精神的前进的灯火。文学作品应该为现在作一面明镜，为将来留一种记录。中外有异曲同工之妙。

文学即人学。在一个重视文学的国度我们体悟到吴宓"文学即人学"的精深之思。早在清华大学武汉大学工作时，吴宓就开设《文学与人生》课程，研究人生与文学之精义及两者之关系，认为文学具有涵养心情、培植道德、通晓人情、谙悉世事、表现国民性、增长爱国心、确定政策、转移风俗、造成大同、促进文明之功用。他有一个有趣的比喻：哲学是汽化的人生、诗是蒸馏的人生、小说是固化的人生、戏剧是爆炸的人生。文学是人生的精髓，可以为人们提供生活叙述、批评和教训。文学可以清除我们心灵的尘埃，给我们带来希望、勇气和力量。巴金说：我是从探索人生出发走上文学道路的。著名作家陈建功说过：因为有文学相伴，"文革"十年我从来没有绝望过。

著名人文学者安诺德曾这样说：文学是世界上人所创造的"最好的思想和言论"，的确文学是人学，可以促进个人的完善。俗话说："人是万物之灵""人之所以异于禽兽者几希？"人是要有点精神的，而文学可以使人获得思想启迪、情感熏陶、精神升华和审美愉悦。文学以审美的方式全面反映或表现人生，开辟了一条通往心灵的时空隧道。"昔我往矣，杨柳依依，今我来思，雨雪霏霏"。之所以被人们千古咏唱，不仅在于其对爱情的讴歌，而且是因为漾溢着人性的光辉。文学是一个神奇的精神领地，是一块独特的审美领域。诗人荷尔德林说："人诗意把栖居在大地上"，其实这只是一种理想化境界，人在旅途，难免心有羁绊，心为物役，在忙碌的现实生活中，人们容易迷失自我，迷失人生的终极目标，结果是迷失了人的本性而感到生活无意义或灵魂不自在。而文学则是追求精神性生活、追求生命的尊严、追求心灵的宁静和自由之极佳通幽处。

文学是心灵之舍。文字是生命的载体，诗歌是生命的旋律，书法是心灵的舞蹈。文学以不同的色彩反映人生的悲欢离合、幽怨情愁。无论是遵命文学、歌德文学、工农兵文学，还是伤痕文学、反思文学、改革文学、知青文学、先锋文学、新写实文学、新历史文学，都是时代的产物。

当然，正如吴宓所说，文学反映人生，但并不等于人生。文学必须用人生经验加以选择，必须用艺术手段对人生经验加以处理，使其更真、更美、更善。"人生是杯苦酒，也是杯甜酒"，关键你是何种心境。

参考书目：

吴宓著：《文学与人生》，清华大学出版社 1993 年版
王元化著：《文学沉思录》，上海文艺出版社 1983 年版

语言与思维

20 世纪，西方学术发展中出现了所谓的"语言学转向"。语言问题可以从两个不同方面加以思考：一是语义学，即从语词、句子和文本的含义探讨问题；二是语用学，即从语言使用的角度探讨问题。这都和思维方式息息相关。正如维特根斯坦所说：语言的界限就是我们思想的界限。奥威尔也说："如果思想破坏语言，那么语言也同样能破坏思想。"

语言应该只"当作表达思想的工具，而不是成为隐匿或阻碍思想的工具"。卡西尔说，语言犹如我们思想和情感、知觉和概念得以生存的精神空气。洪堡特也有一个比喻：精神好比灵魂，语言就是它制作的肉体。只有语言才适合表述民族精神和特性最隐蔽的秘密。每一种语言都包含着一个独特的世界观。的确，语言是一个文明的显著的独特的标志，语言凝结着一个国家民族的生命智慧、精神追求和价值理想。

在跨文化交际中，语言差异引起的问题较为突出。更有甚者，语言结构决定思维方式。被举为例证的许多说法可能会存在歧异：如印欧语言中"to be……"的语法，导出研究 being 的存在论这种问题，汉语中或许也可从"有什么"导出以有为本还是以无为本这种形上学问题作类比。更多的麻烦是，许多抽象概念没法从另一传统中找到相应的词汇，乃至因语境（context）问题引起歧义。如毛泽东关于"纸老虎"、"和尚打伞，无法无天"的比喻就是曾引起西方翻译者的错译释义。还有将"milk way"（银河系）译为"牛奶路"的例子，学术界韩少功与许钢关于米兰·昆德拉著作《生命中不可承受之轻》的译名论争。中日复交时曾因田中角荣表述为"添麻烦"而不是"谢罪"引起中国人的不快。还有这样一个经典的笑话：外国人对一个中国人说，你的妻子很漂亮；中国人很谦虚地说，哪里？哪里？外国人接着说，哪里都很漂亮；中国人随后说，漂亮的你看不到。这是因为中外思维方式不同所致。中国人追求整体、直觉的思维方式，以"太极—两仪—四象—八卦"为格式。

其实，因为专业的不同，对语言的要求不尽相同，如法律语言就要求准确、严谨、明晰、简洁，它不同于日常语言，更不类于方言孤语。它要求注意语境中格式、要约、承诺、情势。法律语言是法律共同体得以建立的条件，有人甚至认为法律语言可能保证决策的正确性，抵制专制和暴政。有人专门研究探讨了语言与言语、法律与语言的关系，对司法语言、立法语言、诉讼语言，以及询问讯问调解论辩的语言艺术进行了剖析。作为人类最古老的职业之一，古代希腊思考法律最多的多是哲学、修辞学、政治学、伦理学的学者。著名的"苏格拉底审判"就是个典例。拿破仑民法典也经过多次讨论。最近笔者聆听北大贺卫方关于"说不尽的法言法语——法律语言与法律思维"的演讲，受益颇多。的确，由于法律主体的不同，法律语言和思维就有所差异，如立法者、司法者、律师、执法者、法学者、一般大众；转业军人从事法律工作难免有军事语言的遗迹影响。

但是法律作为国家定义者（马歇尔语）的使命不能改变，法律与权力的边界应该明晰，法律人应该昂起自己高贵的头颅。因为时代需要规则语言。法言就是司法的修辞学。西方诗人盖格尔格咏唱："语言破碎处，万物不复在。"

参考书目：

刘禾著：《跨语际实践》，三联书店 2002 年版

恩斯特·卡西尔著：《语言与神话》，三联书店 1988 年版

（德）海德格尔著：《在通向语言的途中》，商务印书馆 1997 年版

城市与文化

近读杨东平的《城市季风：北京和上海》以及易中天的《读城记》，我对城市与文化这个内容有了更多的关注。城市被列斐伏尔称为空间的社会生产。沙朗·佐京在《城市文化》中提出了"谁的文化、谁的城市"的问题。有人更提出：城市即文化，即城市文化的观点。可以说文化是城市的灵魂。

过去有"京派"、"海派"之争。京派文化历史厚重、老成持重、谨严端庄，一副官僚做派；海派文化则时尚潮流、清新活泼、讲究功利，一派商贾作风。当今的城市竞争力排行榜，在某种意义上是文化之争。一个城市以其历史风韵、现实条件、未来走势等构成了一道道靓丽的风景，这是因为城市因其不同的文化底蕴而有不同风采之故：如北京的古朴大气、上海的新潮繁华、苏杭的江南风情、广州深圳的兼容开

放，西安兰州的积淀底蕴。易中天有个有趣的比喻：北京像达官贵妇，上海是洋城少妇，广州为泼辣女性，重庆为半老徐娘，深圳如青春少女，苏州似小家碧玉，杭州为大家闺秀，南京是侯门诰命，武汉是木兰从军，成都是宝钗初嫁，厦门是纯情少女。正如俗话所言：20年看深圳，100年看上海，500年看北京，5000年看西安。过去我们对西安有个说法：不喊不叫，不吵不闹，不给不要；塞北燕赵多慷慨悲歌之士，江南苏浙多才子佳人。城市有不同的风姿：有的以历史积淀为最，如安阳、咸阳、敦煌；有的因风景秀丽称雄，如苏杭、桂林、丽江；有的处在交通要塞，如徐州、郑州、武汉；有的得改革风气之先，如深圳、广州；有的承资源单一之重：如抚顺、大同、自贡等。它们如散金碎玉般镶嵌在祖国大花园里。

鉴于城市与文化有如此密切的联系，如何提升城市的文化品位就成为打造城市品格的重要内容。城市文化品格是指一个城市的文化品质、文化地位以及由此产生的文化影响力的一种城市综合表现。它通过独具特色的文化设施、文化机构、文化产品、文化遗迹等来表现。评价文化品位的高低，须着眼于城市的文化特色、文化因子，注重城市文脉的传承和延续，提升城市文化素养，文化发展和经济发展并重，营造城市的自然环境和人文环境等。

提高城市的文化品位，尤其着眼于"心"和"形"的结合，提高城市的精神内涵。因为一个质素文明、环境优美、讲究诚信、开放兼容、开拓进取、活力热情的城市精神是其与时俱进永葆青春的关键所在。正如纽约的繁华、伦敦的古朴、巴黎的浪漫、莫斯科的庄重一样，拉萨人的宗教信仰，广州人的早茶习惯、杭州人的山水情怀也已凝聚到城市的变迁进程中，时下有"到西安看坟头，到北京看砖头，到南京看石头，到杭州看丫头，到深圳看潮头"之说。斯宾格勒所谓每一种文化都有自己的灵魂和形式，有自己的深层心灵和表层象征。此时，我们才领悟到"仁者乐山、智者乐水"的含义。

参考书目：

易中天著：《读城记》，上海文艺出版总社2000年版

杨东平著：《城市季风》，新星出版社2006年版

领导与艺术

最近姜春云主编了《桥和船：新时期领导方法18篇》一书，这种"船"和"桥"之喻，表明领导既是一门科学，又是一门艺术。

它产生于科学的土壤，绝不是出自权术的陷阱。艺术与权术有本质区别。权术具有工具性、隐晦性、经验性、多样性、有效性等特点。政治权术作为一种手段，始终是为夺取权力、巩固权力和有效行使权力而服务的。如韩非子的法、术、势论说和马基雅弗利的权力政治学。有的学人把古代的权术概括为韬晦之术、驭臣之术、谗毁之术、政变之术等。

随着社会分工和社会发展的加速，领导工作从经验走向科学。从外行指挥到内行领导、从非此即彼到求同存异、从封闭僵化到多元兼容、从集权命令到共权协调、从主仆错位到鱼水情深，领导工作进一步精致化、科学化、理性化。列宁曾这样论道：管理和政治的全部艺术在于，适时地估计并了解应该把重要力量和注意力集中到什么地方。

领导是一种调频的艺术，要有适度、向度、风度、深度。有人比喻为"弹钢琴"。有人这样概括：好的领导要做到指导而不指挥，参与而不干预、多谋切忌擅断，到位而不越位。做好领导既要防患于未然，又要谋而后定；既要"热"加工，又要"冷"处理；有时动若猛虎，有时静若处子；有时要有骑士风度，有时要有淑女风范；大事要争，小事要让。俗话说：水至清则无鱼，人至察则无徒；有所为有所不为；原则的坚定性与政策的灵活性；因地制宜，因时因人而宜。《孙子兵法》曰："兵无常势，水无常形，能因敌变化而制胜者，谓之神。"

领导艺术与领导人的个人魅力息息相关。奈斯比特说："趋势的发展是自下而上的，风尚的流行是自上而下的。""火车跑得快，全靠轮子带"、"村看村、户看户、社员看干部"。领导人分为权威型、魅力型、智慧型、伦理型等。正是因为不同的丰采才有毛泽东是"湖南辣椒"、周恩来是"绍兴黄酒"、邓小平"举重若轻"之妙喻。

正如马克思所言：哲学革命是政治革命的先导。当今建设创新型国家主要是领导者要培养与时俱进的现代理念，如市场、竞争、效益、人才、服务、经营、学习观，以及科学的发展观、正确的政绩观、牢固的群众观，这种思维方式的更新叫"换脑筋"。如从找市长到找市场，从等、靠、要到创造性用好政策，从一杯茶、一支烟、一张参考看半天到时间就是金钱、效率就是生命，从枪打出头鸟到敢为天下先，从无过就是功到无功就是过，从以产定销到以销定产，从要我学到我要学，从皇帝女儿不愁嫁到酒香也怕巷子深，从非此即彼到兼容并蓄，从竞争到竞合、从你死我活的"红海"战略到和谐温馨的"蓝海"战略……这些都是新时期领导干部努力的方向。

领导干部要常怀感恩恤民之心，努力做一个品德高尚、政绩突出、作风民主的政治家，而不是一个安于现状贪名逐利的政客。当代领导者应有忧国忧民的政治理想、民主高效的政治素养、清正廉洁的政治道德、知耻明辱的政治本色、不苟名利的政治情怀。做好一个领导者，把握"度"很关键。到位而不越位、多谋切忌擅断、原则的坚定性和政策的灵活性、赏不多与罚不滥施一样重要。

最近有人撰文提出改进新时期的领导方法，强化宗旨意识，坚持以人为本；强化实践意识，坚持调查研究；强化全局意识，坚持统筹兼顾；强化执政意识，坚持科学执政、民主执政、依法执政；强化创新意识，坚持与时俱进。可见，改进领导方法更是一种创新的艺术。

参考书目：

姜春云主编：《桥和船：新时期领导方法18篇》，新华出版社2005年版

余华青著：《权术论》，陕西人民出版社1990年版

文人与格调

　　龚自珍说："士皆知耻，则国家永无耻矣；士不知耻，则国之大耻。"陈寅恪说："士大夫无耻，是为国耻。"欧阳修说，廉耻是"立人之大节"。可以说，文坛是一个社会道德的风向标，文人是社会的良知、荣誉和智慧。宁可穷而有志，不可富而失节。贫贱不能移，威武不能屈，富贵不能淫。这是真正的大丈夫。文人如果缺乏理想和正义、真理和道德，缺乏对伟大的向往和崇高的敬畏、神圣的虔诚，缺乏人道的情怀和信仰的热忱，缺乏遗世独立的精神和批判质疑的勇气，就失去其做人的性情和格调。而文人的堕落和失语则是一个民族的悲哀。

　　人有类型之分，格调之别。中国有句古语：文如其人。从孔子的"有德必有言"到刘熙载的"诗品出于人品"，皆承其绪。司马光在《资治通鉴》中曾对人的类型进行点评："才德全尽，谓之圣人；才德兼亡，谓之愚人。德胜才，谓之君子；才胜德，谓之小人。凡取人之术，苟不得圣人、君子而与之，与其得小人，不若得愚人。"时人有"外围用才，内圈用德"之评。

　　格调还可以说是一种文学体裁和文章风格。如文学史上对"唐宋八大家"就有韩海、柳泉、欧澜、苏潮之评，还有"欧文苏字"之论，意即苏轼的诗、词、文均超越了欧阳修，青出于蓝而胜于蓝。如欧阳修的文风字斟句酌、严谨拘束，苏轼的文章则行云流水、汪洋恣肆，而苏轼对韩愈有"文起八代之衰，道济天下之溺"之美誉。时人评韩愈文风如"崇山大海"、柳宗元文风如"幽岩怪壑"、欧阳修文风如"秋山平远"、苏轼文风如"长江大河"、王安石文风如"断岸千尺"、曾巩文风如"波涛春涨"。而一个人文风要有所超越就必须形成自己的风格。顾亭林云："君诗之病在于有杜，君文之病在于有韩、欧。有此蹊径于胸中，便终身不脱'依傍'二字，断不能登峰造极。"先秦诸子散文、秦汉辞赋、唐诗宋词、元代戏曲、明清小说以其不同的格调风韵表现文人的风骨风采和追求。西方作家如契诃夫的机智、莎士比亚的沉郁、海明威的简洁，还有罗素的百科全书式、卡夫卡的表现主义、普鲁斯特的意识流、尤奈斯库的荒诞。

清代赵翼说："江山代有才人出，各领风骚数百年。"文人要提高自己的格调和品位，就要拓宽自己的知识视野和道德修养，所谓"知识就是力量"：读史使人明智，读诗使人聪慧，演算使人精密，哲理使人深刻，伦理学使人有修养，逻辑修辞使人善辩。知识须有道德作支撑，以人格作基石。

历史上也有文人无行的读书种，如秦代赵高、唐代李林甫、宋代秦桧、五代的冯道、清代李光地，清末民国时的叶德辉、近代的汪精卫、叛徒与隐士集于一身的周作人，他们都成了历史的过客和笑柄。古人云：心术不可得罪于天地，言行皆当无愧于圣贤。龚自珍说：文格渐卑庸福近。意思是卑下的文格是与追逐庸福的人格相应的东西。王国维说："无高尚伟大之人格而有高尚伟大之文章者，殆未之有也。"文化人不可不慎啊！

参考书目：

傅国涌著：《1949：中国知识分子的私人记录》，长江文艺出版社2005年版

涂光群著：《五十年代文坛亲历记》（上、下册），辽宁教育出版社2005年版

魏邦良著：《隐痛与暗疾——现代文人的另一种解读》，广西师范大学出版社2006年版

孙郁著：《百年苦梦——20世纪中国文人心态扫描》，广西师范大学出版社2006年版

问题与主义

这个题目起源于"五四"时期胡适和李大钊关于"问题与主义"的论战。"五四"高潮过后，新文化运动的营垒发生分化。新文化运动最有影响的人物之一胡适发表了《多研究些问题，少谈些主义》，意在告诉人们不要被马克思列宁"牵着鼻子走"，李大钊针对胡适的观点发表《再论问题与主义》，指出研究问题必须有主义作指导，而主义又要"用以为实际的运动"。意在宣传马克思主义、社会主义。

其实自从清末民初起，中国就开始了"主义"之争，从革命年代的左右争拗、建设年代的姓资姓社到世界范围的冷战和意识形态纷争，主义之争伴随着各种包装此起彼伏。过去新权威主义与民主派、当今新左派与自由主义、权利政治与公益政治、第三条道路与绿色革命的激辩"浮出水面"。问题是，面对一个全球化与多元同时发展的世界，在文化之争、主义之争、部门之争我们如何自处？

有人曾这样概括：20 世纪 80 年代谈思想（主义），90 年代谈学术（问题）。这是那时社会科学的研究境况。其实，就人文社会科学的研究而论，既要研究问题，又要关注主义。提倡问题意识，研究改革开放和现代化建设中宏观的、前瞻性、指导性的问题，学术就有活水源头，不会成为伪问题和屠龙术；关注主义，就是要解决个指导思想问题，当前就是坚持意识形态的马克思主义指导地位。

在近现代历史王国维与瞿秋白算是为问题和主义困惑的两个人了。王国维曾有"可爱者不可信，可信者不可爱"之诘问。关于他的死，历来有各种解说：殉清说；殉文化说；革命说；罗振玉逼债说。但他的遗书："五十之年，只欠一死；经此事变，义无再辱。"表明他是怀抱忠君主义而投水自尽的。

瞿秋白在《多余的话》中引用《诗经》的一句话："知我者，谓我心忧；不知我者，谓我何求。"他回顾自己一生为"主义"奔波的过程，认为是"历史的误会"。他本是"爱好文学的"，由于"历史的纠葛"而参加政治运动，勉强做了政治工作却对主义一知半解，自己这样性格、才能、学识的人担任党的领导人是不合适的。他剖析了自己身上暴露出的问题所在：潜伏的绅士意识，中国式的士大夫意识以及后来的蜕变出来的小资产阶级意识。

瞿秋白带着对主义的理解和困惑离开了这个美丽的世界，不过《多余的话》并不多余，他看到了问题所在。

参考书目：

凌志军、马立诚著：《呼喊——当代中国的五种声音》，广州出版社 1999 年版

马立诚、凌志军著：《交锋——当代中国三次思想解放实录》，今日中国出版社 1998 年版

目的与手段

别尔嘉耶夫说过："真理总是危险的。由于目的为手段所代替，谎言便积累而成。如此，手段便摇身一变为目的，目的便不可能被达到。"手段和目的之关系如何是社会运动中我们应该认真思考的。

一方面，正如马丁·路德·金所说：手段代表了在形成之中的理想和在进行之中的目的，人们无法通过邪恶的手段来达到美好的目的，因为手段是种子，目的是树。如"文革"时，毛泽东试图通过"天下大乱"达到"天下大治"，实现无产阶级专政下的继续革命，整所谓"走资本主义道路的当权派"。结果证明，"文革"不过是一场内乱，它使我们党和社会主义的事业遭受到严重的挫折，使我国的国民经济濒临崩

溃的边缘。

而"恶是历史进步的杠杆"则说明了另一种审视历史的观念。卢梭说，一切科学的起源都出于卑鄙的目的：天文学出于星术迷信，几何学出于贪婪，物理学出于无聊的好奇。从康德、黑格尔到马克思、恩格斯他们都认识到"理性的狡计"这个背后的力量。黑格尔有句名言："一个恶徒的犯罪思想也比天堂里的奇迹更伟大、更崇高。""人的贪欲，人们对自身幸福的追求都推动了人类社会历史的发展。"人是有自私本性的，荀子认为人性生而好利、疾恶、好色。正因为如此，人人都拼命地去追求自身利益，在这种相互竞争中人们得以发挥自己的能力，使自己成为发达的文明的存在。"人们奋斗所争取的一切都与利益有关"（马克思），恩格斯有"历史是一个平行四边形"之喻。

但人格的力量永远影响着历史和社会的向度。一部人类史，就是一群追逐命运的族群表演的生命史，灵之舞在历史发展中形成了人类的大规模改造社会和自我的行动，这就是历史发展中社会的逻辑运动。人选择了历史，历史也选择了人。在运动中认识了他人，也检阅了自己。高尚与卑劣、圣人与魔鬼、历史机遇与在劫难逃并存互生。

没有高尚的品格就没有高尚的运动，没有圣洁的灵魂就只有扭曲的历史。在波谲云诡的政治风云中，品格的高尚与卑劣决定了运动的质量。在历史的风云际会中，人性的清澈与混浊立见分明，权欲的动机与效果洞若观火。历史是人性重新塑造的工场，在为道义而奋斗的过程中，在历史方生未死的痛苦挣扎中，在生命之舟于动荡的社会炼狱中淬火中，我们可以看见一批拥有高贵头颅的猛士，一批撑起中华民族通天塔的脊梁，我们也看到了权力异化、私欲横流、残酷斗争、无情打击、思想放逐、灵魂扼杀、信仰泣血、时代呻吟……

历史是高尚者的墓志铭，也是卑鄙者的通行证。社会追求最高的善、至真的爱、至纯的美，这是理性社会得以发展的健康和谐的必要条件，我们呼唤人性的光辉和榜样的力量。我们不能因为目的高尚，就可以不择手段，所谓"厚黑学"、"权术论"大行其道，以及"无毒不丈夫"、"小不忍则乱大谋"等颇有市场，是极不正常的。"飞鸟尽，良弓藏；狡兔死，走狗烹"，为历史不耻。

在这里，我更欣赏康德的名言：永远要把人当作目的，而不只是当作手段。在处理两者关系时我们不仅注重动机，而且要强调效果。从终极意义看，好的手段才能衍生好的结果；坏的手段不能实现好的目的。某种手段唯有关联到某个目的且合用于那个目的时才可能是对的。你不能使用坏的手段达到好的目的，就如同你不能用坏材料盖好房子一样。而罗素、培根、贝多芬这些智慧的头脑告诉我们善良是最高贵的品质，西方也有道德和无私心是人生之花之妙喻。

参考书目：

王海光著：《历史运动论》，上海人民出版社 1995 年版

茅海建著：《天朝的崩溃——鸦片战争再研究》，三联书店 2005 年版

为道与为学

"道"，玄之又玄，众妙之门。《易经·系辞》曰："形而上谓之道，形而下谓之器。"老子云："道可道非常道。"道是一个抽象的概念，却又是不能道说的。道是世界的普遍原则，是人类的精神理想和至上追求。中国有外儒内道、替天行道、为道与为学之论。

王船山在《读通鉴论》中提出学统、道统和政统、治统的概念。他说，天下不可一日废者，道也；君子不可一日废者，学也。吴宓有"二马"之喻：一马事功（道统），二马著作（学统）；古人也有"立德立功立言"三不朽之论。儒士"以道自任"，"为道"即是追求一种原则抽象的意义境界，体现历史的道德自觉。所谓"人能弘道，非道弘人"就是体现道德人本主义。在中国，这种道学主要指儒教与儒学。杜维明先生认为，儒教包括世界观、社会伦理观、政治思想体系、学术传统等内容。学者蒋庆认为儒学当今之用在于：安顿个人的心灵、重建社会道德体系、重塑中国民族精神、提供社会和谐和王道政治的样式、

建构中国文化特色的政治制度、塑造现代化的道德基础。

《道德经》有"为道日损、为学日益"的论述，说的是关于智慧与知识的不同，要重智慧轻知识，随着知识的提升从而修炼自己的道德水平，这一方面反映了道家的蹈远境界，也说明了其绝圣弃智的局限。为道与为学并不是矛盾对立的。穷则独善其身，达则兼济天下，儒家士大夫追求的就是这样儒道互补、隐仕互济的理想追求，林语堂在《中国人》中有详尽描绘。故当为道为学陷入两难时，难免有"智慧的痛苦"。

回顾中国历史文化的旅程，"天下有道则见，无道则隐"、"邦有道则智，邦无道则愚"、"天下有道，以道殉身；天下无道，以身殉道"。这是文人士林的一种常态。孔子、李斯、贾谊、谢安、诸葛亮、王安石、张居正、林则徐等是入世为道的士人代表，他们心存魏阙，怀抱忧国之志，"正心诚意修身齐家治国平天下"，他们立身正己，清静自为，"为天地立心，为生民立命，为往圣继绝学，为万世开太平"。但"却将万字平戎策，换得东家种树书"（辛弃疾），也常因为"满肚皮不合时宜"（苏轼）而作失意逍遥游。庄子、嵇康、陶渊明、李白、苏东坡、钱钟书、陈寅恪大概属于这一类的优秀典型。故我辈常生猜想，如果他们开始就与政统道统绝缘，可能会达到更大的学术境界，如胡适、吴晗等。也有人说，儒道互济、出儒入道是文人士林的必然选择，如晚清王韬吸毒，魏源最后皈依佛门。

不过，我们也常能发觉一种错位现象：为道者却不识道，为政者却不恋政：李煜能写《虞美人》却不善政、宋徽宗善画人物花鸟画却被金军俘获、明朝天启皇帝喜欢做工艺而不爱朝政，英国也有一个不爱江山只爱美人最终退位的君主。为学者应深思其义。

古语曰：孝子云：执古之道，比御今之有。能知古始，是谓道纪。"以不息为体，以日新为道。"西方学者萨义德认为："作为知识分子，最困难的是要以自己的作品介入想宣传的事物，而又不僵化作为一种体制或为了某系统或方法服务的机制。"看来，当代中国知识分子如何在为学术立命和进行社会批判中寻求一个平衡点大有深义。

参考书目：

（德）马克斯·韦伯著：《儒教与道教》，商务印书馆 1995 年版

林贤治著：《午夜的幽光——关于知识分子的札记》，广西师范大学出版社 2005 年版

"左"与右

"左"右两词来源于我国史籍，《周礼·考工记》大概是记载左右方位最早的文献，所谓"左祖右社、面朝后市"的记载，《汉书·艺文志》有语："左史记言，右史记事。"中国古代学术就有"左图右史"的传统。正如"四面八方为宇，古往今来为宙"一样，时空的序列的方位词渐被赋予一种文化色彩。"左祖右社"的建筑造式也蕴涵了浓厚的伦理文化色彩。我国古代有尊右卑左或主右客左等礼俗，如古时尚右，称名门望族为"右姓"、"右族"，重要职位为"右职"，皇亲贵戚为"右戚"，崇尚文治为"右文"；再如古礼尊左，以为"主居右而客居左"，有所谓"虚左以待"；但也有以左为"不协调"、"乖僻"、"偏邪"的，如"意见相左"、"左道旁门"之类。但左和右原来并无严格的政治含义。

但以左和右来划分政治派别还是起源于法国。在 18 世纪末的法国大革命中，代表新兴资产阶级利益、反对封建专制帝制而成立的国民代表会议上，在讨论未来社会中王室地位、立法机构的组成和公民权利等问题时，发生政见分歧，一些鼓吹维持王室至尊地位和贵族特权，有保守和保皇倾向者，恰恰坐在会议主持人的右边；而持相反政见，主张完全废除王室和贵族特权，要求取消公民权利的激进派则正好均坐在左边。这样政治见解的分野、原则立场上的冲突与座位形式上的对立，形

成了绝妙的对应。从此左右这两个词被逐渐赋予了某些政治含义，左派往往指那些在政治上要求深刻变革、追求更广泛的社会平等和人民主权的激进派，右派则更多地与那些主张维护社会现象、维护既得利益和特权的保守派相联系。也有一种说法，认为产生于19世纪初拿破仑之后的法国。在1905年俄国革命前后左右两个词开始流行。

以后，随着形形色色的"社会主义"兴起，"左"和"右"的政治内涵也在不断发生变化，并越来越多地用以说明人们对社会演变和社会财富分配的不同态度，以此来划分从顽固地要想维持传统的社会现状的极端保守主义，直到乌托邦式的极端激进的理想主义和政治浪漫主义。政治营垒的分列表现了道德判断上的分野，一方代表正义，一方代表邪恶，不是东风压倒西风，就是西风压倒东风。这种道德化的政治划分，对政治文化产生了深远的影响。左派和右派成为鉴别革命运动内部思想意识偏向的标准尺度，成为折射不同政治价值的指示器，成为党内价值论战和派别斗争的武器。

因而，在国际共产主义运动兴起后，代表无产阶级和被压迫人民利益的马克思主义及其政党，也逐渐地将自己视为"左派"，并肯定地采用了这一政治称谓，从而使左、左派日益成为进步与革命的同义语，右、右派则不断地沦为近似于落后和反动的代名词。

毫无疑问，"左"和右是现代中国政治术语中运用得极为广泛，出现频率甚高的词汇，重大的政治运动有1957年的"反右派斗争"、1959年的"反右倾"和1976年的"反击右倾翻案风"；重要的政治思潮则有所谓"右倾回潮"、"极左思潮"等；严肃的政治术语则有"宁左勿右"、"形左实右"之类。

从道器之争、义利之辩到意识纷争、路线斗争，伦理政治文化的传统诠释着当代社会政治生活发生的思想流变。"非我族类，其心必异"、"党外无党，帝王思想；党内无派，千奇百怪"。由于判断主体和评判客体的视角和观点不同，实践标准和左右判断有异，"左"倾主义者也有不同的类型，可以为之画像：空想型（从人间到天国）、狂热型（偏激与迷狂）、教条型（本本与框框）、阴谋型（卑鄙和权欲）、综合型（八宝饭与梨苹果）。在当今中国现实中，围绕着社会主义道路的路向纷争从来都没有间断，改革开放以来，对"左"倾思潮的突破经历了从人的崇拜到所有制崇拜的新跨越。在知识界围绕民主、民族、民生等现代性主题，20世纪90年代以来形成了"新左派"和"新自由主义"的交锋。

极左现象是长期困挠国际共产主义运动健康发展的顽症痼疾，也是阻挡中国社会主义现代化建设顺利前进的主要障碍。"左"思潮在中国有其深厚的认识之网、阶级之源、体制之弊以及"革命"后遗症。清除"奥吉亚斯牛圈"和治愈"马铃薯"病理尚需一段漫长的道路。

参考书目：

公羊主编：《思潮——中国"新左派"及其影响》，中国社会科学出版社2003年版

安东尼·吉登斯著：《超越左与右——激进政治的未来》，社会科学文献出版社2000年版

经典与时尚

所谓经典？魔鬼字典有一句戏说：所谓经典，就是人人都承认必须要读但人人都不会去读的作品。令人一笑置之。

千淘万漉虽辛苦，吹尽狂沙始到金。经典是人类的光荣和梦想，是宗教思想文化和艺术的信仰和理念，是一个民族国家存在和发展的理由。她超越历史时空展现不朽魅力，安顿我们不安的灵魂，为我们提供思想动力，指引社会发展的理性方向。经典长存，文化长存，文明不灭。

在世俗化的消费时代，人们之所以焦躁不安碌碌无为精神空虚，产生了严重的信仰危机和精神文化危机，是因为自己于文化泡沫中左顾右盼，远离了经典名著，失去了思想文化和精神的定力。一个中国人只有不断地走进融入中外思想文化经典的世界，才能扎下自己本土深厚的根

基，才能根深叶茂，不断开拓视野，陶冶情操，获取强大的精神力量。叔本华认为，只有从原作者的著作那里，我们才能获取思想；必须从原作者著作的殿堂去发现不朽。

当然，在"左"的思潮泛滥时经典也有妖魔化的倾向，如以《红色娘子军》、《智取威武山》为代表的八个样板戏经典和以《红旗谱》、《创业史》为代表的小说经典。

近有一书《广东九章——经典大家为广东说了什么》有几句为佳："岭南户户皆春色"（苏东坡）、"中国各部之中，其具国民之性质，有独立不羁气象者，惟广东人为最"（梁启超）、"复南下而至广东，则人民又别具一种风格"（林语堂）、"广东是现代思潮汇注之区"（李大钊）、"广东还有点蛮气，较好"（鲁迅）。工作在粤，品味这些经典的话别具一番体味。

如今关于时尚流行的争论较为热烈，如关于"超女"事件的见仁见智。正如过去我们常说，高尚必然是流行的，流行的沉淀下去多为经典，但流行的感冒就不高雅。可见什么问题都要具体分析。高雅与流行，正如经典与时尚一起有其时代性和主观性，它们都是人生的一种选择，大部分高雅的东西经过时尚流行可以成为经典。有人喜欢阳春白雪，有人喜欢下里巴人，在于人的品位格调不一。

所谓时尚，顾名思义，就是一个时代或时期人们崇尚和追求的东西它是时代的晴雨表。古人尚玉。春秋"楚王好细腰，后宫多饿死"，西汉"城中多高髻"，魏晋轻裘宽服，唐朝喜肥，民国流行中山装，"文革"时流行列宁服、工农鞋，建国初城市女孩喜穿"布拉吉"，20世纪80年代中国又流行喇叭裤、长头发，现代女性喜欢苗条纤细，21世纪有许多新新人类布波族（bobos）。时尚是当代社会的一个重要文化现象，时尚不仅具有视觉文化的符号功能，而且蕴涵着复杂的社会人类学意义，彰显出个人的身份认同和意识形态。正如齐美尔说的，时尚就是要"引人注目"。而所谓的追新逐后的赶风潮不是我们所谓的时尚。我们倡导时尚，但我们反对一味地赶时髦。

参考书目：

黄树森主编：《经典大家为广东说了什么》，广东人民出版社 2006 年版

自由与民主

自由和民主可以说是洛克以来西方政治学者的两个主要价值核心理念。自由为重还是民主优先？这是一个见仁见智的问题。

民主，即人民的权力和多数的统治之义，又称"德先生"。民主不仅是一种国家形式，一种国家形态，还是一种工作方法、工作作风；它不仅是手段，而且是目的；它不仅是一种制度，而且是一种信仰、一种生活态度。制度安排、规则程序、合作参与、责任分担、利益共享都是民主制度的内涵。有效的参与、平等的投票、充分的知情权都是必需的。丘吉尔这样评价民主制度：它不是最好的，但现在没有比较更好的。民主不仅要保证少数服从多数，而且要保护少数人的权利。否则就会出现"多数人的暴政"。民主不能保证最优，但可以避免最坏。列宁把民主集中制等同民主制，在实践中重点强调了集中，毛泽东表述为"集中指导下的民主"。"文革"的大民主就是一个大民主的错误实验。

我国古代君主专制统治下无民主可言，"普天之下莫非王土；率土之滨莫非王臣"，所谓人有十等之说："一官二吏三僧四道五医六工七猎八民九儒十丐。"（郑思肖《心史》）民主是西方资产阶级民主制度的产物。卢梭有言：人人生而自由，但却无往不在枷锁之中。杰斐逊在《独立宣言》中写道：人人生而平等，都有生命、自由和追求幸福的权利。托克维尔在《论美国的民主》中剖析了民主的时代性、民族性和进步性。

自由，更是人们梦寐以求的理念，普列汉诺夫论述道：自由"像斯芬克斯一样向每个这样的思想家说，请你解开我这谜，否则我便吃掉你的体系"！西方有"风能进，雨能进，国王不能进"的典故。正像马丁·路德·金在《我有一个梦》的演讲中所说的："终于自由啦！终于自由啦！感谢万能的上帝，我们终于自由啦！"许多学者认为，在西方自由比民主更能反映西方主流文化的精髓。"不自由，毋宁死"表明自由主义者视自由为最高原则的律令。裴多斐的诗句："生命诚可贵，爱情价更高。若为自由故，两者皆可抛。"因为人类的尊严来自于思想的自由。思想家伯林认为自由分为"消极自由"和"积极自由"，前者指"免于……自由"，后者则意味着"去做……自由"。哈耶克认为，自由仅指涉人与他人的关系，对自由的侵犯来自于人的强制。此外，人人有政治四大自由、财产经济自由、居住迁徙自由、宗教信仰自由等。而如何处理好个人自由与国家自由的关系，胡适告诉我们的青年：现在有人对你们说，牺牲你们个人的自由，去求国家的自由！我要对你们说，争取个人的自由，便是为国家争自由！争取自由的人格，便是为国家争人格。当时他还为雷震的《自由中国》呼吁呐喊。自由的最高境界是：我不赞成你说的话，但我拼死命拥护你说你的话的自由（伏尔泰语）。自由虽好，但要防止人滥用自由，有一句话说得好："自由，自由，多少罪恶假汝而行！"人们要警惕啊！

殷海光辞世前担心：如果没有道德作为动力，民主可以变成极权，自由可以成为暴乱。希望他的担心是多余的。总之，人人都有追求生而平等的权利，人人都应享有自由的生活，自由和民主是现代性的美好资源，但自由有其限度，民主亦有边界。民主自由不是一种解决，而是一种寻求解决的方式。

参考书目：

（英）约翰·密尔著：《论自由》，商务印书馆1996年版

（法）托克维尔著：《论美国的民主》，商务印书馆1996年版

乔·萨托利著：《民主新论》，东方出版社1993年版

效率与公平

《礼记·大学篇》有语："生财有大道，生之者众，食之者寡，为之者疾，用之者舒，则财恒足矣。"如何"生财"并符合道义这是一个永恒的话题。西方著名学者阿瑟·奥肯曾说：平等与效率间的抉择是最大的社会经济抉择。我们无法在保留市场效率这些蛋糕的同时又平等地分享它。的确，"效率"与"公平"难以两全是经济学者、政治社会学家心中永远的"阿喀琉斯之踵"。一般言之，经济学家强调效率，而社会学家强调公平。

古希腊柏拉图在《理想国》中借苏格拉底之口提出了什么是正义的问题斯多葛学派论述了正义原则，康德表达了和平与正义的观点。罗尔斯认为，古代人的中心问题是善，而现代人的中心问题是正义，他心中的正义，则是作为"公平的正义"。他认为从霍布斯、洛克到穆勒主要解决了自由问题，而没有解决平等问题。哈耶克则认为只有通过市场竞争才能摆脱奴役之路，走向更高效率。政治哲学家把公平分为起点的公平、过程的公平、结果的公平；道德伦理学者把平等分为直觉的平等、分配的平等、身份的平等。

效率要用市场的办法来解决，公正要靠制度来保障。改革开放以来，我国通过发展社会主义市场经济促进了生产力的大发展，解决了计划经济下资源配置的低效率及短缺经济问题。凭票供给、排队现象、以产定销已成历史。过去有一副对联形象地说明了缺衣少食的窘况："上联：一二三五，下联：六七八九，横批：南北（没有东西）。"的确，社会主义的本质在于解放和发展生产力，贫穷不是社会主义。布哈林说："发财吧，发展经济吧"与邓小平"贫穷不是社会主义"有异曲同工之妙。但是市场"这只看不见的手"对社会公正却无能为力，现实生活中出现了"劣币驱逐良币"和"逼良为娼"的现象和悖论。贫富差距凸显,"寻租"现象出笼,社会分层加快。人们中出现了"端起碗来吃肉,放下筷子骂娘"的情绪,由过渡体制弊端和法治漏洞造成的不公平竞争、由倾斜政策和行政性垄断造成的地区差别和行业差别,由财政转移支付功能缺乏导致的社会保障制度缺陷日益突出。正是在这样的背景下,我们提出了构建和谐社会、关注弱势群体、维护社会公平的发展原则。而如何处理效率公平的关系仍是当下我们慎重理性的发展选择。

市场经济呼唤伦理道德,效率原则与公平准则。须寻求一个最佳结合点,何清涟说,公平和正义是评制社会制度的阿基米德支点。法国著名思想家孟德斯鸠说:产权是道德之神,唯有通过产权制度以及分配制度的改革才能解决做蛋糕(效率)和分蛋糕(公平)之间的矛盾。如我们可以在初次分配中体现效率的精神,再次分配中体现公平的原则。

参考书目:

(德)弗·哈耶克著:《通向奴役之路》,中国社会科学出版社 1997 年版

(美)约翰·罗尔斯著:《正义论》,中国社会科学出版社 1998 年版

(美)阿马蒂亚·森著:《以自由看发展》,中国人民大学出版社 2002 年版

中国学研究断想

一部科学史、学术史,就是学者们对问题不断探讨的历史。一部学术史就是一部问题史。研究学术,首先要有一种问题意识。贝特兰·罗素曾著有《中国问题》,所谓中国学问题是指阻碍中国现代化(市场经济、民主政治、多元文化、法治文明、和谐社会)形成和发展的原有的制度、体制、现实、思想文化等多种因素。因而,"中国学"即是从

积极的层面和意义上对中国阻碍现代化发展的政治、经济、社会文化中存在的问题进行全面系统研究的学科。国内的国情研究也属于此类性质。北京理工大学的胡星斗教授多次呼吁建立中国问题学并提出构想。

正如胡星斗教授倡言：中国学问题研究的目的是有利于建立民主、法治、文明、开放的现代化中国，有利于建立和中国要求相适应的制度，包括经济、政治、社会、文化、文学、艺术、教育等。须采用综合研究、宏观研究、反思研究、比较研究、批判研究、调查研究、定性与定量相结合等多种方法，须借用制度经济学、公共选择理论、问题学、国情学、政治学、社会学、文化学、人类学、系统学、价值学、统计学等方法论。

研究中国学问题与中国现代化的关系具有十分重要的意义。（1）如关于中国经济问题范畴，古代的小农经济、官商经济、农业结构、流民饥荒灾害；计划经济时期的短缺经济、集体分配、国有机构的金融财政贸易体制、公平与效率的政策；市场经济时期的多种所有制和分配形式、金融财政税收投资及保障机制、城乡一体化和城市化全球化市场化、宏观调控、社会公平、三农问题，以及可持续发展、和谐社会建设、和平发展等。（2）关于中国政治问题。举凡诸子百家思想及人物代表、农民起义、变法战争、历次社会政治运动及其人物改革思想、现代国家制度转型及经验教训等。关于中国社会问题。包括社会利益集团阶级阶层、民间风俗社会心理思潮、黑社会武装宗族势力群体、社会治安收入分配等。（3）关于中国教育文化问题。举凡中国书画诗词服饰小说散文戏曲、诸子理学心学玄学儒道释、马克思主义中国化、新儒家汉学、科学制书院制、中国科技落后原因及思维方式、易经方术中医针灸阴阳八卦等。

当今中国学研究（China Studies）已成为一个世界性的学术现象，与过去的汉学研究既有区别又有联系。在范围和观点上较汉学为宽，亦不废传统汉学之长。它侧重于对当代中国问题的研究，其核心是中国观和历史观，因为当代中国问题专家和智库后面有利益集团和党派利益存在。另外，海外中国学的发展与国际学术思潮的表情相消涨，如关注妇女史、性别史、身体史、民族史、边疆史的研究。

总之，中国学的研究宗旨是建立一个经济发展、政治昌明、社会和谐、文化繁荣的现代化中国！中国现代化实现之日就是中国学建构成功之时！

参考书目：

京伍编：《言论中国——观点交锋20年》，中国检察出版社1999年版

何清涟著：《现代化的陷阱》，今日中国出版社1998年版

20世纪80年代的思想文化热

"80年代"，这是一个让我们闻之心动的词汇，是20世纪史上中国具有特殊记忆和场景氛围的时代。新启蒙、寻根文学、现代艺术、弗洛伊德热、朦胧诗……这是一个个我们熟悉的事件；激情、热诚、理想、启蒙、青春、使命、平反、反思、集体、社会……这是一个个让我们记住的名词。经过20多年的文化激荡，经历了社会主义市场经济的实践浪潮，经过了文化上的自我怀疑和放弃，我们回眸昨天，重找记忆，便具有别样滋味在心头。

"文革"过后的80年代，一代中国青年从狂热盲目转向苦闷迷茫，开始了追问和求索："人生的路啊，怎么越走越窄？"、"告诉你吧，世界，我不相信！"中国迫切需要精神重构，解决赖以安身立命问题。以李泽厚为代表的"新启蒙运动"提出了近代"救亡压倒启蒙"的观点而影响中国的思想进程，许多人是从李泽厚那里开始了自己道路的找寻；弗洛伊德被誉为"心灵世界的哥伦布"、"精神领域的达尔文"，其精神分析学说（性压抑、潜意识、死亡本能）开启了中国人性意识觉醒的历程。随之，萨特热、尼采热、文化热、寻根文学、朦胧新诗、行为艺术、抽象画派、摇滚音乐等启动了思想解放、理性回归、人性自觉的中国思想文化旅程。

"70 年代谈政治，80 年代谈思想，90 年代谈学术"，正如随着中国经济 20 年长期持续的增长必然促进各种政治法律制度的转型一样，这也许是一种历史的必然进程和回归。对于已成为历史和我们每个人的思想因子的 80 年代，对于这一短暂即逝而颇具浪漫令人心潮难平的时期，也许英国人狄更斯的话更能表述我们的感触：这是最糟糕的时代，这也是最美好的时代；这是愚昧的年头，但也是智慧的年头；这是怀疑以致虚无的时期，但也是信仰的时期；这是黑暗的季节，但也是光明初露的季节。

参考书目：

查建英著：《八十年代访谈录》，三联书店 2006 年版

骆玉明编著：《近二十年文化热点人物述评》，复旦大学出版社，2000 年版

甘阳著：《八十年代文化意识》，上海人民出版社 2006 年版

李泽厚的中国思想史研究

李泽厚，20 世纪"新启蒙运动"的代表性人物。

20 世纪 80 年代，是中国社会突破意识形态束缚走向人性解放的时期，是主体觉醒和个人权利意识、人性张扬的狂飙期，李泽厚以《启蒙与救亡的双重变奏》这个影响深远的学术文本反思"人"在现代中国如何被压抑的历史进程。他指出：20 世纪 80 年前的中国现代史，是"救亡压倒启蒙，农民革命压倒了现代化"的历史，革命和救亡运动不仅没有推进文化启蒙工作，反而造成了传统文化意识的复活和滋生。他呼吁回到马克思主义经典，以历史唯物论取代庸俗的辩证唯物论，以吃饭哲学取代斗争哲学；反对把矛盾、斗争绝对化，认为哲学二分法导致简单主义。李泽厚毫不讳言他的书都是针对当下的，"我只为我的时代

而写"，其在《中国古代思想史论》中说得明白，他不写 50 年前可写的书，也不写 50 年后可写的书。他认为知识分子应参与现实，关怀时政。正是因为如此，他发表《主体性哲学》，高扬主体性哲学，呼唤人的解放；他在《中国近代思想史论》中论述偶然性问题，剖析农民起义中的僵化和失真、扭曲；他在美学讨论中，提出了美即客观性与社会性统一的观点，论证了"以情为本"的文化心理结构；在文化热的讨论中，他因提出"西体中用"、"实用理性"、"乐感文化"等概念而独树一帜，并命名之"人类学历史本体论"。其学术思想"人化自然"、"巫史传统"、"儒道互补"、"积淀"、"有意味的形式"等观点影响了一代人。正如有学者所评论的那样：许多人是"从李泽厚那里开始了自己的道路的找寻"。

20 世纪 90 年代后，李泽厚旅居海外，他提出了"告别革命"、"学术凸现，思想淡出"等主张，推出《世纪新梦》、《论语今读》等新著，国内学术界仍能感受到他思想跳动的脉动。

参考书目：

李泽厚著：《中国古代思想史论》，人民出版社 1985 年版

李泽厚著：《中国近代思想史论》，人民出版社 1979 年版

李泽厚著：《中国现代思想史论》，东方出版社 1987 年版

葛兆光论思想和文化

葛兆光，清华大学历史系教授，中国思想史著名研究专家。

近年来致力于中国思想文化史的研究，主要著作有《中国思想史》（导论、上下卷）、《思想史研究课堂讲录》、《古代中国社会文化讲义》、《禅宗与中国文化》等，在海峡两岸多有影响。

他认为"思想史的写法"背后意味着思想史研究的观念思路和方法的改变。如思想史应当如何考虑精英与经典的思想世界和一般知识思想与信仰世界，知识史与思想史之间应当如何互相说明，古代中国思想的终极依据或基本预设是什么；思想史应当如何改变过去传统训导式的写法，以追寻思想史的真正脉络和精神；思想史应当怎样描述"无思想"的时代，如何重新诠释作为历史记忆的传统思想和知识，如何看待和使用考古发现与文物资料，等等。

他在思想史研究中提出了既要做"加法"又要做"减法"的观点。过去的思想史建构是在所谓的"道统"基础之上的，有不少遮蔽和失真，不是真的全景的历史。我们的思想史就是根据后果去追溯前因的，这种思想指导下的"进步"、"发展"或"演变"的叙述方式叫做"加法"；也有一些被历史减去的实例、风俗、观念、知识等。在这些渐渐减少和消失的历史过程里面，我们可能看到被过去的精英、历史、典籍逐渐遗忘的历史，也可以看到古代中国强大的世俗皇权和主流意识形态是怎样在不经意中就可以迫使其他异端"屈服"。思想史需要开始"发现之旅"：要恢复历史的全貌，把过去精英化、经典化以及边缘化、世俗化的东西加以诠释和解读。大量的资料文献和地下发掘可以助我们一臂之力。

他认为，古代的那个中国文化世界只是一些"记忆"，这个"社会"由好汉、英雄和恶人组成，是一个"想象的传统"。作者认为文化是一种由历史延续下来，被深深地根植于一个民族心中的，无论何时何地何种阶层都无须思索地信奉和认同，并且在他们日常生活的各个方面都会始终表现出来的传统精神。文化与文明不同（文化表现差异性，文明表现一致性；文化不需特意传授，文明则需学习习得；文化固守不变，文明运动向前）。中国文化建构了一个文化的中国，使中国人有着不一样的价值标准、生活习惯和精神气质。作者从古代中国的天下观念讲到自我认识，从家族仪式讲到儒家政治，从道教佛教讲到观音信仰和禅宗思想……正如作者所喻，他是揣着一张地图去古代中国旅行，带领我们领略到古文化的奥妙。真是不虚此行。

参考书目：

葛兆光著：《中国思想史》，复旦大学出版社 2001 年版

葛兆光著：《古代中国文化讲义》，复旦大学出版社 2006 年版

许纪霖等编：《丽娃河畔论思想》，华东师范大学出版社 2004 年版

回望五四

今年 5 月 4 日，是五四运动 88 周年纪念日，中国青年也迎来了自己的光荣节日。在这个闪耀着五四精神光泽、书写着中国青年光荣的日子里，回望五四，不禁感慨系之，思绪万千。

以"五四运动"为发端的中国青年运动，始终与国家的前途、民族的命运血脉相连。青年是祖国的未来、民族的希望、时代的晴雨表。中华民族历经磨难而不屈，饱尝艰辛而不衰，千锤百炼而愈加坚强，就在于有一支以青年为组成的推动社会历史进步的伟大力量。87 年前，在中国茫茫的夜空中，无所畏惧地高举"民主与科学"的火炬，开始了民族的呐喊。在积贫积弱的旧中国，五四青年以"火烧赵家楼"的激情和歃血断腕的勇气书写了历史；革命战争年代，无数热血青年高唱《义勇军进行曲》为挽救民族危亡而奔走呼号。新中国成立后，"把青春献给祖国"和"团结起来，振兴中华""从我做起，从现在做起"的口号折射起时代的变迁，奏响了社会的最强音，一批批航天英雄、科技精英、企业巨子、白衣天使、人民卫士、体坛健将书写了一曲曲新时代的"青春之歌"。时光飞逝，薪火相传。当代青年在"爱国、奋进、创新、奉献"的旗帜下，知耻明荣，以"八荣八耻"的时代要求，勤于学习、善于创造、甘于奉献，与祖国共命运，与时代同前进，在构建社会主义和谐社会中继续书写自己的无悔的青春。

　　国外学者周策纵著有《五四运动史》，他曾有这样一个论点：五四时期是中国社会变动、思潮兴起、人物命运的转型阶段。此言不虚。五四运动虽然已经走过了 87 年历史，但凤凰涅槃，精神不死！民主（德先生）、科学（赛先生）、礼义（礼小姐）这些带有五四精神魂魄的东西仍是当今中国亟须倡行的。我们不能忽视启蒙的价值，放弃我们的道义担当。没有民主就没有现代化，科学理性是现代人的基本价值取向，我们有拥有民主的自信，我们也有亵渎科学的教训！这仍是 21 世纪的中国人要面对的思想遗产。回眸五四，是为了忘却的纪念：现代化无疑包括科学和民主，但不仅仅如此，还有法治、市场、宪政；民主不仅在于人民当家做主的本质，而且包括互相制衡的宪政、法治制度设计；科学不仅在于科学知识，而且包括科学方法、科学精神。回眸五四，就是为了超越五四！正如周策纵所说，"五四的真精神不仅是单纯的爱国主义，而是基于民意至上、民权至上的思想觉醒的信念。"

　　对于五四评价，还有另外不同的声音。余杰在《失落的五四》中指出，五四的内核已经在我们手里失落了，只谈"弘扬五四爱国主义传统"，这种强调只是一种遮蔽。五四已经退却成一道遥远的背景，我们谈论五四，憧憬五四，却并不知道五四为何物。余英时说："'五四'乃是一个早熟文化运动，先天不足而且后天失调。"胡适晚年也说，五四运动偏离了新文化运动的初衷。甲午之败，中国败不在军事，败在文化。"五四"独创的乃是一种思想多元、政治民主、表达自由、全盘西化等现代理念，而可惜后来却失落了，这是警言之思。从另一侧面我们可以认识五四思想的价值。

　　五四之光，它将永远照亮我们民族的心灵。

参考书目：

（美）周策纵著：《五四运动史》，岳麓书社 1999 年版

彭明著：《五四运动史》，人民出版社 1984 年版

徽商和徽商研究

徽州又称"东南邹鲁"、"程朱厥里"。徽商是明清十大商帮之一，与晋商并世而立，双峰争雄。古徽州是一个"七山一水一分田，一分道路和庄园"的"四寨之地"。徽商"贾而好儒"，有"五里一翰林，一门三进士"之雅称。"十户之村，不废诵读"，徽商好儒是出了名的，休宁县就是全国状元县，据悉一共产生了17位状元。据王世华先生统计，明代徽州有进士392名，举人298名；清代徽州单歙县一地就有进士296人。徽州雄村有"宰相故里"之称。胡雪岩、江春、鲍志道是徽商中的杰出代表。胡适、陶行知是徽州文化人的代表，恰好两人均师从杜威。徽商是徽文化的酵母，对徽剧、新安画派、新安医学均有影响。徽商不畏艰难，诚信经商，以义制利。有"盐、典、茶、木"四大主业，江春主扬州盐业数十年，"腰缠十万贯，骑鹤下扬州"。红顶商人胡雪岩在杭州办胡庆余堂，以"真不二价和戒欺为铭"。徽州古村落是明清建筑典范；乾嘉理学、徽州三雕；儒而好学，读书仕进，耕读传家；不计辛劳的"徽骆驼"精神……这些都值得总结和借鉴。

众所周知，明清时期是我国商品经济萌芽发展的滥觞阶段，明清史研究须有一个好的视角，徽商研究就是个案典例。自傅衣凌先生提出"徽商"这一概念以后，徽商研究相对沉寂。在安徽师范大学，有一个独特的徽商研究群体，我因为大学受业于历史系诸师，对徽商研究的佼佼者张海鹏、王廷元、唐力行、王世华等较为熟悉。改革开放后，安徽师范大学这个研究群体利用天时、地利、人和的条件，把他们研究的范围投向少有人注意的徽商。他们在学术带头人张海鹏先生（惜前年逝世——引者注）带领下，二十年磨一剑，不避寒暑，广搜博采，遍访爬剔，拔菁选萃，广泛涉猎史籍、方志、谱牒、笔记、小说、文书、碑刻、档案、契约等，留下了无言的丰硕成果：《明清徽商资料选编》、《中国十大商邦》（黄山书社 1993 年）、《徽商研究》、《徽商》（安徽人民出版社 2005 年），还有即将出版的《清代徽商资料丛编》（计 300 万字）。张海鹏先生提出建立"徽学"的设想，他认为徽学的特点是"商成邦学成派"。学术界对徽商的起源时间（东晋、南宋、明中叶说）、兴起（自然、人文）衰落原因（内因、外因、综合说），徽商资本积累的路径和经营范围（盐、典、茶、布），徽商精神（徽骆驼）和经营文化（儒而好贾、儒商），徽商与资本主义兴起的关系多有争论。安徽师范大学这个群体对徽商的兴起和资本积累徽商在茶木粮和盐行业的经营、徽商的儒贾观和商业文化商业道德、徽商资本的出路及衰落、徽商人物个案、经营文化、徽商与晋商之异同等均进行了深入研究，引起了学术界的关注和好评。特别是他们从商人与近代社会相互作用这一广阔视域，运用人类学、心理学、地理学、经济学、文化学、牒谱学，考察徽商群体形成的原因、内部结构、经营方式以及文化特质等在学术界有一定的影响。

去年笔者游览徽州，一睹其徽风流韵。这里的绩溪上庄（胡适故里）、江村（江冬秀故里）、棋盘村、尚书府，石台县的"瘦子村"、"情人谷"，黟县的西递、宏村，歙县许宅、赛金花故居、南屏村均有徽派特色的建筑景观。另外，绩溪的伏岭有"徽剧之乡"美誉；歙县的鱼梁坝的砚台、卖花渔村的徽派盆景远近闻名；屯溪的老街被誉为"流动的清明上河图"。徽州的唐模福禄寿喜别有寓意、昌溪的制茶工艺、徽州木雕艺术多有风彩、歙县的棠樾牌坊群令人沉思。如今"诚信、创新、进取、合作"的新徽商精神在江淮大地蔚然成风，其必将为安徽的腾飞崛起注入精神动力。

参考书目：

张海鹏、王廷元著：《徽商研究》，安徽人民出版社 1995 年版

张海鹏、王廷元、唐力行、王世华编：《明清徽商资料选编》，黄山书社 1985 年版

学术思想短札

一、中国学者论学术

孔子：学而不厌，诲人不倦；学而不思则惘，思而不学则殆。

孟子：掘井及泉；尽信书则不如无书。

古语：学术者天下之公器；文章华国；文以载道；尊德性而道问学。

颜之推：观天下书未遍，不得妄下雌黄。

韩愈：传道、授业、解惑。

白居易：文章合为时而著，诗歌合为事而作。

颜真卿：黑发不知勤学早，白首方悔读书迟。

陆游：古人学问无遗力，少壮功夫老始成。

朱熹：宁详毋略，宁近毋远，宁下毋高，宁拙毋巧；循序而渐进，熟读而精思。

杜甫：读书破万卷，下笔如有神；文章千古事，得失寸心知。

叶适：读书而不知接统续，虽多无益也；为文而不能关教事，虽工无益也。

黄庭坚：三日不读书，便觉面目可憎。

苏轼：吾文如万斛源泉，不择地皆可出；但行于所当行，止于所不可不止。

张载：为天地立心，为生民立命，为往圣继绝学，为万世开太平。

王夫之：道统、政统、学统。

黄宗羲：以水济水，岂是学问。

顾炎武：深山采铜；著书不如抄书。

卢延让：吟安一个字，捻断数茎须。

戴震：为学不作媚时语，独寻真知启后人。

王国维：哲学上之说，大都可爱者不可信，可信者不可爱。

国初之学大，乾嘉之学精，道咸以降之学新。

治学三境：昨治夜西风凋碧树，独上高楼，望尽天涯路；衣带终宽渐不悔，为伊消得人憔悴；众里寻他千百度，蓦然回首，那人却在灯火阑珊处。

钱穆：大凡人学问精实者必谦退，虚伪者必骄矜。

熊十力：要有"孤往"和"孤冷"精神，治学须"踏实"与"凌空"相济；沉潜往复，从容含玩。

贺麟：学术是一个自主的王国，它有它的大经大法。

杨继盛：铁肩担道义，妙手著文章。

梁启超：学者术之体，术者学之用。

刘师培：学指学言，术指用言。

梁漱溟：学术中人与问题中人。

蔡元培：学是学理，术是应用。

张元济：昌明教育平生愿，故向书林努力来。

冯友兰：不依傍他人，不顾及荣辱。

范文澜：板凳要做十年冷，文章不写一句空。

胡适：大胆假设，小心求证；为学要在不疑处有疑。

陈寅恪：独立之精神，自由之思想。

钱钟书：史必征实，诗可凿空

曹丕：经国之大业，不朽之盛世。

章学诚：辨章学术，考镜源流。

严复：学者，即物而穷理……术者，设事而知方；学主知，术主行。

鲁迅：学界三魂，官魂、匪魂、民魂。

吴宓："二马"之喻：一马事功（道统），二马著作（学统）。

余英时：献身于学术思想的人永远是甘于寂寞的工作者。

赵元任：语言学好玩儿。

王元化：思想的学术和学术的思想。

陈平原：学人要有学者情怀。

林毓生：创造性转化。

夏中义：板凳要坐一生冷。

萧公权：以学心读，以平心取，以公心述。

陈独秀：中国学术不发达之最大原因，莫如学者自身不如学术独立之神圣。

二、中外名人说历史

卡尔·马克思：人是历史的剧作者，又是剧中人。

卡尔·马克思：历史本身就是审判官，而无产阶级就是执行者。

卡尔·马克思：我们唯一知道一门科学，就是历史科学。

恩格斯：我们差不多还处在人类历史的开端，而将来会纠正我们的错误的后代，在大概比我有可能经常以十分轻蔑的态度纠正其认识错误的前代要多得多。历史是一个平行四边形。

列宁：历史常常捉弄人，当你想到这一个房间，它却把你领到"另一个"房间。

毛泽东：历史是群众的事业。

刘少奇：好在历史是人民写的。

卡尔·贝克尔：人人都是他自己的历史学家。

卡尔·波普：历史没有意义。

克罗齐：一切历史都是当代史。

柯林武德：历史是思想史

车尔尼雪夫斯基：历史像老祖母一样，总是喜欢她的孙子辈一代。

汤因比：历史知识乃是一张告诉我们哪里有暗礁的海图，如果我们有胆量使用它，历史知识就可以变为力量和救星。

罗素：历史使人们认识到，在人类的事务中是没有终点的，不存在尽善尽美。

康德：历史的狡黠。

黑格尔：历史有惊人的相似，前一次是悲剧，后一次是闹剧（笑剧）。

尼采：人类的历史意识像一个痛苦的失眠状态。

赫胥黎：最主要的历史教训，是不吸取历史教训。

托夫勒：如果我们不向历史学习，我们就将被迫重演历史。

布洛赫：历史是史学的暴君。

邓宁：历史以真实为主题，以求真为目的。

卡尔：历史乃史学与过去的无休止对话。

卡莱尔：历史乃真人实事的诗。

贝林：历史有时候是艺术，从来不是科学，永远是一种手艺。

罗素：历史学的用处或价值在于，一方面是开拓人的知识和视野、丰富人的心灵；另一方面又是社会进步和政治改革之所必需。

帕斯卡：克里奥巴特拉的鼻子如果生得短一点的话，整个大地的面貌都会为之改观。

西塞罗：不知道你出生之前历史的人永远是个孩子。

培根：读史可以明智。

兰克：历史既是艺术又是科学。

柏里：史学乃科学，不多也不少。

叔本华：历史女神像带梅毒的妓女一样，满口谎言与虚伪。

雨果：历史是过去传到将来的回声，是将来对过去的反应。

房龙：历史是地理的第四度，它赋予地理以时间和意义。

诺法利斯：历史是一个大掌故。

王充：知今不知古，谓之盲瞽；知古不知今，谓之陆沉。

司马迁：究天人之际，通古今之变。

刘知几：史乃"人生急务"，"国家之要道"；史家三长：才、学、识。

章学诚：才、学、识、德；六经皆史也；史所以载事者也，故良史莫不工文。

司马光：资治通鉴。

唐太宗：以史为鉴，可以知兴替。

龚自珍：欲明大道，必先知史；灭人之国，必先去其史。

赵翼：长江后浪推前浪，一代前人换旧人。

梁启超：一部二十四史，就是帝王的家谱也；（历史学是）国民之明镜，爱国之源泉。

李笠翁：历史不过是一个戏台，只有两个人唱戏，一个男人，一个女人。

黄宗羲：经术所以经世，不为迂儒，必兼读史。

王夫之：所贵乎史者，述往以为来者师也。

章太炎：研究历史须注意制度、形势、生计、礼俗、学术、文辞的变迁；历史是爱国心的泉源，为一国的"账簿"、"棋谱"。

胡适：历史是一个任人梳妆打扮的小姑娘。

鲁迅：历史如陀螺。

傅斯年：历史只是史料学。

陈寅恪：历史之同情。

钱穆：温情与敬意。

连横：民族之精神，人群之龟鉴。

三、海外学人片论

成中英：本体诠释学与中西哲学会通论

作为第三代新儒学的代表人物之一，他提出了"C理论"，主张以中国传统智慧与西方科学精神的融会贯通为目的，以"中国管理科学化、管理科学中国化"为宗旨。他提出了"本体诠释学"的基本原则，从语言、概念、观念和本体上沟通中西哲学，对中国哲学进行"解构"，以达到"重建"和"创新"，使之现代化，并走向世界。

林毓生：创造性转化

其《中国意识的危机》一书通过分析"五四"时期激烈的反传统主义，指出在西方的冲击下，中国知识分子的思想和价值观念曾发生根本性变化，但是在思想内容、价值观念转变的同时，传统的思想模式依然顽强有力，风韵犹存。这就难免使一些自称有学识的知识分子走进了一个死胡同，那就是以传统反传统，从而给中国现代史留下了一个沉重的包袱，这就是中国意识的危机。要走出危机，必须进行创造性转化。

孙隆基：中国文化的深层结构

他用结构主义方法分析中国人文化行为的基本结构，尝试用另一角度看中国文化，分析中国文化对"人"的设计，认为中国的个人是由群体来定义的，这与西方对个人的定义不同。作者认为，中国文化的基本特色并不因现代化而减灭，反而强化。所谓现代化可能只是表层现象，而一个文化则有其不变的深层结构。这是作者对自身文化"硬心肠的"反省的结果。

何炳棣：读史与阅世

《读史阅世六十年》是何炳棣先生回忆录，内中并附有私人信札和学术通信，详细论述过去60年来"读史阅世"的心得体会，反映出海外学人探求学问、开拓思想、融合中西文化的学思心路历程。何氏亲见亲闻弥足珍贵，是近现代教育业、学术史的重要史料。我们读后不仅可吸收他的治史心得，更能体悟近代百年风云变幻。

许倬云：历史、组织与管理

著名历史学家。他相继推出了《从历史看领导》、《从历史看组织》、《从历史看管理》，这几本书分别从中国历史上的领袖风格、社会组织以及政治制度等方面探讨现代企业的治理术，希望从本土历史中找到现代企业的生存之道。他善于从历史学、人类学、社会学的路径来阐释现代管理学，推陈出新地揭示了有关制度、系统的演变机理，为现代企业提供参照。另有《西周史》、《中国古代社会史论》等著述。

康德刚：口述历史

最早从事口述历史访谈的专家康德刚先生，因《胡适口述自传》、《李宗仁口述历史》、《张学良口述历史》而闻名学界。他认为，口述历史具有实用价值，与其他原始资料相比，口述史更生动，可读性更强。他在哥伦比亚大学开始对流亡美国的国民党政要进行访谈，陆续完成了包括对胡适、李宗仁、孔祥熙、陈立夫、顾维钧、张发奎、陈光甫、吴国桢、何廉等人的口述访谈。其对口述历史的认识及实践，有借鉴意义。

黄仁宇：大历史观

即从宏观历史（Macro – history）的角度来解构中国历史及其路向，

主要体现在《万历十五年》、《中国大历史》、《赫逊河畔谈中国历史》等书。大历史观是黄仁宇一生从事学术研究的总结，他认为中国落后是因为不能"在数字上管理"，其更强调社会结构分析和经济结构分析。他以万历十五年这一历史断面发现"中国两千年，以道德代替法制，至明代而极，这是一切问题的症结"。并认为帝国传统的指挥魔棒失效、王朝机体的组织功能失调是我国封建王朝衰落的根本原因。据说这一发现最初起因是因为教学上要"用五十分钟内涵盖二百多年的中国历史"之需。有人把黄仁宇"大历史观"和"数字化管理"思想与马克思主义历史决定论、历史唯物论比附似有不妥，但可为历史研究提供新视角。其独特的历史审思、流畅的叙述语言为古老的史学带来一股清风。

余英时：历史与思想、士与中国文化

余英时学术主要集中于中国史学、西方历史、思想文化，其论及历史与思想、士与中国文化的文章影响广泛。他认为一个知识从业者却不一定是知识分子，具备"以天下为己任"的精神才是知识分子。余英时对中国思想传统及其现代变迁进行梳理，观察和思考中国近现代以来传统思想所经历的种种冲击和变革出路，探讨并提出了现代儒学所遇到的困境及其所肩负的历史使命。他认为不能一味反传统，要抱同情之了解，从价值系统看中国文化具有现代意义。

参考书目：

林毓生著：《中国传统的创造性转化》，三联书店 1988 年版

孙隆基著：《中国文化的深层次结构》，广西师范大学出版社 2004 年版

黄仁宇著：《万历十五年》，中华书局 1982 年版

黄仁宇著：《放宽历史的视界》，中国社会科学出版社 1998 年版

何炳棣著：《读史阅世六十年》，广西师范大学出版社 2005 年版

余英时著：《中国思想传统的现代诠释》，江苏人民出版社 1989 年版

葛剑雄等著：《历史学是什么》，北京大学出版社 2002 年版

李剑鸣著：《历史学家的修养和技艺》，上海三联书店 2007 年版

毛泽东与马克思主义中国化论纲

在中国现代政治思想文化研究领域中，毛泽东与马克思主义中国化是个具有学术价值和现实意义的理论命题，寻求毛泽东、邓小平的思想遗产，总结马克思主义中国化的经验，是我们的责任和义务。

论纲以毛泽东关于马克思主义中国化的理论和实践为线索，论述了马克思主义传入中国并进而中国化的历史必然性，探讨了毛泽东怎样推进马克思主义中国化以及毛泽东何以成为马克思主义中国化的光辉典范等理论问题，并考察了马克思主义中国化的历史地位。共分四大部分。

第一部分阐明了马克思主义传入中国并进而中国化的必然趋势。马克思主义是无产阶级的科学世界观和社会革命论，它是随着十月革命的隆隆炮声君临中国的。马克思主义要与中国民族的特点相结合，马克思主义中国化的实质和核心就是要与中国国情相结合。毛泽东思想就是马克思主义中国化民族化的优秀典型，是中国的马克思主义。

第二部分考察了毛泽东是怎样实现马克思主义中国化这一课题。研究表明，从中国实际出发去寻找马克思主义是马克思主义中国化的基础前提。它解决了从哪里以及怎样正确反映客观实际的问题；在改造中国的实践中发展马克思主义是马克思主义中国化的根本途径和必然要求。它解决了马克思主义理论怎样改造世界的问题，实现了从实践到认识，由认识再回到实践的飞跃。马克思主义中国化及其理论形态毛泽东思想是同本 20 世纪 20 年代末 30 年代初把马克思主义教条化、共产国际决议神圣化和苏联经验绝对化的错误倾向斗争中实现的，是对传统文化的批判和扬弃。马克思主义中国化的理论和实践，是以毛泽东为代表的中国共产党人的杰出贡献，是中华民族的宝贵思想财富。

中国共产党人推进马克思主义中国化的进程，表现出以下特点：

　　第一，从改造中国的目的出发去寻找马克思主义。中国共产党寻找马克思主义，离不开 20 世纪 20 年代以来中国社会的历史环境，中国革命的特殊任务，中国共产党的基本经验。与俄国曾经经过普列汉诺夫等人的多年介绍、翻译、研究、宣传马克思主义，具有思想理论的准备阶段大不相同，马克思主义在中国是作为救国的武器而被接受，理解和运用的。这使中国共产党人所理解的马克思主义不可能不打上时代的烙印，马克思主义在中国展现的便是这种实践性格。

　　20 世纪初期，内忧外患，民不聊生，民族危机十分严重。早期共产主义者立下了救国救民，改造中国与世界而储才蓄能的宏伟志向。在改造中国和世界的实践中，他们完成了从旧民主主义向新民主主义、从新民主主义向马克思主义的转变。他们认识到"唯物史观是吾党哲学的根据"，而阶级专政，采取激进革命的方法推翻反动统治最宜采取。炽热的爱国、救国意识是他们寻找马克思主义的思想基础和动力。新的问题需要探索，旧的教训需要总结。他们常常感到对马克思主义的一种饥渴感，他们总是千方百计寻找并攻读马列著作，为解决实际问题而学习。学习和研究马克思主义特别是哲学，成了全党面临总结历史经验，清算教条主义，重新认识中国革命的任务而亟待解决的课题。善于从哲学上提出问题和解决问题是中国共产党独具的特色。中国共产党人一旦找到了马克思主义这个最好的武器，就开始运用这个理论分析说明中国的实际问题。这突出表现在毛泽东等人一系列光辉论著和党的文献中，体现在中国共产党对中国社会和革命的性质、动力、任务、前途第一系列问题的科学说明中。

　　第二，在改造中国的实践中发展马克思主义。马克思主义是人类最先进、最科学的理论体系，而它要发挥"问题在于改造世界"的功能，必须使马克思主义在中国的应用，和民族的特点和不断发展变化的革命和建设的实际结合起来，才能建立中国形态的马克思主义。这突出表现为这样几个层次：把马克思主义应用于分析具体实践问题，从而在更大的规模和更深刻的程度上实现了哲学和实践的结合，提供了在实践中运用马克思主义的光辉范例；把马克思主义原理具体化党的思想方法、工作方法和领导方法；从不断发展的实际中概括出新结论，丰富和充实马克思主义理论宝库。

农村包围城市，武装夺取政权的理论和实践，是以毛泽东为杰出代表的中国共产党人的独特创造，是马克思主义中国化这一作品中不朽的篇章，它丰富了马克思主义关于暴力革命的思想，突破了"城市中心"论的俄国模式。它提出了以农村为中心的思想，提出了农民是中国革命最广大的动力的新结论，科学地阐述了农村和城市的关系问题；它正确地解决了在农村条件下，在无产阶级人数很少而战斗力很强，农民和其他小资产阶级占人口绝大多数的国家中，建设一个广大群众性的马克思主义政党的艰巨任务，提出了以思想建党为主的无产阶级建党原则；它科学地处理了武装斗争、土地革命和根据地建设的一些具体问题，比如革命斗争形式、政权形式、富农和土地所有权问题、土地分配方法等。这一切，都为农村包围城市，武装夺取政权道路的开拓奠定了基石。

在社会主义革命和建设的新时期，中国共产党领导人民走出一条具有中国特色的社会主义改造道路，为社会主义制度的建立作出了重要贡献。以工业化和社会主义改造、革命和建设同时并举为内容的社会主义改造道路，从理论和实践中解决了中国这样一个占世界人口近四分之一的经济文化落后的大国中，建立社会主义制度的艰难任务，是国际共产主义运动史上的伟大创举；在社会主义经济建设、政治文化建设上，中国共产党人为开创一条中国式的道路进行过思考和探索，毛泽东等人提出了以农、轻、重顺序发展国民经济的工业化道路，这是一条既不同于西方资本主义国家走过的"羊吃人"的工业化道路，也不同于苏联片面发展重工业，把农民搞得很苦的工业化道路。毛泽东关于人民民主专政的理论，发展了马克思关于"间接地建立无产阶级的政治统治"的思想，是我党领导人民进行长期斗争的一个创造。在认真分析了社会主义社会中意识形态内存在的各种矛盾和正确把握了社会主义精神文明自身发展规律的基础上，我党提出了"百家争鸣"、"百花齐放"的"双百"方针，规定了"古为今用，洋为中用"的正确方向。我党在社会主义社会认识论方面也有很大突破，如关于社会主义发展阶段问题、社会主义矛盾问题、社会主义社会的商品生产和经济体制改革问题、社会主义和资本主义关系问题，这些都为我国新时期对社会主义再认识谱写了前奏曲。在改造中国的实践中发展马克思主义是马克思主义中国化的根本途径和基本内容，它解决了马克思主义理论怎样改造世界，变革实际的问题，完成了从实践到认识、由认识再到实践的飞跃。

第三，在对传统文化的批判继承中实现马克思主义中国化。列宁曾经这样论述到：在马克思主义里绝没有与"宗派主义"相似的东西，它绝不是离开世界文明发展大道而产生的褊狭顽固的学说。恰恰相反，马克思学说的产生，是人类哲学、社会科学的"极伟大的代表人物的学说的直接继续"。毛泽东思想一方面是马克思主义在中国合乎规律的继承和发展，又是中国共产党人批判和继承中国古代优秀思想文化传统的硕果。它的产生标志着一切旧的传统文化的解体和终结，又是中华民族思想的伟大升华。

中国共产党人对中国传统文化的批判继承表现于思想内容、历史资料和表达方式诸方面。其一，批判地继承中国历史上优秀文化传统，对传统文化中的许多命题和范畴给以马克思主义的解释。如毛泽东同志在论著中，对于中国哲学史上关于知与行的论争，关于两种发展观的对立和斗争，关于历史观上的道德与功利，动机与效果的争论，都作了科学的批判和总结。其二，对中国文化典籍中的某些言简意赅的词句和丰富的思想资料（名言、成语、典故），加所引申、发挥或改造，以表述马克思主义的某些重要的原理、原则，充实了马克思主义的内容。在毛泽东著作中"实事求是"、"有的放矢"、"惩前毖后"、"愚公移山"、"星星之火，可以燎原"这些已成为特定内容的专门术语。精练集中，具体贴切，概括而不抽象，扼要而不晦涩，字字珠玑。其三，在语言风格上，毛泽东的文章，通俗、明快、易懂，具有鲜明的中国作风和中国气派。在章法结构和表达手法上，毛泽东的文章借鉴了中国古代文风的优良传统，开创了论说文的新格局。或引古喻今；或夹叙夹议，寓情于理，或比喻抒怀，充满革命豪情；或辛辣幽默，刻画淋漓尽致。

第三部分指出，毛泽东成为马克思主义中国化的光辉典范是他自身的优秀主体素质作用于时代洪流和社会需要的必然结果。毛泽东青少年时期就孕育形成的实事求是、群众路线和独立自主的思想特点，不断在实践中提炼、升华，愈益得到陶铸，成为毛泽东思想的有机组成部分，毛泽东因而成为我党内一个善于"指出真理的人，坚持真理的人，发挥真理的人"。

第四部分，毛泽东探索马克思主义中国化的结果奠定了他在中国革命中的巨人地位也深刻地影响、决定和支配了中国的命运，并由此影响着人类的历史进程，毛泽东思想是一种普照的智慧之光。

参考书目：

教育部编：《毛泽东思想基本著作选读》，人民出版社 2001 年版
中央文献研究室编：《毛泽东重要著作和思想形成始末》，人民出版社 1993 年版
石仲泉主编：《毛泽东研究述评》，中央文献出版社 1992 年版
张西山著：《毛泽东与马克思主义中国化》，武汉大学硕士论文（1989 年）

杜维明论文明对话

　　水木湛清华，紫荆香南国。在 2005 年 4 月 16 日哈佛大学教授、著名学者杜维明来到深圳，来到由清华大学深圳研究生院人文研究所和深圳大学国学研究所联合主办的"东方人文论坛"主讲文明对话。当我看到"繁花似锦根系清华为学为人　激情如火立足鹏城创业创新"的标语条幅时，内心洋溢着久违学术的感动；当我听到幽默儒雅的杜先生机智风趣的演讲时，感受到思想的魅力和智慧的火花。

　　杜先生首先谈到了自己的研究领域：儒学创新、文化中国、启蒙反思、文明对话。其目的是在面对古今中西问题时，能够对传统文化、现代中国、西方文明发展出一条具有深刻人文意义的思路来。而这次人文论坛的宗旨也是弘扬中国智慧，倡导东方文化，促进文明对话。不同文明之间的对话应是不同文明之间交流的基本形式，中国长达百多年的"中西古今"之争，应被视为一种对话的形式。正如罗素所言："不同文明之间的交流过去已经多次证明是人类文明发展的里程碑。"

　　关于儒学创新，杜先生的设想是使之发展具有全球意义的地方知识。当今哲学界面临的严重挑战是如何把轴心时代的精神传统承传，对

儒学进行哲学反思，如何使之成为具有中国根源的人类公共知识。关于文化中国，杜维明认为至少应包含3个不同的意义世界：中国大陆港澳台以及新加坡；第二个意义世界，就是散布在海外各地的华人（中国人）；第三个意义世界是争议较大而杜先生坚持的所谓和中国既无血缘又无婚姻关系的外籍研究汉语人士组成。关于启蒙反思，即所谓人类处境问题的反思。文明之间，包括儒学传统、道家、神道、基督教之间应通过对话、了解沟通，为人类的存活和发展路向作出回应。必须对儒学进行创造性转化和开掘，建构中国文化的主体性。关于文明对话与对话文明，杜先生认为文明对话的基础在于人类文明的发展是多彩多姿的，面对未来，不能只有一个文明、一个宗教、一套价值体系，必须建立一个多元、宽容、普世、一体的基本价值体系。杜先生认为，自由、理性、法治、人权、个人尊严都是普世的伦理价值。而儒家传统的社会实践新义也就在于此。而文明对话须克服人类中心主义、理性的傲慢、非理性思潮和浮士德精神，倡导对话中的文明理念和精神。

参考书目：

哈佛燕京学社编：《全球社会与文明对话》，三联书店 2004 年版
杜维明著：《现代精神与儒家传统》，三联书店 1997 年版

刘道玉讲创造性学习

　　2005 年 11 月下旬，我参加了由武汉大学校友会举办的"欢迎刘道玉校长莅深暨新书——《一个大学校长的自白》"发布会，见到了心仪已久的前武汉大学刘道玉校长，这位 20 世纪 80 年代高校改革中的风云人物。有幸次日又在深圳大学聆听了他关于创造性学习的风趣演讲。
　　他从创新性国家建设、人的左右大脑不同结构以及未来世界的学习

模式等不同方面提出了创造性学习的 3 个要点：制定正确的学习策略，选择最有效的学习方法，争取获得最佳的学习效果。刘校长在学习策略的论述中认为明确目标、快乐学习、最佳学习战略、激发潜能、构建最佳认知结构、自我调节是密不可分的相关步骤。他认为，一般性学习是 37% 触觉 + 29% 视觉 + 34% 听觉，最佳学习状态则不然。他用诗一样的语言描述道：眼睛在思考、思想在看、视觉在触摸、文学在燃烧。关于最有效的学习方法，他提供了 SSR 大学创造教育模式。S：自学（Study）；S：讨论（Seminar）；R：科学研究（Research）。他对古代的学习方法如温故而知新（孔子）、出入法（南宋陈善）、浏览而专精（鲁迅）、储存比较批判（卢梭）进行逐一评述，剖析了我国学习方法存在着迷信、爱情面、怕出丑等痼疾，必须创新学习的本质。古人云：石本无火，相碰方显灵光；水尚无华，相荡方现涟漪。关于如何获得最佳学习效果，刘道玉先生提出了知识→能力→成果的转化路径，提出了从传授知识向培育能力、从灌输到启发教育、从讲授解惑到独立思考、从记忆考试到指导科学研究、从模仿到自由思考的范式转换。他总结道：方法比知识重要，知识并不等于力量，只有当它转化为能力时才是力量，人的潜能和想象力是无穷的。他结合自己在武大任校长的改革举措畅谈了自己的教育理念和教育思想。一个多小时的报告在幽默风趣的讲演和讲话中结束，我看到了一个改革者的形象，在实现创新型国家的征程中这一背影愈加难得可贵！

参考书目：

刘道玉著：《一个大学校长的自由》，长江文艺出版社 2006 年版

王蒙解读《红楼梦》

王蒙，著名作家，生于 1934 年，原国家文化部部长，现任中国作协副主席，国际笔会副会长。2006 年 5 月 12 日下午在深圳大学学术报告厅我聆听了他对《红楼梦》的真知灼见。在阅读他的《红楼启示录》的基础上对《红楼梦》文本有了更进一步的理解。

关于时间的多重性。西方作品《百年孤独》（马尔克斯著）对时间的描述与王羲之《兰亭集序》"后之视今，犹今之视昔"如出一辙。《红楼梦》里有多重时间：女娲时间（前宇宙和神话时间）、石头时间（宇宙时间）、荣国府时间（贾府世系图）。当然还有文学史的《红楼梦》时间，清朝故事。正是因为多重时间的重合，增强了我们的沧桑感。

关于弗洛伊德理论解读情结。贾宝玉与林黛玉的青春期苦闷（吃胭脂、泛爱倾向与专爱选择）；贾宝玉与秦钟、蒋玉菡的同性恋倾向；另有证据看贾母与张道士的特殊关系，凤姐与贾蓉的调笑；妙玉的变态性格和乖僻。这是"本体大于方法、对象大于方法"的文体写法。

《红楼梦》对人生的怀疑和追问。《红楼梦》对人生的意义、荒谬感孤独感描写较为普遍；贾宝玉、林黛玉的生死观和王熙凤的"无神论"；芳官女扮男装、西洋名字、胡人名字、对身份的时间、认同危机（identity crises）。

红楼梦中的文化符号。发式、衣饰、十二钗的居处；植物（花、葬花、竹、菊、梅、海棠、芙蓉）；秦可卿房间的摆设；谜语的谜底；诗句与谶语；玉的名字叫法。

符合重组的可能性。索隐派（蔡元培《〈石头记〉索隐》），如认为袭人指崇祯皇帝，贾宝玉为顺治皇帝；猜谜考证派，如周汝昌、胡适、刘心武等；太极说和宇宙发生说，如王国维等。

现实、文本、语言问题。红楼梦是现实现代主义的代表作，但作者声明"假做真时真亦假"、"满纸荒唐言"，又有"衔玉而生"、"绛珠仙子"、"女娲补天"的神话描写，可谓之曰"现实现代主义"、"魔幻现实主义"的文本。冷子兴演说荣国府、林黛玉进荣国府、刘姥姥三进大观园、尤二姐进府都是结构现实主义的写实。

王蒙先生最后总结了《红楼梦》与现代文论的关系：宇宙本体与文学本体的同构性；文学大于文论、文本大于方法；好的文学作品的耐方法论性，红楼梦论析的不可穷尽性等。

两个小时的演讲在幽默风趣的讲授和机智和谐的对话中结束，听众掌声不断。王蒙并回答了听众的提问（红楼梦研究方法/政治教育关系/中国知识分子的责任/女性和女权主义/证伪问题/文学与科学）。

参考书目：

王蒙著：《红楼启示录》，三联书店 1991 年版

冯契的智慧三说

冯契，著名哲学家，华东师范大学教授。自 20 世纪 40 年代便关心知识与智慧的关系问题，从广义认识论、方法论、价值论等角度，以智慧的探索为主干，以"化理性为方法"（方法论）和"化理论为德性"（价值论）为其两翼，通过会通古今和比较中西以达到新的哲理境界，集中体现在《认识世界和认识自由》、《逻辑思维的辩证法》和《人的自由和真善美》三书，合称《智慧说三篇》。

冯契是自成体系的哲学大家，"智慧三说"浓缩了他的哲学思索和人生审思。冯契曾这样叙述自己的思想轨迹："我们根据科学的世界观

（智慧）来提出人道主义和社会主义的统一的社会理论，也是道德理想，它为实践精神所把握，贯彻于道德的行为，通过实践精神自觉自愿的活动，习以成性，最后可以达到自然。而出于德性自然的道德行为，又使现实世界成为合乎规范（具有道德秩序）的。"他将认识分为三层：即以我观之的意见、以物观之的知识、以道观之的智慧。按照冯契先生的说法，只有解决转识成智的问题，才能解决"化理论的方法"和"化理论为德性"的问题，因为两者都遵循着一个共同的辩证实践原则，即"以得自现实之道还治现实"。就是"从现实生活中吸取理想，又促使理想化为现实"。以至习以成性，理论化为自己内在的德性，就成为自己的人格。对于从事哲学的人来说，这是一个"凝道以成德、显性以弘道"的过程，这是一个关于德性的智慧学说。

"哲学要回答自己的问题"，这种始终贯穿着自己的"真切感受的问题"意识使他成为一个有着自己独特风格、问题视域和建构体系的马克思主义哲学大家，体现了实践唯物主义辩证法。他晚年提出不同于古代传统的近代哲学思想，并把中国近代哲学史研究引向更广阔的视域，具有重要的方法论意义。当然，中西转识成智和转识成制的不同路向也值得我们反思。晚年他更加关注自由问题，对自由思考、自由人格、自由德性加以论述，从而展现了一个哲学家的风度、境界、卓识。

单纯中蕴涵着深刻、朴素中寄寓着睿智。冯契，终其一生都是一个智慧的探索者。王元化如是说。

参考书目：

冯契著：《冯契文集》，华东师范大学版 1986 年版

张光直的考古学

中国的历史学（Historiography）有很长的历史，在全世界最为古老发达，是唯一有文字记载并传而不绝的，而考古学（Archaeology）则是到了20世纪30年代初叶才传入中国。考古学对中国上古史的革命性的影响是与一些考古学家的贡献是分不开的。张光直就是其中的佼佼者。

张光直，哈佛大学教授，世界著名的考古学家。近读其《考古人类学随笔》，对他的思想主张有了更深的了解。在考古学界，他提出了"理论多元化、方法系统化、技术国际化"的三个目标，引起了中国考古学家的共鸣；他主张用中国的材料说话。给历史搭架子，不要用钢筋水泥，要用塑胶。要敞开心胸，不轻易下结论，还要给假说以足够的弹性。这是对史料的信任和信心，也是对我们解释能力的客观评价。否则轻易下结论就会成为进一步研究的绊脚石。他早年在台湾受业于学者李济、董作宾、石璋如、高去寻、凌纯声，又在哈佛大学求师于莫维斯（H. MoviusJr）、克罗孔（C. klucKhohn）、魏利（G. R. Wiley）和瓦德（L. Word），学贯中西，卓成一家。

他在中国考古学独特的研究领域是：史前聚落形态、东亚新石器时代及国家的形成；三代和台湾史前史的研究。他用激情的语言抒发他对考古学的钟爱：我有时白日做梦，梦见天资好，人又天真又用功的中国青年，志愿以考古为终生事业，来问我这个老年考古学家对他（她）有何指示，这虽然只是梦境，我还是将答案准备好，以防万一。首先，我要向他道喜，因为他选择了一项前途无量的学科；我要告诉他的第二件事，是要尊老尊贤；第三点我准备说的，是建议他不要把他要念的书限制在考古学。他主张要对民族、地质、动植物、民俗、社会等多加涉猎。

全书分狗尾"序"貂、大题小作、关于台湾、考古随笔几部分，内容丰富，反映了一个考古学者对学术的痴情以及对青年学子的提携，既有对中国考古研究的真知灼见，又有对世界考古前景的大胆预测，为我这个门外汉上了一次启蒙课。他的名言常激起我的心灵震撼：从历史文物可以看出一个地方的文化精神，而从一个地方对自己历史文物的态度可以看出它对自己历史、文化的态度和价值观念。

参考书目：

张光直著：《考古人类学随笔》，三联书店1999年版
杨楠编：《考古学读本》，北京大学出版社2006年版

谭其骧的历史地理学研究

谭其骧，字季龙，复旦大学历史地理学教授，著有《长水集》。谭其骧学术上最大的成就是受毛泽东主席的委托编写《中国历史地图集》。

谭其骧早年曾开设《中国沿革史》，后改名"沿革地理"。后又在改绘重编杨守昌、杨守敬的《历代与地理》的基础上，编写《中国历史地图集》，30年如一日，厥功甚伟。本书可与西方钱伯斯编的《世界历史地图》相媲美，它不仅校订了许多地名史实之谬，而且以图说史，具有重大的学术奠基之功。它不仅描绘了地理上的历史疆域沿革，而且表现出历史的运动和发展，即种族和民族的迁徙、征服者的入侵、战争的进程、国界的变更、帝国的兴衰、民族和宗教波及的影响、政治的成败和文化的演进。他从事历代水系变迁研究。曾撰写论黄河安流的文章，指出黄河的决徙在于植被遭受破坏，形成水土流失，以为现实借鉴；他曾对曹操、殷纣王、秦始皇、隋炀帝作出科学历史的评价；既不

将学术媚时邀宠，曲学阿世，使学术沦为意图伦理之工具，又不将学术与思想截然分开，忘情民间疾苦。论文集有《长水集》、《长水集续编》。

参考书目：

谭其骧著：《长水集》，上海人民出版社 1987 年版
谭其骧主编：《中国历史地图集》，中国历史地图出版社 1975 年版

陈丹青的艺术视界

德国诗人歌德说过这样一段话："要想逃避这个世界，没有比艺术更可靠的途径；要想同世界结合，也没有比艺术更可靠的途径。"

作为我国改革开放后较早赴美的艺术家，他身处西方当代艺术中心的纽约，对中西艺术的许多问题进行了有价值的思考，其代表作有：《纽约琐记》、《陈丹青音乐笔记》、《多余的素材》、《退步集》。早年因《西藏组画》而闻名，近年因不满中国教育体制而向清华大学美术学院辞职而引发学界教育界"地震"及反思。他坦言："我之请辞，非关待遇问题，而是至今不能认同现行人文艺术教育体制。"他警告说——人文艺术教育表面繁荣：扩招、创收、增加学科、重视论文等……实则退步，学生"有知识没文化"、"有技能没常识"、"有专业没思想"。他认为中国艺术教育是摆设，学术行政化是痼疾。

《退步集》是作者归国五年来的部分文字辑录，话题涉及绘画、影像、城市、教育、人才培养等。自云"退步"，语涉双关可理解为对百年中国人文艺术领域种种"进步观"的省思和追问。作者愤世嫉俗、冷嘲热讽的"愤青"形象未尝不含有对自身人生况味的解嘲，以及对"时尚"、"流行"、"进步"的反讽，而展现出一个"现代性"观照和

变迁中一个真性情的自由文人。"退步原来是向前","前瞻与回顾等同,均意味着历史的维度",陈丹青如是说。

参考书目:

陈丹青著:《退步集》,广西师范大学出版社 2005 年版

(法)丹纳著:《艺术哲学》,安徽文艺出版社 1991 年版

《歌德的格言和感想录》,中国社会科学出版社 1982 年版

宋镜明的李达和党建研究

李达是中国共产党的创始人之一,著名理论家、教育家,有"理论界的鲁迅"之誉。武汉大学宋镜明教授长期以来一直致力于李达研究,先后撰写了《为真理而奋斗的李达同志》(武汉大学出版社 1985 年)、《李达传记》(湖北人民出版社 1986 年)、《李达》(河北人民出版社 1997 年)、《李达与武汉大学》(山西教育出版社 1999 年)等,作者在国内学术界最早涉足李达研究这一领域,收集大量第一手资料,尤其是善于从党史角度评析李达的功绩,对李达与武汉大学的关系梳理较为详备,对李达作为"五四"时期传播马克思主义的先驱者,中国共产党主要创始人和早期领导人之一,马克思主义哲学家、经济学家、法学家、史学家和教育家的评析较为公允,对李达脱党的原因和晚年的受屈情况进行解读,这些都使本书成为国内学术界不可多得的李达传论。从中我们可以得出结论:李达脱党,但并不脱离革命,更不是离经叛道。从李达一生看,他是马克思主义的理论战士。

宋先生一直在高校从事马克思党的学说及其执政党建设规律的教学与研究,尤其是对毛泽东建党科学体系探讨用力最多,他在成功申报国家社会科学基金的基础上,撰写了《毛泽东建党科学体系发展史》一

书，既有史的阐述，又有对毛泽东建党思想和邓小平党建理论的比较分析，在学术界有一定的影响。该书对毛泽东建党思想的理论渊源（二元说与三元说）、毛泽东建党思想形成和成熟的标志和特点、毛泽东执政党建设理论的特色和历史地位、邓小平党建思想与毛泽东建党科学体系的关系用力较多，较有新意和突破，旨在阐明毛泽东建党学说是一个博大精深的科学体系，是邓小平执政党建设学说的理论基础，是马克思主义中国化的理论成果。

近年来先生不顾身体欠佳，致力于苏共执政党建设和当代党建理论的探索尤为可贵。从列宁大力提倡劳动生产率到中国提出发展是硬道理，从前苏联党的建设教训到新时期加强党的执政能力建设，从前苏联民族宗教矛盾导致解体到当前构建和谐社会理论……先生都做了评析，反映其与时俱进的理论品质。

山高水长，师恩难忘；流风余韵，大德无酬。

参考书目：

宋镜明著：《李达传记》，湖北人民出版社 1986 年版

宋镜明著：《宋镜明自选集》，武汉大学出版社 2007 年版

宋镜明等著：《毛泽东建党科学体系发展史》，武汉大学出版社 1998 年版

黄苇町著：《苏共亡党十年祭》，江西高校出版社 2002 年版

世纪新梦

20 世纪真是一个不平凡的时代，是一个充满暴力和苦难的世纪，太多的科学进步和文明发明，太多的战争纷争和疾病苦难。有人说"告别 20 世纪"、"迈向新世纪"、"轰出中世纪"等，但 20 世纪真是一个难以告别的世纪。历史就是我们自己，就是我们自己的根须和血肉，

历史不是一件可以替换的外套，我们还是要埋下头来，把 20 世纪已经开始而没有做完的事情做下去，李锐先生如是说。只有这样，"21 世纪是中国人的世纪"才不啻是一个美好的梦。

20 世纪是一个寻梦和梦魇并至的时代。人类越来越步入了科学技术所造成的精神迷宫，真善美的价值越来越让位于经济实用的现实需要，工具理性对价值理性的无情吞噬，原始野蛮的"丛林法则"在不断上演，霍布斯所描述的"一切人对一切人的战争"正在不断演绎，上帝已死、宗教信仰只剩下休谟所说的"习惯"意义。贫富差异、宗教矛盾、民族纠纷、环境污染、种族偏见、文明傲慢……这一些都是世纪难题。我们迫切呼吁人文关怀、宽容恕道、公平正义、永久和平、灵魂自由。全球化进程中需要寻找东方文明的智慧活水。

最近一些学者提出了全球伦理，建立"金规则"的设想。按照亨廷顿的说法，当今各种文明存在着冲突，基督教、犹太教、伊斯兰教、佛教以及儒家思想如何和谐相处就值得我们进行世纪反思。儒教的修身成圣，佛教禅宗的见性成佛，基督教的灵魂救赎，伊斯兰教的古兰经义，这些不同的价值理想并育不害，和而不同。可否建立一条共同的伦理边界，构建一个和谐世界和道德王国？有人说"己所不欲，勿施于人"就是中西文化共同遵循的伦理主张，就是金规则。

王安石《示儿》诗云："爆竹声中一岁除，春风送暖入屠苏。千门万户瞳瞳日，总把新桃换旧符。"这是诗人写春节的抒情状物之作，在此世纪更嬗之际，我希望永远有梦。

鲁迅先生似乎体会更深："人生最苦病的是梦醒了无路可以走。做梦的人是幸福的，倘没有看出可走的路，最要紧的是不要去惊醒他……唯有说谎和做梦，这些时候便见得伟大，所以我想，假使寻不到出路，我们所要的就是梦，但不要将来的梦，只要目前的梦。"但愿我们醒后不再是噩梦。

21 世纪初，一个《大国崛起》的电视政论片引起了人们的关注。500 年来九大国先后崛起的历史经验告诉我们：中华民族伟大复兴的梦想不会遥远。

参考书目:

孔思汉·库舍尔编:《全球伦理:世界宗教会议宣言》,四川人民出版社1997年版

秦晓鹰、白俭成著:《寻找精神家园》,吉林人民出版社2004年版

张立文著:《和合哲学论》,人民出版社2004年版

黄仁宇著:《资本主义与二十一世纪》,三联书店1997年版

董世峰著:《价值:哈特曼对道德基础的构建》,光明日报出版社2006年版

科举制度百年祭

"朝为田舍郎,暮登天子堂"、"学成文武艺,货与帝王家"这几句话我们常常记起,2005年是科举制度废止100周年的日子,回忆起就便有一番意味。

过去我们对中国隋唐开始的科举制多持否定态度,百年后的今天重新审视也不能否认其对人才选拔与干部任用上的积极作用。据不完全统计,在1400多年的科举史上,曾产生出700多名状元,近11万名进士,数百万举人。由此途径而产生的名相、名臣、思想家、文学家、科学家、外交家多得数不胜数,如王维、张九龄、韩愈、柳宗元、刘禹锡、白居易、王安石、苏东坡、司马光、朱熹、包拯、寇准、张居正、海瑞、徐光启、纪晓岚、刘墉、郑板桥、林则徐、翁同龢、蔡元培……当然还有一些人非科举人士也作出了贡献,如李时珍、唐寅、罗贯中、施耐庵、吴承恩、蒲松龄、吴敬梓、曹雪芹、顾炎武、黄宗羲、王夫之等。1905年废科举作为影响中国历史深远的历史事件,不仅仅是一场教育革命,而且是一场政治革命,并引起了广泛而深刻的社会变迁。今年是废科举100周年和建立科举制1400周年,正确总结其利弊得失和成功经验具有时代意义和历史意义。

国外学者艾尔曼对科举制度多有研究；海外学人许倬云称科举制为中国文化的三原色之一，古代中国被人被为"选举社会"。"科场关系大典，务其甄拔真才。"科举作为一种较为稳定的人才选拔制度一直受到学子的追捧。明清时期，每逢子、午、卯、酉年的八月都举行乡试，而八月十五考第三场几乎是五百年一变。美国学者吉尔伯特·罗兹曼在其主编的《中国的现代化》一书中指出：科举制在中国传统社会结构中居于中心的地位，是维系儒家意识形态和儒家价值体系之正统地位的根本手段。当我国唐朝唐太宗看到天下学子皓首穷经、鱼贯而入时，他叹到："天下英雄尽入我彀中矣！"这是何其豪情满怀！当我们回忆清朝考试弊案和惨烈的文字狱时，我们又心有戚戚焉！而走过1400多年的历史硝烟，科举制的利弊得失也已融进了历史，成为学术史上的一段谈资。

参考书目：

余英时著：《士与中国文化》，上海人民出版社1987年版

北大与清华

金耀基先生对大学的理念、性格及教育发展研究较深，在中国比较北大清华之异同到是很有趣味的。

与清华、北大两校都渊源颇深的学者大师季羡林评价两校：清华的特点是清新俊逸，北大的特点是深厚凝重。要比的话，清华就好比"李白"，北大就好比"杜甫"。20世纪30年代也有"北大老，师大穷，燕京清华好通融"之说。时下也有清华是建设的，北大是革命的论言。

的确，清华原是清留美预备学堂，有"水木清华"和"工程师的

摇篮"之雅誉，其校训"厚德载物，自强不息"包含了丰富的内容，为梁启超所起。这里既有理工科方面的泰斗，如叶企荪、周培源、钱伟长、王竹溪、梁思成，又有文科大师陈寅恪、朱自清、冯友兰、金岳霖、曹靖华、陈岱孙、钱钟书、王国维、梁启超等。陈、梁、王、赵（元任）有"四大导师"之称。这里还形成了历史上有名的"清华学派"。有人把概括了"清华学派"的四个要点：中西结合、古今结合、宏观微观结合、海派创新与京派严谨结合。清华校长梅贻琦有句名言："所谓大学者，非谓有大楼之谓也，有大师之谓也。"梅贻琦从 1931 年到 1948 年一直担任清华大学校长，有人问其秘诀，他戏曰："没有人愿意倒梅（霉）。"清华园里好读书。"西山苍苍，东海茫茫；吾校庄严，巍然中央。"据说钱钟书到清华的志愿是"横扫清华图书馆，他雨夕灯窗，焚膏继晷，遍览群籍"。清华大学是培养工程师的摇篮。"水木清华，春风化雨，教我育我，终生难忘。"朱镕基的题词代表了一代代清华人的心声。

北大的特点是古老。的确，这里是我国最早的京师大学堂所在地，这里是最早马克思主义在中国传播地和新文化运动的发祥地。这里是人文精神的渊薮，科学思想的殿堂，学术的尊严、精神的魅力，这是北大的精神所在。记得雅斯贝尔斯所论："大学是研究和传授科学的殿堂，是教育新人成长的世界，是个体之间富有生命的交往，是学术勃发的世界。每一任务借助参与其他任务，而变得更有意义和更加清晰。"而"为了实现人的潜能，为了克服我们政体不易于理解各种重要政体形式的倾向，大学必须站出来帮助孤立无援的理性。大学是容纳探索和思想开放的地方，它鼓励人们不是功利地而是为了理性而利用理性，它提供一种气氛使哲学怀疑不至被道德风尚和占上风的势力吓倒，它保存伟大的行为、伟大的人物和伟大的思想，以使对潮流的挑战和置疑能够得到滋养"。这些均是对"独立之精神、自由之思想"之解读。钱穆为北大"未名湖"命名。

20 世纪上半叶中国著名大学是几个校长的教育理念和实践，他们是蒋梦麟、胡适、梅贻琦、张伯苓、竺可桢、罗家伦、任鸿隽和胡先骕。他们将西方科学精神和教育理念引入中国，对北大、清华、南开、浙大等著名高校的建设，做出了卓越贡献。有人把这些老校长的人格风范和可资借鉴之处概括为"懂教育"、"负责任"、"重人才"和"无私心有魄力"四个方面，并分别作了阐释。"懂教育"的含义是一要有正确的教育理念，二是摒弃官本位意识；"负责任"的含义是培养学生的研究兴趣，防止他们变成不会思考的机器，鼓励他们的历史承当；"重人才"含义是不仅礼贤下士，还要无为而治。

大学理念是一个学校精神的浓缩，是一代代大学人的精神遗训。北大的"科学民主爱国进步"、清华的"自强不息，厚德载物"、南开的"允公允能"、北师大的"学为人师行为世范"、人大的"实事求是"、武大的"自强弘毅求是创新"、浙大的"止于至善"、中大的"博学审问慎思明辨笃行"、交大的"为世界之光"、复旦"博学而笃行切问而近思"、上海交大的"爱国荣校饮水思源"等代有口碑。最近章校长提出大学要有理想主义、救世情怀、崇尚真理、淡泊名利是有道理的。

校长是一个大学的舵手，它应该是教育家、优秀的管理者，熟悉学术前沿的学者。我们从蔡元培、梅贻琦、张伯苓、竺可桢等校长身上看到了中国大学百年变迁前进的足迹。无独有偶，外国的大学校长也以其教育理念影响至巨，如英国纽曼的博雅教育、德国洪堡的科学研究、美国弗莱克斯纳的"学术自由"、赫钦斯的人文通识教育。

21世纪的北京迎来了中外校长的盛会，共话新世纪教育改革和发展大计。如何办好一个让人满意的大学教育？什么是一流大学？香港丁学良先生认为一流大学要具有师资、生源、基金、设备、毕业生质量、同行评价等指标。其实，《大学》首句中已明乎大学的根本目的："大学之道，在明明德，在新民，在止于至善。"人文教育在大学中占有十分重要的地位，如何做人是最重要的教育。有人概括为四个learn，即to do，to know，to together，to be，我们认为应与时俱进。大学应成为学术的津梁，思想的渊薮，创新的策源。大学的真正成就在于其产品——大学生个人道德和精神上完善。

参考书目：

金耀基著：《大学之理念》，三联书店2001年版

智效民著：《八位大学校长》，长江文艺出版社2005年版

家之思语

也许常在外地读书、工作之故，难免有依风首丘之思，桑梓之情。居住于喧嚣的闹市，青灯黄卷，置身于"寂寂寥寥四壁望，年年岁岁一床书"的氛围，家，成了我心灵栖息的领地，感情倾泻的港湾。

"余心有戚戚焉"，就不免留意起家的"说法"来。社会学家说，家是社会的细胞；诗人说，家是心灵之港湾；文学家说，家是生命的驿站；语言学家说，家是指在屋中摆上"牺牲"庆祝胜利之谓。真可谓见仁见智各不同，故园如许堪追忆。

是的，梁园虽好，彻悟睡醒之后的是"独在异乡为异客，每逢佳节倍思亲"的绵绵乡愁。是的，《一封家书》、《小芳》、《归航》、《涛声依旧》勾起我"无日不悠悠"的眷恋和叶落归根的梦幻；亲爱的"爸爸妈妈"、"大哥"、"那张笑脸"等熟悉的一切恰似"千年的风霜"，吹打我孤寂的灵魂。

家，这里有童年的回忆，青春的梦影，父母的叮咛，桑梓的黄土，邻里的善待。血缘、亲情、家园、文明使它成为涓涓不息的生命之源，它是生命的根，是我永恒的呵护，精神的皈依。

有人说，人是怀着乡愁的理念寻找精神家园的。乡愁是生命难以遏制的返归本原的冲动，是灵魂身隐缧绁之中的宣泄。所谓"美不美家乡水，亲不亲故乡人"、"埋骨何需桑梓地，人间无处不青山"的抒怀，所谓"羌灵之欲归兮，何须臾而忘返"。"老来尤委命，安处即为乡"、"却恐他处胜故乡"的喟叹，因此，才有西出阳关、灞桥话别、鱼雁传书的诸多佳话；才有"床前明月光"、"家书抵万金"、"伫立望故乡，顾影凄自怜"、"葬我于高山之上兮，望我故乡"的千古绝唱……

一曲《谁不说俺家乡好》唱出了多少在外求学工作漂泊游子的心

曲。家乡是让人魂牵梦绕的地方。更不用说，这是产生孕育了老子、庄子、曹操、曹丕、华佗、嵇康、张乐行等著名人物的地方，这里演绎了许多动人的故事：曹魏文学、捻军起义、淮海战役、农村改革……

鸦有反哺之义，羊有跪乳之恩。常年在外，乡音未改，每次上网看电视都关心家乡建设的巨变和新闻故事，每次出差在外都情不自禁地说自己是安徽人。但是不可否认在全国改革开放的格局中安徽落伍了，安徽的形象也有一些负面报道，特别是 20 世纪 90 年代以来安徽在全国的排序下降，在华东地区被江西超过了。近两年安徽借融入长三角之东风，发展加快，闻之心动。

面对现实，作为历史学和政治学专业出身的他也引发了对未来的展望和过去的沉思：

在政治方面，老庄文化曾是中国传统政治哲学的精华，"治大国若烹小鲜"思想影响至远。在新的世纪，家乡的领导如何创造善政亲民的政治生态，实现古代哲人的理念智慧！

在经济方面，安徽曾有瞻前顾后、左顾右盼发展战略定位失误或不准的问题，不尊重市场经济规律配置资源的问题，如何发展县域经济，实现农业产业化经营，走新型工业化道路，像山东河南一样也有自己的"鲁花"、"双汇"品牌。

在文化方面，治穷先治愚，万事教为先。古代曹魏文化壮丽云天，近代现代皖北的教育科技十分落后，贫病落后的旧淮北人民只有发展科技教育，才能改变桑梓。

在社会方面，淮北自古多壮士，淳朴善良侠义，但小农意识严重，易闹派性，缺乏创新精神、效率观念、规则意识、契约思想、团队精神，这是在构建和谐社会中应该摒弃的。要创建人和安徽、平安安徽，重塑安徽形象。

责之切，爱之深。荷尔德林说过："请赐我们以双翼，让我们满怀赤诚，返回故园。"

泰戈尔说："我们一次次离开，我们一次次回到家乡。"家，永恒的心曲，但乡愁（nostalgia）不绝，绕树三匝。家，我最初的童年，最后的城堡。

在生存的回塑和自我的重新审定中，唯有家为一轮旭日陪伴我的精神之旅和探索踽行的远足。家乡的篝火，洞悉一切良莠，燃起我对生活的希望之光。

在南海之滨的深圳，真诚地为生于斯长于斯的家乡祝福。

参考书目：

（德）海德格尔著：《人，诗意地安居》，上海远东出版社2004年版

生命如陀螺

在风景秀丽的深圳湾畔，在邓小平创立的经济特区，矗立着一个现代化的校园，这就是由江泽民同志题写校名的深圳大学。

1996年10月，我带着对未来的憧憬从江城武汉来到了南国深圳。同样是在大学校园工作，却有着不一样的角色期待：一个是长江之畔的内陆江城，一个是南海之滨的改革前沿；一个是名牌大学的高校教师，一个是特区大学的学刊编辑。我知道，这是又一个梦开始的地方，一个年轻人开拓创业的理想家园。

一、人总要有一个梦想

人是为梦想而存在的。梦想是人生的阶梯、前进的希冀。但这种梦想不是虚无缥缈的，要使梦想成真，必须辅之以青春的热情、艰苦的努力、辛勤的汗水，这样才能品尝成功的甘甜。

正是怀着一种美好的梦，我从学生时代就树立了理想而拼搏、为梦想而努力的求学之路。功夫不负有心人。从小学到高中，我的学习成绩一直名列前茅。特别是在1984年由安徽省历史学会主办的全省历史竞

赛中，我一举夺得阜阳地区第一名。当时参赛者众多，包括阜阳一中、亳州一中等重点中学的佼佼者。我为涡阳一中争得了荣誉，因为这个机缘，我在 1985 年毕业时考取了安徽师范大学历史系。

大学四载，青春无悔。这是一个思想解放、青春飞扬的难忘岁月。国内改革如火如荼，西方思潮纷至沓来，港台歌曲风靡校园。我放弃了很多娱乐休息的时间，整天泡在学校图书馆里。每学一段历史，我都找到专业书籍阅读，并涉猎阅读范围，做了不少读书笔记，至今我还记得对知识如饥似渴的追求和读到《走向未来丛书》、《万历十五年》、《菊与刀》、《中国现代思想史论》的激动兴奋。天道酬勤。大学毕业时，我如愿以偿地考取了武汉大学政治与公共管理学院的研究生。1992 年留校任教。1996 年 10 月，我又放弃了在武汉大学相对稳定不错的工作环境，踏上了南下深圳的列车。

卡耐基在谈到成功之道时说："烹调'成功'的秘方是：把'抱负'放到'努力'的锅中，用'坚韧'的小火炖熬，再加上'判断'作调味料。"回顾走过的人生轨迹，清楚地说明了这一道理。

二、大学是人格养成之所

从安徽到武汉到深圳，20 多年的黄金岁月都是在大学里度过的。如今，读书、买书、教书、写作成了生活的全部内容，我也因此喜欢上了大学的氛围，大学成了人生的选择和归宿。

大学名师云集，思想活跃，环境优美，这是一个修心养性、做学问求知识的理想场所。记得清华大学前校长梅贻琦说过这样一句话：大学之所以为大，不仅其有大楼，更在于其有大师。他认为，大学绝不是"职业培训所"和"文凭批发场"，而是人格养成之所。大学是一个国家的希望和未来。所以每到外地出差，我总爱到当地的著名学府转转，到书店购书。宋人黄山谷有言："三日不读书，便觉语言无味，面目可憎。"信然。

学校肩负着培养什么样的人的问题，素质教育刻不容缓。挖掘教育中的人文精神就是培养我们的学生一种自觉的责任态度，一种为民请命为国家求学的精神品格。宋代张载有句名言："为天地立心，为生民立命，为往圣继绝学，为万世开太平。"我把这作为张家的座右铭。我们的青年也应有这样的境界追求，而不要被眼前世俗之风侵袭。记得朱光潜在《给青年的十二封信》中有句话："青年为国家社会的生力军，如果不从根本上培养能力，凡事近视，贪浮浅的近利，一味袭踏时下陋习……国家社会还有什么希望可说。"青年之病在于"太贪容易，太浮浅粗疏，太不能深入，太不能耐苦"。这句话值得我们教育者深思。

在高校做研究，为学应当志存高远，取法者上，仅得其中；文品即人品，道德即文章，德、才、学、识缺一不可；良工示人以璞，文章不写半句空；提倡有学术的思想和有思想的学术；做人要求同存异，为学要求异存同。这些都是经验之谈。

苏轼曰：腹有诗书气自华。我对大学有了全新的理解。

三、为他人作嫁衣裳

自从 1996 年 10 月调入深圳大学以后，我就从事学术期刊的编辑工作。唐诗云："苦恨年年压金线，为他人作嫁衣裳。"方寸天地，锦绣文章，与文字打交道，与老师交朋友，在新的岗位面对新的挑战，必须体现与时俱进的编辑观。

俗话说，干一行爱一行。外交无小事，文字编辑无小事。作为文章的"把关人"和"守门员"，编辑就像守卫祖国疆土的士兵，必须守"土"有责。编辑要讲政治。无论是每篇文章的选题策划还是文字加工修正，必须字斟句酌，严格把关。

编辑要走学者化道路。编辑要以丰厚的学养为立身之本。面对新世纪出版产业化的趋向，编辑要树立经营期刊的理念。在社会主义市场经济和精神文明建设的双重背景下，出版编辑既是事业又是产业，品牌、品位、品质缺一不可，只有这样才能提高学术期刊的核心竞争力，创造中国特色的学术品牌，实现社会效益和经济效益的最佳结合。

编辑要有正确的名利观，爱惜自己的羽毛。身处特区和闹市有很多诱惑，编辑要有一种登泰山而小天下的眼光，身处闹市而又免于浮躁的气度。天机云锦尽在我，剪裁妙处有刀尺。

岁月不居，时节如流。我是谁？我从哪里来？我将要到哪里去？

一句话，人生的意义究竟是什么？

人生如花，如水，如棋，如茶，如蜜；人生有悲欢离合，阴晴圆缺，旦夕祸福。

西方也有"命运之轮"（wheel of fortune）的比喻，我觉得，生命如同陀螺，要一直旋转下去。

参考书目：

钱穆著：《八十忆双亲　师友杂忆》，三联书店 1998 年版

罗尔纲著：《师门五年记　胡适琐记》，三联书店 1998 年版

费孝通著：《师承·补课·治学》，三联书店 2002 年版

非法增加农民负担的法律特征

所谓非法增加农民负担，是指为了追求不正当利益，违反国家法规和政策的规定，利用手中权力，强迫农民随不合理负担的行为。当前一度盛行的"七八顶大盖帽压向一顶破草帽"的"三乱现象"就是集中表现。从法律的角度看，它有如下几个特点：

首先，行为人主观上具有追求私利的目的。在我国少数人心目中，农民向来老实温顺，即使得罪了他们也没什么，受这种心理支配，每当这些人遇到"得利益"或"捞好处"的机会时，便大肆向农民索取钱物，或要农民无偿提供劳力，以满足自己的利益。有的利欲熏心，不加任何掩饰。如贪污、挪用国家给农民的扶贫款，救灾救济款物，其追求不正当利益的目的的是显而易见的。有的则打着"农民利益农民办"的旗号，强行乱收农民钱财、强行要农民提供无偿劳力之实。其真正目

的是为本部门、本单位的干部职工谋福利、"办实事"。实际生活中出现的强迫农民出钱，出力为本部门盖办公楼、住宅就是这样。有的采用间接的方式，为自己谋利益，如极少数地方领导人为了表现自己领导有方，地区经济发展较快，农民收入高，进而达到自己晋升职务，多得报酬的目的，往往在当地人均纯收入的数字上下功夫，掺进水分，浮夸收入。而农民承担村提留和乡统筹费是以人均纯收入为依据的。这样一来，农民承担的费用中，就有了不合理的部分，增加了农民的负担。

其次，行为主体的复杂性。归结起来大体上有这么几类。（1）自然人。这类主体通常是具有某种职务或掌握农民财物的人。他们利用手中职权或管钱管物的便利条件，实施侵害农民利益的行为。（2）村民委员会。村民委员会本应按照《村民委员会组织法（试行）》的规定进行活动，为村民提供服务。但有的村民委员会却为了争先进、捞好处，无视村民的反对，强制村民参加非法定的保险，购买有价证券，参加义务劳动等，村民迫于无奈也只有承受这些负担。（3）事业单位。从近几年的情况看，事业单位中实施非法增加农民负担行为比较突出的是农村中小学校。某些农村学校为了向农民收钱收物，常常打着勤工俭学，改善办学条件的牌子，或拿出物价上涨的挡箭牌，增收名目繁多的费用；或者强行向学生推销商品，要学生接受经营性的服务等，农民为了自己的子女能上学读书，也只得承受这些负担。（4）企业单位。企业单位实施非法增加农民负担行为的情况也时有发生，特别是少数农副产品收购部门，不执行国家规定的等级标准和价格，对农民出售的农副产品压级压价，不及时付清价款，给农民"打白条"；有的农业生产资料经销部门，在销售计划内农生产资料时，不执行国家规定标准，截留、挪用或转为议价销售，更有甚者，极个别的生产资料经营部门竟然向农民销售假冒伪劣生产资料，严重坑害了农民。这些"隐形负担"，农民最恨最怕。（5）行政部门。在向农民乱集资、乱罚款、乱摊派等行为中，有较大的一部分系行政管理部门所为。（6）社会团体。社会团体实施非法增加农民负担的情况虽然不多，但在向农民乱集资，不按规定程序在农村建立基金等违法现象中也出现过。

再次，行为主体依仗自己手中的"强制力量"实施非法增加农民负担的行为。这里所称"强制力量"是指行为主体手中有一种或明或暗的"权力"，或者具有某种优势，强迫农民接受不合理负担；而农民对此想拒绝但拒绝不了，或者根本不敢抗拒，即使当时拒绝了，以后也会受到更大的报复。这种强制力量从以下几个方面体现出来。（1）利用手中权力，以命令的方式强制农民承担不合理负担，农民如果不服从，就会受到诸如家具、粮食被强行搬走的惩罚，这类情况大多由行政部门所为。（2）利用本行业优势卡农民，要农民接受不合理负担。如向超标准收取电费，农民要想拒绝，用电就会出问题。（3）利用技术、资金优势或利用垄断某地区市场的优势，迫使农民在牺牲自己的利益情况下与之进行民事活动。

最后，行为性质的多样性。由于非法增加农民负担行为主体复杂，行为具有强制性的特点，使违法行为也表现出多样性的特征。（1）行政违法行为。如省一级以下的行政机关擅自制发涉及农民负担的文件就属此类。（2）民事违法行为。进行民事活动，要遵循自愿、公平、等价有偿、诚实信用等原则，而有的单位或个人为农民或农村集体经济组织提供经济、技术、劳动、信息等服务，违背自愿、公平等原则，强行要农民接受服务，超过国家规定的标准收取费用，这就属于民事违法行为。（3）刑事违法行为。有的基层负责人无视国家法律和有关政策规定，任意加重农民负担，导致恶性案件发生，致使公共财产，国家和人民利益遭受重大损失，这就触犯了刑律，构成了犯罪，应依法追究刑事责任。

笔者粗通法律，试图对农民负担加以法学思考，贻笑大方。凡关心"三农"问题，关心国家富强、民族兴旺者不可不常怀爱民之心。

律师职业道德的失范

律师应是法律和正义的象征，但是在市场经济大潮的冲击下，少数律师的职业道德水准日趋下降，所谓"三陪律师"、"防火防盗防律师"

的议论。这一失范问题应引起人们的足够重视。

其一，不重水平，只重包装。由于我国的律师业起步较晚，受过严格法律专业教育的律师不多。我国现有律师中，大学本科以上学历的仅占20%。应当承认，大多数律师都能在实践中不断提高自己的法律专业知识和业务能力。但确少数人不重水平而只重包装。某机关一科长杨某，虽未学过法律，但其社交能力很强，尤其擅长狡辩，自认为凭其三寸不烂之舌定能胜任律师工作，便通过关系改行做律师，生意果然不错。人问其故，答曰：当事人十有八九不懂法律，只要你在法庭上滔滔不绝地为他说话，他就觉得这钱没有白花。还有些律师对专业知识知之甚少，却对外宣称其专门从事金融、房地产、国际贸易方面的法律业务，难免给人以"贴金"之嫌。

其二，巧用关系，包打官司。当人们对社会上不正之风，特别是庸俗的人际关系恨之入骨并大加鞭挞之时，个别律师却假借关系而大发其财。律师张某在南方某地法律界几乎是无人不知、无人不晓。对他而言，没有不敢承接的案子，没有打不赢的官司。张大律师为何这般神通广大，并非其他，只因他有不为外人知的背景，其父乃当地一炙手可热的人物，有了这张"王牌"，再棘手的案子对张大律师来说不过是小菜一碟。

其三，舍本求末，充当掮客。在社会主义市场经济体制下，律师应运用自己所掌握的法律专业知识为社会提供服务，其发展方向应当是法律专家、法学家、社会活动家，而不能是商人，更不应是掮客。而少数律师却正是反其道而行之。一朋友两年前离汉闯海南，当上了律师，听说他已狠狠赚了一笔。因一笔经济纠纷涉及武汉，他便首当其冲被派回故乡进行"公关"。在汉半个月，整天出入于高档的饭店和娱乐场所。返回海岛前，他喜滋滋地对我们说此行已大功告成，并向我们坦言这些天的所作所为。无非是找几个能决定案子命运的关键人物，陪他们吃喝玩乐，再送些礼物。感情联络好之后，他也就完成了使命，听完他的一番宏论后，我愕然无语。

其四，顾而不问，敷衍塞责。市场经济下的企业在生产和经营活动中涉及到的法律问题愈来愈多且愈复杂，这就需要律师作为企业的法律顾问为其提供法律服务。从理论上说，律师作为企业的法律顾问，不仅要处理企业在生产和经营活动中所遇到的每一件具体的法律事务，而且应对企业的发展方向等重大问题提出自己的法律意见，应成为企业领导层决策时的智囊。然而，我国律师队伍十分奇缺，因此，一位律师兼任数家企业法律顾问的现象相当普遍。此种情况，律师是很难顾及到每一个企业的，有些甚至挂个名而已，"顾而不问"便在所难免了。张律师，一家律师事务所的主任，被聘为13家企业法律顾问，其繁忙程度可想而知，经常因为需要同时为两家企业办理紧急事务而发生冲突。解决的办法只有一个，就是花上200元请别人代其出庭。这种敷衍了事的做法往往使顾问单位有苦难言，或多或少损害了法律顾问在人们心目中的形象。

其五，不行节约，潇洒自己。律师在办案过程中，按规定向当事人收取代理费，并由当事人承担其合理的办案支出是应该的。大多数律师都能本着厉行节约的原则，竭诚为当事人提供法律服务，但也有个别律师借机挥霍浪费当事人的钱财。有的律师动辄住豪华宾馆，索要高额的"招待费"。他们在潇洒自己的同时，却给当事人背上了沉重的经济负担。难怪有些当事人在遇到经济纠纷之时，宁愿双方妥协，也不愿撕破脸皮请各自律师对簿公堂。

自律也要他律，失范亟待规范。在中国社会各阶层中，律师的文化水平和综合素质都是比较高的，但毋庸讳言，律师业在发展的同时，也存在一定问题。上述现象便是少数律师缺乏职业道德的主要表现。如何杜绝此类现象？关键在于每个律师都应养成良好的自律习惯，恪守职业道德。借用圣奥古斯丁的那句老话，良知就是"写入我们心中的法律"。通过不断地学习，提高自己的思想觉悟和业务素质，以自己扎实的法律专业知识，尽职尽责依法维护委托人的合法权益，为社会提供优质服务。同时，加强律师队伍管理，规范律师执业行为也必不可少。

参考书目：

朱伟一著：《守望理性与浪漫》，新华出版社2002年版

非理性的新民歌运动和改名风潮

未来学家奈斯比特说过这样一句话："趋势的发生是自下而上的，风尚的流行是自上而下的。"由于极度迷狂的氛围甚嚣尘上，于是各种非理性的"风尚"流行也就不足为奇了。

大跃进中的"新民歌运动"。1957年冬到1958年春，各地农村依靠集体的力量大修水利，创造了个体农民意想不到的种种奇迹，显示了组织起来的伟力，这激发了劳动人民写诗的热情。他们发自内心地歌颂集体的劳动，歌颂农村的社会主义道路，歌颂指引合作化道路的共产党，因而，这个时期的民歌比较真实地反映着广大农民的干劲与热情，其主流是健康的。3月，毛泽东在成都会议上的讲话中，提出要搜集点民歌，大力倡导开展采风活动。接着《人民日报》发表了《大规模收集民歌》的社论，积极地推进这一活动。然而，随着"大跃进"的进展，主观主义的盛行，新民歌的精神作用被夸大到不适当的地步，新民歌运动与"大跃进"浮夸风一同膨胀。当时有一首民歌：把天下的树木都变成笔，把天下的土地变成纸，把大海和大洋都变成墨水，也写不尽毛主席的恩情。5月8日《人民日报》发表题为《多快好省地发展社会主义文化艺术事业》的社论，提出文艺工作必须依靠群众，发动群众，在为工农兵服务的同时，发动工农兵群众来创作，"试看那气吞河岳、壮志凌云的亿万首民歌，有哪个象牙之塔里的'专家'们能写出的呢?"此后，"全党办文艺、全民办文艺"，"人人是诗人"，"诗歌乡"，"诗歌村"，"每县都要出一个郭沫若"，"超过杜甫"等口号陆续提出，强迫命令写诗，限时限量完成创作高指标的做法日渐泛滥，尤其是1958年秋季以后的一个时期，有的地方要求大人、小孩人人能做诗，有的地方大摆赛诗擂台，大搞赛诗会，片面追求形式上的轰轰烈烈。这就违背了人民的心愿，破坏了艺术生产规律。对后来社会主义文艺的发展产生了极其不良的影响。

"文革"时的"改名风潮"。"破四旧"首先从更改街道、商店、工厂、学校、公社名开始，北京长安街，被改为"东方红大路"，东交民巷，被改为"反帝路"，西交民巷改为"反修路"，东安市场改为"东风市场"，全聚德改名为"北京烤鸭店"，清华大学附中由于是红卫兵的发祥地，故改名"红卫兵战校"，中国科学院哲学社会科学部改名为"毛泽东思想哲学社会科学部"，瑞蚨祥绸布庄改为"立新绸布店"，陈麻婆豆腐改为"麻婆豆腐"，永安公司改为"永红公司"，大公报改为"前进报"，上海《新民晚报》改为"上海晚报"，天津劝业场改为"人民商场"，杭州张小泉剪刀店改为"杭州剪刀店"，公共食堂改为"人民食堂"，公用电话改为"人民电话"，公汽改为"人汽"，只有公共厕所没有改为"人民厕所"等。短短几天，全国街头巷尾为各式各样的大字报、大标语缀满，街道、商店、学校、工厂换上了新的革命化的名字。红卫兵们认为，砸碎旧招牌，改变了名称，也就扫荡了封建主义和资本主义的残余，冲击了旧社会遗留下来的污泥浊水。红卫兵们的斗争锋芒无所不及，他们要求剪革命发式，强迫人们剪去长发、剪去辫子；禁止小裤管，禁止穿漂亮裙子，改警服，不少城市都涂抹成红色，要求更改交通灯示，改绿灯放行为红灯放行等。据悉，1967 年 5 月 18 日下午，江青一伙人在北京人民大会堂接见红卫兵造反派头头时，在讲话时对城市交通信号中的绿灯通过红灯停止表现极为不满，她振振有词地说这是"四旧"，要进行革命。

按照卢卡契的说法，非理性主义是将知性与理性等同起来，并假定知性的限度也是理性的限度，因此任何不能被理性把握的东西应当被超理性的认识去把握。著名学者姜义华先生曾把中国近代社会概括为"理性缺位的启蒙"是很有道理的。康德在《什么是启蒙?》中将启蒙定义为人类运用自己的理性而不臣属于任何权威。他给启蒙的座右铭就是"敢于认识! 坚信自己的理性"。由于历史和社会的原因，我国革命常常流于皇权主义、平均主义、蒙昧主义和以情代理，太过于急于求成，因而忽略了包括启蒙思想家在内的思维方式的革命，因此今后在启蒙运动和社会运动的双重建构中，根除非理性主义的残余，进行现代化的新理性建构还有很长的路要走。

参考书目：

姜义华著：《理性缺位的启蒙》，上海三联书店 2000 年版

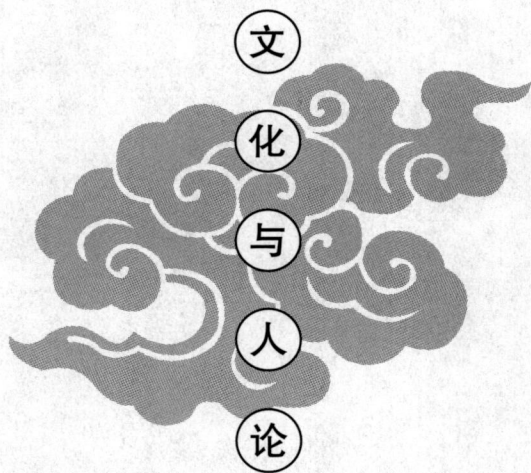

文
化
与
人
论

没有"人的感情",就从来没有也不可能有人对于真理的追求。　　　　——列宁

判断历史人物的功绩,不是根据历史活动家没有提供现代所需求的东西,而是根据他们比他们的前辈提供了新的东西。

　　　　　　　　　　　　　　　　　　　　　　　　　　　　——列宁

人是要有一点精神的。　　　　　　　　　　　　　　　　　——毛泽东

三军可夺帅也,匹夫不可夺志也。　　　　　　　　　　　　　——孔子

颂其诗,读其书,不知其人可乎?　　　　　　　　　　　　　——孟子

人是万物的尺度。　　　　　　　　　　　　　　　　　——普罗泰戈拉

人是天生的政治动物。　　　　　　　　　　　　　　　——亚里士多德

为了着手研究一个的心,我倒要看一看他的个人生活。　　　　——卢梭

做一个圣人,那是特殊情形;做一个正直的人,那却是为人的常规。　——雨果

没有伟大人物出现的民族是世界上最可怜的生物之群;有了伟大人物而不知拥护、爱戴、崇仰的国家是没有希望的奴隶之邦。

　　　　　　　　　　　　　　　　　　　　　　　　　　　　——郁达夫

第一流人物对于时代和历史进程的意义,在其道德品质方面,也许比单纯的才智成就方面还要大。

　　　　　　　　　　　　　　　　　　　　　　　　　　　——爱因斯坦

人活着的目的就是让自己幸福。

　　　　　　　　　　　　　　　　　　　　　　　　　　　——费尔巴哈

这世界有两种人,一种是快乐的"猪",一种是痛苦的"人"。

　　　　　　　　　　　　　　　　　　　　　　　　　　　——苏格拉底

人,世界的公民。　　　　　　　　　　　　　　　——西蒙娜·薇拉

人是符号动物。　　　　　　　　　　　　　　　　　　　——卡西尔

糟粕所传非粹美,丹青难写是精神。　　　　　　　　　　　——王安石

试玉要烧三日满,辨材须待七年期。　　　　　　　　　　　——白居易

观千剑而后识器,操千曲而后晓声。　　　　　　　　　　　——刘勰

中国历史上的女性故事

　　西方有句谚语："如果克娄巴特拉的鼻子短一些，整个世界的面貌就会不同的。"这说的是埃及艳后的故事。英国还有爱德华八世不爱江山而爱美人的经典例子。无独有偶，中国女性与历史也有许多幽怨的传说。反观中国，女性地位一直很低，孔子说：唯女子与小人难养也！《说人解字》"妇"字形喻从事扫地的职业可见一斑。汉代班昭《女诫》主张：丈夫可以再娶，可是太太不能再嫁。以后魏晋的《女史箴》、唐朝的《女则》、《女孝经》、明朝的《内训》、清朝的《女学》皆宣传夫权统治下的依附地位。所谓"三从四德"、"女子无才便是德"、"男女不杂坐"的"理论"出现也就不足为怪了。中国文人用香钩、弓鞋、莲步、帝底纤纤月形容三寸金莲。

　　但从周朝"千金一笑"的妲己到清朝"冲冠一怒为红颜"的陈圆圆，从文成公主入藏到昭君出塞，从文君卖酒到柳如是吟诗，从武则天做女皇到慈禧执掌权柄 48 年……女性以其特殊的角色影响了中国历史的过程。

　　首先让我想到的是古代和近现代的才女。古代有四大才女之谓：班昭（曹大家）、蔡文姬、谢道韫、李清照。那个随司马相如私奔的卓文君还不能入列。及至近代，李香君、柳如是成了文人咏叹的典型。现代四个女作家有：严凌君、凌淑华、袁昌英、冯沅君。当代女作家还有冰心、丁玲、庐隐、白薇、绿漪、陈衡哲等。

　　揆之国史，把亡国情恨归之于这些弱女子身上是没有道理的，引发其因的男人和帝王将相难辞其咎。周幽王烽火戏诸侯，吴王宫里醉西施，李煜垂泪对宫娥，冲冠一怒为红颜。中国古代"四大美女"除王嫱（昭君）远嫁匈奴外，其余三人均留下狐媚惑主和亡国的骂名，这是不公平的，不禁使人有"白头宫女在，闲坐说玄宗"、"骨董山人说晚明"之慨。至于所谓"男女之大防"则带有封建性别歧视观念，古代如女子当政喻之为"牝鸡司晨"——不祥之兆。

比较研究相同时期不同文化的英国女王伊丽莎白和慈禧是很有意思的。慈禧（1835—1908），叶赫那拉氏，即西太后，咸丰皇帝（奕詝）贵妃，同治（载淳）生母。其父惠征曾做过安徽徽州府道的道员。1861年发动辛酉政变后登基，从此以垂帘听政、训政等手段，操纵朝政权柄达48年之久。她是中国近代史上显赫一时，对国家、民族影响至深且远的一个女性历史人物。清末中国丧失几次绝好的历史机遇，慈禧作为一个权力中心，难辞其咎。近有人从晚清时局与世界大势分析，认为其实她身上表现了宽厚与残忍、革新与守旧、主战与求和集于一身的特征。她自私、毒辣、贪鄙，"举天下以奉一人"，杀五大臣、杀六君子、屠杀十万太平军毫不留情，但清理狱讼、处理八大臣又表达了她宽厚的一面；她恪守"祖宗之法不可变"，但有限度地支持洋务运动和"新政"革新，如关于设同文馆之争。她一生经历了五次中外战争，有妥协，有主战，因"量中华之物力，结与国之欢心"而为人诟病。慈禧70大寿挪用军费，章太炎骂慈禧一针见血。有诗讥之："天子万年，百姓花钱；万寿无疆，百姓遭殃。"时人林水白讥之：五十失琉球，六十失台湾，七十又失东三省。她发动戊戌政变，囚禁光绪于瀛台，诬杀张荫桓、珍妃、沈荩，曾想废帝，后因多方反对而作罢。她活了74岁，经历了半个世纪的近代风云，处于中西之变、古今之变的中心，研究她，可以管中窥豹。

参考书目：

赵学儒编著：《正说历代非常女性全集》，武汉大学出版社2000年版

向斯著：《女人慈禧》，华艺出版社2006年版

中国现代人物论

鸦片战争的炮声，震撼了农业帝国的尊严和酣梦，淹没了文人士大夫的浅唱低吟。在中国人民寻求救国救民道路的征程上，涌现了许多为民族解放和国家进步而奋斗的可歌可泣的人物，许多优秀的共产党人正是这些先进分子的中坚。丹青难写是精神，被称为中国现代史上的"普罗米修斯"、"巴黎盗火者"的中国共产党人不愧这一殊荣。大浪淘沙，也有些人成为历史的落伍者，留下了令后人咀嚼反思的历史话题。

中国共产党创始人之一的李大钊早年就立下了"矢志努力于民族解放之事业"的宏愿，经过比较、鉴别、转变，完成了从一个激进的民主主义者向马克思主义传播者的飞跃。他 1918 年先后发表了《法俄革命之比较观》、《庶民的胜利》、《Bolshevism 的胜利》，宣传十月革命和马克思主义；1919 年针对胡适的观点他发表《再论问题和主义》；为了信仰，他与陈独秀组织一个中国共产党，"南陈北李相约建党"的提法从此广泛传诵；为了信仰，他被奉系军阀绞死，他就义时说："不能因为你们今天绞死了我，就绞死了伟大的共产主义！"

瞿秋白，中共早期领导人和著名理论家。他作为特约记者前往俄国采访，写成《饿乡历程》；在"八七"会议上，他受命于危难之际成为中共中央临时政治局负责人。他被捕后在狱中写下著名的《多余的话》，剖析自己的盲动主义错误，拷问自己的灵魂，他高唱《国际歌》，盘坐草坪，笑面敌人的枪口："此地甚好。"

也有一位中共早期党的领导人张国焘，曾经是五四运动的风云人物和创建党的中坚力量，却走了误党误事、脱逃叛党的不归之路。1979 年冬冻死于加拿大老人院。与他有着相似命运的王明不了解中国国情，毫无中国革命的实战经验，坚持教条主义式的照抄照搬，1974 年 3 月

23 日病逝于莫斯科，安葬于异国他乡的新圣母公墓。

在党的历史上，更有一些不屈的灵魂、高贵的头颅、美好的心灵。战斗在白山黑水间的杨靖宇、为民请命的彭德怀、农业合作化的倡导者邓子恢、宽容顺势敏于求索的张闻天、思想政治工作的杰出代表罗荣桓、敢于直言的黄克诚、有"理论界鲁迅"之誉的李达、国际主义战士白求恩、马海德、柯棣华，还有二月抗争、四五运动、真理标准讨论中的砥柱中流……正是这些优秀的共产党人挺起了坚毅的脊梁，支撑起共和国的大厦，成就了东方文明史上的华彩篇章。

近年来，随着档案史料的大量发掘和发布，特别是党的实事求是思想路线的贯彻，现代史人物研究取得了新进展。很多已有结论或定论的问题，有了新看法、新解释；以往为人鲜知的重要党史人物进入普通人的视野；一些有争议的人物的功过，也得到实事求是的评价。在纪念中国共产党成立 85 周年的日子，汇集思考是很有意义的（参考《北京日报（网络版）》2006 年 6 月 27 日）。

真正对原有社会主义观念提出质疑的是邓小平。林蕴晖认为，苏东社会主义各国从 20 世纪 50 年前期开始的改革，基本上都是在原有模式框架内的修补和改良，真正对原有社会主义观念提出质疑并成功领导社会主义模式转换的共产党领导人是邓小平。龚育之则从"超越"的角度概括了邓小平时代和毛泽东时代的中国之关系，以及邓小平对毛泽东时代的独特超越。

关于刘少奇领导四清运动的评价。近十年关于刘少奇研究的最主要成果是出版了《刘少奇年谱》和《刘少奇传》（中央文献研究室编）。王光美、刘源等著的《你所不知道的刘少奇》也值得关注。对刘少奇参与领导的四清运动的性质和评价，《刘少奇传》是基本否定的，而《你所不知道的刘少奇》则认为四清运动是一场名副其实的群众自我教育为主的运动，虽然夭折，但作为政治改革的一次可贵的尝试，具有重大历史意义。

"以人为本"是陈云经济思想的核心。在陈云诞辰 100 周年之际，有关他的传记、专史就有近 20 种。刘国光认为，陈云的经济思想中贯穿着科学发展观的思想。特别是陈云提出了"一要吃饭，二要建设"这个朴实而深刻的社会主义经济建设的根本方针，并一贯强调"搞经济建设的最终目的是为了改善人民的生活。"从中可以看出，"以人为本"的思想正是陈云经济思想的核心和出发点。

周恩来研究的焦点是其晚年。近十年来关于周恩来的研究成果多与社会主义建设时期有关，《周恩来传》、《周恩来年谱》出版。《周恩来传》主编李琦对周恩来的新评价是"民族英雄、党的领袖、开国元勋、人民公仆、世界伟人"。周恩来研究的焦点、难点是对他晚年，特别是在"文革"中的作用评价。李琦对"文革"中的周恩来作了肯定的评价。因为在当时毛泽东有很高权威的情况下，周恩来难以反对，且在一些重大决策上有分歧。

胡耀邦的研究刚刚起步。在胡耀邦同志诞辰 90 周年，中共中央在人民大会堂举行了座谈会，学术界出版了《胡耀邦传》（第一卷）（张黎群等主编、唐非撰）。另外，胡耀邦的女儿满妹撰写了《思念依然无尽——回忆父亲胡耀邦》，重点回忆了胡耀邦在改革开放后的贡献。原国务院副总理田纪云用"无私无畏、光明磊落、丰功伟绩、千古流芳"16 字概括胡耀邦的一生。李锐对胡耀邦的晚年生活，任仲夷对胡耀邦反"左"均有回忆。

张闻天在党史的重要地位得到承认。杨尚昆晚年曾满怀感慨地说："对于张闻天至今也还有个'拨乱反正'的问题。"何方、冯建辉均认为张闻天不仅在组织上而且实际上起到了"负总责"的作用，是总书记。学术界充分肯定了他对社会主义的理论贡献。

关于陈独秀的功过是非再评价。毛泽东在延安时就说过，将来修党史，要讲讲陈独秀的功劳，1994 年《中共党史人物传》出版时把陈独秀列进去，恢复了历史本来面目。对于大革命的失败责任问题，《中国共产党历史》第一卷对这个问题进行评说，结论是共产国际对中共中央所犯错误有重大责任，但陈独秀犯了"右倾机会主义"错误。对陈独秀晚年强调中国发展资本主义生产力和民主问题的重要性之思想多有肯定。

另外，对王明、向忠发、博古这些犯过错误的人也进行了分析。对王明起草《八一宣言》，推动抗日民族统一战线的促进作用有所肯定。学界通过分析认为，毛泽东在中共六届六中全会上对王明的评价——"在党的历史上有大功，对统一战线的提出有大的努力，工作甚积极"是客观的。博古在遵义会议后做了一些有益的工作。向忠发也曾支持毛泽东做中央苏区苏维埃共和国主席,反对张国焘到中央苏区担任书记。另外,随着史料的发掘,对彭公达、卢德铭、黄平在早期创建红军和根据地的贡献,不能因为他们过早牺牲或犯错误而抹杀。

对毛泽东个人的评价也得到客观梳理《毛泽东传》(上下册)由中央文献研究室出版,《毛泽东文集》(1—8 册)公布了一批有价值的文献资料。杨奎松新著《毛泽东与莫斯科的恩恩怨怨》多有创新。

近年来在解放思想的大背景下,国内档案和前苏联美国档案陆续开放、部分领导人的文集年谱出版、地方志回忆录口述史得以整理,相信有利于推动党史人物研究的深入。最近中共党史研究专家石仲泉提出由概念党史经过体验党史,形成形象党史、走走党史(系列),再来叙述和理论党史的见解,对我们今后研究党史有所启发。

参考书目:

胡华主编:《中共党史人物传》(50 卷本),陕西人民出版社陆续出版

薄一波著:《若干重大决策和事件的回顾》(上下卷),中共中央党校出版社 1993年版

思想史上的失踪者

在我国思想史上,有一些彗星般的人物,他们的智慧光芒划过阴霾的夜空,给人们带来熹微和光亮。

张中晓因胡风案受审牵连入狱。在"寒衣卖尽"、"早餐阙如"、"咯血不止"的情境下写下了"五易寒暑,三经删订"的《无梦楼随笔》,留下了一个青年敏于求思、探究真理的佳话。他曾言:在黑暗之中,要使自己有利于黑暗,唯一的办法是使自己发光。

孙冶方研究"价值论"和"利润问题",有人劝他说:"风声很紧。"他回答:"什么是风声,我不是研究气象学的。""文革"中,他被戴上"中国最大的修正主义者"的帽子,并关进秦城监狱。他说:"死不足惜,声誉毁了也不要紧,我长期从事经济研究所形成的观点决不能丢,我要为真理活下去,我要在死前把它留下来,让人民去做公正的判决。"他回答:"我是一不改志,二不改行,三不改变自己的观点!"

马寅初倡言人口论,面对围攻,他说:"我虽年届八十,明知寡不敌众,自当单身匹马,出来应战,直到战死为止,决不向以力压服不以理说服的那些批评者们投降。""我从不考虑个人和名利,我只考虑国家和真理。"

还有反对血统论"老子英雄儿好汉,老子反动儿混蛋"的遇罗克,被敌人割去喉管的张志新,有独立见解的知识青年林昭、王申酉,有独立思想的知识分子陈寅恪、梁漱溟、章乃器、梁思成、黄万里,还有颇有见解的共产党干部艾青、丁玲、冯雪峰……有诗赞张志新:"她把带血的头颅,放在生命的天平上,让所有苟活者,都失去了——重量。"

近年来,季羡林的《牛棚杂记》、梅志的《往事如烟》、韦君宜的《思痛录》、杨绛的《干校六记》、巴金的《再思录》均对"文革"事件进行反思。

近读夏中义、刘锋杰两先生所编《从王瑶到王元化》一书,20世纪后期关于"人道主义和异化问题"的讨论,关于学术与思想的辨析、关于新启蒙和全球的论争、关于新"左"派和新自由主义的诘难,我们又看到中国社会的精神涌动。

又读傅国涌先生所著《偶像的黄昏》,他记述了一批默默无闻的当代思想者——邀集一批当代大家撰稿的副刊编辑向继东、唯一敢为胡风申辩的吕荧、十年收留袁克定的张伯驹、《冰点》主持人李大同……心中油然一股暖流。

参考书目:

张中晓遗稿《无梦楼随笔》,上海远东出版社 1996 年版

韦君宜著:《思痛录》,十月文艺出版社 1998 年版

安徽的历史和名人

"安徽省"是公元 1667 年才出现的一个概念，由安（庆）徽（州）两字简称而来。

历史上的安徽辖区属于"江南省"。"江南省"设于清顺治二年（1645 年），省府位于江宁（今南京）。清江南省前身是明朝的"南直隶省"。江南省的范围大致相当于今天的江苏省、上海市和安徽省。当时江南一省的赋税为全国的 1/3，全国最为富庶地区，人才冠雄天下，有"天下英才，半数尽出江南！"一说。

清朝顺治十八年（1661 年）为便于政治统治，把江南省一分为二：江苏省，江（宁）苏（州）而来，省会驻地苏州，称"江南右布政使司"；安徽省，省会驻地南京，称"江南左布政使司"。公元 1667 年（康熙六年），改江南右布政使为江苏布政使，江南左布政使为安徽布政使。1760 年（清乾隆二十五年），江苏省，江南右布政使司迁至南京，成为江苏省省会；安徽省，江南左布政使司迁至安庆，成为安徽省省会。从 1760 年开始到抗日战争时期安庆沦陷于侵华日军，安庆一直为安徽省会驻地。抗日战争中，安徽省会安庆陷落，暂驻立煌（即今天的金寨）、芜湖、合肥等地。1952 年安徽省人民政府正式成立，中央决定省会定在合肥。

安徽是个政治家、军事家、文化名人辈出的省份。用物华天宝、人杰地灵概括诚不为过。

春秋战国时期，辅佐齐桓公成为春秋"第一霸主"的管仲，在项羽大帐下羽扇纶巾、料事如神的范增；老子、庄子长期在涡河北部一带生活，为中国古代哲学的故乡。汉末三国纷争时雄才大略的魏武帝曹操，以及周瑜、鲁肃，曹操、曹丕、曹植父子，史称"建安三曹"，还有"医圣华佗","竹林七贤"中的皖人嵇康、刘伶，在中国文化史中有重要地位。宋代有名扬天下、节照千秋的包拯，元末明初安徽属地爆发了红巾军起义，凤阳人朱元璋逐鹿群雄，成为明朝开国皇帝。在清代散文方面有桐城派，小说上有写了《儒林外史》的吴敬梓。红顶商人胡雪岩、文化名人程大位、王茂荫。清代咸丰年间皖系集团崛起，李鸿章作为洋务运动的发动者，面对"三千年一大变局"，纵横捭阖，以致当时外国人"只知道有李鸿章而不知有清朝皇帝"。还有民国时代"北洋三杰"之一段祺瑞。

及至近现代，安徽流风余韵，俊彩星驰。国民党方面有冯玉祥、张治中、卫立煌、孙立人等；共产党方面有陈独秀、王稼祥、李克农、陶勇、皮定钧、洪学智等；文化方面，有新文化运动的大师胡适、张恨水、蒋光慈、吴组缃、朱光潜、陶行知、黄宾虹、吴作人、刘开渠、严凤英、邓稼先、杨振宁……

安徽文化大体分为淮河文化圈、新安文化圈、皖江文化圈三类。每一类各有风韵，风光绮丽，值得发掘和开采。处于淮河文化圈的皖北亳州人杰地灵，为全国历史文化名城之一，为中华民族较早发祥地之一，已有3700年文字历史。亳州的历史名人有：

老子，楚国涡阳人。古代伟大的思想家。著有《道德经》，五千言，提出"小国寡民"思想，如今涡阳一带建有"老子庙"。民众为避讳称李子为灰子。天静宫出土文物丰富。庄子，战国蒙城人。著名哲学家、文学家。著有《庄子》亦称《南华真经》，内篇集中代表庄周思想；外篇、杂篇则是以后庄子学派言论汇编。《史记》有传，蒙城有庄子祠（另一种说法老子庄子系河南人）。

曹操，三国亳州人。魏武帝。文学上有较高成就，其诗今存20余首乐府诗。三国著名政治家、军事家。散文40余篇。诗文皆为后世传诵。曹丕，三国亳州人。魏文帝。为当时文坛领袖，其诗《燕歌行》为现存最早一道七言诗。所著《典论·论文》为我国较早之文艺理论批评专著。现存诗歌约40首。谥文帝。嵇康，魏晋涡阳人。竹林七贤之一。

张良，西汉亳州人。为刘邦重要谋士，楚汉战争时提出不少谋略皆为刘邦采纳，封留侯。华佗，东汉亳州人。神医。"外科之祖"。发明中药麻醉剂——麻醉散。创造"五禽戏"。

李绅，唐亳州人。曾作《新题乐府》20 首，其"锄禾日当午，汗滴禾下土，谁知盘中餐，粒粒皆辛苦"一诗脍炙人口。陈抟，后唐亳州人。宋太宗赐号希夷先生。著有《无极图》（刻于华山石壁）及《先天图》。其学说后经周敦颐、邵雍加以推演成为宋代理学组成部分。

张乐行，清涡阳人。捻军起义首领。马玉昆，清末蒙城人。清军名将。马玉昆的勇敢善战，为日人所惧，如太平山之战。梁巘，清亳州人，大书法家。

参考书目：

《安徽省志》、《徽州府志》、《亳州志》、《涡阳县志》、《蒙城县志》

余恕诚等著：《诗情画意的安徽》，安徽大学出版社 2005 年版

《安徽著名历史人物丛书（1—8 册）》，中国文史出版社 1991 年版

湖湘文化与唯楚有才

地域文化影响人的气质性格才情，所谓"江南出才子，山东出响马"，"宁波出裁缝，绍兴出师爷"。林语堂在《中国人》一书曾描写粗犷豪放的北方和温柔和婉的南方；他描写了简单质朴热情幽默高大健壮的北方人，并喻为自然之子。他也描绘了精明世故安逸舒适体矮娇气的南方人。

湖南介于中原文化向岭南文化的过渡区，是人杰地灵的地方。杨度曾说："若道中华国果亡，除非湖南人尽死。"楚人有才子，湘人共氤氲。所谓"无湘不成军"、"无湖南不成衙门"的俗谚；近代也有"楚人尚武，湘人好讼"的说法。据易中天教授考证，其实湖南这地方，古时属于"荆蛮"，历来是一片蛮荒之地。清代以前，除东汉出了个蔡

伦（耒阳），唐代出了个欧阳询（长沙），北宋出了个周敦颐（道县）以外，文化方面乏善可陈。隋唐开科取士三百年，湖南举人进京赶考每不及第，被称作"天荒解"。后来好不容易有个名叫刘蜕的长沙人在唐大中四年（公元850年）考中进士，才算破了无荒。以后几百年"湖南人物，罕见史传"，直到明末清初出了王船山（王夫之）。荒僻蛮野的湖南，开始挺起我们民族的脊梁。

但湖南真正让人刮目相看，还是在晚清咸丰、同治之后。从此，中国就进入了一个"湖南人的时代"。陶澍（安化）、魏源（邵阳）是第一拨，曾国藩（湘乡）、左宗棠（湘阴）、胡林翼（益阳）、郭嵩焘（湘阴）是第二拨，谭嗣同（浏阳）、唐才常（浏阳）又是一拨，黄兴（长沙）、蔡锷（邵阳）、宋教仁（桃源）、陈天华（新化）又是一拨，然后是毛泽东（湘潭）、刘少奇（宁乡）、彭德怀（湘潭）、贺龙（桑植）、罗荣桓（衡东）、任弼时（湘阴）、李立三（醴陵），正所谓"唯楚有才，于斯为盛"。

这是因为湖湘文化的一个重要特征，不仅"坐而论道"，而且"身体力行"。湖湘学风重视经世致用，数万年连绵不绝形成一个人才链，这些人才群体有某种共同的思想文化传统的因袭并而发扬光大。如清末大儒王先谦的经史学、余嘉锡的目录学、杨树达和黎锦熙的语言文字学、张舜徽的文献学、蒋廷黻的中国近代史研究代有传续。

有学者指出，湖湘文化需要实现从革命到建设、从政治向经济、从军事到产业、从重农到重工、从计划到市场、从崇官到崇商、从封闭到开放的制度创新。

参考书目：

王兴国编：《湖湘文化纵横谈》，湖南大学出版社1996年版

易中天著：《帝国的惆怅——中国传统社会的政治与人性》，文汇出版社2005年版

林语堂著：《中国人》，学林出版社1994年版

智慧老子和逍遥庄子

中国哲学常常以隽永哲理的语言警句表达至真至善至美的人生境界，表达睿智哲人和浪漫诗人的隐喻和微言大义。老子的智慧说和庄子的逍遥游就是典范。

《史记》载：老子者，楚苦县厉乡曲仁里人也，姓李名耳，字聃。老子《道德经》五千言言简意赅，微言思精。"道生一，一生二，三生三，三生万物"，这是宇宙观；"人法地，地法天，天法道，道法自然"，这是自然观；"祸兮福所伏，福兮祸所倚"，这是人生观；"道可道非常道，名可名非常名"，"为无为，则无不治"，"信言不美，美言不信"，蕴涵丰富的辩证法；"治大国若烹小鲜"，倡导守拙、处柔、无为而治、少私寡欲，这是他的道德政治和人格理想。有人说，道家智慧是一种心智王天下，因而是一种趋吉避凶、圆融无碍的处世哲学。道是永恒的，绝对的，只可顺应自然，御道而行，"将欲取之，必先与之"、"夫唯不争，故天下莫能与之争"，这是著名的取予之道。儒道互补，穷则独善其身，达则兼济天下，道家智慧更加深刻、隐秘，对中国文化有深刻的影响，其无为自化、贵柔非命、清静自政、顺应自然、天人合一、返璞归真的思想值得珍视。

庄周，字子休，世称庄子，战国蒙地人，著有《庄子》33篇，唐改名《南华经》。《庄子·齐物论》有一篇庄周梦变蝴蝶的故事，反映了庄子自由主义的精神魂魄和逍遥惬意的人生境界；《庄子》中有一个他在妻子逝世时为妻子"鼓盆而歌"的故事，反映了他的生死观；他宁愿像泥鳅一样自由自在地生活,，这是一种隐逸风格和浪漫风度；《庄子》内外篇杂篇多讲修道做人的道理，"其形化，其心与之然"，这是境由心造的自然观齐物论；《庄子·养生主》说："吾生也有涯，而知也无涯", 这是顺应自然的知识论养生说。这种修身养性、静处涵泳的逍遥游不啻是现代都市人的一清凉剂。有人这样评价, 知识和道德是通往逍遥之境的两个途径, 这是一种真我的逍遥境界。道家说, 生不为之牵累; 死不为之羁绊。老庄哲学超越生死的变化, 以平和的心态面对死亡, 欣赏死亡, 善待死亡, 超越物我, 这是一种大境界大智慧。"知人者智, 自知者明"。

21 世纪的新新人类需要汲取老庄道法自然、天人合一、虚无清静、抱朴守拙的人生哲学。"水击三千里, 何处可逍遥", 这是一种生存境界, "天地与我并生, 万物与我为一", 这是一种至乐人生。独与天地精神往来, 遨游于无何有之乡, 广漠之野, 纵浪大化以忘己, 这是最大的精神自由。

参考书目:

钱穆著:《庄老通辩》, 三联书店 2002 年版
陈鼓应著:《老庄新论》, 上海古籍出版社 1992 年版

司马迁的人格精神

司马迁 (前 145—前 90 年), 字子长, 陕西韩城人, 西汉史学家, 著有 "史家之绝唱, 无韵之离骚" 的《史记》, 有 "史学之父" 之誉。

首先, 他早年虽受宫刑, 矢志不移, 不愧为 "良史之才"。《史记》虽是寄托孤愤之作, 但他能 "不虚美, 不隐恶", 秉持公心, 不以人废言, 而是 "恶而知其美"。其才识兼备、会通古今、经世致用的思想, 丰富了中国史家传统。

其次, 他开创了 "本纪"、"列传"、"八书"、"十表" 的结构义例, 以八书记制度沿革、立十表以通史事的纪传体制。《史记》内容博

大精深、体例周密详备、文笔雄深雅健，将记言与记事两种体例有机地结合起来，在编年体《春秋》后确立了以人物为中心的纪传体，并使之成为中国正史之衣钵。

再次，他提出了"究天人之际，通古今之变"的历史学规律和原则宗旨。"厥协六经异传，整齐百家杂语"（《史记·自序》），这是他对中国历史的系统整理。他继承和发扬《春秋》的史学精神，融之于史家修养和人格学养，表现了历史自觉创新精神和史学理性批判精神。

最后，他独创了"太史公曰"这一评价人物的形式。史论是史家对于历史所发表的评论，是史家表达历史认识的主要形式之一。信则传信，疑则存疑。"太史公曰"的评价涉及史论内容、史论作用、史学标准和史学艺术等各个方面，并对中国历史理论和史学传统产生重大影响，述往思来，司马迁对世道、古今、天下均有独到见解，自成一说，表现了远见卓识。

另外，他运用人性的语言、文学的笔触描写历史，使历史变得鲜活，充满人性。从此，中国历史具有文学之情、语言之美。钱谦益这样评价太史公："以命世之才，旷代之识，高视千载创立《史记》。"

总之，司马迁的《史记》贯穿经传，整理诸子百家，纂述了三代以下以至当代的史事，为我们中华民族保存了纪元前千余年的历史文化。而《史记》也因司马迁的人格精神而不朽。正如余秋雨所评论的那样：他虽然身受"宫刑"这个人生屈辱，但是他却使中国历史充满了尊严。

参考书目：

（西汉）司马迁著：《史记》，中华书局 2006 年版

亦文亦武　真假曹操

"治世之能臣，乱世之奸雄"这是时人许劭对曹操的评价，前句指他的能力，后世评价他的品德。人们看到京剧《捉放曹》、《击鼓骂曹》中曹操的白脸形象是奸臣寓意。易中天在《品三国》中把人分为枭雄、英雄、奸雄三种，曹操显然属于他心中的枭雄。

曹操形象的失真主要是因罗贯中《三国演义》中封建正统观念"尊刘抑曹"的影响而广布人知。所谓三国人物典型，向来有"三绝"之分：曹操奸绝、关羽义绝、孔明智绝。其实曹操是一个伟大的政治家、军事家。在东汉末年群雄割据的纷争中，他善于用人求贤若渴，重才不重德，只要有治国用兵之术，皆为所用，一时豪杰才俊云集。当时的名臣桥玄就认为他有命世之才，能安天下，许劭关于"奸雄"的评语影响深远，说明曹操人格的两面性。他继承了汉朝的政治遗产，"奉天子以令诸侯"，利用汉朝的政治机构和人才，组织了强有力的政府，颁布法令，发展生产，推行屯田，抑制豪强，荐贤举能，客观上适应了广大人民群众求统一、要和平的愿望，符合时代进步的潮流。正因为如此，《三国志》作者陈寿评论道："明察秋毫，谋略出众，真可谓非常之人，超世之杰。"我们不能按照封建正统观念为曹操扣上"奸"的帽子，应还历史的曹操本来面目。曹操背了二千年的"黑锅"，演了二千年的"白脸"戏，此论该休矣！还有他为人诟病的一句话：孙盛著《杂记》谓他自称"宁我负人，毋人负我"，这也应当历史的具体的分析。正如曹操所言："设使国家无有孤，不知当几人称帝，几人称王。"

曹操还是一个杰出的诗人。他于戎马征战之间不废吟咏，"登高必赋，及造新诗，被之管弦，皆成乐章。""老骥伏枥，志在千里；烈士暮年，壮心不已。"这是曹操《龟虽寿》一诗的名句，抒发了他老当益壮、进取有为的风貌和雄心。"对酒当歌，人生几何？譬如朝露，去日苦多。慨当以慷，幽思难忘。何以解忧？唯有杜康……山不厌高，海不厌深。周公吐哺，天下归心。"《短歌行》抒发了他志存高远、自强不息的政治抱负和雄心。以"三曹""七子"为代表的魏晋文学更是现代主义的代表作。

看来，对曹操的评价该是正名的时候了！长期以来曹操成了一个残酷、阴险、奸诈、极端损人利己的典型形象。所谓"托名汉相，实为汉贼"。其实误矣！李世民称他为"哲人"，李隆基还自名"阿瞒"，表达对曹操的崇敬之意。鲁迅有语：曹操是一个很有本事的人，至少是一个英雄。今天我们可以概括为三句话：曹操是中国历史上的英雄，但有时表现得像个枭雄，民间的形象只是个奸雄。对一个历史人物的评价应用历史的眼光。

参考书目：

张作耀著：《曹操传》，人民出版社 2000 年版

诗仙李白和诗圣杜甫

李白（公元 701—762）和杜甫（公元 712—770）是唐代最著名的两位诗人，分别被誉为"诗仙"和"诗圣"，是浪漫主义和现实主义的代表性人物，他们在诗歌艺术高度发达的中国文化史上占有重要的地位。

李白率性洒脱，才华横溢，因此他的诗风雅飘逸、狂放自由。"天生我才必有用，千金散尽还复来"；"仰天大笑出门去，我辈岂是蓬蒿人"；"天子呼来不上船，自称臣是酒中仙"；"安能摧眉折腰事权贵，使我不得开心颜"……李白喜欢用夸张生动的语言抒发情愫："白发三

千丈"、"黄河之水天上来"、"蜀道之难难于上青天"、"桃花潭水深千尺"等。正是因为如此,李白才显得可爱,有"诗仙"美誉。

与之相比,杜甫的诗精雅深邃,充满淑世情怀,杜甫之人和诗因而可敬可颂。"朱门酒肉臭,路有冻死骨","文章憎命达,魑魅喜人过","为人性僻耽佳句,语不惊人死不休","安得广厦千万间,大庇天下寒士俱欢颜","白日放歌须纵酒,青春做伴好还乡"……这是杜甫与民同悲忧民忧世的体现。他是一位具有悲天悯人之心,怀抱匡时救弊之的诗人。成都杜甫草堂悬有郭沫若书写的一副楹联:"世上疮痍,民间疾苦。诗中圣哲,笔底波澜。"这是世人对"诗圣"的一致评说。

不过,"文革"中郭老却在《李白和杜甫》中把李白和杜甫分别比作平民主义者和地主阶级代言人,有失之褊狭片面之感。诗言志,文如其人。两人都是文人雅士,都有潇洒自如,放情任性之举。所谓,唯大英雄能本色,是真名士自风流。读他们的诗,不但看出其心路历程和生活境遇,也可看出经由诗人心灵的感悟而反映出的当时社会现实。

其实李白重友谊,"桃花潭水深千尺,不及汪伦送我情";他欣赏美丽,"云想衣裳花想容";但是也有吹捧之虞,"生不愿封万户侯,但愿一识韩荆州"。这是李白人性的多面性。而杜甫的诗透露出社会的底端波澜和人间疾苦,不愧为"诗中圣哲"之誉。人们用"浪漫主义"与"现实主义"来区分两者的艺术风格,认为李诗出于天才之纵放,杜诗出自学力之沉积,学界有"青春李白"和"沉郁杜甫"之风格比较,又有"少读李白,老吟杜甫"之说。

另外,两者曾有一段交游邂逅的时光和友情。"梦魂南北昧平生,邂逅相逢意已倾"、"世人皆欲杀,吾意独怜才"、"醉眼秋共被,携手日同行"等,这些吟唱已成文坛佳话。

"李杜文章在,光焰万丈长。"一个拥有李杜诗才的国度是应该引以为傲的。

参考书目:

[1]《唐诗鉴赏词典》,内蒙古人民出版社 2003 年版

[2] 郭沫若著:《李白和杜甫》,人民文学出版社 1971 年版

王安石和司马光

　　宋朝是一个特殊的朝代，自从赵匡胤"杯酒释兵权"后，朝廷羸弱，但政治人性化涌现一批真正的士大夫，他们抱着修身齐家治国平天下的宏愿在政治上施展其志，学而优则仕，仕而优则学，其道德文章为后人称道。王安石和司马光就是其中的佼佼者。又分别称为"荆公"和"温公"。

　　两人几乎同龄，少年不废读书，长于作文，不奢金钱，以治国平天下为己任，都是学者兼政治家。

　　易中天这样比较评价：王安石天资聪慧、博学多才、读书过目不忘，作文动笔如飞。他认为，"变风俗，立法度，正当今之所急也"。力主变法，舍我其谁。王安石生活简朴，司马光不喜奢华；王安石才高八斗，司马光学富五车；王安石勇于任事，司马光敢于直言；王安石有"拗宰相"之称谓，司马光有"砸缸"之美传；王安石所谓"天命不足畏，人言不足恤，祖宗之法不可守"，司马光有关于人的认知：才高于德谓之小人，德高于才谓之君子，德才俱佳谓之圣人，无德无才谓之愚人。

　　两个人的人格也无可挑剔，私德和私交堪称典范。王安石立身谨严，在别人请他吃饭以妓作陪时拒绝入席；司马光不同意夫人为自己纳妾。司马光只反对王安石的政策，不反对王安石的为人。反倒说"介甫文章节义，过人处甚多"，"介甫无他，但执拗耳！"建议朝廷对王安石的去世厚加赠恤。这是政治文明的标志。比之东汉的党锢之争，晚唐的牛李党争之血雨腥风有过之而无不及。其实我们过去认知的"顽固派"司马光和"改革派"王安石只是君子政见之争，其人格操守和道德文章无可挑剔。这使人想起了杜牧《阿房宫赋》的一句话："秦人不暇自哀，而后人哀之。后人哀之而不鉴之，亦使后人而复哀后人也！"

其实，两者也有不少区别：荆公激进，温公稳健；荆公动笔如飞，温公字斟句酌；荆公长于文，温公优于史。

原本是好朋友的王安石和司马光，因为缺少一个相应的制度平台和文化环境，在既无休止又无效益的争论中同归于尽，一个戴上"熙丰小人"的帽子千夫所指，一个背上"元祐奸党"的罪名被后世唾骂。王安石为推销政府造的酒，以充国用，竟不惜扰民，南辕而北辙。历史的教训是发人深思的。

参考书目：

易中天著：《帝国的惆怅——中国传统社会的政治与人性》，文汇出版社 2005 年版

顾炎武、黄宗羲、王夫之

顾炎武（1613—1682），原名绛，后改为炎武，号亭林先生，与王夫之、黄宗羲并称清初三大思想家。

顾炎武著有《日知录》、《天下郡国利病书》、《肇城志》。作为一代思想家，他同当时空谈心性的腐儒走着不同的路子。他有比书房更广阔的天地，那就是研究"经世致用"之学。他的学术旨趣主要是对于社会现实问题的探讨，寻求挽救天下危亡的有益的学问，从而成为"上下五百年，纵横一万里"，开创一代学风的思想巨子（阎若璩语）。

他在《日知录》中区别了"亡国"与"亡天下"，认为"保天下者，匹夫之贱，与有责焉耳矣"。这就是有名的"天下兴亡，匹夫有责"之来历。他的代表作《日知录》共 32 卷，是其治学的结晶。其目的是"明学术，正人心，拨乱世，以兴太平之事"。所谓"日知"即学习知识要日积月累之事。顾炎武一生生前孑然一身，死后无子无嗣，其

道德文章令后人景仰。他说，治学的价值在于"必前人之所无，后世之所必不可无"。

黄宗羲是启蒙主义思想家。曾著《明夷待访录》，反对君臣之义，明确提出："为天下之害者，君而已矣"，认为"天子之所是未必是，天子之所非未必非"。他在这本书中批判封建制度无公法，抨击君主是"屠毒"者、"敲剥"者，为天下之大害。他有初步的科学民主思想，认为生为天下人当思天下事。他强调从人的价值出发来制定法律，以保证人的利益和自由。他提出"生之者众，食之者寡，为之者疾，用之者舒"的恶性循环难题，当代学者称之为"黄宗羲定律"。他博学多才，广泛涉猎历史、哲学、天文、地理、数学等，此后在浙东形成以经史实证为主的浙东学派。所著《明儒学案》是我国古代第一部学术思想史。《宋元学案》由其家人和后人完成。

王夫之（1619—1692），明末清初思想家，学者，人称船山先生，别号一瓠道人。著有《读通鉴论》、《宋论》、《思问录》，后人编有《船山遗书》。

王夫之早年参加武装抗清斗争，有"清山秋缓缓，白发鬓匆匆"之感，后隐居治学，斗室孤灯，潜心于中国古代传统思想的探索，有政统、道统、学统妙论。后世学者认为"他是中国历史上具有新世界观萌芽的杰出思想家"。谭嗣同认为："五百年来学者，真通天下之故者，船山一人而已。"

他想废除古今玄虚之学，归结到一个"实"字，认为"天理"即在"人欲"之中。他总结历史得失，提出"严以治吏，宽以养民"的政策主张，发展了"理势合一"的历史观。"六经责我开生面，七尺从头乞活埋。"即使饥寒生死，也不动摇探索真理的意志。他的墓碑写着："世臣乔木千年屋，南国儒林第一人。"

参考书目：

陈祖武等著：《旷世大儒——顾炎武》，河北人民出版社 2006 年版

王夫之著：《船山全书》，岳麓书社 1991 年版

《黄宗羲全集》，浙江古籍出版社 2005 年版

晚清四大名臣

曾国藩理学名臣、中兴名臣。他是一个传统文化的成功者形象。毛泽东青年时代曾言"余于近人，独服曾文正公"。

他能用一种圆熟的处世哲学去化解人事冲突和政史纠缠，这是他的实用理性和中庸修养所致。其家训：得法、透彻、在理。家训主题：读书、作文、做人。潜心以读书，宽厚以待人；莫问收获，但问耕耘；居敬主静，谨言慎行；多条理，少大言、不为圣贤，便为禽兽等格言我们耳熟能详。

他是开湖湘文化的一代宗师。"同治中兴"，湘军集团兴起。湘军具有宗族性、地域性、兵为将有、好勇斗狠诸特点。他看得清方向，抓住得关键；扎硬寨打死仗；善于知人用人容人；创办制造局；重用才俊，派留学生。这些举措在古今之变、中西之争中他顺势而为，为洋务运动之先驱。

时有论其内政内行，外政外行之语。早年考取进士入三甲，仕途顺畅，后"屡败屡战"，天津教案后陷入人生低谷。早诗"男儿未盖棺，进取谁可料"，晚诗"万事浮云过太虚"表达落寞心境，他对劝进者一再表明无问鼎之意，赋诗"倚天照海花无数，流水高山心自知"明志。

时人评曾国藩：体孔孟思想，用禹墨精神，操儒学以办事，玩庄子以寄闲情，由封建文化培养见识，从传说道德汲取力量。当时有"立德立功立言三不朽，为官为将为相一完人"之赞语，后人又被贬为"刽子手"、"汉奸"、"曾剃头"，判若云泥。今人流语：做官要学曾国藩，经商要读胡雪岩。

曾国藩的成功之处在于修身立志，谦退自抑，好学深思，坚忍卓拔。他深谙宦术，左右逢源，善始善终，功成名就，有沉鸷之才。

　　李鸿章，洋务派代表人物，曾任直隶总督兼北洋大臣。一个举足轻重、复杂而有争议的人物。

　　他处在晚清中国社会由传统向近代化过渡的转型期，他曾谓清王朝面临的是"三千年未有之变局，三千年未有之强敌"。他执掌兵戎，总制北洋，内参枢机，外涉谈判，凡清廷重大举措，莫不与李鸿章有直接的关系。正因为如此，梁启超将他写的第一部《李鸿章传》称作《四十年来中国大事记》；生前死后，备受褒贬，毁誉交加，正所谓"权倾一时，谤满天下"。

　　他主张，"外须和戎，内须变法"。在"中国被轰出中世纪"时创办一批近代军事工业、民用工业和淮军，在工业现代化、国防现代化和反侵略中有一定地位，但甲午一战北洋海军全军覆没难辞其咎。严复叹论：使当日尽用其谋，知成效必不止此，设晚节无以自现，则士论又当如何？他曾自叹"予少年科举，壮年戎马，中年封疆，晚年洋务"。梁启超有"吾敬李鸿章之才，吾惜李鸿章之识，吾悲李鸿章之遇"之叹，但梁又说李鸿章"匮于学植"，知有兵事而不知有民政，知有外交而不知有内治，知有朝廷而不知有国民，知有洋务而不知有国务。《马关条约》使李鸿章"一生事业，扫地无余"，形成"国人皆曰可杀，万口一词"之局面。北京民联：杨三已死无苏丑；李二先生是汉奸。他热衷功名利禄，自傲散漫，为官有贪的一面。世有"宰相合肥天下瘦，司农常熟世间荒"一语评价。曾国藩有"李少荃拼命做官"之论。李鸿章逝世后，张之洞没有送祭文和挽联，仅送一个祭幛，当中只有一个"奠"字。出访时不识外文，写在扇子上；问洋鬼子私事，说洋人的狗肉不好吃，随地吐痰，皆成外交趣闻。

　　李鸿章年轻时赋诗"一万年来谁著史，三千里外欲封侯"；死前把清廷比作"破物"，自己是"裱糊匠"。是也，非也？但近现代史家对李鸿章皆有评说。蒋廷黻：因为李鸿章认识时代最清楚，所以他成了同治、光绪年间的中心人物。萧一山：他是一个有眼光的政治家，对时代认识最清楚。陈旭麓这样评价：李鸿章是洋务运动——近代化第一步的主要代表人物，是19世纪后期那个特定时代的开拓性人物。罗尔纲说：李鸿章乃近代中国首先主张变法图强之先知先觉者。是是非非，但研究和评价李鸿章可以成为观照近代历史的一面镜子。

左宗棠，同治中兴名臣，求强求富名贤。时有人"国家不可一日无湖南，湖南不可一日无左宗棠"之誉。

他自恃有才，自比亮白。左有比喻：彼有所挟，我独无之，犹如渡河，人跨舟，而我无伐；犹如骑马，人跨骏，我骑驴，可乎？后创福州船政局，在兰州办机器局。当时有"海防"与"塞防"之争（李左之争），他力主开发大西北，海防塞防并重。一生最得意之笔是挥戈西举，收复新疆，从而名垂青史。抬棺出战，有"雄师终度玉门关，不斩楼兰誓不还"诗抒发其万丈豪情。他督办新疆军务，借外债，倡"先北后南缓进速战"战略，后人以"新栽杨柳三千里，引得春风度玉门"赞誉之，名之曰"左公柳"。有挽联赞曰：一生不谈和议事，千秋唯有左文襄。时人有"国家不可一日无湖南，即湖南不可一日无宗棠也"之誉。书房有对联明志："身无半亩，心忧天下，读破万卷，神交古人。"为官清廉，遗产只有 2.5 万两，李鸿章则有 4000 万两。喜欢吃鸡，有"左宗棠鸡"（宫保鸡丁）传世。

张之洞，洋务运动后期清流派代表人物。曾任湖广总督 18 年。他 26 岁中进士，为慈禧"手擢"之人，1907 年任内阁辅仁大学士。毛泽东说，谈到重工业，不能忘记张之洞。

中国现代化属后发次生型近代化，张之洞在 1889 年任湖广总督，修芦汉铁路，后达 1200 公里。其在湖北洋务新政有三内容：办实业（汉阳铁厂、汉阳兵工厂、四局纺织工业），使武汉成为仅次于上海的第二个工商业中心；办自强学堂，两湖书院，建立以新式学堂为载体的近代教育体制；练新军，建江南自强军、湖北新军。张之洞压制革命后引起武昌起义，被人讥为"制革公司"。他是洋务运动的思想家。"中学为体，西学为用"反映他是一个"开新"与"卫道"集于一生的人物。他是一个儒臣＋能吏式人物。时人有"南皮（张）屠财、项城（袁）屠民、西林（岑）屠官"之讥，又有"南皮有学无术，项城有术无学，西林不学无术"之论。张有《书目答问》传世。

参考书目：

唐浩明著：《曾国藩》、《张之洞》，人民文学出版社 2001 年版

高阳著：《李鸿章》、《左宗棠》，天津教育出版社 2005 年版

袁伟时著:《晚清大变局中的思潮与人物》,海天出版社 1992 年版

姜鸣著:《天公不语对枯棋——晚清的政局和人物》,三联书店 2006 年版

翁飞著:《李鸿章官场艺术与人际权谋》,陕西师范大学出版社 2001 年版

一代伟人孙中山

孙中山（1866—1925），原名孙文，因在日本期间曾化名"中山樵"，后多称其名。近代中国历史上著名的资产阶级革命家。

早年首倡推翻清王朝统治，有资产阶级民主革命先行者之誉。屡战屡败，矢志不移，武昌首义，建立民国。海外归国，有人问他是否携巨款，他有名言："吾不名一文耳，所带者革命之精神耳。"作为资产阶级革命派的领袖，二次革命、护国运动、护法运动，特别是晚年实行"联俄、联共、扶助农工"的三大政策，成为中国伟大的革命先行者、无产阶级革命的同路人。他的一生是对他"世界潮流，浩浩荡荡；顺之者昌，逆之则亡"倡言的最好注解。《建国大纲》倾注其救国富民主张。晚年在《遗嘱》中说："积四十年之经验，深知欲达到此目的，必须唤起民众及联合世界上以平等待我是民族，共同奋斗。"一句"革命尚未成功，同志仍须努力"引起了几代人的共鸣。连战先生寻访大陆，以"青山有幸埋中山，同志无由忘高志"表达对孙中山事业的寄寓。今年是中山先生诞辰 140 周年，其终生为民族独立、民主自由、民生幸福的理想追求在当代中华民族伟大复兴实践中变为现实。

中山先生说：政治是管理众人之事；人不要做大官要做大事。他具有天下为公的政治理想，相信文化能够改变人，他继承了孔夫子以来的历史传统，设计了军政、训政、宪政之路和权能区分的方案，提出了民族、民权、民生的三民主义政策，这是他的政治思想的进步性；当然，

他把人分为先知先觉、后知后觉、不知不觉，视群众为"群氓"，没有自己的军事支柱，这也是他屡次失败的历史教训。先生弃医而行革命，基于医人与治世之分野。他一生为革命奔波，有世界眼光而无政治手段。在哲学上，他提倡"知难行易"论，深信知之非艰、行之维艰之说。他自谓喜欢有三：革命、女人、书。他说过：我一生的嗜好，除了革命之外，只有好读书。革命不忘读书，读书不忘革命。

参考书目：

《孙中山选集》，人民出版社 1981 年版

康有为和梁启超

近代历史上的康有为梁启超因参加推动维新变法运动，史称"康梁"，两者是亦师亦友关系。早年（1891）康有为在广州"万木草堂"讲学，他只是一个童生，而学生梁启超则是新科举人，正所谓"秀才老师，举人学生"。时人有康有为的"策"、梁启超的"笔"、谭嗣同的"血"之誉。

康有为（1858—1927），号长素，广东南海人。撰《新学伪经考》、《孔子改制考》，托古改制，为维新变法寻找理论依据；在戊戌变法中提出变成法、通下情、慎左右的主张。但他写了《大同书》，却不能找到共和维新之路，后则成为君主立宪再后为保皇派的代表。康以素王孔子自居，"长素"者，长于"素王"也，意自己超过孔子。时人称"康圣人"，也有"国家将亡必有，老而不死是为"之辱骂。1927 年处于政治风波中的康有为七窍流血，猝死青岛。梁启超评价：后有作新中国史者，终不得以戊戌为第一章。

梁启超（1873—1929），字卓如，号任公。广东新会人，近代著名

维新派思想家，著名学者、政论家。别称"饮冰室主人"。其文扫千军，"笔锋常带感情"，文风"惊心动魄，一字千金，人人笔下所无，却为人人心中所有"，有"舆论界之骄子"之誉，也有"野狐"之讥。主笔《时务报》，宣传变法维新，有"共和再造赖斯人"、"文字收功日，全球革命时"之誉。提倡"新民说"、"少年中国说"："吾心目中有一少年中国在"。"……老年人如夕阳，少年人如朝阳；老年人如瘠牛，少年人如乳虎；老年如僧，少年如侠……人固有之，国亦宜然。"区分"爱国爱家"、"公德私德"；倡"史学革命"，撰写《中国近三百年学术史》、《清代学术概论》、《中国历史研究法》、《先秦政治思想史》。有"公德私德"之分，其思想言论启蒙牖新，而行为则反复无常、多变善变，世谓之为"梁启超现象"。王造时有言：对于讲学问的梁启超钦佩，对于谈政治的梁任公怀疑。梁有"战士死于战场，学者死于讲座"的妙说。

有人这样评价，在政治思想上康有为太有成见，梁启超太无成见。梁启超自谓不惮以今日之我挑战昔日之我。也许他们的变与不变、激进与守旧是历史使然吧！

参考书目：

《康有为全集》，上海古籍出版社 1990 年版

丁文江、赵丰田著：《梁启超年谱长编》，上海人民出版社 1983 年版

陈独秀与胡适

陈独秀，作为五四运动的"总司令"和中国共产党的创始人，后任党中央总书记，为中共最高领导人。他一生有独立见解，但固执己见，听不进不同意见。陈独秀（1879—1942）一生命运多舛，与他性

格有关。

早在五四时期他就在随感录《研究室与监狱》中宣称："我们青年要立志出了研究室就入了监狱，出了监狱就入研究室。"这是人生最高尚优美的生活。他一生多次被捕被缉入狱，面对"悔过"才能出狱的条件，陈独秀坚决地说："我宁愿炸死在监狱中，实在无过可悔！想让我低头认罪，简直是白天做梦、痴心妄想！我要无条件出狱。"蒋介石请陈独秀担任劳动部长并再建一个新共产党，陈独秀一口回绝：不可不可，蒋介石杀了我许多同志，还杀了我两个儿子，我和他有不共戴天之仇。让我与老蒋为伍，我是宁死不从的。中共中央要求陈独秀"公开声明同托派组织脱离关系"，他却答非所问道："中国有无托派我不知道，我不是托派。"共产国际要求陈独秀去莫斯科反省，他拒绝道："中国的问题为什么要去请教外国人。""要反省，我在中国反省，绝不去莫斯科！"在与中共合作不成的情况下，他公开宣布自己"不隶属任何党派"，决心寻找"不拥国，不阿共"的第三条路线。

陈独秀性格如钢。青年他把囚室当研究室；中年在法庭上他以三军不可夺志之气魄，自己辩诉，痛斥国民党的卖国和专制；晚年虽然穷困潦倒、逝母失友、世态炎凉，但再次拒绝蒋介石的诱惑和中共的善意规劝，保留一点尊严和人格。不过，他晚年所撰《最后的政治意见》中提出了没有民主就没有社会主义、无产阶级专政有集权之弊，陈独秀晚年叹道："独裁犹如一把利刀，今天用之杀别人，明天便会用之杀自己。"他最后写的一个字是"抛"字。他抛弃了这个世界，最终也为这个世界所抛弃。有人叹论：仲甫一生轰轰烈烈，虽然毁誉难凭，大道莫容，但其是非功过恐难结论，论定尚需十世后。陈独秀，一个"终身的反对派"。

胡适，著名学者，中国20世纪自由主义大师，安徽绩溪人。他在《四十自述》中谓：我是徽州人。他在《介绍我自己的思想》一文中说道："我的思想受两个人的影响最大：一个是赫胥黎，一个是杜威先生。赫胥黎教我怎样怀疑，教我不信任一切没有充分证据的东西。杜威先生教我怎样思想，教我处处顾到当前的问题，教我把一切学说理想都看作待证的假设，教我处处顾到思想的结果。"总结起来：

胡适是自由本位的。他这样比喻道：争你们个人的自由，便是为国家争自由！争你们自己的人格，便是为国家争人格！自由平等的国家不是有一群奴才建造起来的。晚年当雷震因《自由中国》事件下狱他引杨万里诗相赠。

胡适是注重实证的，有历史癖和考据癖。"大胆的假设，小心的求证"这是科学的方法。有几分证据，说几分话；有七分证据不能说八分话。没有证据，只可悬而不断；证据不够，不可武断。

胡适是注重渐进的，主张改良主义。他主张多研究些问题，少谈些主义。凡是有价值的思想，都是从这个那个具体的问题入手。输入学理，研究问题，整理国故，再造文明。

胡适是主张存疑的。做学问要在不疑处有疑，待人要在有疑处不疑。他其实是教人一种思想学问的方法，创新式标点，介绍实验主义，鼓吹女权观念，从而成为一代宗师。

胡适说，历史是一个可以随便打扮的小姑娘。其实，历史的观照须"了解之同情"，但历史的规律是不可抗拒的。历史人物均为历史之匆匆过客，他本身也融入了历史。

胡适说，二十年不谈政治。但他早年改工为文，中年发起新文化运动，提倡好人政治，后任驻美大使，晚年又支持"雷震案"，一生与政治有扯不断的联系。"做了过河卒子只有拼命向前"，这是他的自况。一生以"徽骆驼"自豪，自谓忠良和直谏的一介书生，"努力做徽骆驼"。一生誉满天下，谤亦随之。他曾言，不降志，不辱身；为国家做一个诤臣，为政府做一诤友；爱而知其恶，恶而知其美。

胡适说，但开风气不为师。倡有人味、人格、人的文学，但提倡有心、创造无力。唐德刚认为胡适在中国文学史上的地位可比"文起八代之衰"的韩愈。他写了第一个白话文，第一个白话诗，第一部哲学史，戏剧研究、水经注研究、红学研究也肇其端，一生获36个博士学位，可谓中国学术中上关键性的人物。蔡元培赞胡适《哲学史大纲》证明的手法、扼要的手段、平等的眼光及系统的研究。有挽联评论：生为学术，死为学术，自古大儒能有几？但惜有始无终，被讥为"上卷博士"、"著作监"。

胡适说，哲学是我的职业，文学是我的娱乐，政治只是我的一种忍不住的新努力，有知己之明。他曾言：宁鸣而死，不默而生；又说容忍比自由更重要。又说，民主是一种生活方式，是一种习惯性行为；科学则是一种思想和知识的法则。

胡适一生提倡自由主义，可是他却遵从母亲之命与发妻江冬秀相伴一生，有"胡适大名垂宇宙，小脚女人名天下"之讥。他为人热情，重视情义，富于同情心。有句名言：此身非吾有，一半属父母，一半属朋友。人们以"我的朋友胡适之"为荣。他曾为女学生关窗户，面对女学生示爱时回答道：爱情的代价是痛苦，爱情的方法是要忍受住痛苦。

胡适生于 1891 年 12 月 17 日，1962 年 2 月 24 日在演讲中突发心脏病去世。1962 年 10 月"我的朋友胡适之"安葬在远离家乡安徽的台北，上写"中央研究院院长胡适先生墓"。蒋介石以"新文化中旧道德的楷模，旧伦理中新思想的师表"相赠。

个性，人海中的方舟。个性赋予人生以内涵和独特的轨迹。古希腊哲学家赫利克拉特说："性格决定命运。"的确，人的性格影响决定了人的一生。虽说性格影响命运，但人们可以重塑自己的性格，调整自己的心态。

参考书目：

朱文华著：《终身的反对派——陈独秀评传》，青岛出版社 1997 年版

沈寂主编：《陈独秀研究》（第一辑），东方出版社 1999 年版

《陈独秀文章选编》，三联书店 1984 年版

《胡适口述自传》，康德刚译注，广西师范大学出版社 2005 年版

（美）格里德著：《胡适与中国的文艺复兴》，江苏人民出版社 1996 年版

欧阳哲生主编：《胡适文集》，北京大学出版社 1998 年版

平民教育家陶行知

陶行知，安徽歙县人，著名平民教育家，原名文浚，年轻时信奉王阳明"知是行之始"的主张改名陶知行。后再改为陶行知，喻行而后知之义。

他是我国近代爱国、民主和进步人士的杰出代表。被誉为"伟大的人民教育家"（毛泽东），"一个无保留追随党的党外布尔什维克"（周恩来），"爱满天下"、"万世师表"（宋庆龄）。

早年留学美国，师从实验主义大师杜威，回国后创办晓庄师范，倡导"平民教育"和改造社会。陶行知曾为南京晓庄师范学校自撰一联："和马牛羊鸡犬豕做朋友，对稻粱菽麦黍稷下功夫。"这反映了他为农民服务的决心。他曾提出筹募一百万基金，征集一百万位同志，提倡一百万所学校，改造一百万个乡村的宏大计划。

他提倡"有教无类"的教育方法。他认为，在教师的心灵天平上，每个学生都应当是同样重的砝码。他告诫教师：当心你的教鞭下有瓦特，你的冷眼里有牛顿，你的讥笑中有爱迪生。他注重"启发式"教育，在南京高等师范学校任教务长时，提出"教学法"代替"教授法"。做一个完整的人有三种因素：健康的体魄、独立的思想、独立的职业。陶行知提倡："千教万教，教人求真。千学万学，学做真人。""滴自己的汗，吃自己的饭，自己的事，自己干。靠人，靠天，靠祖先，都不算好汉。"

陶行知一生提倡实践出真知，有句名言：行动是老子，知识是儿子，创新是孙子。1933年在上海卖文、卖字、演讲，戏曰"三卖主义"，以抗日救国。抗日战争爆发后，与宋庆龄等组织中国民权保障同盟。后赴美国募捐，结识白求恩，向白求恩介绍了中国的严峻形势，白求恩带领一支医疗队援华。

他 55 岁突发脑溢血去世。"捧着一颗心来，不带半根草去"，这是他一生的真实写照，概括了中国一代代优秀知识分子无私的境界。

参考书目：

彦奇主编：《中国各民主党派史人物传》（三），华夏出版社 1991 年版

再读康德

在西方哲人中，康德是继亚里斯多德后影响深远的哲学家。今年是康德逝世 200 周年纪念日，海峡两岸都举行了盛大的纪念活动。从德文直接译出的康德三大批判三卷本出版。其关怀民生、崇尚知识和道德、祈求世界和平、追思自由和理性的思想弥足珍贵。

康德被誉为"近世第一大哲"（梁启超语），学术界有"说不尽的康德"之誉。作为哲学上"哥白尼式革命"的开拓者、启蒙运动的终结者，他提出了著名的"三大批判"：纯粹理性批判（思想求真）、实践理性批判（意志求善）和判断力批判（情感求美），从而引发了一场真正意义上的批判哲学革命，建构了认识论、伦理学、美学三元结构的古典哲学框架。晚年康德撰写《永久和平论》、《对人类历史起源的猜测》，思考社会、历史、法律、权利、国际法、永久和平等关系人类历史发展方向、人类历史是否从恶向善这样的大问题，学术界称之谓"历史理性批判"（第四批判）。

他生活单调刻板，长于沉思；一生未娶，蛰居简出。身高不到 1.60 米的康德一生生活极有规律，据说每天下午 3 点钟他出门后，周围的邻居就用他来对表。只有一天他太晚读卢梭《爱弥儿》而没有出去散步。如同笛卡尔、霍布斯、莱布尼茨、洛克、休谟一样，康德一生

未婚。他曾言：有两种东西，我们愈是时常反复地思索，它们就愈是给人类的心灵灌注了时时翻新、有增无减的赞叹和敬畏，这就是我头上的星空和心中的道德法则。

康德本人曾说：我们的时代是批判的时代，一切都应该服从于批判。的确，康德哲学是 18 世纪启蒙运动的理性崇拜的哲学宣言书。全部康德的批判哲学代表着近代的人的自我觉醒的高峰，它的实质就在论证了人的尊严、独立和自由。他认为他的哲学分别解决了："我能够知道什么"（认识论）→ "我应该做什么?"（道德伦理）→ "我可以希望什么"（宗教学）等，最后可以归结为"人是什么"。他有一句名言：我要悬置，为信仰留下地盘。

的确，康德就像一个蓄水池。所有以往的哲学都流向他这里，所有后来的哲学都从他这里流出来。他虽然逝世已有 200 周年，但哥尼斯堡一直在给我们"启蒙"。

参考书目：

（德）康德著：《纯粹理性批判》、《实践理性批判》、《判断力批判》、《历史理性批判文集》，商务印书馆版

李秋零编译：《康德书信百封》，上海人民出版社 1992 年版

智者罗素

伯特兰·罗素（1872—1970），是 20 世纪声誉卓著、影响深远的思想家，被誉为"世纪的智者"，被孙中山称为唯一了解中国的外国人，也是最早进行中西文明比较研究的西方学人之一。

罗素著作宏富，一本《西方哲学史》风靡全球，《西方的智慧》家喻户晓，其关于战争与和平、事业与婚姻的人生卓识及传奇也引发了人

们的思考。我们在熟悉其精彩华章《快乐哲学》、《悠闲颂》、《中国问题》、《东西方文明比较》中体味着他的深沉之思："有三种单纯而强烈的热情支配了我的一生，即对爱的渴望，对知识的追求和对苦难人类所怀抱的情不自禁的同情。""理想的生活，应是激情所鼓舞，理智所引导的生活。""渴望生存的愉悦，追求生命的快乐，是人的天性，也是人的权利。""爱情之所以有价值，是因为爱情的本身便是快乐之源。""一个人若能将个人的生命与人类的生命激流深刻地交融在一起，便能欢畅地享受人生的至高无上的快乐。""领导人需要勇气、希望和爱"。他认为人性之情能打开命运之门，理性之光能洞见宇宙的深邃。只有自觉地把希望、耐心、胸襟等科学所具有的素质同希腊的审美情感以及对真理的沉思结合起来，才能够发现至上的形而上学真谛。在知识领域，应提倡苦想沉思和大公无私。哲学是一个高雅的事业，真正的哲学家应不计功利，超越物质浮华。应该通过教育、艺术、科学去唤醒和激发对发展的热爱。

值得肯定的是，罗素是一个进步的社会事业的坚决拥护者，一直对中国人民怀有特殊而友好的感情。他多次来到中国讲演考察，对中国人的文化、教育、性格问题进行比较研究，批判了中华民族劣等论。中国与其说是一个政治实体，不如说是一个文化实体。中国人智力上的正直和人生的优雅，幽默婉约含蓄的民族特性值得珍视，但贪财怯懦冷漠的缺陷也是其弊。他热爱人生、酷爱自由、追求正义、坚持真理的宝贵思想和人生智慧给我们以教益和启迪。他是一个百科全书式的学者，其《数理哲学导论》、《相对论入门》使我们了解了科学世界。

爱因斯坦说："阅读罗素的作品，是我一生中最快乐的时光之一。"我也从阅读《罗素文集》和《罗素回忆录》中获得一种思想的启迪和精神的愉悦。证明此言不虚。

参考书目：

王正平编：《罗素文集》，改革出版社 1996 年版

伯特兰·罗素著：《罗素回忆录》，希望出版社 2006 年版

伯特兰·罗素著：《罗素自选文集》，商务印书馆 2006 年版

爱因斯坦的遗产

　　阿尔伯特·爱因斯坦（1879—1955），著名物理学家，也是一个爱好正义和和平的有良知的知识分子思想家。

　　他生于德国，后受希特勒迫害而迁居美国并继续从事理论物理研究。在物理学等多个领域均有重大建树而获诺贝尔奖。其中最著名的是创立狭义相对论（1905）和广义相对论（1916）。读最近出版的《爱因斯坦文集》，常常为他精邃的思想魅力所折服。他在居里夫人逝世时说过这样一段话：第一流人物对于时代和历史进程的意义，在其道德品质方面，也许比单纯的才智成就方面要大。这是他对居里夫人的评价，也是他的真实写照。

　　作为一位科学家，他没有躲进象牙塔，逃避知识分子的社会责任，他表现了"对社会正义的强烈兴趣和社会责任感"。他提出了"世界政府"的概念，希望以道主义为根基建造公义的社会和世界的和平。他认为就知识分子这个词意义来说，他负有重大的责任。

　　他批评计划经济和企图"改造"人的社会制度，他对一切乌托邦的虚亡充满警惕，被人讥为资本主义的辩护士，但他同时反对"非此即彼"，他经常批评美国社会的弊端，声援美国黑人民权运动。他声言，任何政府，只要它自身携有蜕化为专制暴政的趋势，它本身就是罪恶。

　　爱因斯坦精辟地分析科学家"探索的动机"。他认为，在科学的殿堂里那些为科学真理而献身的人与纯功利动机者不一样，他们在科学王国里寻求智力的快感，科学殿堂恰恰由他们支撑着。要驱逐贪图享乐和功利两类人。他把安逸和享受看作"猪栏的生活"，并认为这种目标是可耻的。他的话对我们从事科学探索者不无启迪。

他赠言青年：成功＝艰苦的劳动＋正确的方法＋少说空话。

爱因斯坦，科学家的翘楚，知识分子的楷模，犹太民族的骄傲。

参考书目：

《爱因斯坦文集》第3卷，商务印书馆1977年版

切·格瓦拉和苏珊·桑塔格

切·格瓦拉是古巴革命的领导人，他提倡暴力革命和输出革命，提倡身体力行和体力劳动。他每月要花10天在建筑工地、工厂或甘蔗园，他常常裤脚沾满泥土，从工地处匆匆回程接见外国使团。终于有一天他前往黑暗的丛林领导抗击剥削和压迫的游击战争，一年后被俘枪击身亡。这是我看完剧作《切·格瓦拉》及一些书籍后了解到的切·格瓦拉形象。

苏联东欧解体后，暴力革命曾遭到质疑，"告别革命"论盛行。但是切·格瓦拉的形象并没有使人忘记，人们重拾对这个暴力论、殉道者、苦行僧的记忆是因为现实中有太多的不满和无奈，甚嚣尘上的欧美霸权和大国暴力……"我们真正拥有的，只是一种忧患。"剧中这句话道出了编者的良苦用心。其实，革命是历史的必然产物，用马克思的话说，它是历史的不自觉的工具，但革命后的任务更艰苦艰巨，我们不是诉于激情的批判，而是理性的建设和反思。

2005年一个名叫苏珊·桑塔格的人唤起了人们的伤感和哀思。她是一位犹太裔的知识分子，有着一双锐利的眼睛。她的批评广及文学、艺术、电影、戏剧、音乐、摄影乃至社会、政治、人生。她有着别于常人的感受力，反对唯一的"阐释"和简单化的"阐释"，她抨击伊战越战，她批判美国制度和政策，她阐释丰富多彩的人性世界和现实世界；

她对中国有着美好的情感和理解……这都是因为她独到的思想和方法。正是因为如此，她的文化批评才能穿越时空隔绝获得永恒的意义。

伤逝的 2005 年，苏珊·桑塔格随风而去，她留给了我们深深的思索：知识分子应该做什么？

我的耳边又回响起爱因斯坦的话："就'知识分子'这个词最广泛的意义来说，他则负有更大的责任，因为，由于他受过特殊的训练，他对舆论的形成能够发挥特别强大的影响。这就可以解释为什么那些力求把我们引向独裁政治的人物特别热衷于要恫吓知识分子，并封住他们的嘴。因此，在当前这样的环境下，知识分子认识到自己对社会所负的特殊责任，也就更加重要了。"

参考书目：

刘智峰编：《切·格瓦拉：反响与争鸣》，中国社会科学出版社 2001 年版

《苏珊·桑塔格文选》，三联书店 1982 年版

爱德华·W·萨义德著：《知识分子论》，三联书店 2002 年版

比尔·盖茨与保尔·柯察金

想到这个题目，是因为时下的一句感喟：知道"爱情"的人越来越多，知道"艾青"的人越来越少；知道"周迅"的人越来越多，知道"鲁迅"的越来越少；知道"马克"的人越来越多，知道"马克·吐温"的人越来越少；知道"景冈山"的人越来越多，知道"井冈山"的人越来越少；知道"比尔"的人越来越多，知道"保尔"的人越来越少；知道"关之琳"的人越来越多，知道"卞之琳"的越来越少；知道"就要发"的人越来越多，知道"九一八"的人越来越少。这句话虽难免有以偏概全之虞，但也反映了市场经济条件下世俗化的趋

向，反映了人生多元化的境界品位。

著名哲学家冯友兰曾把人分为自然境界、功能境界、道德境界、天地境界；丰子恺曾把人生喻为爬楼梯，在不同的层次看到不同的风景。保尔和比尔反映了道德理想主义与社会现实主义的冲突取向。

曾记得，小说《钢铁是怎样炼成的》主人公保尔的那段独白感动过一代青年："人最宝贵的是生命。生命对人只有一次。人的一生应当这样度过：当回忆往事的时候，他不会因为虚度年华而悔恨，也不会因为碌碌无为而羞愧；在临死的时候，他能够说：'我的整个生命和全部精力，都已经献给了世界上最壮丽的事业——为人类的解放而奋斗。'"

曾几何时，一段时间内人们忽然美丑错位、是非混淆、黑白不分，不以荣为荣，不以耻为耻，甚至以荣为耻。如有人把热爱祖国视为"假做作"，把服务群众视为"爱逞能"，把崇尚科学视为"书呆子"，把辛勤劳动视为"老古板"，把遵纪守法视为"不开窍"，把艰苦奋斗视为"老保守"等等，不一而足。危害祖国成了"斗士"，背离人民成了"本事"，愚昧无知成了"时尚"，好逸恶劳成了"潇洒"，损人利己成了"能耐"，见利忘义成了"聪明"，违法乱纪成了"勇敢"，骄奢淫逸成了荣耀。可见，当前加强"八荣八耻"教育十分及时，十分必要。

孔子也言："道之以德，齐之以礼，有耻且格。"岳飞也说：文官不爱财，武官不怕死，则天下太平矣。我们青年应追求理想、呼唤正义，热爱生活，明荣知耻。

我国古代重义轻利，近代商品社会形成，当代知识成为生产力，企业家队伍壮大，儒商成为时尚，这是时代的进步。中国的海尔、华为和"福特"、"索尼"、"丰田"已经走出国门。

参考书目：

（英）弗·培根著：《培根论说文集》商务印书馆 1993 年版

夏中义主编：《大学人文教程》，广西师范大学出版社 2003 年版

费正清与史景迁

费正清（1907—1991），美国著名的"中国问题"专家，被誉为"中国历史研究之父"，哈佛大学东亚研究中心教授。其经典名著《美国与中国》、《东亚文明史》、《剑桥中国史》、《伟大的中国革命》等仍是每个中国学者的案头必备之书。他提出的关于中国近代化的"冲击—反应"模式开创了一套中国研究的特殊范型和分析模式。其《剑桥中国史》具有审美意义的历史观、从世界视野观察中国问题、在文化的角度透视近代中国转型，可以说以费正清为标志，中国研究的汉学成果结束了"史学"时代，进入了"自觉"的时代。史华慈、列文森、芮玛丽、孔菲力……这些声名显赫的大学者都受惠于费氏，形成了一个蔚为大观的"费正清学术家族"。

史景迁（Jonathan Spence），美国历史学会主席，耶鲁大学教授。生于英国，在美国教授中国历史，著作等身。他的名著《中国皇帝康熙自画像》、《王姓女子之死》、《天安门——中国及其革命》和《现代中国的探寻》等，皆以其独特的风格、睿智的思想、轻松的笔触给中国历史以新的诠释，在西方世界引起轰动。既注重历史个案的考查，同时又常以宏大的历史叙事来承载研究成果。他关于中国政治与知识分子、民主演进与政体改革的论述耳目一新。1988 年其获得美国最高学术荣誉之一的麦克阿瑟人文科学奖。费正清这样评价史景迁："突破了过去作为一种社会科学建构的历史写法，而且创造了一种以文学和对人类的关切为基础的新的历史风格，取得了辉煌成绩。"他是一个景仰中国古代史家司马迁的汉学家。

近年西方史学界试图跳出"挑战—反应"（费正清）、"传统与现代"（列文森）"帝国主义论"（佩克）的西方中心论研究中国历史，这就是中国中心观在美国的兴起，费正清的学生柯文是代表。柯文的中国中心观具有史学方法论和认识论的意义，反映了西方历史研究的人文主义和科学主义取向。其批判的锋芒、动态的观点、精细的视角、内部的取向、移情的方法、科学的传统在中国发现了"历史"。当前西方以中国为中心的研究包括地方精英、人物传记、思想解读、机构社团等。

而费正清可谓近现代中国学的奠基人，史景迁、柯文正以自己的学术实践继承着这一未竟的事业。

参考书目：

许纪霖著：《暧昧的怀旧》，上海教育出版社 1998 年版

（美）柯文著：《在中国发现历史——中国中心观在美国的兴起（增订）》，中华书局 2002 年版

傅斯年和顾颉刚

傅斯年（1896—1950），字孟真，著名历史学家、语言学家、教育家。殷海光曾这样评价道：他是一个有是非之心的人，他是一个具有至大至刚之气的读书人。这是知人之论。在悠久历史发展的途程之中，书生的智慧之光从来是烛照漫漫黑夜之灯。傅斯年就是这样一个读书人。

他早年参加五四运动，创办《新潮》杂志，中年研究历史和语言，"史学便是史料学"是他的名言。晚年出任台湾大学校长，一生为学为文，至情至性。罗家伦说傅斯年是元气淋漓的人。蒋梦麟评价傅斯年为"真天下之奇才"。蒋把蔡元培、胡适称为北大的功臣，自己和傅斯年是北大的功狗；胡适比自己伟大，他却比胡适能干。他身宽体圆，人戏称"傅胖子"。胡适曾这样评价孟真："孟真是人间一个最稀有的天才。他的记忆力最强，理解力也最强。他能做最细密的绣花针功夫，他又有

最大胆的大刀阔斧本领。他是最能做学问的学人，同时又是最能办事、最有组织才干的天生领袖人物。他的情感最有热力，往往带有爆炸性的；同时他又是最温柔、最富于理智、最有条理的一个可爱可亲的人。这都是人世间最难得合并在一个人身上的才性，而我们的孟真确能一身兼有这些最难兼有的品性与才能。"以胡适傅斯年的亦师亦友关系，可谓评论之确。

傅斯年是我国历史语言学的创始人。傅斯年在《史学方法导论》中说："史料的发现，足以促成史学之进步，而史学之进步，最赖史料之增加。"1928 年他在《集刊》创刊号《工作之旨趣》中写道：中国史学进步之关键在于：（1）凡能直接研究材料，便进步；（2）凡一种学问能扩张他研究的材料便进步；（3）凡一种学问能扩充他作研究时应用的工具便进步。他宣称历史语言研究的人"不是［仅只］读书的人，［而］只是上穷碧落下黄泉，动手动脚找东西"。他到台湾后组织一项宏大的"台湾史田野研究计划"，提出要让"科学的东方学之正统在中国"的理想计划。他提出科学史学观以及与之相应的史学方法，提倡集团研究，主张用历史开发文明。

傅斯年出身于儒学世家，早年就读于北大，师从刘师培、黄侃等国学大师，后到英德留学，兼学中西，贯通历史学、语言学、考古学与学校教育诸领域，著述颇丰，均有建树。一生崇尚真理，追求学术、热爱教育、保持自由人格。他有名言：与其入政府，不如组党；与其组党，不如办报。他是一个近现代之交在新旧文化、中西文化碰撞中涌现出来的一位杰出学者、教育家和社会活动家。他是一个至大至刚至情至性的学问中人。

顾颉刚（1893—1980），中国现代史学家，"古史辨"学派的创始人。他一生著作宏富，从读书时代起，就对上古"神话时代"和"传疑时代"加以质疑，他编集辨伪材料《古史辨》七册，提出"层累地造成的中国古史观"，又称"新史学派"，为创建中国现代历史学奠定了第一块基石。

该书主要内容有：时代愈后，传说的古史期愈长；时代愈后，传说中的中心人物愈放大；我们在这上，既不能知道某一件事的真确的状况，但可以知道某一件事在传说的最早状况。他在论辩答疑中提出打破民族出于一元、地域向来统一、古史人化、古代为黄金世界四个传统观念；进而打破帝系、王制、道统、经学四个偶像。顾颉刚此论在史学界引起广泛反响，他从时势、个性、境遇等三方面畅言自己的主张和由来，并在学术界引起争辩和轰动，颠覆了传统史学观念，廓清了古史系统的迷雾，促进了传统史学向现代史学的转变。

顾先生认为，中国虽号称5000年历史，三代文献已不足征，何况三皇五帝时？他以社会进化观点，大胆怀疑战国、秦汉以来的古史，揭示出其中的矛盾，从而形成了自己"层累造成"的古史观系统认识：探讨三皇五帝的来源作"帝系考"以打破种族的偶像；研究三代礼教、法律、制度的来源，作"王制考"以打破政治的偶像；辨析帝王的心传及圣贤的学派，作"道统考"以打破伦理的偶像；考察经书的构成及经学的演进，作"经学考"以打破学术的偶像。林林总总，不一而足。总之，先生以学术救国为己任，以学术辨析求证为法，体现了科学的理性和方法的自觉。研究史学，是绕不开顾颉刚这个山峰的。他在《我是怎样编写〈古史辨〉的？》一文中曾说，"我的《古史辨》的指导思想，从远的来说就是起源于郑、姚、崔三人的思想，从近的来说则是受了胡适、钱玄同二人的启发和帮助。"他也是中国历史地理学的奠基人，谭其骧、史念海、侯仁之皆出于其门。有《顾颉刚学记》纪念这位逝去的学人。

郭沫若认为顾颉刚的"层累地造成的中国古史观"是个卓识，余英时认为他是中国史现代化的第一个奠基人；但也有论者对他"斥神禹为虫鱼、以尧舜为虚造"的观点不以为然，认为往往流于为破伪而造成新伪。鲁迅也曾对他所谓大禹是一条虫的说法多有讥讽。

参考书目：

焦润明著：《傅斯年传》，人民出版社2002年版

傅斯年著：《史学方法导论》，中国人民大学出版社2004年版

《顾颉刚自述》，河南人民出版社2005年版

顾潮编：《顾颉刚年谱》，华东师范大学出版社1997年版

南怀瑾的历史人生论

南怀瑾，国学大师，海内外著名学者，一个偶然的机会，我读其《南怀瑾谈历史与人生》、《听南怀瑾大师讲经》两书，对其参透人生的练达智慧和关于历史的"妙语精言"有了更深的体悟。其著述《论语别裁》、《孟子旁通》、《老子他说》、《易经杂说》、《历史的经验》、《禅宗与道家》等在海内外畅销不是偶然的。其关于知命与立世、论人与论史、文学与人生的精彩华章体现了他的历史哲学和人生理念。

南大师对历史有自己独特的认知。他认为世界上所有的政治思想可以概括为"安居乐业"，在中国的历史文化中，有个中心思想——邪不胜正；细读中国历史，会发现一个治世秘诀："内用黄老，外示儒术"；中国文化中包括了"声、色、货、利"四件事，我们要扩充之，并导之正途。礼是一种社会需要，"无礼不行"，但存方寸地，留与子孙耕，现代人要有环境理念。

关于人生观，南怀瑾是少数几位精通儒道佛三教经典的大师之一。他有一个有趣的比喻，儒家的孔孟思想是粮食店，是天天要吃的，把粮食店打倒了，吃洋面包是我们不习惯的，否则吃久了胃会出毛病；道家则像药店，不生病可以不去，生了病则非去不可；佛学像百货店，里面百货杂陈，样样俱全，有钱有时间，就要去逛逛。这些精辟的概括抓住了儒道佛的神髓。孔子的"毋意、毋必、毋固、毋我"，老子的"无为无不为"，释迦牟尼的"无我相，无人相，无众生相，无寿者相"的不同概括，但都参透了人生精义。儒家的精义是"工作"，讲究入世；道家的精义是"生活"，在出世入世之间；佛家讲究出世，其精义是睡眠。

对于人生，他有许多独特的感悟：一个人道德修养，真要做到"君子坦荡荡"，必须做到"弃天下如敝屣，薄帝王将相而不为"。"唯大英雄能本色，是真名士自风流。"得意忘形，失意也易忘形；一个人要安于平淡，不要过于绚烂，安于平淡，百事可做；伟人要甘于寂寞，淡于名利，做人做事要讲诚、敬信；择友要严，待人要宽；少聪明、多智慧；自未得度，先度他人；等等。

参考书目：

练性乾编：《南怀瑾谈历史与人生》，复旦大学出版社 1995 年版
胡卫红编：《听南怀瑾大师讲经》，新华出版社 2005 年版

周汝昌的红学情

正如"一千个观众就有一千个哈姆雷特"一样，对《红楼梦》的解读和研究代有不同，主要有："索隐派"，如王梦阮和沈瓶庵的《红楼梦索隐》、蔡元培的《石头记索隐》；"考证派"、"猜谜派"，如胡适的《红楼梦考证》、周汝昌的《红楼梦新证》、刘心武的《揭秘红楼梦》；"太极说"、"宇宙发生说"，如王国维、王国华、詹石窗等认为红楼梦是一个太极、八卦、宇宙的世界。毛泽东认为：《红楼梦》是封建社会的一面镜子；胡风认为《红楼梦》是曹雪芹个人深刻忏悔的自叙状；舒芜说《红楼梦》把女人当人，对女性尊重；黄遵宪说《红楼梦》乃开天辟地、从古到今第一部好小说，当与日月争光，万古不磨者；林纾说：《红楼梦》是中国小说部，登峰造极者。

周汝昌就是"考证派"的主要代表。他一生研究"红学"，以《红楼梦新证》的开创意义和丰富详备在红学研究领域卓成一家之言，享有广泛而持久的影响，被誉为继胡适以后新中国研究《红楼梦》第一人。近读其新著《红楼艺术的魅力》就感受到这一点。

作者用我国传统文学艺术的理论来分析阐释《红楼梦》的艺术特

点，从微观（生活细节）到宏观（全书结构），从事件的脉络到人物特征，无不探微抉秘，发人深思。这说明没有受过我国传统文化艺术的长期熏陶的人是无法进入红楼梦的堂奥大厦的。

作者认为《红楼梦》是"唯人主义"的经典，"文史哲——才情德——智慧灵——真善美"都涵咏于书。可以说此书是作者从考证到文本解读的突破和尝试。作者极力推崇前80回，对程、高篡改、伪续的后40回不置可否，对曹雪芹的才情和智慧褒奖有加；开篇认为"红楼"文化有"三纲"（玉、红、情）、阅读文体有"三要"（文人小说、文化内容、文学修养）；进而作者剖析了红楼艺术内蕴其中的意境："一笔多用与多笔一用"、"脱胎、摄神、移生"、"暗线、伏脉、击应"、"一喉两声、一手二牍"、"热中写冷、细处观大"、"海棠、菊花、柳絮"、"勾勒、描写、积墨"，真是如入堂奥，精彩纷呈，余音绕梁。作者还对《红楼梦》之结构新义、花品诗情、吴带曹衣、品茶题字、精巧构件、鼓音笛韵、冬闺夜景、明修暗渡等艺术手段作了详备的分析，美景不断，新意迭出。

我相信王蒙先生的论断：好的文学作品具有耐读性，红楼梦论析的不可穷尽证明了"文学大于文论，文本大于方法"这一道理。

参考书目：

周汝昌著：《红楼艺术的魅力》，作家出版社2006年版
《红楼无限情——周汝昌自传》，北京十月文艺出版社2001年版

顾准的思想遗产

顾准的《从理想主义到经验主义》发表后，学术界理论界认识到顾准的思想价值，引发了一场"顾准热"。书中对希腊文明的研究，对

直接民主和议会制度的评析，对中国史官文化的解剖，对奴隶制与亚细亚生产方式的阐发，对法国大革命和巴黎公社经验教训的总结，对理想主义和经验主义的再认识，见解深邃，笔锋犀利，再次撞击了人们的心灵。正如王元化所评述的，"许多问题一经作者提出，你就再也无法摆脱掉。它们促使你思考，促使你去反省并检验由于习惯惰性一直扎根在你头脑深处的看法。"

"顾准热"的出现不是偶然的。在国际共产主义运动史上，个人崇拜和迷信盛行，非理性主义思潮席卷一切，人们唯上是从，本本主义主导一切。唯其如此，这些凝聚着其智慧和心血的文字才能震撼人们的心灵，这些力透纸背的反省质疑才会掷地有声。"沉魄浮魂不可招，遗篇一读想风标"。王安石感时伤世的诗文在20世纪的思想家顾准那里找到了知音回响。

思想者常寂寞，智慧人必痛苦。顾准不仅遭受饥饿、疾病、冷眼之不幸，而且罹受妻子离婚自杀、子女断绝亲情的人间悲情，这是一种怎样的境遇和境界！读《顾准文集》，如闻其声，如见其人。在非常艰苦的环境中，他认真思考许多问题。为什么我们追求革命理想，千百万人为之奋斗牺牲，得到的却是林彪、"四人帮"的法西斯专政；中国为什么没有如同希腊罗马那样，发展成作为欧洲文明滥觞的城邦和共和制度，而是形成了几乎牢不可破的东方专制主义传统；中国的"史官文化"传统是怎样形成的，什么是"史官文化"的本质以及应当怎样对待"史官文化"；在革命胜利以前生气蓬勃的革命理想主义为什么会演化为庸俗的教条主义；中国共产党夺取政权的革命取得成功，"娜拉出走以后"要采取什么样的政治经济体制才能避免失误和赢得真正的进步；社会主义是不是注定只能实行计划经济，而不能市场调节？他用一生诠释了要"用鲜血做墨水的笔杆子"的诺言。

参考书目：

顾准著：《顾准文集》，贵州人民出版社1994年版

金庸与王朔

　　金庸，原名查良镛，著名武侠小说大师和文化评论学者。有"亚洲第一社评家"之美名。

　　自20世纪50年代中期起开始撰写连载性武侠小说，雅俗共赏，不乏历史精神和文化内涵，获"有井水处有金庸"之誉。著名的武侠小说有15部，包括《书剑恩仇录》、《射雕英雄传》、《神雕侠侣》、《雪山飞狐》、《倚天屠龙记》、《天龙八部》、《鹿鼎记》等。他14部书名的第一个字可以编成"飞雪连天射白鹿，笑书神侠倚碧鸳"的对联。

　　武侠小说产生可以追溯到唐人传奇，宋人话本及笔记中有武侠故事，明代有长短篇白话武侠小说，清代有侠义公案小说，民国有旧派武侠小说。今港台则为新派武侠小说。金庸小说以古代生活为题材，体现了爱国、忠义、平和的人生理想和生命追求，塑造了一个个栩栩有生的人物形象。其小说既继承了白话小说的语言风格，又对旧式武侠小说的思想内容及艺术形式进行了创新。金庸小说的胡汉恩仇、江湖想象与侠骨柔情，超越了单纯的娱乐行为而具有学术文本意义。金庸作为"侠之大者"，文心剑胆，写尽古今侠义儿女英雄事，成就了知识分子的神话，也给我们留下了知识分子未竟的话题。

　　20世纪90年代初的文坛王朔以幽默、张狂的市井语言冲击了主流意识形态。《过把瘾就死》、《玩的就是心跳》、《一点正经没有》、《千万别把我当人》、《一半是海水，一半是火焰》、《我是流氓我怕谁》……这些书名对所谓伟大崇高的颠覆，对所谓神圣的亵渎，对一切正襟危坐道貌岸然的蔑视，从而构成了对主流霸权话语的解构。这是值得肯定的，也是中国社会市场化、世俗化，消解遮蔽躲避崇高的反映。有人这样评价，王朔现象对中国文学的影响深远，是颠覆性的。他"把庄严伟大的东西和不三不四的货色搭配到一起，制造一种读者从未尝过的'怪味豆'"，这是王朔小说的秘诀。

文学是人学。一个产生了汉赋唐诗宋词元曲明清小说的民族是一个伟大的民族，是有生命力的。但是如果文学缺乏人性之光的烛照，缺乏人道关怀和人文精神，无异于文学暴力。经历了精神板结期、沙化期的遵命文学向何处去，我们拭目以待！

参考书目：

宋伟杰著：《金庸小说再解读》，江苏人民出版社 1999 年版
《王朔精品集》，作家出版社 2006 年版

陈寅恪与吴宓

陈寅恪（1890—1969）曾这样自我评价："寅恪平生为不古不今之学，思想囿于咸丰、同治之世，议论近乎湘乡、南皮之间。"其言简明意赅，为研究寅恪先生之最好佳证。

"不古不今之学"是指治隋唐政治史。他运用近代史学方法和掌握的丰富史料以及"断烂朝报"汇编，开拓研究新领域，用"种族——文化"视角提出"关陇集团"和"关中本位政策"理论，《隋唐制度渊源略论稿》、《唐代政治史述论稿》述及各种制度如刑法、官职、财政、音乐等流变，观察唐代的政治制度、统治阶级、党派分野、内政外交，成为隋唐史研究的不朽之作；他一生通晓 15 种文字，包括梵文、巴利文、突厥文等稀有文字。他能背诵大半部《十三经》，每字必求正解，他出身名门，游学欧美，精通西学，博采中外菁华。梁启超曾说："我也算是著作等身了，但比不上陈先生寥寥数百字。"

他晚年双目失明，"著书唯剩颂红妆"，撰《再生缘》和《柳如是

别传》,寄寓"家国旧情"与"兴亡遗恨"理想,所谓"涕泣对牛衣,卅载都成断肠史;废残难豹隐,九泉稍待眼枯人"。最能反映其思想的是他在 1929 年为王国维纪念碑题字:"惟此独立之精神,自由之思想,历千万祀,与天壤而同久,共三光而永光!"他认为,自由思想和独立精神是高于一切的,既高于政治,也高于学术;没有自由思想,没有独立精神,即不能发扬真理,即不能研究学术。这是他一生精神品格的写照。学者陆健东说:陈寅恪为后世的中国学人提供了一种在文化苦恋及极浓的忧患意识煎熬下生命常青的典范。

陈与王国维、梁启超、赵元任同为清华同学研究院四大导师。陈先生在其寓所"金明馆"开设"元白诗证史"讲座,以其专著《元白诗笺证稿》为教材,通过"以诗证史法"探讨唐代社会生活,在时空坐标中考察人事,"在史中求史识",从历史中寻求历史的教训。据说陈讲授佛经禅宗时,用黄布包裹参考书。余英时曾撰文论述陈氏晚年心境。

吴宓(1894—1978),字雨僧,著名学人。《吴宓日记》的出版,为我们研究 20 世纪思想史、学术史、文化史上的吴宓提供了第一手资料。

早年他与梅光迪、柳诒徵等创办《学衡》杂志,宣传旧学,反对白话文。后在清华大学、武汉大学任教,主讲西洋文字,阐发中国文化,开设《文学与人生》课,其关于文学是人生的精髓,文学反映人生、人生是一杯苦酒又是甜酒的说法体现了他的人本主义思想。他的文学研究是探索人生的一种方式,他的文学课程是在他的人生观的轨道上,并且作为他这种思考的重心而展开的,即通过文学来研究人生,借助人生来丰富文学。吴宓不愧为具有理想主义色彩的人生探索者。他把陈寅恪比为中国的哈姆雷特,自认为中国的堂吉诃德。他是一个奇特而矛盾的人。

据说他有记日记的良好习惯,中国现代思想学术史中的许多人事变故、问题主义、轶事趣闻皆可寻觅。吴宓曾有写小说的夙愿,虽未如愿,但他的日记和诗集以及他丰富迭宕的人生经历就是一部小说。人活着,就有必要去观察、了解、研究别的人。从利害的立场去观察和研究,未免太累;若以欣赏的态度去观察和了解,就无异于读小说了。然而事实上，在世俗化的中国今天，读小说的人越来越少，可以当作小说读的人更是凤毛麟角了。从这个视角看，吴宓无疑是一个异数，这也更显得他人格的可爱。

参考书目：

《陈寅恪集》，三联书店 2001 年版
陆键东著：《陈寅恪的最后二十年》，三联书店 1995 年版
吴学昭整理，《吴宓自编年谱》，三联书店 1995 年版

至情至性钱钟书

钱钟书（1910—1998），字默存，号槐聚。著名学者，"清华学派"的代表性人物，以《围城》而闻名遐迩。他学贯中西，参透人生，幽默风趣，沉潜学术，是一位大智慧的学人，被誉之为"文化昆仑"和"人中之龙"。他曾谓："东海西海，心理攸同；南学北学，道术未裂。"《谈艺录》（1948）、《宋诗选注》（1958）、《管锥编》（1979）、《七缀集》（1985），可见其思想的视野和学术的博远气度。钱著《管锥编》书名语出庄子："用管窥天，用锥指地。""槐聚"是其别号，典出元好问诗句："枯槐聚蚁无多地，秋水鸣蛙自一天。"可见其治学胸怀。《管锥编》、《谈艺录》引证广博，考辨精深，涵盖文史哲，可知钱学之广。有人喻之为"绚烂多姿的织锦"、"文化长河之上的巨大引桥"、"人类心灵建成的金字塔"；槐聚说史，引《左传正义》杜预序，拈出"微而显"、"志而晦"、"婉而成章"、"尽而不污"、"惩恶而劝善"论史学之体用；提出"史蕴诗心说"，史必证实，诗可凿空，诗具史笔。拒开学术纪念会，认为"不必花些不明不白的钱，找些不三不四的人，说些不痛不痒的话"。《围城》一书把旧中国知识分子的"众生相"淬烹个

淋漓尽致，堪称当代中国的一部"儒林外史"，作者在书中写了无毛两足动物的根本特性，我们是否可以找到自己的影子呢？

有人这样评价他：学问至精至深、人品至纯至正。在历史的沉默处发言，在历史的喧闹处沉思。其作品《人兽鬼》、《写在人生边上》入木三分。

钱钟书求学清华时曾狂言，清华大学没人能教得了他：叶公超太懒，吴宓太笨。对求见者，曾有"吃过鸡蛋，何必要见母鸡"的调侃。1998 年 12 月 19 日钱先生去世。钱临终遗言：不举行告别仪式，不送花圈，不留骨灰。

参考书目：

钱钟书著：《管锥编》、《谈艺录》、《围城》、《写在人生边上》，三联书店 2002 年版

世纪良心巴金

巴金（1904—2005），四川成都人，原名李蒂甘，字尧棠。现代著名作家。在中国"鲁郭茅巴老曹"的作家群列中他具有特殊的地位。

早年他崇拜信奉无政府主义，其笔名巴金即是巴枯宁和克鲁泡特金的字义，当然他自己也有不同的说法。他自己曾说：我是从探索人生出发走上文学道路的。青年时代，五四新文学肇起，他是五四精神在小说领域的代表，一句"我控诉""燃烧着希望之火"，唤起了多少热血青年，其小说代表作《家》、《春》、《秋》激动了一代又一代青年的心，表达了其对新文学的理解与开拓。晚年以《随想录》名世，"把心交给读者"、"我为你们而活"流露出真性情，赢得了人们的尊重。他呼吁建立"现代文学馆""文革博物馆"而使现代人记住了这个世纪老人。

他关于"说真话"的倡议道出了人生的道德底线：人总说要真话。力图说真话；不能说真话，则保持沉默；无权保持沉默而不得不说假话，则不应伤害别人。"说真话"，这是做人的底线，这和苏联索尔仁尼琴的"抵抗谎言"和捷克哈维尔的"生活在真实中"有异曲同工之感。他认为，人生的意义在于奉献，而不在于猎取；文学的生命在于立诚，而不在于夸饰。

巴老走了，他给我们留下了对爱和真的追求，对善良人性的寻找以及金子般的赤诚。有人这样比喻：巴金先生的这三件大事，恰似一座金字塔："中国现代文学馆是塔身，《巴金全集》是塔牌，《随想录》是塔尖。"这使我想起爱因斯坦的名句："在人生的丰富多彩的表演中，我觉得真正可贵的，不是政治上的国家，而是有创造性的、有感情的个人，是人格；只有个人才能创造出高尚的和卓越的东西。"巴老在《再思录》中说："不错，是要向前看，可是，难道为了向前看，我们就应当忘记过去的伤痛？就应当让我们的伤口化脓。"

巴金，文学的巨匠，世纪的良知，民族的骄子。

参考书目：

巴金著：《随想录》，作家出版社 2005 年版
巴金著：《再思录》，上海远东出版社 1995 年版

冯友兰的哲学人生

近年来，在一些老干部和老知识分子中流行着一种被称为"两头真"的现象。蔡仲德曾把他丈人冯友兰的一生概括为三个阶段："早年实现自我、中间失去自我、晚年又回归自我。"岂止是冯友兰，周扬等许多老干部、老知识分子中不同程度中存在着"两头真"的现象：头

一个"真"是指当年干革命或做学问，都是真心实意、自觉自愿、勇往直前的；中间的"失"主要指失去独立思考，盲目紧跟；后头的"真"，倒是思想回归，能够有自己的真实想法。我们在学术史可称之为"冯友兰现象"。还有新闻史上的"范长江现象"、文学界的"何其芳现象"。"文革"中冯友兰，曾与魏建功、林庚、周一良四位老教授被讽刺为"四皓"，是文革"梁效"写作组成员。这是他一生中挥之不去的憾事。有人认为，"冯友兰现象"是现代中国知识分子苦难历程的缩影，是中国现代学术文化曲折历程的典型反映。他也以诗句"若惊道术多迁变，请向兴亡事里寻"自况。

冯友兰（1895—1990），著名哲学家。早年出版《中国哲学史》，出版"贞元六书"（《新理学》、《新事论》、《新世训》、《新原人》、《新原道》、《新知言》），确立了他在学术界的地位。《中国哲学简史》更是厚积薄发之作，流布甚广。他曾以"二史释古今，六书纪贞元"自我评价。另一部哲学史就是《新编》。《中国哲学史新编》共七册，该书以哲学史为中心而又对中国文化史有所阐述，以共相与殊相、一般与特殊为基本线索，着重阐发关于人的精神境界及其对当今中国和人类世界的贡献，新见迭出，虽然总体上未脱离"左"的观点，但这是冯先生晚年反思回归的体征，是他"智山慧海传真火，愿随前薪作后薪"的使命感所致，晚年的冯友兰撰写《三松堂自序》表现了知识分子在苦难中成长、奋进、浮沉、觉醒的心路历程。

"冯友兰是用生活来思想的。""'为天地立心，为生民立命，为往圣继绝学，为万世开太平'。高山仰止，景行行止。虽不能至，心向往之。"这是《新编》的结束语，也是冯先生一生的写照。"阐旧邦以辅新命"这是他的追求。

冯先生不愧是20世纪中国第一个自觉地建立融合中西的哲学体系的思想家。

参考书目：

冯友兰著：《三松堂自序》，三联书店1984年版

郑家栋编选：《追忆冯友兰》，社会科学文献出版社2002年版

最后儒者梁漱溟

　　梁漱溟（1893—1986），原名梁焕鼎，著名学者，一代大儒，社会活动家。一生率性而为，淋漓纯正，博爱群伦，命运多舛。一个特立独行的人。

　　他早年不婚，喜欢吃素，一直思考"中国向何处去"这个问题。他声称自己经历两次思想转变：一次是从佛教转向儒家，一次是逃脱西方化的诱惑。但他一生始终殚精竭虑的是民族民生的大问题，而20世纪中国的问题选择尤其错综复杂。虽只中学学历，24岁却登上最高学府北京大学讲坛，讲授印度哲学、中国文化。他写《究元决疑论》，认为意欲是文化发生学的支撑点，生活的根本在意欲，因而形成了中、印、西意欲调和执中、反身向后、向前要求三种不同的文化路向。他在《中国文化要义》中写道："中国文化之最大偏失，就在于个人永不被发现这一点上。"他在《人心与人生》中发现儒学和二元人心结构，批评热衷于潜意识和本能的做法。最后提出"乡村建设理论"，希望寻找一条在乡村实现民粹主义的中国特色道路。他认为中国最大问题不在贫富不均和阶级矛盾，而在于文盲太多，伦理失调。他提出中国应以道德代宗教，以礼俗代法律，以教化代政治。并亲自实践躬行，走入乡间实验。抗战时期主张走不同于共产党和国民党的第三条道路，反对毛泽东的暴力革命和持久战思想。曾作为参政员赴延安窑洞与毛泽东论战中国向何处去。毛泽东接到《乡村建设理论》一书说，梁先生且听下回分解了。

　　建国初，梁漱溟到四川调查土地改革事宜，提出"工人在九天之上，农民在九天之下"之论，令毛泽东不悦。1953年政协会议期间与毛泽东发生正面冲突。他直言诘问毛泽东，有没有雅量让他把话说完？

毛泽东回敬：梁先生是用笔杀人，是伪君子。从此他闭门思过很多年。"文化大革命"中他看不惯批林批孔，提出林彪没有一条政治路线，撰写 8 万字论文《我们今天如何评价孔子》，自谓："三军可夺帅也，匹夫不可夺志。"1986 年一生孤傲特立独行的梁漱溟无疾而终。他曾把学术界做学问的分为两类：问题中人和学术中人。他无疑属于前者。他因人生而思考，又以思考反观人生，他的一生就是一部大书。美国学者艾恺称之为"最后的儒家"，他自己则称外儒内佛，不过谓之行动的儒者是恰如其分的。

参考书目：

汪东林著：《梁漱溟问答录》，湖南出版社 1988 年版

（美）艾恺著：《最后的儒家》，江苏人民出版社 1996 年版

《梁漱溟全集（1—8 卷）》，山东人民出版社 2005 年版

志在富民费孝通

费孝通，著名学者、教授和社会活动家。

早年即到姐姐费达生的开弦弓村进行江村调查，写成《江村经济》一书，影响深远。又在 20 世纪 40 年代携新婚妻子王同惠去广西大瑶山调查，有丧妻之痛。这是他志在富民重视调查中国问题的体现，80 年代后关注小城镇建设和区域发展，写出《小城镇大问题》一文，从而引发中国乡镇企业的建设热情。晚年提出"文化自觉"思想，以期达到"各美其美、美人之美、美美与共、世界大同"的境界。

费孝通说：我认定我这一生的目标是了解中国的社会。在社会学研究中，他先后师从史禄国、马林诺夫斯基、吴文藻诸先生，其《乡土中国》、《生育制度》、《行行重行行》等书凝聚其富民思想，有人这样

评价道：没有人像他那样把学问做到浅近而平易，把学人话语化为经世致用之举。在《乡土中国》中他提出中国社会是礼俗社会，而不是法理社会，即实行的是人治而不是法治的观点。作为一个著名的社会活动家，早年他因《知识分子的早春二月》而蒙冤多年。他提出中华文明多元一体的本土说，否定一元论和外来说。他对社会学的开拓和田野调查的提倡有筚路蓝缕、以启山林之功。他说："若是我们还想骄傲自己的历史地位，只有在当前人类共同的课题上，表现出我们的贡献来。"

正如有的论者评价的那样：从瑶山到江村、从草根工业到草根民生、从生态研究到心态研究、从学术反思到文化自觉，他把自己的学术思想用如椽之笔写在了中国大地上，他的生命、学术和乡土凝聚。他是志在富民，胸怀祖国的乡土先知。

参考书目：

张冠生著：《乡土先知》，北京大学出版社 2006 年版

无法忘却的纪念

——鲁迅先生逝世 70 周年祭

2006 年 10 月 19 日是鲁迅先生逝世 70 周年，对于这位"有脾气"性格的中国现代思想文化巨人的评价见诸报端。如曹聚仁《鲁迅评传》再版，此前林贤治的《人间鲁迅》、王晓明的《无法直面的人生——鲁迅传》出版，将鲁迅从"神"还原成一个真实的大写的人，展现了文学家、思想家、革命家鲁迅的丰富多彩的思想世界。

当时和现在都有对鲁迅的不同评价，他始终处于论战的中心。他获得过大文豪、大思想家、第一等圣人、中国高尔基、民族魂的美誉，也受到尖酸刻薄、褊狭狠毒、刀笔吏、拿卢布、千古罪人的诋毁。我们民

族遭遇了鲁迅攻防战，其本身就是思想史事件。时下有这样一句评论：读胡适的书让人长学问，读鲁迅的书让人长脾气。还有"少不读鲁迅，老不读胡适"之说。也有人这样比较鲁迅和毛泽东的文风：鲁迅是"冷嘲"，毛泽东是"热讽"。面对"风雨如磐"的故园，他下定了"我以我血荐轩辕"的决心，进行"韧性战斗"，为民族民主革命事业奋斗不止，战斗不息。鲁迅思想超卓，其关于中国社会是"铁屋子"、"火染缸"、中国历史是"想做奴隶而不可得的时代"和"暂时做稳了奴隶的时代"、中国文明是"人肉的筵宴"、"从背后来的暗箭"、"营垒里的蛀虫"的比喻，我们耳熟能详。鲁迅表里如一、爱憎分明，其"横眉冷对千夫指，俯首甘为孺子牛"、"心事浩茫连广宇，于无声处听惊雷"、"忍看朋辈成新鬼，怒向刀丛觅小诗"、"救救孩子"、"我们如何做父亲?"、"娜拉走后怎样?"之词句，我们记忆犹新。1936年他走了。"天空中陨落了一颗巨星，黑暗中熄灭了一盏明灯"、"像孩提没有了慈母，像夜行人失去了向导"、"伟大的死者呀，你的名字已经变成后来者的路标!""为人类为真理苦斗一生，哀中国哀世界丧斯巨人"、"热风未息，岂能而已；呐喊前去，且莫彷徨!"、"鲁迅、鲁迅，何死其迅；树人、树人，痛别众人!"、"层层剥削中的大众正高喊着反抗，在这黎明的时期，哪位再做高尔基? 种种压迫下的民众方展开了斗争，值此紧急的关头，谁再警醒阿Q?""热风、野草分明在，读罢遗编泪满衣。""相濡以沫沫成海，试听如潮寄志词。"这些挽歌、挽联、咏诗代表了一代代人民的心音。大哉鲁迅! 千古独步! 鲁迅精神不死，中华民族永生，他将永远活在现在和未来人们的心灵里。

的确，正如胡适在台湾被视为"当代圣人"一样，鲁迅（1881—1936）在大陆的文化地位曾有被神化的现象。解放后权威的"鲁郭茅巴老曹"排序，与"毛选"齐名的《鲁迅全集》、故居和纪念馆在全国各地的兴起……伴随着毛泽东的评语："鲁迅的骨头是最硬的"以及"鲁迅是中国文化革命的主将，他不但是伟大的文学家，而且是伟大的思想家和伟大的革命家……鲁迅是在文化战线上，代表全民族的大多数，向着敌人冲锋陷阵的最正确、最勇敢、最坚决、最忠实、最热忱的空前的民族英雄"。而名播中华。这几部书的共同点是摄取了人间鲁迅生活的独特人生经历和许多有趣的生活习惯，甚至包括多疑、轻信、迁怒、不宽容等一些不足和隐私（嗜好烟酒茶、记账、好评价批评人），但这并不无损于传主高大形象和人格高洁，反而愈接近生活中的真实。鲁迅曾有钻故纸、读佛经、钞古碑的消极颓废，有着"荷戟独彷徨"的心曲，而一旦认识国民性痼疾，便弃医从文，解剖人的愚昧的心灵。这是因为，凡是愚弱的国民，即使体格如何健全，如何茁壮，也只能做毫无意义的示众的材料和看客。所以要改变他们的精神，非从文艺入手改革社会不可，乃毅然决然改研文艺，提倡文艺运动。借用曹聚仁的评价："与其写成一个'神'，不如写成一个'人'的好"、"他决不是'十全十美'、'无所不知'、'无所不能'的"、"鲁迅可以说是现代中国文坛的彗星"，"我以为他是坐在坦克里作战的，他先要保护起自己来，再用猛烈的火力作战，它爬得很慢，但是压力很重。"新的时期鲁迅的硬骨头精神、庄严忧郁的人生观、不懈怠的工作态度、扪心自食自我解剖，仍是我们取之不尽的养分。鲁迅目光敏锐而深邃，语言热烈而深沉，行动坚定而执著。平凡中隐寓着深沉，幽默中透露出豁达。比较周氏兄弟，作人极冷，是启明星，苦雨闲逸相伴；树人极热，是北斗星，冷嘲热骂随行。前者是文人，带给我们的是恬与淡；后者是战士，给予我们的是热与力。鲁迅是一个"革新的破坏者"，他不曾有一丝倦意和怨言。绝望之为虚妄，正与希望相同。他的确时时解剖别人，然而更多的是无情面地解剖自己。他是一位诲人不倦的导师，也是一个肝胆相照的诤友。他是一个伟大的存在，表达了反抗奴役抵制传统的文化命题，我们因而知道了应走的路和活下去的理由。他是一个可以照见自己形象的明镜，用如椽之笔揭示了现代社会的隐痛和非理性，启示着中华民族的自省。的确，"人间鲁迅"使我们获得了诗情与理性的悟解。

参考书目：

曹聚仁著：《鲁迅评传》，东方出版中心 1999 年版

林贤治著：《人间鲁迅》（上中下），安徽教育出版社 2005 年版

王晓明著：《无法直面的人生——鲁迅传》，上海文艺出版社 1993 年版

钟敬文、林语堂著：《永远的温情——文化名人忆鲁迅》，河北教育出版社 2000 年版

学者郭沫若

在我看来，中国文化就是一条奔腾不息的长河，有很多璀璨夺目的明珠。无疑，郭沫若是不可多得的百科全书式人物，虽然璧有微瑕。

郭沫若（1892—1978），原名郭开贞，当代著名作家、诗人、历史学家、古文字学家、社会活动家。他是继鲁迅之后中国文化战线上的又一面光辉旗帜。其新诗《女神》是现代诗的奠基之作；其对甲骨文的研究独树一帜，考古界有"四堂"之雅称（王国维号"观堂"，罗振玉号"雪堂"，董作宾号"彦堂"，郭沫若自号"鼎堂"）；革命战争年代，他抛妻别雏参加创造社、左联和抗日救亡运动。其关于"战国封建说"的论点在史学界流传甚广。解放后他出任文化部门的领导人，在文学艺术、哲学社会科学领域，以及马克思主义理论著作和外国进步文艺翻译介绍等方面都有重要建树。其历史剧《蔡文姬》、《棠棣之花》、《武则天》、《屈原》等借"史事"讽喻"今事"。其名作《甲申三百年祭》总结历史经验教训，是醒世淑时之作。"文革"中他曾说：严格地说我解放后写的文字没有价值，可以用一把火烧掉。他又是感情丰沛之人，有对农民的赞颂诗句："我想去跪在他的面前，叫他一声——我的爹！把他脚上的黄泥舔个干净。"逝世后遗嘱把骨灰撒入大寨梯田。有《郭沫若文集》（17 卷）和《郭沫若全集》传世。

这些文化名人都很谦虚，鲁迅自称是一头老黄牛，郭沫若说他是牛尾巴，茅盾说他是牛尾巴一根毛。

参考书目：

谢保成著：《郭沫若学术思想评传》，北京图书馆出版社 1999 年版

后　记：写在学术边上

　　本书以大文化的理念、编辑的眼光、书评的语体纵论出版，品味阅读，反思学术，解读人物，这是近年来著者前行的学术探索和思想小结。

　　20 年前的上世纪 80 年代，当我还是一名大学生时，"思想文化热"风靡校园，我囫囵吞枣地读了几本文化书，感受到思想启蒙和文化熏陶。10 年前，当我从事学刊编辑工作时，便开始了与学术文化的亲密接触，并注定与学术出版结缘。特别是当我撰写的论文有多篇被《新华文摘》和人大复印资料《出版工作》转载摘编时，更坚定了从事编辑出版研究的兴趣。古语曰：学问之道"如切如磋，如琢如磨"。在当下社会，从事学术编辑工作，坚守澄明的学术心境实属不易；潜心方寸，以十分学究的方式从事出版文化研究也许是十分迂腐的不智之举，但对中国学术问题的深情关注和文化良知使我神驰心动于锦绣方寸之间，为自己支撑起一片苍穹。布衣暖，菜根香，读书之味长。在学报编辑部这个相对边缘化的单位里从事学术研究好像是一种奢侈，好在摆脱了各种学术生产的束缚和学术体制的限制，自己可以在有兴趣的思想文化领域阅读漫游：学术文化、出版文化、书评文化、政治文化、历史文化、理论文化……"读其书，论其世，知其人"。"出于内，入乎外"。衡文析时，亦情亦理；评古论今，夹叙夹议。在我看来，这不仅是一种文化滋润，而且是一种文体探索。也许，这比那些煌煌巨著和高头讲章更有意义。与那些登堂入室的学界北斗相比，我只能写在学术边上或行在林中路上了。

　　海德格尔说：思中持久的因素是道路。西方思想家把科学的功用分为：发现（自然科学）、发明（技术科学）、理解（人文社会科学）。如果说，自然科学寻求的是探险的快乐，人文社会科学则是追求理解的愉悦。对自然界需要解释说明，对人文社会则必须理解。在科学的殿堂里，科学给他们以超乎寻常的智力的快感，科学是他们自己的特殊娱乐，他们在这种娱乐中寻找生动活泼的经验和雄心壮志的满足。爱因斯坦曾十分精辟地分析科学家"探索的动机"，这一点对从事人文、社会科学研究的人士同样适用。在这次文化史、思想史、学术史的时空穿越中我获得心灵的理解和体认。书影与人论，隐含着政治历史的风云变幻和学术思潮的进退消长。正如孟德斯鸠所说：在大多数作品中，我看到写书的人。在此，我也向一直给予我文化滋养的《中国编辑研究》等书刊和长江之滨的武汉大学、安徽师范大学、岳麓山下的湖南师范大学、给予我理解的父母伯父和妻子王莉、给予我教育的导师宋镜明先生李屏南先生表示感谢！本书也是在承担省校青年基金项目"学术期刊核心竞争力研究"、"文化立市与学术期刊品牌竞争论"和"学刊的生命和编辑的使命"的基础上陆续写就的，也向支持出版文化建设的深圳大学原社科处的吴俊忠教授、人民出版社的张益刚先生和学报编辑部的历届领导和同事表示谢意！

　　出版是一种文化，编辑是一种文化选择。文化出版始终与人类文明共荣辱。文化，镌刻着民族的精神，书写着人类的良知，昭示着国家的未来。学术文化是民族的魂，国家的根。中华书局创始人陆费逵如是说：我们希望国家社会进步，不能不希望教育进步；我们希望教育进步，不能不希望书业进步。我们书业虽然是较小的行业，但与国家社会的关系却比任何行业为大。斯人其萎，余响在耳。张元济、陆费逵、邹韬奋等不仅成为出版人的楷模，而且已成为一种文化符号，照亮新世纪编辑的前路。也许张静庐先生《在出版界二十年》的话代表了出版人的心声：我有我的目标，我有我的信念，二十年生活在出版界里，弯弯曲曲朝着目标而前进，千辛万苦为实现这信念而工作。并不因为环境险恶而躲避，也不受生活艰难而动摇。我明白，我所负的责任的艰重，文化工作影响于民族社会的重大和深远。

　　在本书即将付梓之际，年近不惑的我将踏上最后一班末班车，在职攻读博士学位，有点激动，几许感慨，这是对文化的不了情，这是对学术的探寻梦！时光不居，岁月有痕。而这本小册子不过是记录了十年来我对中国学术文化的坚持守望而已。学途漫漫，吾道不孤。

张西山

2007 年 6 月 26 日于深圳友邻斋